불교학과 불교

불교학과 불교

초판 1쇄 인쇄 | 2009년 8월 15일
초판 1쇄 발행 | 2009년 8월 20일

지은이 | 권오민
펴낸이 | 윤재승
펴낸곳 | 민족사

책임편집 | 김창현
마 케 팅 | 성재영 윤선미
본문 및 표지디자인 | 김형조

등록 | 1980년 5월 9일(등록 제1-149호)
주소 | 서울시 종로구 수송동 58번지 두산위브파빌리온 1131호
전화 | 02)732-2403~4
팩스 | 02)739-7565
E-mail | minjoksa@chol.com
홈페이지 | minjoksa.org

ⓒ 2009 권오민

※글쓴이와 협의하에 인지는 생략합니다.
※잘못된 책은 바꾸어 드립니다.
※값은 책 뒷면에 있습니다.

ISBN 978-89-7009-519-6   03220

권오민 교수의 불교학 평론집

불교학과 불교

민족사

책머리에

그 옛날, 초등(국민)학교 국어교과서에 세상에서 가장 무서운 것은 세월이라는 내용의 글이 있었던 것으로 기억되는데, 이제 그것을 실감할 연배가 된 것 같다. 불교학이라는 학문 세계에 발을 들여놓은 지 30년 되던 해가 어느 해였는지도 모르게 그렇게 훌쩍 넘어가더니, 경상대학교 철학과의 불교철학 담당교수로서의 스무 해도 작년에 지나가버렸다. 지나간 세월이 부끄럽고, '지나간 세월이 그러하였으니, 남은 세월인들 어떠할 것인가' 하는 생각에 두려움이 앞서기도 한다.

그렇다고 이 책으로 이를 면피할 생각은 없으며, 또한 그럴 수도 없다. 이 책은 지난 몇 년 동안 '우리나라에서의 불교학'이라는 주제로 쓴 일련의 글들을 모아 정리한 것으로, 좋게 말하면 '회고와 반성'이지만 속되게 말해 '투정'부려 본 것이라 할 수 있다.

누구나 알고 있듯이 불교의 역사는 유구하다. 그리고 불교역사의 핵심은 누가 뭐래도 불교학의 역사로서, 그 역사 안에서 이룩해낸 사상의 볼륨 또한 수미산에 비할 바가 아니다. 그러나 우리의 불교에는 단절과 굴절이 있었다. 지난 600여 년이 그러하였다. 그래서인가, 오늘의 우리는 그러한 역사의 끝자락에서 알게 모르게 우리에게 남겨진 불교(학)만을 불교(학)의 모든 것으로 간주하고 있다는 의구심을 떨쳐버릴 수가 없었다.

또한 그러한 까닭에 우리나라에서의 불교학이 다만 현실종교의 일부로서 의심과 비판이 결여된 독선에 빠져 있다고 생각하기도 하였다. 다만 독서〔聞慧〕와 사유〔思慧〕에 근거하였을 뿐이면서도 '진리'라는 거대한 주박(呪縛)에 갇혀 있다고도 생각하였다. 이는 물론 독실한 믿음의 표본일 수도 있겠지만, 저자는 그러한 독선과 주박에서 벗어날 때 비로소 세계와 소통할 수 있고, 우리의 사유를 보다 풍요롭게 할 수 있으며, 그럴 때 불교학의 '진실'도 드러날 수 있을 것이라고 믿고 있다. 이 책은 이에 따른 투정이자 회고와 반성이다.

제1장 〈무엇을 깨달을 것인가〉는 오늘 우리의 불교에서는 '깨달음'만을 강조할 뿐 '무엇을, 어떻게, 왜 깨달아야 하는가'에 관한 교학(철학)적 반성이 결여된 데 대한 투정이다. '무엇을 깨달을 것인가'에 따라 방법도 목적도 달라질 수밖에 없는데, 불교사상사는 바로 이에 관한 탐구와 해석의 도정이었기 때문이다. 이는 사실상 이 책의 총론이라 할 수 있다.

제2장 〈교학과 종학〉에서는 내일의 불교도를 이끌 승려들의 중추교육기관인 불교 전통 강원의 교과과정에 대해 투정부려 보았다. 그것은 철저하게 선종(禪宗)·성종(性宗) 중심의 교과과정으로, 상종(相宗: 구사, 유식)과 공종(空宗: 중관) 등의 차제 방편을 무시하는 한 화중지병(畵中之餠)이 될 수밖에 없기 때문이다.

제3장 〈불교학과 불교〉에서는 오로지 믿음에 기초한 불교학에 대해 투정하였다. 불교(학)는 철학적 반성적 탐구에서 비롯되었고 선정〔修慧〕을 통해 확증된 것으로, 불교 전통에서의 '믿음'이란 이러한 확증(혹은 확신)에 근거한 것이기 때문이다.

제4장 〈뇌허 김동화의 불교학관(佛敎學觀)〉에서는 '일종(一宗) 일파(一派)의 불교, 혼돈과 편협함의 불교'라는 인식하에 전통 불교의 종합과 재정리를 통해 불교(학)의 부흥을 꿈꾼 뇌허의 생각을 빌려 다만 선(禪)에 대응하는 교(敎)로서의 우리 불교학의 조악함에 대해 투정하였다.

제5장 〈우리나라 인도불교학의 반성적 회고〉에서는 이 글이 발표된 1992년 초까지의 인도불교학 연구성과는 다만 한국불교와 중국불교를 논하기 위한 서론적 의미에 지나지 않음에 대해 개탄하고, 과거 불교학의 조술(祖述)이라는 방식에서 탈피하여 '오늘의 불교학'을 실현하기 위한 몇 가지 방안을 제시하였다.

제6장 〈인도불교사 연구 단상〉에서는 인도불교사에 관한 한 선진(일본) 학계의 새로운 학설을 시의에 맞게 수용할 만한, 마땅히 비판적으로 검토할 만한 학적 토대조차 마련되지 않았음에 대해 투정하고, 그것은 우리(세대)의 책임임을 탓하고자 하였다.

제7장 〈'불교의 물질관'에 관한 단상〉에서는 인간 삶의 바탕이 되는 물질〔色〕 따위의 현상에 대한 통찰 없이 사사무애(事事無礙)나 본래무일물(本來無一物)을 외치는 것은 공허하다고 투정하고, 의천(義天)이 주장한 성상겸학(性相兼學)의 필요성을 강조하였다.

제8장 〈연기법이 불타 자내증이라는 경증 검토〉와 제9장 〈4성제

와 12연기〉에서는 아무런 비판적 반성 없이 불타의 깨달음은 연기법이라고 되뇌이면서 이를 세상만사에 적용시키는 획일적 사유에 대해 투정하고, 초기경전으로 보나 당시 불교학(아비달마)의 전통으로 볼 때 4성제(혹은 3明)를 깨달았다고 하는 것이 보다 설득력이 있음을 논하였다.

제10장 〈5종성론에 대하여〉에서는 일성개성설(一性皆成說)에 따라 소승 성문에게도 성불(혹은 왕생)의 길을 보장하였다는 식의 논의와, 성문은 성불할 수 없다는 유가행파의 오성각별설(五性各別說)에 대해 투정하였다. 양자는 근본적으로 '성문의 보살로의 전향을 인정할 것인가, 인정하지 않을 것인가' 하는 문제에서 비롯된 것이기 때문으로, 성문도(聲聞道)에 의하는 한 인위(忍位)에 이른 성문은 더 이상 악취에 떨어지지 않기 때문에 보살로의 전향이 불가능하다. 이에 따라 각별설에서는 성문은 성불할 수 없다고 한 반면, 개성설에서는 성문도는 결정적인 것이 아니기 때문에 대승보살로의 전향이 가능하다고 주장하였는데, 이는 어떤 한 교의가 굴절 변용된 단적인 예이자, 어떤 한 학파(혹은 인물)의 교설을 독립적으로 논의할 때 초래될 수 있는 독선의 전형적인 예라고 할 수 있다.

이렇듯 각 장(章)마다 투정으로 일관하였지만, 요는 기왕에 우리에게 주어진 불교를 보다 정확하고 분명하게 탐구하고 이해하자는 것, 그 이상도 이하도 아니다. 오늘 우리에게 주어진 불교가 초기─아비달마─대승 공관─유식─여래장─밀교와 이에 근거한 동아시아의 제 종파의 불교라면, 혹은 화엄교판에 따라 소승교─대승시교─대승종교─대승돈교─대승원교라면, 혹은 천태교판에 따라 장교─통교─별교─원교라면 이에 따라 계통적으로 탐구하고 체계적으로 이해하자는 것, 그 이상도 이하도 아니다. 예컨대 우리에게 너무나도 유명한 《반야심경》에서 무자성의 공(空)으로 관찰되는 여섯 갈래의 대상(色受想行識 내지 智와 得)은 아비달마, 특히 설일체유부의 교학을 관통하는 중심 개념으로, 이에 대한 이해가 없을 경우 《반야심경》은 도그마화되거나 신비적으로 이해될 수 있으며, 실제 그러하기 때문이다.

이 책은 일부 청탁에 의해 집필된 것도 있지만, 거의 대부분 구체적인 목적의식하에 저자 스스로 쓰고자 하여 쓴 것이었다. 어느 때는 차분한 마음으로 회고하기도 하였겠지만, 대개는 격정에 싸여 투정한 것으로 단숨에 써 내려간 것이었다. 그러다 보니 감정이 여과되지 않은 채 그대로 묻어나 있기도 하고, 앞뒤 중복된 말, 중복되는 내용 또한 적지 않다. 물론 출판을 염두에 두고 쓴 것은 아니었다.

출판의 용기를 내게 된 것은 몇몇 글에 대한 민족사 윤창화 사장님의 호평과 권유에 고무되었기 때문이다. 출판까지 도맡아 주셨으니 고마울 따름이다. 그러나 이 또한 부끄러움과 두려움이 앞선다. 만용임을 잘 알기 때문이다. 스스로 책임질 수도 없는 투정임을 잘 알기 때문이다. 지나간 세월의 매듭이자 또 다른 출발의 디딤돌로 보아주면 고맙겠다.

2009년 정월
저자

목차

책머리에 __ 005

제1장 서설: 무엇을 깨달을 것인가? __ 015

제2장 교학敎學과 종학宗學 __ 023
  – 현행 불교 강원의 교과과정에 대해 다시 생각한다 –

1. 들어가는 말 __ 025
2. 현행 불교 강원의 교과과정 __ 027
   1) 교과과정과 개요 __ 027
   2) 현행 교과과정의 유래 __ 031
3. 관견管見을 통해 본 교과과정의 문제점 __ 035
   1) 선종 중심의 교과과정 __ 035
   2) 성종 중심의 교과과정 __ 039
   3) 차제 방편을 무시한 교과과정 __ 046
   4) 그 밖의 의문점들 __ 049
4. 개선 방안: 교과과정의 이원화 __ 052
   1) 교학으로서의 불교학 __ 052
   2) 종학으로서의 불교학 __ 056
   3) 교판에 의한 차제 방편성의 회복 __ 060
   4) 이원적 교과과정 __ 068
      (1) 교학의 교과과정 __ 069
      (2) 종학의 교과과정 __ 071
5. 맺음말 __ 072

제3장 불교학과 불교 　　　　　　　　　　 __ 077
　　　　－ 탐구와 믿음의 변주 －

　　1. 불교: 불타 깨달음에 대한 탐구와 해석의 도정 　__ 079
　　2. 불교학과 불교 　　　　　　　　　　　　　　　__ 083
　　3. 연기법과 이를 둘러싼 단상 　　　　　　　　　__ 089
　　4. 탐구와 믿음 　　　　　　　　　　　　　　　　__ 102
　　5. 맺음말 　　　　　　　　　　　　　　　　　　__ 115

제4장 뇌허雷虛 김동화의 불교학관佛敎學觀 　　__ 119

　　1. 들어가는 말 　　　　　　　　　　　　　　　__ 121
　　2. 누가 불교를 아는가? 　　　　　　　　　　　__ 126
　　3. 한국불교의 현실 　　　　　　　　　　　　　__ 132
　　　　1) 일종一宗 일파一派의 불교 　　　　　　　__ 132
　　　　2) 혼돈과 편협함의 불교 　　　　　　　　　__ 143
　　4. 뇌허의 불교학(교판론) 　　　　　　　　　　__ 156
　　　　1) 4강綱과 4교敎 　　　　　　　　　　　　__ 156
　　　　2) 4교관敎觀의 비판적 이해 　　　　　　　__ 162
　　5. 맺음말 　　　　　　　　　　　　　　　　　__ 169

제5장 우리나라 인도불교학의 반성적 회고 __ 173

　　1. 인도의 불교 　　　　　　　　　　　　　　　__ 175
　　2. 인도불교학의 현실 　　　　　　　　　　　　__ 177

3. 반성적 회고 _____ 184
　　4. 맺음말 _____ 195

제6장 인도불교사 연구 단상斷想 _____ 197

　　1. 고백 _____ 199
　　2. 반박 _____ 202
　　3. 단상 _____ 211
　　4. 참회 _____ 217
　　5. 사족 _____ 229

제7장 '불교의 물질관'에 관한 단상斷想 _____ 231

　　1. 불교에서의 물질, 색色 _____ 233
　　2. 물질은 인간 삶의 바탕 _____ 236
　　3. 유심의 불교 _____ 239
　　4. 이상(性)과 현실(相) _____ 242

제8장 연기법이 불타 자내증이라는 경증經證 **검토** _____ 247
　　— 불타의 깨달음은 연기법인가?(Ⅰ) —

　　1. 들어가는 말 _____ 249
　　2. 불타 자내증이 연기법이라는 경증 검토 _____ 252
　　　1) 연기법의 법계法界 상주常住 _____ 254
　　　　(1) '법계 상주'는 결정성의 의미 _____ 254
　　　　(2) 유위연기와 무위연기 _____ 258

2) 연기와 법　　　　　　　　　　　── 264
　　3) 그 밖의 경설 검토　　　　　　　　── 272
　3. 맺음말　　　　　　　　　　　　　　── 276

제9장 4성제와 12연기　　　　　　　　　── 281
　　　－ 불타의 깨달음은 연기법인가?(Ⅱ) －

　1. 들어가는 말　　　　　　　　　　　　── 283
　2. 대승의 진리관을 통한 연기 이해　　　── 285
　3. 불타 자내증으로서의 4성제　　　　　── 294
　4. 4성제와 12연기　　　　　　　　　　 ── 302
　5. 연기의 심심난지甚深難知의 의미　　　　── 313
　6. 맺음말　　　　　　　　　　　　　　── 322

제10장 5종성론種性論에 대하여　　　　　── 327

　1. 들어가는 말　　　　　　　　　　　　── 329
　2. 규기窺基와 원측圓測의 기본 입장　　　── 330
　3. 오성각별설과 일성개성설　　　　　　── 333
　4. 《유가사지론》에서의 종성론　　　　　── 340
　5. 정토교에서의 종성 차별론　　　　　　── 346
　6. 종성론에 대한 성문聲聞의 입장　　　　── 350
　7. 맺음말　　　　　　　　　　　　　　── 357

제1장
서설: 무엇을 깨달을 것인가?

* 이 글은 《불교신문》에서 기획 연재한 '깨달음이란 무엇인가'의 하나로, 제2070호(2004. 10. 24)에 게재된 것이다.

무엇을 깨달을 것인가?

오늘날 '깨달음'의 백가쟁명(百家爭鳴)의 시기가 도래한 것처럼 느껴진다. 이제 더 이상 '깨달음'이라는 말은 불교만의 전유물이 아니며, 그에 관한 온갖 행법 또한 소수 수행자들만의 영역이 아니라 부가가치를 생산하는 하나의 산업이 되어가고 있다. 그런데 거기서는 무엇을 깨달으라는 것인가? 정작 깨달음의 종교인 불교에서는 무엇을 깨닫고자 하는 것인가?

흔히들 진리라고 말하지만, 세상의 어떠한 종교도 철학도 사상도 진리를 외치지 않은 것이 없다. '진리'란 굳이 원효의 말을 빌리지 않더라도 그 말을 한 화자의 관념만큼이나 무량의 스펙트럼이 존재하기 때문에 고정불변의 실체적 의미를 갖지 않는다. 그것은 불교사상사 안에서도 그대로 드러난다.

초기불교에서 직접적으로 진리에 대응하는 술어는 4성제(聖諦)의 '제(諦)'일 것이다. 그것은 말 그대로 '네 가지 거룩한 진리'이다. 그것은 숲 속에서 코끼리 발자국이 제일이듯이 일체법 중의 제일이었기 때문이다. 그러나 4성제는 대승의 반야공관(般若空觀)에 의해 방편설로 전락하고 말며, 공관 역시 유식(唯識)의 도리를 드러내기 위한 과정에 불과하다. 유가행파에 의하면, 《반야경》에서는 모든 존재가 공이라는 사실만을 밝혔을 뿐 궁극적 취지는 밝히지 못하였으며, 그것은 다름 아닌 유식성이었다.

나아가 유식성은 본래 청정한 자성인 진여일심으로 이해되기도 하였으며, 동아시아에 이르러 그들의 통일적 불교관에 따라 3제원융(천태종)이나 사사무애(事事無碍: 화엄종), 혹은 본래무일물(本來無一物: 선종)을 세계의 실상, 즉 진리로 파악하기도 하였다. 혹자는 말할지도 모르겠다. 그 모두는 중생 근기에 따른 방편일 뿐 본질과 목적은 동일한 것이라고.

그러나 역사의 현장에서는 그렇지 않았다. 온갖 부파의 분열은 차치하더라도 대소승 간의 갈등, 중관과 유식의 대립, 교종과 선종, 남종과 북종, 나아가 남종 내부에서조차 온갖 정사(正邪)의 논란이 제기되었으며, 최근에 이르기까지 돈점(頓漸)의 논쟁이 이어져 그것이 마치 불교학의 중심문제인 양 여겨지기도 하였다.

불교는 결코 단일하지 않다. 불타의 깨달음으로부터 비롯된 불교는 결국 인간 이성의 역사와 함께하였다고도 할 수 있다. 서로 대립하기도 하였고, 지양하기도 하였으며, 종합하기도 하였다. 그것은 본질적으로 불타의 말씀이 그의 깨달음을 근거로 한 가설적 성격을 띠기 때문이다. 말씀이 바로 깨달음은 아니었기 때문이다. 그는 도대체 무엇을 어떻게 깨달았던 것인가? 2500년에 걸친 불교사상사는 바로 '무엇을 어떻게 깨달을 것인가'에 대한 치열한 탐구와 해석의 도정이었다고 해도 지나친 말이 아닐 것이다.

그럼에도 오늘의 우리는 그러한 역사의 끝자락에 서서 알게 모르게 우리에게 남겨진 불교만이 불교의 모든 것이라고 간주하고 있다는 의구심을 떨쳐버릴 수 없다. 한국불교가 거쳐온 지난 6백여 년간의 굴절을 충분히 이해한다고 하여도, 혹 그것은 이미 박제가 된 구호와 같은 것은 아닐까? 그리하여 오늘날 어떤 이들은 그 대안을 남방의 위빠사나에서 구하고 있는 것은 아닐까?

필자가 생각하는 그러한 구호 중의 하나는, 대승은 자리이타(自利利他)를 추구하는 반면 소승은 오로지 자리만을 추구하며, 대승은 실천수행을 중시하지만 소승은 이론을 중시한다는 것이다. 그런데 그러한 이론 위주인 소승불교의 수행법이 대안으로 제시되고 있다는 사실은 참으로 시대의 아이러니라고 하지 않을 수 없다. 혹자는 한국불교의 전통인 간화선(看話禪: 조사선)과 이러한 위빠사나가 본질적으로 어떠한 차이도 없다고까지 말하고 있다. 그것이 지난 2천 년 혹은 1500년에 걸쳐 '소승' 혹은 '소승선'으로 일컬어졌다는 사실에 대한 어떠한 반성적인 검토도 없이. 만약 진실로 그러하다면, 그것을 어리석은 이들이 행하는 소승선[愚夫所行禪]으로 규정한 《능가경》이나 규봉종밀은 마땅히 파기되고 비판받아야 한다.

단언하건대 이론만을 중시한 불교는 없다. 세간 일반에서의 불교에 관한 중대한 오해 중의 하나는 '불교=선(참선)=수행'이라고 생각한다는 점이다. 선이면 모든 것이 해결되는 것처럼 회자되고 있다. 그것도 단박에. 깨달음은 물론이거니와 노사 갈등이나 알콜 중독 등의 사회적인 제 문제들까지도. 참선도 해보지 않고서 어찌 불교에 대해 운운하느냐고 말하고 있다. 대저 선이란 무엇인가?

주지하듯이 선은 범어 드야나(dhyāna)의 음역인 선나(禪那)에서 '나'가 탈락한 말로서, '고요히 생각하다'는 정도의 의미이다. 그래서 정려(靜慮)·사유수(思惟修)로 번역하기도 한다. 보통 선은 정(定)이라는 말과 짝을 이루어 '선정'이라는 말로 쓰이기도 한다. '정'은 사마파티(samapatti)의 역어로서, 어지러운 마음이 하나의 대상에 집중하여 평등하게 된 상태이며, 그래서 등지(等至)로 번역하기도 한다. 곧 선 혹은 선정이란 마음을 하나의 대상에 집중 전념하는 명상을 말하는 것으로, 삼매나 요가도 명상의 일종이며, 마음의 작용을 멈춘다는 뜻의 사마타(samatha, 止)도 역시 같은 뜻이다.

그렇다면 무엇을 위해, 무엇을 명상할 것인가? 불교의 목적이 열반이나 해탈에 있다고 할 때, 그것은 필경 존재 본성에 대한 통찰을 통해 가능하다. 인도 전통에서 철학에 대응하는 술어는 다르샤나(darśana)이다. 다르샤나는 '보다'는 뜻의 동사 어근 √dṛś로부터 파생된 말로서, 세계의 실상이나 존재 본성에 대한 통찰 직관을 의미한다. 그것은 감각과 사유에 의한 우리의 일상적 개념적 지식과는 다른 것으로, 한역 불전에서는 '견(見)'이나 '관(觀)'이라는 말로 번역되고 있는데, 8정도(正道) 중 정견(正見)의 '견'이 바로 그러한 경우이다.

선은 바로 통찰의 지혜를 드러내는 통로이다. 초기불교 이래 통찰의 지혜는 언제나 계율과 명상에 수반되는 것이었다. 계율〔戒〕과 명상〔定〕과 지혜〔慧〕는 해탈의 세 축이었으며, 명상〔止〕과 통찰〔觀〕은 언제나 함께하는 것이었다. 그러나 통찰의 대상은 학파나 시대에 따라 한결같지 않았으며, 따라서 선이 오로지 '이 뭣고'의 간화선만을 가리키는 것은 더욱이 아니다. 무엇을 통찰할 것인가에 따라 선의 방법도 목적도 달라질 수밖에 없다.

흔히들 소승불교는 이론 위주라고 하지만, 이후 불교 수행론의 단초가 된 자량위(資糧位: 예비적 준비 단계)·가행위(加行位: 본격적인 준비 단계)·견도위(見道位: 통찰의 단계)·수도위(修道位: 반복된 통찰의 단계)·무학위(無學位: 열반의 단계)의 5위의 수행 체계는 설일체유부(說一切有部)라고 하는 부파(部派)로부터 비롯되었다. 그것은 오로지 4성제, 그 중에서도 특히 고성제인 무상과 무아를 통찰하는 과정일 뿐이다. 그들에 의하는 한, 번뇌와 업에 의해 조작된 세계를 영원하고 나의 것이라고 여기는 것이 괴로움의 근원이었기 때문이다.

그러나 우리가 아는 무상과 무아는 다만 개념적 이해일 뿐이기 때문에 그것으로는 탐욕 등의 번뇌를 끊을 수 없다. 어떠한 언어적 매개도 통하지 않은 직접적이고도 즉각적인 통찰로써만 번뇌를 끊을 수 있다. 그 같은 통찰에 이르기 위해서는 최소한 발심으로부터 3생에 걸친 험난한 구도의 과정이 필요하다는데, 견도위에 이르면 무명(無明)과 같은 이지적 번뇌는 마치 해머를 내리치는 순간 돌이 깨어지듯이 통찰[見道]의 순간 끊어지지만, 탐욕과 같은 정의적인 번뇌는 연근의 힘줄처럼 점진적으로 끊어지기 때문에 반복된 통찰[修道]이 필요하였다. 그러나 반복된 통찰[修]도 청문[聞]과 주체적 사유[思]에서 비롯된다는 것은 불교에 공통된 사실로서, 이 모두가 그들이 말하는 수행의 의미였다.

다시 반문하지만, 무엇을 깨달아야 하는 것인가? 또한 왜 깨닫고자 하는가? 불타의 말씀에 따르기 위함인가, 불타를 본받기 위함인가? 오늘날의 사회는 폐쇄된 사회가 아닐뿐더러 어느 한 개인이나 집단이 정보를 독점하는 것도 더 이상 불가능하기에 깨달음에 대한 보다 진지한 성찰과 개방된 논의가 따르지 않으면 안 된다. 무엇을 깨달을 것인가에 따라 '왜'와 '어떻게'는 달라질 수밖에 없기 때문이다.

이런 면에서 한국불교는 좀더 지적으로 성숙할 필요가 있다고 본다. 일찍이 대각 국사 의천은 교관겸수(敎觀兼修)·성상겸학(性相兼學)을 주장하였지만, 이는 선종 그 중에서도 특히 간화선을 중심으로 하며, 성종(性宗) 계통이 교학의 주류를 이루는 오늘날 한국불교계에 시사하는 바가 크다고 하겠다.

오늘날 전통적 불교 교육기관인 강원에서는 사집과에서《서장》《도서》《선요》《절요》를 배우며, 사교과에서는《능엄경》《기신론》《금강경》《원각경》을, 대교과에서는《화엄경》을 배운다.《금강경》을 제외한다면 중국 선종서 내지 성종 일색이며,《금강경》또한 불교사상사라는 관점을 완전히 배제한 채 혜능과 결부시켜 이른바 공소현(空所顯)의 진리인 진공묘유(眞空妙有)로 이해하는 실정이다. 한마디로《기신론》이전의 불교, 유식도 중관도 아비달마도 사라져버렸다.

불교의 바다는 넓고도 깊다. 대개의 역사적 사건이 그러하듯이 어떤 한 사상이 발생하고 전개하는 데에는 항상 우연적이거나 필연적인 계기가 있게 마련이지만, 그러한 계기가 간과될 때 역사적 사건이 절대적인 운명처럼 다가서듯이 사상 역시 그러하여 절대적인 이념으로 과장되기도 한다. 오늘날 우리가 접하는 '이 뭣고'의 불교는 앞뒤가 막혀버린 과장된 불교는 아닐까? 시대가 변해도 진리는 변하지 않는다고 하지만, 설혹 진리는 변하지 않을지라도 그 진리를 접하고 해석하는 인간은 변하기 마련이다. 무엇이 먼저인가?

제2장
교학敎學과 종학宗學

현행 불교 강원의 교과과정에 대해 다시 생각한다

* 이 글은 2005년 4월 한국불교학회가 주최한 '한국불교 교육 체계의 재검토'라는 주제의 세미나에서 발표한 것으로, 《한국불교학》 제41집(한국불교학회, 2005. 5)에 게재된 것이다.

교학敎學과 종학宗學

1. 들어가는 말

불교가 더 이상 특정 종교 집단의 전유물이 아닌 오늘날에 있어서도 전통 강원은 불교 교육기관으로서 중추적인 역할을 담당하고 있다. 비록 동국대학이나 그 밖의 몇몇 종립대학이라는 불교 교육기관이 존재하고, 각 대학의 철학과에서 '불교철학'이라는 명칭으로 불교 강의가 이루어지고 있을지라도 그것은 극히 소수의 교육생들을 대상으로 할뿐더러 그들이 그들의 불교 지식을 세상에 펼칠 수 있는 것도 아니기 때문에, 강원은 다만 출가 승려들의 교육기관일 뿐만 아니라 그들 학인들이 어떤 식으로든 그들의 불교 지식을 세간에 펼친다고 할 때, 결국 한국사회의 불교도를 지도하는 중추적인 역할을 담당한다고 말할 수 있는 것이다.

이 같은 의미에서 본다면, 불교 강원에서 무엇을 가르치고 무엇을 배울 것인가 하는 문제는 학인 개개인의 자질 문제와 관계될 뿐만 아니라 불교도 전체의 자질 문제, 나아가 한국불교의 명운이 걸린 문제라고도 할 수 있다. 이 같은 강원 교육의 중요성으로 인해, 혹은 시대의 변화에 따라 일찍부터 전통 강원의 교과과정에 대한 반성 내지 비판적인 논의가 있어 왔다. 일찍이 1928년 3월 강원 교육제도의 개선을 위해 조선불교학인대회를 개최한 이래 2003년 전국승가학인연합회에서 주최한 '승가교육과 한국불교'에 이르기까지 공사(公私) 간의 수많은 목소리가 교계에 넘쳐났으며, 교계 신문에 따르면 금년 초 (2005년 2월 1일)에 조계 종단의 승가교육 전반을 재점검하여 개선방안을 마련할 승가교육제도개선추진위원회가 출범하였다고 한다.

이런 상황에 천학비재한 필자의 우수마발(牛溲馬勃)을 더하여 도리어 사계에 누(累)나 되지 않을지 염려 또한 적지 않다. 필자는 출가자도 아닐뿐더러 강원 교육을 받아 본 적도, 나아가 사집(四集)조차 변변히 공부해 본 적도 없기에 이러한 주제를 떠맡게 되기까지는 상당한 망설임과 만용이 필요하였다. 일말의 변명을 늘어놓자면, 필자는 지난 20여 년 간 국립대학 철학과에서 '불교철학'이라는 교과목을 운영하면서 "무엇을 교수해야 명(名)과 실(實)이 상부한 불교의 면목을 드러내 보일 수 있을 것인가?" 하는 문제로 고민해 보았다는 사실이다.[1]

애당초 철학과 종교의 구분을 허용하지 않는 동양의 사유 전통에서 볼 때, 어떠한 불교도—이를테면 초기불교도, 아비달마도, 대승의 공관도, 유식도, 여래장도, 나아가 천태도, 화엄도, 정토도, 선도 '불교철학'이라는 명목으로 강의할 수 있겠지만, 그 모두를 한 학기 한 강좌

---

1) 참고로 필자가 대학(학부 철학과)에서 담당하고 있는 교과목은 인도철학사(3학점), 인도철학특강(2학점), 불교철학(3학점), 한국불교사상특강(2학점)이며, 일반교양으로 인도철학과 불교(2학점)가 있다.

에 소화할 수도 없을뿐더러 필자의 능력 또한 미칠 수 없는 경계였다. 더구나 필자의 이해에 의하는 한, 소승(초기불교와 아비달마)과 대승, 인도불교와 동아시아의 불교는 질적으로 다른 것이었기에 그러한 고민은 더욱 심각할 수밖에 없었다.

나아가 그러한 고민은 우리 현실의 불교와 조우하게 될 때 거의 절망으로 변하기도 하였는데, 앞서 언급하였듯이 현실의 불교를 지도하는 이는 대개 출가승려들이고, 그들의 기본교육은 강원에서 이루지기 때문에, 불교학도로서 평소 전통 강원의 교과과정에 대해 느낀 바가 없지 않았으며, 이 같은 소이로 인해 증상만을 드러내게 되었음을 먼저 밝혀두는 바이다.

그러나 이미 말하였듯이 그동안 불교 강원의 교육제도 전반에 걸쳐 수많은 논의가 있었지만, 필자가 처한 상황이 궁벽하여 그 모두를 열람하지 못하였다. 해서 본고에서는 다만 국외(局外)의 한 불교학도가 현행 불교 강원의 교과과정에 대해 사사로이 느낀 점을 드러내어 본다는 데 의미를 두고자 한다. 다소 내용이 졸렬하고 문장이 거칠더라도 너그러운 이해가 있기 바란다.

2. 현행 불교 강원의 교과과정

1) 교과과정과 개요

이른바 이력과정(履歷科程)이라 일컬어지는 현행 불교 강원의 네 과정-사미과(沙彌科)·사집과(四集科)·사교과(四敎科)·대교과(大敎科)-은 전승에 따라 다소간의 차이가 있을지라도 대개 조선 후기(17세기)에 정착된 것으로 알려진다. 각 과정의 교과목 또한 시대에 따라 약간의 증감이나 개변이 있었지만, 오늘날 시행되고 있는 기본적인 교과과정을 나열해 보면 다음과 같다.

사미과: 《치문(緇門)》
사집과: 《서장(書狀)》《도서(都序)》《선요(禪要)》《절요(節要)》
사교과: 《능엄경(楞嚴經)》《기신론(起信論)》《금강경(金剛經)》
　　　　《원각경(圓覺經)》
대교과: 《화엄경(華嚴經)》

먼저 《치문》이라 함은 《치문경훈(緇門警訓)》의 줄임말로, 승가 구성원에 대한 경책과 훈계를 내용으로 한다. 이는 당말(唐末)에 이루어진 작자 미상의 《치림보훈(緇林寶訓)》을 토대로 하여 1313년 환주지현(幻住智賢)이 북송으로부터 원대에 이르는 여러 명승고덕과 공경대부의 말씀을 모아 편찬한 것으로, 〈경훈(警訓)〉〈면학(勉學)〉〈유계(遺誡)〉〈잠명(箴銘)〉〈서장(書狀)〉 등 12항목 67편(정선 활자판)으로 이루어져 있으며, 우리나라에는 1348년 태고보우에 의해 전래되었다.[2]

《서장》은 대혜종고(大慧宗杲, 1089-1163)가 42명과 주고받은 62통의 편지글을 모은 것으로, 요지는 사견〔默照〕을 물리치고 정견〔活句〕

---

2) 이지관, 《한국불교 소의경전 연구》(보련각, 1979), p.39 이하 참조.

을 드러내고자 한 것이다. 대혜는 원오극근(圓悟克勤)의 제자로서, 임제(臨濟)의 12세 법손이다.

《도서》는《선원제전집도서(禪源諸詮集都序)》의 줄임말로서, 화엄종의 제5조이자 하택신회의 5세 법손이기도 한 규봉종밀(圭峯宗密, 780-841)의 저술이다. 그의 법통에서 보듯이 그는 일찍이 선교일치를 주장하여 이와 관련된 선교의 여러 주장들을 모아《선원제전집》(101권)을 찬술하였으며(元代 소실), 그 전체적인 요지를 간추린 것이《도서》(4권)이다.

《선요》는 임제의 17대 적손인 고봉원묘(高峰原妙, 1238-1295)가 깨달음을 얻은 후 20여 년 동안 행한 법문을 모은 책으로, 큰 뜻을 떨쳐 현관(玄關)을 꿰뚫는 선법의 요체를 밝힌 것이다. 전체 29장으로 이루어져 있다.

《절요》는《법집별행록절요병입사기(法集別行錄節要幷入私記)》의 줄임말로서, 규봉종밀이 선가의 4종(하택종·북종·홍주종·우두종) 중 하택종만을 별도로 드러낸 것을 보조 국사 지눌(知訥, 1158-1210)이 요약하여 코멘트한 것이다.

다음으로《능엄경》은《대불정여래밀인수증요의제보살만행수능엄경(大佛頂如來密因修證了義諸菩薩萬行首楞嚴經)》의 약칭으로, 긴 제목이 으레 그러하듯이 밀교부(灌頂部)에 소속된 경전이다. 이 경은, 아난이 마등가의 유혹에 빠져 있을 때 부처님께서 신주(神呪)를 내려 문수보살로 하여금 그를 구해오게 한다는 이야기로부터 시작하여, 그러한 유혹은 상주하는 진심의 자성이 청정하게 밝은 것임을 알지 못하기 때문이라 하면서 5온·12처 등은 인연에 따라 생멸하는 것일 뿐 그 본성은 여래장의 미묘한 진여성임을 밝히고, 그에 이르는 여러 다양한 수행의 방편(이를테면 관세음보살의 耳根圓通과 4종 율의, 楞嚴呪 등)과 그 과정에 대해 설하고 있다.

전설에 의하면, 이 경은 불멸 후 타국으로 유출되는 것이 금지되어 중인도 나란다 사원에 비장(秘藏)되어 있다가 당나라 중종 때(705년) 반랄밀제(般剌密諦)에 의해 전역(傳譯)되었다고 하는데, 일찍이 위경(僞經)의 논란이 제기되기도 했었다.

'대승으로의 믿음을 일으키는 논'이라는 뜻의 《대승기신론》은 너무나 유명한 논서이기에 여기서 새삼 설명할 필요도 없을 것이다. 다만 저자에 대해 의문이 없지 않아 쿠샨 왕조의 카니시카 왕 무렵(2세기 초) 협(協, Pārśva) 존자의 제자로서 《불소행찬(佛所行讚)》 등을 지은 마명(馬鳴, Aśvaghoṣa)으로 보기는 어렵기 때문에 후대 동명이인의 저술이거나 중국찬술로 간주되기도 하며, 일찍이 역자(眞諦)의 진위에 대한 의심이 제기되기도 하였다.[3] 그럼에도 불구하고 단권(單卷)의 이 논은 진여일심의 여래장사상의 완결편으로, 천태·화엄·선 등 동아시아에서 전개된 거의 모든 불교에 절대적인 영향을 끼쳤다고 할 수 있다.

《금강경》은 《금강반야바라밀경(金剛般若波羅密經)》(라집 역)의 줄임말로서, 이 역시 너무나 유명한 경이기에 더 이상 설명할 필요가 없을 것이다. 다만 한 가지 지적하고 싶은 사실은, 이것이 비록 독립된 경으로 전해지고 있을지라도 16회에 걸쳐(혹은 16종류로) 이루어진 《대반야경》 중 9번째 경으로, 《대품반야》(제2회), 《소품반야》(제4회)

---

3) 《중경목록》 권5(《대정장》55, p.142상).: 이지관, 앞의 책, p.201.

와 더불어 가장 빠른 시기에 이루어졌으며, 철저하게 일체의 언어 관념에 대한 비판(즉 無相, 혹은 破相)에 기초하고 있다는 점이다.

《원각경》은 《대방광원각수다라요의경(大方廣圓覺修多羅了義經)》의 줄임말로서, 문수·보현 등 열두 보살에게 원각(圓覺) 묘심(妙心)의 이치를 설한 경으로, 규봉종밀이 지적하였듯이 《대승기신론》의 내용과 상통한다. 또한 경의 제목도 완전하지 않을뿐더러 《능엄경》과도 유사한 부분이 적지 않기 때문에 중국찬술로 의심하기도 한다.[4]

마지막으로 《화엄경》은 《대방광불화엄경(大方廣佛華嚴經)》의 줄임말로, 원래는 화엄종의 소의경전이었다. 여기서 '방광(vaipulya)'이란 초기불교 이래 불타의 법문 양식(12분교)의 하나로 중층적인 교리 문답을 의미하였으나 대승에서는 대개 심오한 뜻을 널리 설한 대승경전을 의미하며, '불화엄'에서 '화엄(avataṃsaka)'은 귀고리나 꽃다발과 같은 장식품을 의미한다. 곧 불화엄이란 이루 헤아릴 수 없는 부처님의 공덕을 온갖 장식에 비유한 말로서, 이 경에서는 무한 광대한 불타 자내증(自內證)의 세계, 혹은 백천억 화신(化身)이라 하듯이 이루 헤아릴 수 없는 부처님으로 충만한 세계를 묘사하고 있다.

2) 현행 교과과정의 유래

흔히 부처님의 법문의 양을 8만 4천이라 하기도 하고 고려대장경을 팔만대장경이라고도 하듯이, 불교에는 이루 헤아릴 수 없을 만큼 많

---

4) 이지관, 앞의 책, p.266.; 정승석 편, 《불전해설사전》(민족사, 1989), p.253.

은 경론(經論)이 존재하는데, 이상과 같은 교과목은 언제 어떠한 근거에서 강원의 이력과정으로 정해지게 되었던 것인가? 애석하게도 이에 대한 결정적인 사료는 전하지 않으며, 몇몇 단편적인 사료와 구전에 따라 추정할 수 있을 뿐이다. 선행된 연구에 의하면,[5] 오늘날과 같은 형태의 이력과정이 정착된 것은 교종이 완전히 사라진 조선 후기 숙종 무렵이다.

김영수(金映遂)에 의하면, 청허(淸虛)의 4세 법손이 되는 월담설제(月潭雪霽, 1632-1704)에 이르러 오로지 태고의 법맥에 속한 선종만이 남게 됨으로써 네 경, 내 경을 구별할 필요가 없어짐에 따라 선종의 승려도 화엄종이나 천태종과 같은 교종에서 숭상하던 《화엄경》《원각경》《법화경》 등을, 혹은 해동종의 《발심수행장》을 기탄 없이 강(講)하게 되었으며, 이 때 비로소 일대 이력과정이 정립되었다. 즉 《계초심학인문(誡初心學人文)》《발심수행장》《자경문》과 《치문》으로부터 시작하여 《서장》《도서》《선요》《절요》의 4집을 독습(讀習)한 다음, 《능엄경》《법화경》《금강경》《원각경》의 4교를 연구하고, 그 후 《화엄경》과 《선문염송(禪門拈頌)》을 강하였는데, 훗날 《법화경》이 《기신론》으로 대체되었다는 것이다.[6]

권상로(權相老)의 견해 역시 이와 크게 다르지 않다. 그에 의하면, 편양언기(鞭羊彦機)의 법손이 되는 월담·월저(月渚)와 벽암각성(碧

---

[5] 李能和, 〈禪敎兩宗과 講學布敎〉《佛敎振興會月報》 제1권 7호, 1915).; 金映遂, 〈朝鮮佛敎와 所依經典〉《日光》 창간호, 1928).; 權相老, 〈朝鮮佛敎史藁〉; 남도영, 〈한국사원교육제도(중)〉《역사교육》 제28집, 역사교육연구회, 1980).; 김경집, 〈근대 강원의 역사와 교육과정〉《월운스님 고희기념 불교학논총》, 1998) 등.
[6] 金映遂, 앞의 책, p.3.

嚴覺性)의 법손이 되는 백암성총(栢菴性聰, 1631-1700)에 이르러 교종의 각파는 이미 세상에서 그 그림자도 볼 수 없게 되매 구태여 선종을 표방할 필요도 없게 되었고, 이에 따라 종래 불립문자(不立文字)를 종지로 하여 경학을 경시하던 선종의 승려들도 《법화경》과 《화엄경》 등을 강설함으로써 이 시대에 비로소 앞서 설한 14종의 학과로 이루어진 조선불교의 이력 과목이 완성되었다.[7]

물론 그 이전 시대에도 선교의 강학이 이루어지지 않은 것은 아니다. 《치문》《서장》《선요》는 본래부터 선종의 문헌이었고, 《금강경》과 《능엄경》은 중국의 선종 승려들도 연구하던 경전이었기에 일찍부터 독습되었으며, 고려 중엽 보조지눌이 돈오점수(頓悟漸修)를 주장한 이후 점차 《초심》《도서》《절요》《염송》이 더해지고, 여말선초에 야운(野雲)의 《자경문》이 더해졌다가 마침내 이 시대에 이르러 교종의 네 가지(《능엄》《법화》《금강》《원각》)가 더해졌다는 것이다.

따라서 이력과정 중 사집과가 가장 먼저 완비되었다고 말할 수 있는데, 그 선후의 순서를 정한 것은 벽송지엄(碧松智嚴, 1464-1534)이었다. 그는 항상 "초학자를 이끌 때에는 먼저 《선원집(도서)》과 《별행록(절요)》으로써 여실지견(如實知見)을 세운 다음 《선요》와 《어록(서장)》으로써 지해(知解)의 병을 소제하여 활로(活路)를 지시해야 한다"고 말하였다고 한다.[8] 그는 아마도 조선 건국 이래 억불(抑佛) 등에 의해 쇠퇴일로에 선 간화선의 정체성을 확립하기 위해 사집의 중요

7) 權相老, 앞의 책, p.115.
8) 李能和, 앞의 책, p.4.

성을 강조하였을 것인데,[9] 이 같은 점에서 본다면 사집은 사교나 대교와는 차원을 달리하는 교과목이라고 말할 수 있다.

사집은 그렇다고 할지라도 그 밖의 경론이 사교와 대교의 과정으로 편입된 결정적인 이유는 발견하기 어렵다. 김영수는, 달마는 비록 불립문자를 주창하였지만 최후에 혜가에게 《능엄경》과 《금강경》을 전하면서 이 경은 중생교화에 적당하다고 하였으며, 혜능은 《금강경》을 통해 깨달았고, 후에 구결(口訣)까지 저술하여 세상에 유포시켰기 때문에 선종에서 이 두 경을 소의경전(所依經典)으로 알고 숭상하였으며, 《치문》이나 《서장》《선요》는 선종 승려의 저술로서 선종에서 독습(讀習)하던 것이라고 하였지만,[10] 달마가 혜가에게 전한 것은 《능가경》일 뿐더러 선종의 문헌으로 《서장》 등만 있는 것이 아닌 이상 그것을 결정적인 이유라고는 말할 수 없다.

이능화가 전하고 있는 진진응 설에 따르면, 교(敎)에 사교와 대교, 선(禪)에 《전등록》과 《염송》이 정해진 것은 백암성총(栢菴性聰)에서 비롯된 일로서, 백암 이전에는 《화엄경》이 《소본(疏本)》만이 있고 《연의초(演義抄)》가 없었으며, 또한 《기신론필삭기》나 《반야경간정기》 같은 것이 없어서 사교와 대교가 완전하지 않았다. 그러다 강희(康熙) 신유년(숙종 7년, 1681년)에 홀연히 임자도에 불서를 가득 실

---

9) "지엄으로 대표되는 조선조 재야 선문은, 종단의 유지보존과 관련된 심각한 위기의식 속에서, 그 과정에서 조선 중기 수선사의 엄격한 수행정신과 철저한 출세간주의의 흔적을 발견했다. 그리고 그러한 수선사의 선풍을 진작하는 데 핵심적인 이론이 돈오점수와 간화선에 있었음을 알고, 지눌과 대혜 그리고 종밀의 선사상을 조합하여 강원의 교육과정으로 삼았던 것이다."(박제현, 〈간화선을 위한 변명〉, 《불교평론》 2004년 겨울호, p.64)
10) 金映遂, 앞의 책, p.3.

은 배가 떠내려 왔는데, 거기서 《연의초》와 《필삭기》《반야경간정기》 등을 얻게 되었고, 백암 대사가 이를 간행 유포함으로써 비로소 사교와 대교가 완전해질 수 있었다고 한다.[11] 그렇다면 결국 사교와 대교의 정립은 우연에 의한 것이란 말인가, 아니면 천우신조에 의한 필연적인 것이란 말인가?

한편 권상로는, 사미과에서 《치문》 등을 수습하는 것은 율신(律身)의 법을 알게 하기 위함이고, 사집과는 간경(看經)의 준비과정이며, 사교과에서는 경전을 연구하고, 마침내 《화엄》과 격외(格外)의 《염송》으로써 대교의 이력을 마치게 되는 것으로, 후일 《법화경》이 《기신론》으로 대체된 것은 그것의 문의(文義)가 평이하기 때문이라고 하였는데,[12] 이에 대해서는 뒤에 다시 언급하게 될 것이다.

3. 관견管見을 통해 본 교과과정의 문제점

1) 선종 중심의 교과과정

많은 이들이 지적하고 있듯이 현행 교과과정은 철저하게 선종 중심이다.[13] 강원 자체가 구체적인 어떤 텍스트를 강(講)하는, 다시 말해

---

11) 李能和, 앞의 책, p.3.; 《조선불교통사》 권하, p.569.
12) 權相老, 앞의 책, p.115.
13) 이를테면 "보통 강원의 교과목은 선문수행에 적합하도록 편성된 것이다. 이는 조선시대의 불교를 반영한 것이며, 굴절된 불교사의 한계성을 교과목에서 보여주는 일이라 하겠다."(종범, 〈승가의 기본

읽고 해석하는 교육기관이기에, '불립문자 교외별전'을 종지로 삼는 선종의 입장에서 본다면 모든 이력과정은 교학(敎學)이라 할 수도 있을 것이며, 나아가 벽송지엄 무렵까지도 선교가 나뉘어 있어 선종에서는 《화엄경》이나 《법화경》 등을 수학하는 것이 불가능하였기에,[14] 그러한 여러 경들을 교(敎)라고 할 수도 있을 것이다.

그러나 단순하게 살펴보더라도 현행 교과과정은 선종 그 중에서도 특히 보조지눌과 관련된다. 《능엄경》과 《금강경》은 중국의 선종 승려들도 연구하던 경전이라고 이미 말하였거니와, "《도서》와 《절요》로써 여실지견을 세운 다음 《선요》와 《서장》으로써 지해(知解)의 병을 소제하여 활로를 지시해야 한다"는 지엄의 말로 미루어 보건대, 또한 대교과의 화엄을 거쳐 사교입선(捨敎入禪)하는 것 또한 원돈신해문(圓頓信解門)을 버리고 간화경절문(看話徑截門)으로 들어가는 것을 의미한다는 사실로 볼 때, 현행 교과과정은 결과적으로 보조지눌과 직접적으로 관련된다고 말할 수 있는 것이다.

그러나 이것을 문제점이라고는 할 수 없을 것이다. 학인들의 입장에서는 초기불교로부터 선종에 이르는 온갖 불교를 맛보고 싶겠지만, 이는 조계 종단의 종지와 관련된 것이기 때문이다. 다만 문제로 삼자면 강원이 조계종의 기초교육기관이라고 할 때, 현행 교과과정이 과연 조계 종단의 종지(종헌 제2조: 본종은 석가세존의 自覺覺他 覺行圓滿

교육과 교과과정〉, 《승가교육》, p.236); "……또 대교과의 《화엄경》은 대승불교의 종전(宗典)이나 이해의 시각이 선적(禪的) 관점에 서 있으며, 《염송》이나 《전등록》은 두말할 것도 없이 선종 도서이다. 곧 이 모두가 선의 직접적 전적이거나 선종 혹은 선사상과 관련된 선적(禪籍)들이다."(종호, 〈한국불교의 교학 체계와 수행에 관한 연구〉, 《세계승가공동체의 교학 체계와 수행 체계 조사연구》, p.731)
14) 金映遂, 앞의 책.

한 근본교리를 奉體하며 直指人心 見性成佛 傳法度生함을 종지로 한다)를 구현할 만한 인재를 육성하는 데 적합한가 하는 점이다. 조계종 교육원의 교육목표 제1항이 바로 '조계종지의 체득'이기 때문이다.

그렇지만 이러한 교육목표와 현행 강원의 교과과정의 관계는 매우 불분명하다. 교육목표 제1항에서는 "조계종의 가풍은 현 강원의 전통적인 교과목인《치문》, 사집, 사교, 대교 등에 잘 드러나 있다.《서장》에서는 간화선을 강조하고 있으며,《도서》에서는 통불교적(通佛敎的) 입장에서 선교일치를 주장한다. 그 밖에《선요》및《절요》에서도 조계종의 수행가풍을 잘 드러내고 있다. 뿐만 아니라 사교와 대교도 엄밀한 의미에서 사교입선(捨敎入禪)을 위한 이력 과목이라는 것은 두말할 여지가 없다. 그렇다면 조계종지의 체득은 기존의 전통적인 과목에 잘 담지되어 있다"고 명기하고 있지만, 필자가 보기에 이는 의미 없는 말들의 나열일 뿐이다.

즉 여기서는 종지를 구현하기 위해 반드시 사집이 설정되어야 하는 당위성이 언급되고 있지 않으며, 사교와 대교가 다만 사교입선을 위해 배우는 것이라면, 다시 말해 버리기 위해 배우는 것이라면 굳이《능엄경》등이 되어야 할 필요가 어디 있겠는가? 혹은 문맥상으로 조계종의 수행가풍이 무엇인지 알 수 없으나, 만약 남종의 간화선이라면 다시 물어보아야 할 것이다. "현행 교과과정은 간화선의 기본적인 취지를 밝히기에 적합한가?" 만약 "선은 실천(행증)이지 앎의 대상이 아니다"고 한다면, 그것은 강원의 존폐와 관련되는 문제이기 때문에 여기서 논의할 사항이 아니다.

또한 종헌상에 나타난 석가세존의 '근본교리'가 무엇인지는 알 수 없지만, 아무튼 선학은 교학(근본교리)을 떠나 따로 존재하는 것이 아니라 그것을 토대로 하기 때문에 현행 교과과정이 어떻게 근본교리를 커버하고 있는지 밝혀야만 하였다.

나아가 사법(嗣法) 관계에 대해 종헌 제6조에서 "본종은 신라 헌덕왕 5년에 조계 혜능 조사의 증법손인 서당지장(西堂智藏) 선사에게서 심인을 받은 도의(道義) 국사를 종조로 하고, 고려의 태고보우 국사를 중흥조로 하여 이하 청허(淸虛)와 부휴(浮休) 양 법맥을 계계승승(繼繼承承)한다"고 말하고 있다. 그렇다면 현행 교과과정으로 그 같이 면면히 이어온 그들 조사의 선법 또한 밝히기에 충분한가? 만약 그렇지 않다고 한다면(현행 교과과정은 보조지눌과 관련되어 있다고 하였다), 강원을 어찌 '조계종지의 체득'을 목표로 하는 기초교육기관이라 하겠으며, 이들 조사들의 선법은 어디서 배워야 하는가?

그것은 또한 그렇다 할지라도 우매한 필자에게는 여전히 의문은 남아 있다. 종헌상 조계종의 기원은 조계 혜능으로부터 비롯되고 있는데, 어떠한 까닭에서 《육조단경》을 배우지 않으며, 중국 선종의 초조인 보리달마의 《이입사행론(二入四行論)》이나 그가 의지하였다고 하는 《능가경》을 익히지 않는 것인가?

또한 간화선이 진실로 불타의 종취이며 구경각에 이르는 첩경이라 한다면, 여타의 수많은 형태의 교(敎)와 선(禪)에 대해서도 비판적으로 검토해 보지 않으면 안 되며, 그런 의미에서 《도서》와 《절요》는 매우 설득력 있는 교과목이라 할 수 있다. 그러나 《도서》에는 인도와 중국에서 전개된 거의 모든 불교사상이 저자의 불교관에 따라 발췌 정리되고 있다. 단언하건대 실질적으로 초학의 단계라고 할 수 있는 사집과에서 이를 이해할 수 없을 것이다. 아마 그들 눈에 비친 《도서》의 구구절절은 화두와 다름없을 것인데, 이에 대해서는 뒤에서 다시 논의하기로 한다.

2) 성종(性宗) 중심의 교과과정

앞서 필자의 이해에 의하는 한 인도의 불교와 동아시아의 불교는 질적으로 다른 것이라고 하였는데, 그 단편은 이러한 것이다. 우리는 일반적으로 절대진리를 논할 때, 그것은 보편 단일한 것으로서 현실을 초월하는 것이든지 내재하는 것이라고 이해한다. 물론 내재한다고 하더라도 현실이 바로 절대진리라는 것은 아니다. 《기신론》식으로 말하자면, 바람이 자면 파도는 대해(大海)로 돌아가며, 무지의 망상이 사라질 때 진리가 드러난다. 설혹 진리가 현실에 내재한다고 할지라도 파도가 대해로 돌아가기 위해서는 바람이 자야 하고, 진리가 드러나기 위해서는 무지의 망상을 걷어내지 않으면 안 된다. 진리는 언제나 구체적 현실성을 배제한다. 절대는 언제나 추상적인 것이었다.

이에 동아시아 불교의 주류를 이루는 사상가들은 구체적인 차별의 현실이 바로 절대진리임을 천명하였다. 흔히 대해에 비유되는 이러한 절대 보편의 진리성을 '성(性)'이라 하기도 하고, '리(理)' 혹은 '총(總)' 혹은 '체(體)' 혹은 '진(眞)'이라고 하여, '상(相)' 혹은 '사(事)' 혹은 '별(別)' 혹은 '망(妄)'이라는 말로 표현되는 현상세계의 온갖 차별상은 '성' 그 자체이든지 혹은 그것이 나타난(출현한) 것이라고 말하고 있는 것이다. '절대는 바로 현실이다.' 혹은 '현실은 바로 절대의 나타남이다.' 천태와 화엄에서는 이를 각기 성구(性具)와 성기(性起)라고 하였다.

현상[相]과 본질[性], 보편[理]과 특수[事], 부분[別]과 전체[總], 나아가 생사와 열반, 중생과 부처, 그것은 둘이 아니다. 그렇다면 하나인가? '하나'라기보다 원융(圓融)이다. 하나는 둘에 대응하기 때문이다. 그들은 어떠한 차별 대립도 단절된 절대로서의 원융의 세계를 추구하였다. 다시 말하건대 그들이 추구한 '절대'의 '이상'은 상대의 현실을 떠난 추상적인 것이 아니었다.

동아시아의 불교사상가들이 생각한 최고의 진리는 항상 현실 그 자체를 절대적 이상으로 인식하는 것이었다. 떠남과 초월로부터 복귀와 내재, 아니 떠남과 복귀, 초월과 내재라는 구분조차 허용하지 않는 상즉(相卽) 무애(無礙)의 세계를 추구하였다.

차별적 분별을 거부하는 이러한 일련의 불교사상을 성종(性宗)이라 하며, 그 단초는 《대승기신론》이었다. 이는 필경 비록 의식상에 투영된 것이라 할지라도 현상으로 드러난 사사물물(事事物物)의 온갖 차별상에 대해 논의하는 유식[相宗]이나 이를 모두 공이라고 주장하는 중관[空宗]과는 다른 것이었다.[15] 화엄교판에 의할 것 같으면, 성종은 대승의 완성점[大乘終敎]이며, 유식과 중관은 대승의 시작[大乘始敎]에 불과하다.

성종과 상종의 차이를 단적으로 보여주는 것이 일성개성설(一性皆

---

15) 규봉종밀의 술어로 말하면, 상종과 공종은 밀의의성설상교(密意依性說相敎)와 밀의파상현성교(密意破相顯性敎)로서 방편설이며, 성종은 현시진심즉성교(顯示眞心卽性敎)로서 요의설이다. 이에 대해서는 다음 절에서 좀더 구체적으로 언급할 것이다.

成說)과 오성각별설(五性各別說)의 문제이다. 하물며 현장(玄奘)도 주저하였거늘[16] 이 시대 누가 감히 '일체 중생 실유불성'을 부정하여 5성(성문·독각·보살·不定·無性) 중 성문·독각·무성(예컨대 복을 구하는 범부 내지 도축업자)은 결코 성불할 수 없다고 말할 수 있을 것인가? 그러나 이는《해심밀경》의 정설이며, 법상종의 종의이다. 성종에 의하는 한 삼승은 방편이며 일승이 진실이지만, 상종에 의하는 한 일승은 방편이며 삼승이 진실이다. 어느 편이 진실인가? 그렇다면《무량수경》에서 시방세계의 일체 중생을 구제한다고 하면서 "5역죄를 지은 자나 '정법을 비방하는 자'는 제외한다"(제18원)거나 극락정토에는 오로지 보살 정정취(正定聚)만이 머물기를 서원한 법장보살의 본원(제11원)은 어떻게 이해해야 할 것인가?[17]

그런데 알 수 없는 것은, 주지하듯이 중관과 유식은 인도 대승불교의 2대 학파로서 인도에서는 불교가 사라질 때까지 존속하지만, 중국의 경우 같은 계통의 종파인 삼론종과 법상종은 50년도 채우지 못하였으며, 반대로 성종의 단초인 본각(本覺)의 여래장사상은 인도에서는 필경 대승불교의 중요한 한 갈래였고,《여래장경》《승만경》《능가경》등을 바탕으로《보성론(寶性論)》(완전한 명칭은《究竟―乘寶性論》)이

---

[16] 규기(窺基)가 전한 바에 의하면, 현장(玄奘)이 본국의 사람들은 무루종자(無漏種子)가 결여되어 성불의 가능성이 없는 무성(無性)에 대해 믿지 않을 것이므로 이를 삭제하고 싶다는 뜻을 피력하자, 스승인 계현(戒賢)은 이를 나무랐다고 한다.(《瑜伽論記》권13,《대정장》42, p.615상중) 오성각별설과 일성개성설의 차별과 유래에 대해서는 본서 제10장을 참조할 것.
[17]《무량수경우바제사(無量壽經優波提舍)》(《대정장》26, p.231상), "二乘種不生." 이에 대해 원효는, "이승으로 결정된 이(定性二乘)는 극락왕생할 수 없지만, 그렇지 않은 이승(不定性)은 보살로의 전향이 가능하기 때문에 왕생할 수 있다"고 해석하고 있다.(《무량수경요》,《한국불교전서》1, p.560중). 본서 제10장 제5절 '정토교에서의 종성 차별론'을 참조할 것.

저술되었을지라도 중관학파나 유식학파처럼 하나의 학파로 성립하지는 못하였지만(티베트에서도 마찬가지였다), 중국을 중심으로 하여 동아시아에서 발전한 거의 모든 불교에 절대적인 영향을 미치고 있다.

그 이유는 무엇일까? 아마도 무아나 무상(無相)의 공을 설하는 불교 전통에 반하여 '여래장'이라고 하는 통일적이고도 실재적인 원리를 설정하였기 때문은 아닐까? 혹은 분석과 비판이라는 부정적 입장을 취한 전자에 비해 지양과 종합이라는 긍정적 입장을 취한 성종의 사상이 그들의 성향에 보다 적합했기 때문은 아닐까?[18]

우리는 대개 이러한 동아시아의 불교 전통에 익숙하기 때문에 아무런 이의 없이 '여래장'(혹은 진여법성 혹은 眞我)을 당연한 것으로 받아들이고, 그것이 바로 '진리'로서 깨달음의 조건이고 대상이라고 말한다. 나아가 이를 통해 지나간 2500년의 도정을 무시하고 불교를 '하나'로 묶어서 바라보려고 한다. 그러나 필자는 이를 두고 '역사가 말해주는 것'이라느니, '역사적으로 검증된 것'이라는 등으로 말하고 싶지 않다.[19] 그것은 성향의 문제이고 신념의 문제이지 진실의 문제가

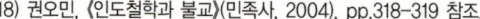

18) 권오민, 《인도철학과 불교》(민족사, 2004), pp.318-319 참조.
19) 요즘 들어 '간화선이야말로 역사적으로 검증된, 가장 빠른 최고의 수행법'이라는 말을 종종 듣는다. 불교학자 심지어 초기불교 전공자조차 여기에 맞장구치기도 한다. 그렇다면 불교는 결과론에 입각한 역사주의인가? 그럴 경우 '시공을 초월하는 진리' 운운하면서 시간성과 공간성의 역사를 빌려 진리성을 검증하려는 우를 범하게 된다. 역사는 본질적으로 시간과 공간의 제약을 벗어날 수 없으며, 공간과 시간이 어떤 절대적인 존재론적 위상을 갖지 않는다면, 그 속에서 이루어지는 역사 역시 그러한 위상을 가질 수 없다. 또한 빠르다면 얼마나 빠르다는 것인가? 100m 경주가 아닌 이상 삶에 빠르고 늦음이 어디 있을 것인가? 우리는 붓타께서 3아승기겁에다 다시 100겁을 더한 후에 비로소 정등각을 성취하였다는 사실을 어떻게 이해해야 할 것인가? 성문과 보살의 차이는 바로 여기에 있다. 성문은 근기가 하열하여 바로 깨달음을 얻고자 하였지만, 보살은 3아승기겁 100겁에 걸쳐 보살도를 닦았으며, 이로 인해 인위(忍位)에 이른 성문은 성불하지 못하고 아라한이 될 뿐이지만, 보살은 아라한이자 붓타가 된 것이다.(깨달음에 있어 빠르고 늦음 혹은 頓漸의

아니다.

성종은 말하자면 통일론이라 할 수 있다. 그러나 차별론(상종)이 전제되지 않은, 구체적 현실에 대한 강렬하고도 정확한 인식이 결여된 통일론은 공허하다. 괴로움(불안)을 다만 공적한 것이 아니라 구체적인 현실로서 직시해야 한다. 우리가 경험하는 현상세계는 언제나 주객 대립의 세계이다. 내가 있고 네가 있으며, 진실이 있고 거짓이 있으며, 깨끗함이 있고 더러움이 있다. 그리고 그 사이에는 항상 대립과 갈등의 투쟁이 꿈틀댄다. 또한 어제의 진실은 오늘 더 이상 진실이 아니며, 오늘의 나 또한 어제의 내가 아니다. 그것이 비록 관념의 세계이고 허망분별의 세계라 할지라도 이에 대한 금강석과도 같은 강렬한 결택(決擇)만이 우리를 그러한 세계로부터 해방시켜줄 것이다.

강원이 언어로 구성된 텍스트에 입각하여 학문을 전수하는 교육기관인 이상 엄격한 분별과 결택을 전제로 하지 않으면 안 된다. 결코 어렴풋하게 이해한 '회통(會通)'에 근거하여 '그게 그것이다'거나 '좋은 게 좋은 것'이며, '우리 것이 좋은 것'이라는 시각을 허용해서는 안 된다. 그것은 학문이 아니다. 원효가 위대한 사상가라는 것은 그의 무애행에 기인하였겠지만, 그것은 현실상(相)에 대한 강렬하고도 정확한 인식이 전제되었으며, 말할 수 없는 '그것'을 극구 정교한 언어로 드러내었다는 점 때문일 것이다.

문제 또한 인도와 중국 사유의 질적 차이를 보여주는 것이라 할 수 있다.) 또한 최고의 수행법이라면, 간화선이 생겨나기 전의 인사들은 모두 저열한 수행법을 닦았을 것이니, 어찌 구경각(이 말의 출처는 《기신론》이다)에 이를 수 있었겠는가? 이러한 말에서 "성경을 통하지 않고서는 결코 구원을 받을 수 없다"고 한 어떤 종교의 독선이 연상된다고 한다면, 필자는 훼불론자일까?

불교는 '팔만대장경'이라는 말이 시사하듯이 그 자체만으로도 지식의 보고이다. 그것은 인류가 산출한 위대한 지적 유산이다. 그것은 다만 유형(有形)의 보고(문화재)만이 아니다. 막말로 인류가 산출한 어떠한 관념 체계도 거기에 포함되어 있다고 감히 말할 수 있다. 그럼에도 우리 불교 스스로가 '성종'이라는 이념에 갇혀 '소승'이라 하고, '상종(相宗, 혹은 有宗)' 혹은 '공종(空宗)'이라 하여 그 같은 언어적인 지식의 보고를 파기하고 있다.

필자가 생각하기에 조선시대를 거치면서 승려들에 대한 이미지로 나빠진 것으로, 전통적으로는 엘리트(지식) 계층이었다. 무엇보다 문자를 알았으며, 인간 삶(相)에 대한 정확한 인식과 그에 대한 다양한 비전을 제시할 수 있었으며, 이에 따라 사회 제 문제에 대해 적극 대처하였기 때문이다. 정치적 역학 관계가 없었던 것도 아니었겠지만, 국사니 왕사라고 하는 것도 동일한 맥락이었을 것이다.

이런 면에서 한국불교는 좀더 지적으로 성숙할 필요가 있으며, 그것은 근본적으로 강원의 교과과정과 결부된 문제이다. 오늘날 강원의 교과과정은 《금강경》을 제외한다면 중국선종서 내지 성종 일색이며, 《금강경》 또한 불교사상사라는 관점을 완전히 배제한 채 혜능과 결부시켜 이른바 공소현(空所顯)의 진리인 진공묘유(眞空妙有, 혹은 破相顯性, 혹은 別傳禪旨)로 이해하는 실정이다. 한마디로 《기신론》 이전의 불교, 유식도 중관도 아비달마도 사라져버렸다.

일찍이 대각 국사 의천(義天, 1045-1101)은 교관겸수(教觀兼修)·성상겸학(性相兼學)을 주장하였다지만, 이는 선종 그 중에서도 특히 간화선을 중심으로 하며 성종 계통이 교학의 주류를 이루는 오늘날 한국불교계에 시사하는 바가 크다고 하겠다. 그는, "'성'과 '상'은 하늘의 해와 달, 역(易)에 있어서는 건(乾)과 곤(坤)과 같기 때문에 이 두 갈래를 함께 배워야 비로소 달통한 사람이라 할 수 있다"는 청량징관(清凉澄觀, ?-839)의 말을 인용하면서 다음과 같이 말하고 있다.

《구사론》을 배우지 않으면 소승의 설을 알지 못하며, 유식을 배우지 않고서 어찌 대승시교(大乘始敎)의 종의를 파악할 수 있을 것이며, 《기신론》을 배우지 않고서 어찌 종교(終敎)와 돈교(頓敎)를 밝힐 수 있을 것인가? 또한 《화엄》을 배우지 않으면 원융의 세계에 들어가기가 어렵다. 뜻이 얕은 것으로는 깊은 것에 이르지 못하지만, 깊은 것은 반드시 얕은 것과 함께 배워야 하니, 이는 당연한 이치이다. 그래서 경의 게송에서도 "연못이나 강의 물도 마실 힘이 없으면서 어찌 대해를 삼킬 수 있을 것이며, 성문·연각의 이승법도 익히지 못하였으면서 어찌 대승을 배울 수 있을 것인가?"라고 하였으니, 참으로 믿을 만한 말씀이라 하지 않을 수 없다. 이승도 익혀야 하거늘 하물며 대승[의 상종]을 말해 무엇 할 것인가?

요즘 불교를 배우는 이들은 스스로 돈오(頓悟)라고 말하면서 방편교〔權, 즉 唯識〕와 소승교〔小, 즉 俱舍〕를 멸시하고, '성'과 '상'에 대해 담론하다가 왕왕 사람들의 웃음거리가 되기도 하니, 이는 모두 성종과 상종을 함께 배우지 못하였기 때문이다.[20]

| 20) 《대각국사문집》 권1 〈간정성유식론단과서(刊定成唯識論單科序)〉(《한국불교전서》4, p.529중하).

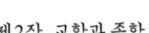

3) 차제 방편을 무시한 교과과정

이미 2-2) '현행 교과과정의 유래'에서 살펴보았듯이 현행 교과과정이 어떠한 근거에서 이력과정으로 편입되었는지 오늘날 여전히 잘 알지 못한다. 보다 적극적으로 말하면 아마도 알 수 없을 것이라고 생각한다. 왜냐하면 그것은 구체적인 의도(즉 선종의 종지 구현)에 의해 설계된 것이 아니라 조선 중기·후기 선교 통합(보다 정확히 말해 교종의 소멸)이라는 시대의 변이에 따라 자연적으로 정립된 것이기 때문이다. 혹은 선교의 통합이 국가권력에 의한 타율적인 통합이었으므로 통합의 정체성을 확인할 만한 상황도 아니었으며, 그에 따른 새로운 교과과정을 모색할 여유도 없었기 때문이다. 이는 마치 오늘날 대학의 위기 운운하며 개별 학과의 학부제로의 통합과 같은 것이라고도 하겠다.[21]

따라서 현행 교과과정은 타율적인 선교 통합에 따른 지극히 부자연스러운 것으로서, 계통적인 연관성을 찾기 어렵다. 굳이 찾자면 성종에 입각한 선종 계통의 문헌이라고 할 수 있겠지만, 이미 언급하였듯이《육조단경》이나《이입사행론(二入四行論)》등을 먼저 익히지 않는 것도 의문이거니와 애당초《기신론》이 정규과목이 아니었다는 점으로 볼 때 그렇게 말하기도 어렵다. 더욱이《법화경》이 문의(文義)가 평이하여(너무 쉬워)《기신론》으로 대체되었다고 하는 것도, 떠내려온 배

---

[21] 예컨대 필자가 재직하는 대학의 경우, 사학과와 철학과가 인문학부로 통합되었지만, 교과과정은 '인문학'이라는 공통분모 위에 새롭게 모색된 것이 아니라 양 학과의 기존 교과과정을 병렬적으로 나열한 지극히 기형적인 모양새를 취하고 있다. 그것은 필경 타율에 의한 통합이기 때문이다.

에《기신론필삭기》등이 실려 있어 비로소 사교와 대교가 완전해질 수 있었다고 한 것도 현행 교과과정의 정체성과는 무관한 이야기이다.

강원의 이력과정이, 사미과는 오늘날 초등학교에, 사집과는 중학교에, 사교과는 고등학교에, 그리고 대교과는 대학교에 해당한다고도 말하며,[22] 권상로는, 사미과는 율신(律身)의 법을 익히기 위한 과정이고, 사집과는 간경(看經)을 준비하기 위한 단계이며, 사교와 대교는 간경의 과정이라고 하였는데, 형식상으로는 그러할지라도 내용상으로는 참으로 수긍하기 어려운 말들이다.

어떤 경(經)의 논소(論疏)도 아니고, 어떤 특정한 계통의 특정한 이의 편지글과 법문집, 당시 여러 교가(敎家)와 선가(禪家)의 종의를 종합 비교한 논문들을 학습하는 일이 어떻게 경을 읽기 위한 준비과정이라 할 수 있을 것인가? 그것들은 도리어 온갖 경과 경의 취지를 밝힌 논소를 읽고 난 이후에 비로소 읽어야 할 것들이다. 그것들은 오늘날의 학제로 말한다면 대학원에서 행해지는 특수문제에 대한 세미나와 같은 각론(各論)으로, 이를 총론(總論, 개론)에 앞서 배운다는 것은 상식에도 어긋나는 일이다.

앞서 언급하였듯이 《도서》에는 인도와 중국에서 전개된 거의 모든 불교사상이 망라되고 있다. 대략 간추려 보면, 《아함경》과 《대비바사론》 등의 소승불교〔人天因果敎와 斷惑滅苦敎〕, 《해심밀경》《유가사지론》《성유식론》 등의 유식〔將識破境敎: 이상 依性說相敎〕, 《중론》《백

---

22) 남도영, 《한국사원교육제도(중)》, p.29. 강원이 승가대학으로 개명하였으므로 각각의 과정은 1학년에서 4학년에 해당한다고 말할 수도 있을 것이다.

론》 등의 중관〔破相顯性敎〕,《화엄경》《밀엄경》《승만경》《원각경》《여래장경》《법화경》《열반경》과《보성론》《기신론》 등의 여래장사상〔眞心卽性敎〕, 대통신수의 북종〔息妄修心宗〕, 우두법융의 우두종〔泯絕無寄宗〕, 신회의 하택종이나 마조의 홍주종〔直顯心性宗〕을 교(敎)와 선(禪)의 기본 틀로 삼아 또 다른 여러 경론과, 용수와 제바, 무착과 세친, 청변과 호법 등을 종횡무진으로 인용 비교하고 있다. 적어도 이에 대한 이해가 없다면《도서》는 화중지병(畫中之餠)이 될 수밖에 없다. 예컨대 유식과 북종을 알지 못하는데 어떻게 양자의 비교 회통을 말할 수 있을 것인가?

따라서 사집과에서《도서》를 배우고, 사교과와 대교과에서《금강경》(공종)·《기신론》 등과《화엄경》(성종)을 배우는 것은 앞뒤가 전도된 경우로서, 누가 보더라도 소정의 교육 목적을 달성하기 위한 것이라고 말하기 어렵다. 교육은 계통에 따라 점진적으로 이루어져야 한다. 차제 방편은 불교학의 기본원칙이다. 의천이 말하였듯이 연못이나 강의 물도 마실 힘이 없으면서 어찌 대해를 삼킬 수 있을 것이며, 성문·연각의 이승법도 알지 못하면서 어찌 대승을 배울 수 있을 것인가? 부처님 또한 그의 법(律)·율(律)이 점진적인 것이라고 하면서 그러한 특성의 법·율이야말로 일찍이 없었던 미증유의 법임을 밝히고 있다.[23]

불교는 결코 계시종교가 아니다. '있어라' 하니 있었던 것도 아니

---

23) 예컨대《중아함경》권8〈아수라경〉(《대정장》1, p.476중), "若我正法律中漸作漸學漸盡漸敎者, 是謂我正法律中第一未曾有法……."

며, 그렇게 적혀 있기 때문에 진리인 것만도 아니다. 문헌 비평은 결코 현대 학문만의 특성이 아니다. 동아시아 불교의 특징 중의 하나라고 말할 수 있는 교상판석(敎相判釋)이 무엇인가? 그것은 바로 경전에 대한 비판적 해석을 통해 불교의 체계를 정립하려던 시도가 아니었던가? 다시 말하거니와 현행의 교과과정은 최소한 전통적인 교상판석도 고려되지 않은 무작위의 교과과정으로, 만약 그 같은 차제 방편에 입각하지 않을 경우, 감히 말하건대 '구호'만 양산할 뿐이다.

4) 그 밖의 의문점들

앞서 언급한 문제점의 대강을 필자가 평소 지녔던 졸렬한 의문으로 간추리면 이러하다.

첫째, 조계종은 필경 선종임에도 어떠한 까닭에서 선종의 초조인 보리달마의 근본사상을 담고 있는 《이입사행론》이나, 그가 "인자(仁者)가 의지하여 깨달음을 얻고 세상을 제도할 수 있는 경"이라고까지 말한 《능가경》을 배우지 않으며,[24] 6조 혜능의 법을 잇는다고 하면서 《육조단경》을 배우지 않는 것인가? 또한 어떠한 까닭에서 서당지장에게서 심인(心印)을 받은 도의 국사를 종조로 하고 태고보우를 중흥조로 한다면서 《태고어록》 등을 배우지 않으며, 나아가 청허와 부유의 양 법맥을 계승한다면서 그들에 이르는 《선종사》를 선수(先須)하지

---

24) 《속고승전》 권16 〈석승가전(釋僧可傳: 僧可는 일명 慧可)〉(《대정장》50, p.552중), "初達摩禪師以四卷楞伽授可曰, '我觀漢地惟有此經, 仁者依行自得度世.'"

않는 것인가?

둘째, 소견에 의하면, 우리에게 전해진 불교사상은 크게 초기불교 —아비달마불교(이상 소승)—대승 공관—유식—여래장—이에 근거한 중국의 성종 계통으로 발전하며, 천태나 화엄의 양대 교판에 따를지라도 대개 그렇게 말할 수 있는데(후설), 여래장 이전의 불교는 어디에서 배우는 것인가? 대저 그것들은 내전(內典)인가, 외전인가? 이에 대한 이해 없이 여래장으로 직입(直入)하는 것은 씨앗이나 싹은 보지 않고 문득 꽃만 보는 형국이며,[25] 초등과정이나 중등과정을 거치지 않고 바로 대학에 진학하는 것과 같다. 아이러니하게도 현행 강원에서 시행하는 졸업 논문의 태반이 내전(성종) 밖의 주제인데, 이를 어떻게 이해해야 할 것인가?

셋째, 세간에서 흔히 행해지는 '불교 기초교리 강좌'에서는 대개 4성제 · 8정도 · 3법인 · 12연기, 그리고 대승불교(반야 공사상)가 강의되는데, 이에 대해서는 어디서 배우는 것인가? 그것은 말 그대로 '기초'이기 때문에 독학해야 하는 것인가? 일반적으로 불타 깨달음의 본질이 '연기'라고 하지만, 주지하듯이 현수법장(賢首法藏)은 그의 교판에 따라 연기를 업감연기(業感緣起: 12연기, 즉 소승)—자성연기(유식)—진여연기(여래장)—법계연기(화엄)로 이해를 달리하였다. 각각은 하늘과 땅만큼의 차이가 있는 것이다. 단도직입적으로 물어보아야겠다. 업감연기설이 어려운가, 법계연기설이 어려운가?[26]

---

25) 최남선이, 인도불교는 서론이고, 중국불교는 각론이며, 한국불교는 결론이라고 한 데 따라 혹자는 각기 씨앗과 꽃과 열매에 해당한다고도 말하였다.
26) "업과 그 과보(5趣의 삶)의 양상은 참으로 심오하고 참으로 미세하여 관찰하기도 어렵고 깨달아

일반적으로 상종(相宗)으로 일컬어지는 아비달마(소승교)나 유식(大乘始敎)에 대해서는 불교학자들조차 어렵다고 말한다. 어렵기 때문에 배우지 않는 것인가, 소승 혹은 '대승의 시작'에 불과하기 때문에 배우지 않는 것인가? 시작이 어려운데 어찌 끝(終敎, 즉 《기신론》)을 알 수 있을 것이며, 시작이 없었는데 어찌 끝이 있을 수 있을 것인가?

넷째, '어렵다'는 문제와 관련하여 강원의 학인 스님들께 물어보아야 하겠다. 사집이 어려운가, 사교가 어려운가? 말 그대로 대교가 어려운가? 간경의 준비단계라는 사집을 통해 보다 어려운 사교를 알 수 있고, 사교를 통해 마침내 대교에 들 수 있는 것이라면, 설혹 사집이 어렵다고 할지라도 문제가 되지 않는다. 그러나 만약 그렇지가 않다고 한다면, 현행 교과과정에 문제가 없다고 할 수 없을 것이다.

다섯째, 현실적인 문제로서 참으로 이해할 수 없는 점은, 강원을 마치고서 동대 불교대학이나 승가대학에 들어갔다는 말은 흔히 듣는 말이지만, 불교대학 등을 마치고 강원에 들어갔다는 말은 대단히 희유한 말이다. 대교(大敎)의 이력을 마치고 다시 불교대학에 들어가 불교학개론이나 아함(소승), 중관(대승시교) 등을 배운다는 것은 누가 들어도 웃을 일이다. 강원 4년, 불교대학 4년, 도합 8년의 기간은 성

> 알기도 어렵다. 그 까닭이 무엇인가? 여래가 설한 일체의 경전 중에서 업과 그 과보의 차별상을 밝힌 《업경(業經, 즉 율장)》만큼 심오한 것이 없으며, 12전(轉, 연기) 가운데 업(즉 '行'과 '有')만큼 심오한 것이 없으며, 부처의 10력(力) 가운데 업력(즉 業異熟智力)만큼 심오한 것이 없으며, 《발지론》의 8온품(蘊品) 가운데 〈업온〉만큼 심오한 것이 없으며, 4부사의(不思議) 가운데 업부사의만큼 심오한 것이 없기 때문이다.……그래서 [알고자 하기만 하면 모든 것을 다 아시는] 부처님께서도 방에 들어가 골똘히 사유하여 살피셨던 것이다."(《대비바사론》 권113, 《대정장》27, p.586 중; 동론 권41, pp.212하-213상)

취될 결과에 비해 너무나도 긴 세월이다.

4. 개선방안: 교과과정의 이원화

1) 교학(敎學)으로서의 불교학

대저 불교(佛敎)란 무엇인가? 엄격히 말한다면 그것은 불타의 말씀(Buddha vacana), 즉 불타 교법(敎法)일 것이다.[27] 그렇다면 다른 이의 말과 마찬가지로 단어, 문장 등을 본질로 하는 그의 말씀의 근거는 무엇인가? 그것은 그의 깨달음[自內證]이었다. 결국 불교란 불타의 깨달음을 근거로 하여 이룩된 경·율·논의 삼장을 말하며, 불교학이란 삼장을 소재로 한 학적 체계를 말한다.

따라서 사실상 '불교'와 '불교학'은 다른 것이 아니다.[28] 왜냐하면 불타의 말씀은 그의 깨달음을 근거로 한 가설적 혹은 방편적 성격을 띠기 때문에 매우 다양한 형식과 내용으로 이루어져 있으며, 해서 거기에 일정한 이론적 체계를 부여하려는 노력은 필연적이었기 때문이다.

이 같은 불교의 학적 체계는 이미 불타 재세 시 마트리카(matṛka, 論母)라고 하는 형식으로 시작하여 불타 입멸 후 산출된 수많은 아비

---

[27] 전통적으로 '불교'라 할 때, 그것은 오늘날 기독교·회교 등과 함께 일컬어지는 종교의 하나가 아니라(그것은 대개 佛道·佛法·佛學 등으로 일컬어졌다) 다만 '불타의 말씀'을 의미한다. 선가(禪家)에서는 이를 조문(祖門)에 대응시켜 교문(敎門)이라 하였다.

[28] 오늘의 우리는 대개 '불교'가 불교학에 선행하는 것으로 여긴다. 그러나 사실 오늘 우리가 접하는 어떠한 불교도 불교학의 산물이다. 이에 대해서는 본서 제3장 〈불교학과 불교〉에서 다룬다.

달마(abhidharma)에서 이루어지고 있는데, 그것은 다시 시대와 지역에 따른 이론적 반(反)·합(合)의 과정을 거쳐 마침내 밀교로까지, 혹은 천태·화엄 내지 선종으로까지 전개되기에 이른다. 따라서 불교는 결코 단일한 체계가 아니며, 시대와 지역에 따라 전개된 온갖 상이한 학적 체계가 모여 이루어진 매우 복합적이고도 유기적인 체계이다.

우리는 대개 그러한 제 체계를 시대적 구분에 따라 초기불교-아비달마(부파, 혹은 소승)불교-초기 대승(반야 공사상)-중기 대승(유식과 여래장)-후기 대승(밀교)으로 나누기도 하고, 혹은 그 중의 두드러진 각각의 이론 체계에 근거하여 유부 아비달마(바이바시카)·경량부·중관학파·유가행파로, 혹은 중국의 교판가(敎判家)에 따라 소승교·대승시교(大乘始敎, 중관과 유식)·대승종교(大乘終敎,《기신론》)·대승돈교(大乘頓敎, 선종과《유마경》)·대승원교(大乘圓敎,《화엄경》)로, 혹은 장교(藏敎)·통교(通敎)·별교(別敎)·원교(圓敎) 등으로 분류하기도 한다.(본 절 제3항에서 상론함)

필자 사견에 의하는 한, 이 모든 체계의 중심문제는 제(諦)·법성(法性)·실상(實相)·진실(眞實)·진여(眞如)·실제(實際)·진면목 등의 말로 일컬어지는 진실(참)이다. 우리가 경험하는 세계가 거짓〔虛妄〕이라면, 진실은 무엇이며, 거짓된 현실세계와의 관계는 무엇인가? 그러한 진실을 어떻게 하면 실현할(깨달을) 수 있을 것인가? 지난 2500년의 불교사상사는 이에 대한 탐구와 해석의 도정이었다. 어떤 하나의 해석 체계는 필연적으로 그에 반하는 또 다른 해석 체계를 낳게 되었고, 종합이 이루어졌으며, 그에 근거한 새로운 해석이 모색되었다.

초기불교는 단일 보편의 영원한 존재인 아트만(혹은 브라흐만)에 근거한 인도 전통의 세계관을 거부하고, 세계란 다수의 원인〔因〕과 조건〔緣〕에 의한 것으로 무상과 무아가 진실임을 주장하였다. 아비달마 불교에서는 이른바 일체법(一切法, 혹은 諸法)이라 일컬어진 그 같은 원인과 조건을 더욱 엄격히 분별하고 그것의 실유를 주장하였으며, 반야공관에서는 이를 비판하였고, 유식에서는 다시 이러한 공관에 근거하여 일체법은 마음에서 비롯된 것임을 천명하였다. 그리고 여래장에서는 이를 종합하여 공(분별의 妄心)과 불공(不空, 진여일심)을 마음의 두 측면으로 간주하였다.

화엄종에 의하는 한, 아비달마는 사법계(事法界)를, 중관과 유식은 이법계(理法界)를, 《기신론》은 이사무애법계(理事無碍法界)를 주장하지만, 《화엄경》에서는 사사무애법계(事事無碍法界)를 주장한다. 불교학이나 사상사적 입장에서 본다면, 여기에 대소(大小)나 승렬(勝劣) 혹은 권실(權實)의 신념이 개입될 여지는 없다. 이는 모두 '진실'의 추구이기 때문이며, 각각의 교학 체계는 그 전제(출발점)가 다르기 때문으로, 후자는 당연히 전자를 토대로 하여 비판적으로 발전한 것이기 때문이다. 따라서 만약 어떤 한 교학 체계에 대소 등의 신념을 개입시킬 경우, 도그마에 떨어져 다른 교학 체계는 물론이고, 그것이 원래 추구하려고 하였던 진실 또한 보기 어렵다.

그럼에도 우리는 대개 '전통'과 '진리'라는 권위와 신념에 기대어 우리에게 주어진 특정의 불교를 주어진 방식대로 해석하고 나열한다. 그것은 교시와도 같다. 그것은 이미 절대적인 것이기에 우리의 의심과 문제제기, 혹은 비판은 허용되지 않는다. 다만 이해와 추종만이 요구될 뿐, 오늘의 우리의 사유가 끼어들 여지가 없다. 왜인가? 인연은 사라지고 결과만이 남았을 뿐이기 때문이며, 문제는 사라지고 해답(주장)만이 남았을 뿐이기 때문이다.

도대체 그들 사이에 무엇이 문제였던가? 무엇이 문제였기에 그 오랜 세월 동안, 그토록 많은 학파(종파)들과 사상들이 나타나고 사라졌던가? '문제'를 갖지 않은 해답은 생명이 없다. 애당초 그들이 가졌던 문제의식에 동참하지 않는 한 주체적인 이해는 기대하기 어려우며, 주체적 이해가 없는 한 비판도 없다. 그것은 학문(불교학)이 아니다. 불교사상사는 다른 뭇 철학사와 마찬가지로 비판의 산물이다.

인도의 저명한 현대철학자 라다크리슈난은 말한다. : "창조적인 정신이 철학을 떠났을 때, 철학은 철학사와 혼동되었다."[29] 불교사상사 역시 예외는 아닐 것이다. 우리는 어쩌면 철학사를 마치 지고의 '철학'인 양 착각하고 있듯이, 우리에게 주어진 불교사상사를 지고의 불교(절대진리)인 양 착각하고 있는지도 모르겠다. 따라서 오늘날 '불교'에 관한 우리의 담론 또한 다만 상식이고 장식이며, 앵무새의 지저귐처럼 반복되는 구호나 선전일지도 모르겠다.

오늘날 불교연구의 주류는 원전중심주의, 문헌실증주의이다. 그러나 그것은 불교 자체에 대한 연구라기보다 사실상 불교의 문헌학이다. 이는 물론 불교학 연구의 기초작업이라 할 수 있겠지만, 이와 더불어 그것을 전체적인 시각에서 철학적으로 파악하려는 노력 또한 결코 게을리 해서는 안 된다. 불교의 목적은 문헌에 있는 것이 아니라 주체적

---

29) 라다크리슈난, 이거룡 역, 《인도철학사》 IV(한길사, 1999), p.591.

반성과 그에 따른 세계에 대한 참다운 인식〔正見〕에 있기 때문이다.

그러기 위해서는 무엇보다 먼저 주장(해답)에 앞서 그것의 문제를 찾지 않으면 안 된다. 혹은 어떤 특정의 종의(宗義)에서, 선입견에서, 근거 없는 신념에서 벗어나지 않으면 안 된다. 자유롭고 독립된 탐구가 결여될 때 진정한 교학의 연구는 이루어질 수 없다. 그것은 어떠한 것도 두려워하지 않는 비판 정신에서 비롯된다. 비판이 없는 곳에 주체적 사유는 존재하지 않기 때문이다.[30]

2) 종학(宗學)으로서의 불교학

그러나 다른 한편 불교학은 일반의 학문과는 다른 특성을 갖는다. 다만 진리에 대한 객관적·개념적·철학적 인식에 만족하는 것이 아니라 주체적·실천적·종교적 인식을 요구한다는 점이다. 그것은 대개의 인도철학이 그러하듯이 육체적 경험(예컨대 선정)에 수반되는 것이다.

불교에서는 전통적으로 전자의 진리인식을 '언어적인 것(desana, 言敎)'이라 하고, 후자의 진리인식을 '궁극적인 것(siddhānta, 宗趣)'이라 하였다. 전자가 이해(vijñāna, 了別)를 본질로 하는 것이라면, 후자는 깨달음(pratyātma, 自證)을 본질로 하는 것으로,《대비바사론》에서는 이를 세속정법(世俗正法)과 승의정법(勝義正法)이라고 하였

---

30) 불교사상사에 등장하는 인물들은 대개 이러하였다. 규봉종밀은 비록 후대 지해종사(知解宗師)로 비판받았을지라도 선교(禪敎)의 일체 불교를 《도서》(4권)에 올려놓았다. 하물며 그의 불교를 왜 나의 저술에 올려놓지 못할 것인가? '그의 불교인식은 과연 정당하였는가?' (주 46 참조)

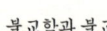

다.[31] 이는 바로 세계 존재의 실상에는 궁극적 측면의 실상(siddhāntanaya lakṣaṇa, 宗趣法相)과 언어적 측면의 실상(desanānaya lakṣaṇa, 言敎法相)이 있기 때문으로, 불교 일반에서 전자가 피안이라면 후자는 그것으로 건너가는 배에 비유되며, 전자가 달이라면 후자는 그것을 가리키는 손가락에 비유된다.

세존의 정법(正法)에는 두 종류가 있으니, 첫째는 교법(敎法)이고, 둘째는 증법(證法)이다. 여기서 교법이란 계경(契經)과 조복(調伏, 즉 율)과 대법(對法, 아비달마)을 말하며, 증법이란 삼승의 보리분법을 말한다.[32]

대혜(大慧)여! 일체 이승(二乘)과 모든 보살에게는 두 가지의 법상(法相)이 있으니, 무엇이 두 가지인가? 종취법상와 언설법상이 그것이다. 여기서 종취법상이란 스스로 증득한 수승한 상으로, 문자와 언어의 분별을 떠나 무루계(無漏界)에 들어 자신의 경지의 실천〔自地行〕을 성취하게 되면 일체의 올바르지 못한 생각〔不正思覺〕을 초월하고 마구니와 외도를 제압하며, 지혜의 빛이 생겨나는데, 이를 종취법상이라 한다. 언설법상이란 9부(部)의 여러 교법을 말하는 것으로, 일이(一異) 유무(有無) 등의 상을 떠나 교묘한 방편으로 중생들의 마음에 수순하여 이러한 법에 들게 하니, 이를 언설법상이라고 한다.[33]

---

31) 《대비바사론》 권183(《대정장》27, p.917하), "有二種正法, 一世俗正法, 二勝義正法. 世俗正法謂名句文身, 卽素怛纜毘奈耶阿毘達磨. 勝義正法謂聖道, 卽無漏根力覺支道支."
32) 《구사론》 권29(《대정장》29, p.152중).
33) 《입능가경》 권4(《대정장》16, p.609상).

그렇다면 불타의 승의정법은 무엇인가? 직접적이든〔顯示〕 간접적이든〔密指〕 언어 문자(즉 경론)에 의해 드러나고 지시되는 불타 자내증의 본질은 무엇인가? 흔히들 연기이고 중도라고 하지만, 무엇이 연기이고 무엇이 중도인가? 이 또한 시대에 따라 그 해석을 달리한다. 우리는 이를 분명히 하지 않으면 안 된다. 법장(法藏)에 의하는 한 네 종류의 연기가 있었으며, 승랑(僧朗)에 의하는 한 세 종류 혹은 네 종류의 중도가 있었지만, 홍주종에 의하는 한 화엄의 사사무애의 법계연기조차 지해(知解)의 분별일 뿐이며, 하택종(荷澤宗)에 의하는 한 삼론의 약교이제설(約敎二諦說)에 근거한 언망려절(言忘慮絶)의 중도 또한 영지(靈知)가 부정된 공적(空寂)일 따름이다. 무엇이 진실인가?

사실상 유부 아비달마의 무상과 무아도, 중관의 일체개공(一切皆空)도, 유가행파의 유식성도, 《기신론》의 진여일심(眞如一心)도 모두 불가설(不可說) 불가득(不可得)의 경계로서, 그들은 그것을 구경각(究竟覺)의 본질로 이해하였다. 그렇다면 무엇이 진실인가?

혹은 생성 변화하는 차별의 세계는 바로 진여일심의 여래성(如來性)이 나타난 것〔性起〕인가, 그 자체가 바로 일승의 묘법〔性具〕인가? 나아가 자성청정심은 어떠한 사량분별의 개입 없이 단박에 깨달아야 하는 것〔頓悟〕인가, 점진적으로 깨달아야 하는 것〔漸修〕인가? 단박에 깨닫는다 할지라도 깨닫고 나서 다시 닦아야 하는 것인가, 그것으로 구경(究竟)에 이른 것이라 해야 하는 것인가? 어느 편이 진실인가?

혹은 구경각의 경계에서 보면 다 같은 도리인가? 그렇다면 이에 관한 온갖 논란과 시비는 어찌하여 일어나게 된 것인가? 아직 구경각에 이르지 못하였기 때문인가?

이러한 깨달음 내지 내적 통찰의 문제는 철저하게 주관적인 문제이자 신념의 문제이다. 진리를 승인하는 행위는 본질적으로 주관적인 것이자 주체적인 것이다. 누가 아무리 진리라고 외쳐도 내가 그것을 진리로 승인하지 않은 이상 그것은 진리가 아니다. 이는 합리성에 근거한 토론이나 논쟁에 의해 결정될 문제가 아니다.

거듭 말하지만 이것은 성향의 문제이고 선호의 문제이며 신념의 문제이지 진위(眞僞)나 정사(正邪)의 문제가 아니다. 필자는 동아시아에서의 교판(教判)도 바로 이러한 문제에서 비롯된 것이라고 이해하고 있다. 지의(智顗)에 의하는 한 화엄의 종의는 현실이 결여된 순일(純一) 무잡(無雜)의 유별난(특별한) 것이기 때문에 별교(別教)였지만, 법장(法藏)에 의하는 한 법화의 종의는 다만 회삼귀일(會三歸一)의 동교(同教)의 일승일 뿐 별교의 일승은 아니었다. 그들은 이같이 '별교'의 의미를 서로 다르게 이해하였던 것이다.

필자는 앞서 《해심밀경》의 '일승방편 삼승진실'과 《법화경》의 '삼승방편 일승진실' 중 어느 편이 진실인가 하고 물은 적이 있다. 이 같은 물음은 끝없이 제기될 수 있다. 중관〔空宗〕과 유식〔有宗〕어느 편이 진실인가?[34] 중관 또한 귀류논증파(prasaṅgika)와 자립논증파(svātantrika) 중 어느 것이 진실이며, 유식의 경우 유상유식과 무상유식 중 어느 것이 진실인가? 대승에서는 설일체유부의 제법실유론을 무상의 이치도 모

---

[34] 원측(圓測)은 대승의 가장 위대한 논사로서 제2의 부처로까지 불리기도 하는 용수(龍樹)를 8식을 알지 못한다 하여 서원 발심의 단계인 초지(初地)의 보살(極喜大菩薩, 즉 極歡喜住菩薩)로 이해하기도 하였다.(《解深密經疏》,《한국불교전서》1, pp.217하-218상) 그러나 원효에 의하는 한 중관과 유식은 적극적으로 현실(俗法)과 진실(無爲)을 설명하지 못하고 있다.(고익진,《한국의 불교사상》, 동국대 출판부, 1988, pp.173-179 참조)

르는 마구니의 망언 등으로 여기지만, 유부(특히 衆賢)에서는 무자성론(無自性論)이나 종자[隨界]설을 벙어리가 꿈속에서 잠꼬대하는 것과 같은 것이라고 조소하고 있다.

종학(宗學)은 전통과 신념에 따른 것으로, 교학과는 구분되지 않으면 안 된다. 그것은 자신이 선택한 깨달음의 길이기 때문이다. 그렇다고 할지라도 종학은 교학에 기초하지 않으면 안 되며, 종학의 신념이 보다 강화되기 위해서는 그것이 교학의 궁극적인 귀결점[宗趣]임을 밝혀내지 않으면 안 된다. 불교 전통에서 신념(믿음)은 확신(결정적 판단)의 귀결이기 때문이다. 그것이 이른바 교판이었다. 만약 그렇지 않고 다만 맹목적인 이해와 추종만을 요구할 경우, 전통과 신념은 어느 순간 균열상을 드러내게 될 것이고, 다른 교학 체계가 비집고 들어와 어느 순간 그 자리를 대신하게 될 것이다.

3) 교판에 의한 차제 방편성의 회복

그렇다면 구체적으로 조계종의 강원에서는 무엇을 배우고 무엇을 가르쳐야 할 것인가? 그 동안 강원 교육의 문제점에 대한 논의는 빈번하였을지라도 교과과정에 대한 구체적인 시안은 접하지 못하였다.[35]

---

35) 예외적으로 법장 스님(백양사 강사)은 〈강원 교과과정 전반에 대한 문제점과 개선안〉(《승가교육》 제4집, p.149)에서 다음과 같이 편성하고 있다.( )은 권장 과목.
치문반: 《치문》, 《아함경》, 《사미율의》, 인도불교사, 불교개론(컴퓨터, 의식작법)
사집반: 《서장》, 《도서》, 《절요》, 《선요》, 중국불교사, 《육조단경》(선종사, 참선실수, 불교교리발달사)
사교반: 《능엄경》, 《유마경》, 《금강경》, 《원각경》, 《기신론》, 한국불교사, 유식, 중관(종교학개론, 율전개설)
대교반: 《화엄경》, 《법화경》, 《범망경》, 조계종사, 포교론)

필자는 국외(局外)의 인사로서 이에 대해 언급할 어떠한 자격도 갖추지 못하였지만, 그리하여 매우 조심스럽기는 하지만, 기왕에 문제점을 들추어낸 이상 이에 대한 소견도 아울러 밝히기로 한다.

혹자는 현대불교학과 전통불교학의 충돌을 우려하기도 하지만, 그리하여 '승가학'이라는 일찍이 없었던 개념을 제시하기도 하였지만,[36] 강원 교육의 문제점을 제기하는 많은 이들이 현행 교과과정이 역사적 사실(예컨대 실증적 문헌 비판)에 근거하지 않고 중세에 이루어진 교상 판석에 근거하고 있다고 불만을 표시하고 있다.[37] 그러나 필자가 보기에 전통의 불교학은 궁극적으로 현대의 불교학과 충돌하지 않으며, 또한 앞서 언급하였듯이 현행 교과과정이 교상판석에 근거하고 있는 것도 아니다.

물론 문헌 비판에 따라 기존의 전통과 신념이 훼손되는 경우가 없다고는 할 수 없을 것이다. 대승 비불설(非佛說)의 문제는 차치하고서라도 20세기 초 호적(胡適)에 의해 제기된 초기선종사의 제 문제가 기존의 신념 체계에 일대 충격을 가한 것은 사실이지만, 그것이 돈오의 간화선 자체를 훼손시켰다고는 생각하지 않는다. 《기신론》이 2세기 인도의 마명(馬鳴)이 지은 것이 아니라고 해서, 설혹 중국에서 찬술된 것이라고 해서 그 영향력이 상실되지는 않는다. 만약 오늘날 그 영향력이 상실되었다면, 그것은 다른 교학과 대별되는, 혹은 일체의 불교학을 총체적

그러나 이는 기존의 교과과정을 기본 틀로 삼아 몇몇 과목을 더한 것일 뿐으로, 앞서 언급한 문제점은 여전히 해소되지 않는다.
36) 종범, 《20세기 불교학과 전통불교학(승가학)》; 《불교학의 유형과 승가학의 방향》 등 (http://www.budcanon.org/nonmun.htm)을 참조할 것.
37) 예컨대 법인, 〈교육개혁, 그 멀고도 험한 여정〉(《불교평론》 창간호, 1999, pp.98-99).

으로 종합한 《기신론》의 종의를 제대로 드러내지 못하였기 때문이다.

대저 불교가 무엇인가? 전설(前說)에 따라 일단 '부처님의 말씀'이라 해두자. 그렇다면 어떤 부처님의 말씀을 말함인가? 2500년 전 가필라국에서 태어나신 부처님을 말함인가, '불교학개론' 시간에 배웠던 법신(法身)이나 보신(報身)으로서의 여래를 말함인가? 백천억의 화신이 있다고 하였는데, 그것이 어떻게 역사적으로 실증될 것인가? 수많은 대승의 보살은 또 어떠한가? 이는 사실의 문제가 아니라 신념의 문제이다. 그것은 본질적으로 인간과 세계에 대한 비전과 관계되는 문제이다. 인류 역사상 '일체 중생이 바로 부처이다'고 하는 명제나 보현보살의 8대 행원, 법장보살의 48대원(大願)보다 더 장대한 비전과 염원이 어디 있었을 것인가?

필자는 불타의 자내증으로부터 비롯된 불교가 특별한 것이 아니라, 다시 말해 인간 삶 저편의 지고(至高)의 세계를 이야기하는 것이 아니라 바로 인간과 세계에 대한 비전을 제시하는 것이고, 서양의 종교나 철학과는 달리 그러한 비전을 직접적으로 현실의 삶에서 구현하고자 하는 것이라고 믿고 있다. 그리고 그러한 공동체를 승가로 이해하고 있다. 다만 문제는 그 같은 비전이 무엇이고, 그것을 어떻게 구현할 것인가 하는 방법론으로, 그것에 관한 탐구와 해석의 과정이 이른바 불교사상사였다고 이미 말하였다. 따라서 당연히 어떤 특정의 불교는 외부의 도전뿐만 아니라 내부의 도전에도 대처할 수 있어야 한다. 그 것이 지난 세월의 불교사상사였다.

인도에서 찬술된 논서를 한 번이라도 읽어 본 적이 있는 이라면 알 것이다. 그들이 불교 내부의 온갖 이설(異說)이나 수많은 외도들과 얼마나 격렬한 대론(對論)을 펼쳤는지를. 그것도 원고지 천 장, 2천 장의 분량이 아니라 만 장, 2만 장의 분량으로. 불교는 결코 '있어라' 하니 '있었더라'고 하는 그러한 종교가 아니다. 필자는 맹목적인 유심주의를 경계한다. 그것을 한방에 깨달으면 인간만사(人間萬事) 끝장난다는 식의 담론은 더욱 경계해야 한다고 믿는다. 선인(先人)들은 화엄에서 말한 유심의 도리를 드러내기 위해 '유식'이라는 교해(敎海)를 펼쳤으며, 그러하였기에 '진여일심'이라는 개념이 성립할 수 있었다. 고타마로부터 일진법계(一眞法界)의 유심에 이르기 위해서는 거의 천 년의 세월이 흘러야만 하였다. 만약 이를 간과할 경우 구호만이 난무할 뿐으로, 앞서 "문제는 사라지고 주장(해답)만이 남았다"고 한 것도 바로 이 같은 이유 때문이었다.

아울러 사교 중 《능엄경》과 《원각경》은 위경(僞經)으로 의심받은 것으로, 이는 현대 문헌고증에 의한 것이 아니라 이미 송대 이래 제기된 설이다.[38] 이에 대해서도 혹자는 "종교란 어디까지나 실천이 주(主)가 될 뿐 아니라 일체가 유심조(唯心造)이므로 후현(後賢)들은 의경(疑經)이니 위경이니 하는 데 관심 갖지 말라"고 하였지만,[39] 이 역시 교(敎: 탐구)와 종(宗: 신념)을 구분하지 못한, 불교를 초역사적인 이념으로만 간주하려는 지극히 수구적인 방어심리에서 기인한 것으로 여겨진다.

불교의 위경은 단순히 '가짜 경'이 아니며, 기독교의 위경과는 그 성격이 본질적으로 다르다. 그것은 정경(正經, 인도찬술경)과 마찬가지로 법성(法性)에 근거한 것으로, 법성에 위배되지 않으면 불설이라는 생

---

[38] 이지관, 《한국불교 소의경전 연구》, pp.266-227.
[39] 앞의 책.

각은 아비달마 이래 일반적인 성전관이었다. 그러니 어찌 대승경전을 비불설이라 하여 폐(廢)할 수 있을 것이며, 《부모은중경》을 위경이라 하여 버리겠는가? 다른 사회현상과 마찬가지로 종교는 시대에 따라 그 모습을 달리하는 것이다. 이 같은 사실을 용납하지 않고서, 문헌학적 입장에서 위경이니 비불설이니 하여 이를 폐하고 오로지 《아함경》만이 불설이라 할 경우,[40] 결국 교조주의(敎條主義) 내지 근본주의로 돌아가게 될 것이며, 이는 도리어 불교에 반(反)하는 것이다.

필자는 전통불교학이 현대의 불교학과 본질적으로 충돌하는 것이라고는 여기지 않기 때문에 '특별한 대안'이 없는 한 전통적인 교상판석에 따라야 한다고 생각한다. 일각에서는 불교심리학, 불교윤리학 등으로 개편하자는 목소리도 있지만, 불교 자체가 인간학일뿐더러 기본적인 교학의 천착 없이 이러한 응용학만을 배울 경우 지금보다 더 심각한 교학적인 혼란에 봉착하게 될 것이다.

동아시아 불교에 가장 큰 영향을 미쳤던 것은 지의(智顗)의 천태교판과 법장(法藏)의 화엄교판이라 할 수 있다. 물론 그 이전에도 없었던 것은 아니다. 지의는 그의 《법화현의》에서 이른바 남3 북7로 일컬어지는 열 가지 학설이 있었다고 전하고 있는데,[41] 남조의 세 가지는 승유(僧柔)가 주장한 유상교(有相敎) · 무상교(無相敎) · 포폄앙양교

---

40) 아함(阿含, āgama)의 제경(諸經) 역시 제 부파의 종의에 따라 취사(取捨) 개변(改變)되거나 자체 제작된 것을 결집하여 전승한 것이다.(본서 제3장 주 8 참조) '아함'은 부파에 의해 결집 '전승된 것'이라는 뜻.

41) 《법화현의》 권10 상(《대정장》33, p.801상). 남3으로서 첫째, 호구산의 급(岌) 법사는 돈교 · 점교 · 부정교로 나누고, 점교에 다시 유상교(有相敎) · 무상교(無相敎) · 상주교(常住敎)라는 3시교(時敎)를 주장하였다. 둘째, 종애(宗愛) 법사는 무상과 상주 사이에 만선동귀교(萬善同歸敎)를 더한 4시교를 주장하였다. 셋째, 승유(僧柔) 등은 다시 무상과 동귀 사이에 포폄앙양교(襃貶仰揚敎)를 더한 5시교를 주장하였다. 북7로서 첫째 북지사(北地師)는 남방의 3교에 인천교(人天敎) · 무상교를 더한 5시

(褒貶抑揚敎, 《유마경》 등)·만선동귀교(萬善同歸敎, 즉 《법화경》)·상주교(常住敎)의 5시교(時敎)로 종합될 수 있으며, 북조의 일곱 가지 중 가장 큰 범주는 불타발타라 등이 주장한 인연종(因緣宗, 비담)·가명종(假名宗, 성실)·광상종(誑相宗, 삼론)·상주종(常住宗, 열반)의 4종에 법계종이나 진종(眞宗, 《법화경》)·원종(圓宗, 《대집경》)을 더한 것이다.

지의의 5시 8교에서 《법화경》의 위상을 단적으로 드러낸 것은 장교(藏敎)·통교(通敎)·별교(別敎)·원교(圓敎)의 화법4교이다.

장교란 삼장교(三藏敎)의 줄임말로서, 대승불교 흥기 이전의 《아함》과 아비달마를 말한다. 이 불교에서는 대개 세계를 분석하여 5온·12처·18계 등과 같은 개별적인 요소[法]로 환원시키는 방법론을 채택하여 이른바 아공(我空) 법유(法有)를 주장한다.

통교란 앞의 장교(소승)와도, 뒤에 설할 별교·원교(대승)와도 통하는 교법이라는 뜻으로, 대승의 일반적 가르침인 공사상을 말한다. 지의에 따르면 장교에서도 공을 설하지만 그것은 사물을 분석 해체함으로써 드러나는 공(析法入空觀, 즉 析空觀)인 반면, 여기서의 공은 사물 자체가 공(體法入空觀, 즉 體空觀)이기 때문에 '아'도 '법'도 모두가 공이다.

별교란 앞의 장교·통교와도, 뒤에 설할 원교와도 구별되는 대승 보살만의 특별한 가르침이라는 뜻이다. 즉 앞의 두 가지는 공(空)만을 설하지만(즉 但空) 여기서는 한 걸음 더 나아가 우리가 경험하는 현실

교를 주장하였다. 둘째 보리류지는 반자교(半字敎)와 만자교(滿字敎)의 2교를, 셋째 불타발타라 등은 인연종(因緣宗)·가명종(假名宗)·광상종(誑相宗)·상주종(常住宗)의 4종을, 넷째와 다섯째로 어떤 이는 여기에 법계종을 더한 5종을, 혹은 진종(眞宗)과 원종(圓宗)을 더한 6종을 주장하였으며, 여섯째는 유상대승교와 무상대승교의 2교이며, 일곱째는 일불승만을 주장하는 일음교(一音敎)이다.

을 가설(假)로써 해명하며, 마침내 양자가 서로 일치(相卽)한다는 중도(中)를 지향한다. 다시 말해 별교에 있어서 중도는 공과 가설에 비해 특별한 것이며, 목적론적인 것(즉 但中)이기 때문에 별교인데,《화엄경》이 대표적인 경전이다.

원교란 원만 원융하고 완전한 가르침이라는 정도의 의미로, 어떠한 차별 대립도 허용하지 않는 총체적 입장이므로 회삼귀일(會三歸一), 삼승을 일불승으로 귀일시키는《법화경》이 여기에 해당한다.

부처님의 일체 경교(經敎)를 소승교·대승시교(大乘始敎)·대승종교(大乘終敎)·대승돈교(大乘頓敎)·대승원교(大乘圓敎)로 판석한 화엄종의 교판 또한 이와 크게 다르지 않다.

즉 소승교는 현상의 세계를 분별하여 무아(즉 我空)의 도리만을 설하고, 세계를 구성하는 온갖 인연(즉 諸法)의 실재성을 주장하는 구사종(俱舍宗)을 말한다.

대승시교는 일체개공을 설하여 대승의 단초가 되는 가르침이라는 뜻으로, 여기에는 현상을 분별하여 그것을 공(무자상)으로 이해한 상시교(相始敎)와 일체의 공을 설하는 공시교(空始敎)가 있다. 전자가 유식사상(법상종)이라면 후자는 중관사상(삼론종)에 해당한다. 대승종교는 대승의 종극이 되는 가르침이라는 뜻으로, 여래장사상을 설하는《능가경》《대승열반경》《대승기신론》을 말하며, 대승돈교는 말씀을 통한 점진적인 방법이 아닌 즉각적 통찰을 통해 깨달음을 추구하는《유마경》이나 선종(禪宗)을 말한다.

대승원교는 대승의 원만한 가르침 혹은 완전한 가르침이라는 뜻으로,《화엄경》을 말한다. 여기에는 다시 다른 삼승의 교(소승·시교와 종교의 점교 · 돈교)와 공통된 일승 즉 동교일승(同敎一乘)과 삼승의 교와는 차별되는 별교일승(別敎一乘)이 있는데, 지엄(智嚴)에 의하면 《화엄경》은 일체를 초월하는 별교인 동시에 일체를 포함하는 동교로서의 일승원교였지만, 법장(法藏)은 《화엄경》을 오로지 별교일승으로 해석하여 천태교학과 엄격히 구분하였다.

이상과 같은 교판의 공통분모는 소승과, 인도 대승불교의 양대 산맥인 반야중관과 법상유식, 상주종(常住宗) 혹은 종교로 일컬어진 《열반경》 등의 불성사상이나 여래장사상이다. 이는 문헌 비평에 의해 설정된 현대적 의미의 인도불교사상사(초기불교–아비달마불교–대승 초기–중기)와도 다르지 않다.

원측(圓測) 또한 비록 절대적 의미를 부여하지 않았다고 할지라도 《해심밀경》에 의거하여 4제(諦)법륜(소승) · 무상(無相)법륜(반야중관) · 요의(了義)법륜(법상유식)이라는 3시교판을 세웠고,[42] 의천(義天) 역시 "《구사론》을 배우지 않으면 소승의 설을 알지 못하며, 유식을 배우지 않고서 어찌 대승시교(大乘始敎)의 종의를 알 것이며, 《기신론》을 배우지 않고서 어찌 대승종교(大乘終敎)와 돈교(頓敎)의 취지를 알 것인가?"라고 하였으며(주 20 참조), 《도서》에서 설하고 있는 교문(敎門)의 상(相) · 공(空) · 성(性)의 3종(宗)도 바로 이것이었다.[43]

---

42) 《불설반야바라밀다심경찬(佛說般若波羅密多心經贊)》《한국불교전서》1, p.1상), "如來說三法輪, 未入法者令趣入, 故波羅奈國施鹿林中, 創開生死涅槃因果. 此卽第一四諦法輪, 能除我執. 爲已入者迴趣大乘, 靈鷲山等十六會中說諸般若. 此是第二無相法輪, 由斯漸斷有性法執, 而於空敎猶未能遣. 故第三蓮華藏等淨穢土中, 說深密等了義大乘, 具顯空有兩宗道理, 雙除有無二種偏執"
43) 즉 종밀은 교(敎)를 인천(人天) · 사제교(四諦敎, 이상 소승 아비달마)와 장식파경교(將識破境敎, 유식)의 밀의의성설상교(密意依性說相敎) · 밀의파상현성교(密意破相顯性敎, 중관) · 현시진심즉성교(顯示眞心卽性敎, 여래장)로 나누고, 여기에 각기 대통신수 등의 식망수심종(息忘修心宗), 우두법융 등의 민절무기종(泯絶無寄宗), 하택 홍주의 즉현심성종(卽顯心性宗)을 배당시켜 선교일치를 꾀

혹은 화엄의 4종 법계에서 사법계는 소승 아비달마에, 이법계는 시교인 중관과 유식에, 이사무애법계는 종교인 여래장사상에 해당한다.

따라서 소승(초기불교와 아비달마), 반야중관, 유식, 여래장의 네 가지 사상은 어떤 식으로든 강원의 교과과정으로 편입되지 않으면 안 된다. 혹자는 반문할지도 모르겠다. "기존의 교과과정만으로도 벅찬데 어떻게 4년이란 짧은 시간에 이 모든 것을 수학할 수 있다는 것인가?"라고. 그러나 앞서 언급하였듯이 차제 방편적으로 설치되기만 한다면 전혀 문제될 것이 없으며, 도리어 현행 교과과정에 대한 이해도 배가될 것이라고 생각한다.

4) 이원적 교과과정

이상에서 제시한 개선방안에 따라 구체적인 교과과정을 제시해 보면 다음과 같다.

먼저 현행 강원의 수학기간을 2년씩 나누어 교학과 종학을 이수할 것을 제안한다. 아울러 《치문》(이는 내용에 비해 글도 어렵고 분량도 많아 읽는 데 너무나 많은 시간이 걸리기 때문에 번역 발췌), 《초발심자경문》, 《사미(니)율의》, 《청규》와 같은 율신(律身)의 법을 익히는 것은 행자 기간 동안 수습하거나 별도의 과정으로 설치하는 것이 좋을 것이라고 생각한다.

하고 있으므로 유식(相宗)·중관(空宗)·여래장(性宗)을 알지 못하면 선(禪)의 3종도 결코 알 수 없는 것이다. 그리고 아비달마는 역시 상종으로, 긍정적 의미에서든 부정적 의미에서든 중관과 유식의 토대가 된다는 것은 두말할 나위도 없다.

(1) 교학의 교과과정

① 불타전: 삼보의 첫 번째인 부처님에 대한 강좌가 없다는 것은 누가 보더라도 이치에 맞지 않다. 불타의 생애 내지 대승의 불타관을 익혀 교조에 대한 기본관념을 분명히 해야 한다.

② 초기불교와 아비달마(혹은 《아함경》과 《구사론》): 이는 모든 교판의 첫 번째 단계로서, 소승교·장교(藏敎)·아함시·비담(毘曇)·사제교(四諦敎)·구사종(俱舍宗) 등으로 불리기도 하였다. 근년의 초기불교에 대한 관심의 고조를 떠나 대승불교를 알기 위해서라도 반드시 개설되어야 한다.

아비달마(팔리어로는 아비담마)는 초기경전에 대한 해석 체계로서, 대단히 많은 종류가 있지만, 북전(北傳) 아비달마의 대표적인 논서인 《구사론》이 적합하다. 혹자는 이에 비견되는 남전인 《청정도론》을 말하기도 하겠지만, 대승에서 비판 부정하는 소승은 바로 설일체유부의 아비달마를 말하기 때문에, 이후 불교의 거의 모든 술어는 여기서 정리 정의되고 있을뿐더러 현장(玄奘)과 진제(眞諦)의 신구(新舊) 역어(譯語)가 그들의 다른 대승경론의 역어와 동일하여 계통적으로 대승불교를 학습할 수 있기 때문에 반드시 《구사론》이 학습되어야 한다.

③ 반야 공사상(혹은 《금강경》과 《중론》): 반야 공사상의 기본입장은 무상(無相) 혹은 파상(破相)이며, 그것은 일차적으로 유부 아비달마에서 주장한 제법의 자상(自相)에 대한 파상이다. 그러나 불교계 일반에서 알려진 반야공관은 규봉종밀이 말한 것처럼 파상현성(破相顯性), 즉 진공(眞空)의 묘유(妙有)로, 이는 여래장이라는 스크린을 통한 이해라고 할 수 있다. 이를 바로잡기 위해 반드시 《중론》을 함께 익

히지 않으면 안 된다. 용수의《중론》은 대승교학의 출발점이라고도 할 만한 것일뿐더러 천태교학의 기반이 되는 것이다.

만약 조계종의 소의경전인《금강경》을 시교(始敎)로 이해해서는 안 된다는 문제점이 제기될 경우, 16회의《반야경》중 다른 것(예컨대《소품반야》)을 택해도 무방할 것이다. 혹은 다음의 종학과정에서《금강경》을《오가해(五家解)》등으로 대체하여 설정하면 될 것이다.

④ 유식사상(혹은《해심밀경》과《성유식론》): 유식은 여래장사상의 기초일뿐더러 화엄의 법계연기의 실상인 3성(性) 6상(相)설의 이론적 기반이 되는 것이다. 이에 대한 수많은 경론이 있지만, 중국 법상종의 소의경론이었던 이를 택하는 것이 무방할 것이다.

⑤ 여래장사상(혹은《능가경》과《기신론》): 유식을 거쳤다면《기신론》의 이해는 한결 용이할 것이다. 이에 관련된 경으로《열반경》이나《여래장경》《승만경》등을 들 수 있겠지만,《능가경》은 보리달마가 혜가에게 심인으로 전한 것이며,《기신론》은 더 이상 설명이 필요 없을 것이다.

아울러 교육방법에 대해서는 여기서 거론할 사항이 아니지만, 이상의 모든 교과목의 교재는 반드시 종단 차원에서 번역(大論인 경우 발췌)하여 강좌에 맞게 편집해야 한다. 강원이 불교학자를 양성하는 기관이 아닌 이상 이 모두의 한문 원전을 통독할 필요도 없을뿐더러 그럴 수도 없다. 그리고 일방적인 주입식 강의가 아닌 전통적인 논강 방식은 세간에서도 배워야 할 대단히 진취적이고도 효율적인 교육방법이라고 생각한다.

그럴 경우 이상 교과과정은 2년의 기간 동안 충분히 대의를 파악할 수 있을 것이며, 현행 교과과정 중의 나머지도 2년 동안 충분히 소화할 수 있을 것이다.

(2) 종학의 교과과정

① 《능엄경》《원각경》《화엄경》: 이미 교학과정에서 여래장사상을 이수하였으므로 성종 계통인 이러한 경들 또한 그리 오랜 시간이 걸리지 않을 것이다. 현행의 사교와 대교를 사집보다 먼저 설정한 까닭은, 선교일치를 알기 위해서는 교(敎)에 대한 이해가 선행되어야 하기 때문이며, 《서장》과 《선요》는 이후 선수행과 직접적으로 관계하므로 실제적으로 사교입선(捨敎入禪)의 최후 단계에 이수하는 것이 바람직하기 때문이다. 이는 지극히 상식적인 사실로서, 사집은 사교나 대교와는 차원이 다른 것이라고 앞서 이미 언급하였다.

② 선종사상사(혹은 조계종사): 조계종이 선종인 한 반드시 배우지 않으면 안 된다. 또한 이를 익혀야 여러 조사들의 계보와 위치를 가늠할 수 있다.

③ 《육조단경》: 이 역시 더 이상 설명이 필요 없을 것이다.

④ 《도서》와 《절요》: 선교일치의 구체적 이론적 근거를 학습해야 한다. 이미 교학의 과정에서 아비달마와 유식(상종), 중관(공종), 여래장(성종)을 배웠고, 또한 이미 선종사상사를 배웠기 때문에 훨씬 빠르고 분명하게 이해할 수 있을 것이다.

⑤ 《서장》과 《선요》: 조계종의 수행법이 간화선이라면, 지엄의 말대로 이제 마지막으로 지해(知解)의 병을 소제하여 활로(活路)를 제시해야 하는 것으로, 보조지눌 또한 《육조단경》과 《화엄경》을 깨달음

의 전기로 삼았고, 《대혜어록(서장)》을 읽고서 크게 깨쳐 마음의 응어리가 일시에 해소되었다고 하였기 때문이다.[44]

5. 맺음말

오늘날처럼 급변하는 사회에서는 내일을 가늠하기 어렵다. 미래의 불교도 가늠하기 어렵거니와 미래 사회에서는 어떤 불교가 어떻게 대처할 것인가 하는 문제는 더더욱 그러하다. 그렇기 때문에 전통에 안주할 수만도 없으며, 그렇다고 전통을 허물 수도 없는 노릇이다. 이것이 오늘의 딜레마이다.

필자는 개인적으로 아비달마 논서를 주로 읽어 왔었다. 그 취지는 도외시한 채 그들의 논의를 '실유론'이란 이름하에 단칼에 파(破)하는 세상의 무지와 선동에 절망하기도 하였으며,[45] 역사의 과정이라 여기기도 하였다. 그러나 따지고 보면 이는 아비달마에만 국한된 일이 아니다. 중관과 유식도 그 전철을 밟았다. 생각해 보라. 중관과 유식을 운운하게 된 것이 몇 년이나 되었는지를. 그러나 그것도 말[言說]로써만 운운일 뿐, 필자는 '중관(中觀)'과 '유식관(唯識觀)'을 통해 열반을 추구한다는 이를 일찍이 보지 못하였다. 우리는 과연 규봉종밀의

---

44) 혹 조계종 이외 다른 종단이라면, 종학의 교과과정에 자종(自宗)의 종단사와 소의경론을 설치하면 될 것이다.
45) 이에 관해 권오민, 《아비달마불교》(민족사, 2003), 〈후기〉; 〈소승불교 일고〉(《철학논총》 제31집, 2003, pp.187-204)에서 장황하게 논설을 펼쳤지만, 아무도 대꾸하는 이가 없었다.

불교 이해를 정당하다고 말할 수 있을 것인가?[46] 그가 지해종사(知解宗師)이기 때문에 이렇게 물은 것이 아니라 그의 '지해'에 대해 묻고 있는 것이다.

필자가 기회가 있을 적마다 불교는 결코 단일한 체계가 아님을 역설하였다. 혹자는 그럴 경우 "불교는 독립된 종교로서의 아이덴티티(identity)를 상실하고 말 것이다"고 우려하고 있다.[47] 그러나 불교는 독립된 종교로서 존재하기 위해 존재하는 것이 아니라 '진실(法性)'을 위해 존재하는 것이다.

불타 열반 후 그가 남긴 교법(敎法)의 정리와 해석을 둘러싸고 일어난 부파분열을 반드시 부정적인 시각으로만 보아서는 안 된다고 생각한다. 불타 교법은 시대와 지역에 따라 얼마든지 다르게 해석될 수 있기 때문이다. 불타 교법은 결코 도그마가 아니다. 그러하기에 불교는 아비달마불교를 거쳐 대승의 중관·유식·여래장으로, 혹은 남방의 제국에서는 남방의 불교로, 티베트에서는 티베트의 불교로, 동아시아에 이르러서는 동아시아의 불교, 이를테면 천태·화엄·정토·선 등의 온갖 불교로 백화만발할 수 있었던 것이다.

그러다 마침내 돈오일심이 우리 불교의 모든 것이 되었다. 그것도 형형색색의 누더기를 걸친 채, 회통불교라는 이름 아래. 그러나 시대

---

46) 그는, 경을 설한 부처님의 본뜻은 일대사인연(일불승)을 위한 것이라 하여, 미혹한 중생을 위해 각기 방편으로 4제(성문)와 12연기(연각)와 6바라밀(보살)을 설하였으며(이상 密意依性說相敎), 12연기와 6바라밀 사이에 반야바라밀다를 설하여 소(小)보살로 나아가게 하였으며(密意破相顯性敎), 그리하여 마침내 구경일승을 설하였고, 멸도시 상주법(常住法)을 드러내었으며, 이는 돈교의 화엄과 어떠한 차이도 없다(이상 顯示眞心卽性敎)고 하였다. 아마도 골수 중관학자나 유식학자가 이를 들었다면 못내 섭섭하였을 것이다.
47) 김성철, 〈Systematic Buddhology와 보리차제도론〉(《불교학연구》 제3호, 2001), p.161.

가 변하였다. 몇 번의 클릭으로 2천 년 전의 불교로 다가갈 수도 있으며, 저 험난한 탕글라 고개 넘어 있는 티베트 불교와 조우할 수도 있다. 그리고 그 속도는 점점 빨라질 것이며, 혹여 자동번역 변환장치라도 개발된다면 지금으로서는 상상하지 못할 결과가 초래될 수도 있을 것이다. '간화선의 위기' 운운하는 것은 시작에 지나지 않을지도 모른다. '일심진여의 위기' 운운하는 날이 올지도 모른다. '비판불교'라는 이름하에 그 단초는 이미 구축되었다. 이미 기존의 전통 불교에 식상한 많은 이들이 초기불교로 돌아가자고 말하고 있으며, 남방불교나 티베트 불교에 경도되어 가고 있다.[48]

혹자는 "현대불교학이 성하면 불교가 쇠퇴한다"고도 하였으며, "현대불교학은 훼불(毁佛)의 불교학을 지향하고 있는 것은 아닌가?"라고 우려하고 있다. 그러나 여기서 쇠퇴하고 훼손되는 불교라 함은 어떤 불교를 말함인가? 이미 수많은 불교가 훼손되고 쇠퇴하였다. 말한 대로 소승불교가 그러하였으며, 중관·유식 불교가 그러하였다. 다만 낡아빠진(훼손된) 누더기(방편)로서만 존재할 뿐이다. 다시 말하지만, 필자는 그것을 두고 '역사가 증명한다'는 식으로 말하고 싶지 않다. 도리어 그 같은 말에 절망할 뿐이다. 불교는 역사주의가 아니다.

필자는 개인적으로 신행(信行, 540-594)의 삼계교(三階教)를 공부

---

48) 실제로 일찍이 우부소행선(愚夫所行禪)으로 판석되었던 위빠사나가 간화선과 대등한 위치에서 토론을 벌이고 있으며, 몇 해 전 조계종 교육원이 시행한 한 설문조사에서 《아함경》이나 《구사론》 등을 소의경론으로 삼을 수 있는지를 묻는 해괴한(?) 일도 있었다. 필자는 학부시절까지 '위빠사나'라는 말도 들어 보지 못하였으며, 고작 문헌을 통해 관법선(觀法禪)이니, 소승선이니, 비발사나(毘鉢舍那)이니라는 말을 들어 보았을 뿐이다. 그 말을 처음 접한 것은 그 후 전봇대에 붙어 있던 광고 전단지를 통해서였다.

하면서, 비록 지해(知解)였기는 하지만 전율을 느낀 적이 있었다. 그러나 그것은 이미 1400년 전에 역사의 뒤안길로 사라져버렸다.

이제 그만하자. 필자는 학회의 요청으로 주제넘게 이 같은 과제를 떠맡게 되었고, 조계종이라는 특정의 교단을 염두에 두고 현행 강원의 교과과정의 문제점과 개선방안에 대해 평소의 느끼고 생각하였던 바를 조금은 도발적으로 드러내게 되었다. 그러나 요지는, 기왕의 교과과정을 보다 정확하고 분명하게 탐구하자는 것, 그 이상도 이하도 아니다. 그리고 비록 설정된 교과과정이 전통적인 교학과 종학에 기초한 것이라 할지라도 그것은 본질적으로 조계종의 이야기가 아니라 '나'의 이야기이기 때문에, 반드시 비판적이고도 주체적인 탐구와 해석이 요청된다는 것이다. 다만 옛 방식에 따라, 선인들이 주석하였던 방식대로 그것을 읽고 새기는 것만으로는 새로운 시대의 도전에 대응할 수 없기 때문이다.

교육은 백년대계라는 말도 있지만, '승가'에는 현재의 승가[現前僧家]만이 존재하는 것이 아니라 미래의 승가[四方僧家]도 존재한다. 미래의 승가에 무엇을 물려줄 것인가? 현전의 승가에서는 이 점을 간과해서는 안 될 것이다.

제3장
불교학과 불교

탐구와 믿음의 변주[1]

* 이 글은 《문학 사학 철학》 통권 9호(한국불교사연구소, 2007. 7)에 게재된 것이다.
1) 이 글은, 우리에게 주어진 '믿음의 대상으로서의 불교'와 그러한 불교를 초래하게 한 '탐구와 해석으로서의 불교학'의 관계를 밝혀 보려는 것으로, 기본적으로 필자의 불교학관을 드러낸 〈교학(敎學)과 종학(宗學)—현행 불교 강원의 교과과정에 대해 다시 생각한다〉(《한국불교학》 제41집, 한국불교학회, 2005; 본서 제2장)와 동일한 기조이며, 몇몇 부분 거기서 발췌하기도 하였다.

불교학과 불교

1. 불교: 불타 깨달음에 대한 탐구와 해석의 도정

세간에서 '불교'라고 할 때 연상되는 이미지는 실로 다양하다. 스님(중)이나 '구도(참선)', '깨달음'이라는 등의 현실과는 딴 세상의 것으로 생각하기도 하고, 산수 좋은 절이나 불상, 목탁·염불 소리, 불전에 사른 향내 등을 연상하기도 하며, 혹자는 고적한 산사에서 하루 밤을 보내면서 나를 찾는 이른바 웰빙의 체험을 떠올릴 수도 있을 것이다. 그러나 불교신자라면 대개는 바로 '부처님'을 떠올릴 것이다. 어떤 부처님인가 하는 것은 그리 중요하지 않다. 석가모니든, 미륵불이든, 아미타불이든, 혹은 비로자나불이든 다만 예배(불공)와 기도의 대상으로 여기고, 그들의 가피로 현생과 내생에서의 보다 안락한 삶을 기원하기도 한다.

이 같은 점에서 오늘날 불교는 대개 기독교나 이슬람교 등과 같은 다만 '종교'라는 문화현상의 한 영역으로 이해되지만, 그것의 외연은 크다. 건축·조각·회화나 음악·무용 등은 물론이고, 철학·문학·역사학·문헌학·심리학 등과도 뗄 수 없는 관계를 갖고 있으며, 정신의학이나 생태학 내지 사회학적·경제학적으로도 모색되고 있다. 그러나 누가 뭐래도 불교의 본령은 불타 깨달음〔佛法〕이며, 앞서 언급한 것들은 대개 이를 장엄하기 위한 것이거나 이것의 응용 내지 파생된 것에 지나지 않는다.

불타는 무엇을 깨달았던가? 흔히들 '진리'라고 말하지만, 이것은 올바른 답이 될 수 없다. 세상의 어떠한 종교도 철학도 사상도 진리를 외치지 않은 것은 없기 때문이며, 너와 나 사이의 언쟁 또한 진리(진실)를 전제로 한 것이기 때문이다. '진리'란, 굳이 원효의 말을 빌리지 않더라도 그 말을 한 화자의 관념만큼이나 무량의 스펙트럼이 존재하기 때문에 고정불변의 실체적 의미를 갖지 않는다. 그것은 불교사상사 안에서도 그대로 드러난다.

초기불교에서 직접적으로 진리에 대응하는 술어는 4성제(聖諦)의 '제'이다. 그것은 말 그대로 '네 가지 거룩한 진리'로서, 숲 속에서 코끼리 발자국이 제일이듯이 일체법 중의 제일이었기 때문이다. 그러나 4성제는 대승의 반야공관(般若空觀)에 의해 방편설로 전락하고 말며, 공관 역시 유식(唯識)의 도리를 드러내기 위한 과정에 불과하다. 유가행파에 의하면, 《반야경》에서는 모든 존재가 공이라는 사실만을 밝혔을 뿐 궁극적 취지는 밝히지 못하였으며, 그것은 다름 아닌 유식성이었다.

나아가 유식성은 진여자성, 본래 청정한 마음인 일심(一心)으로 이해되어 그것을 본래의 부처〔本覺〕나 유일의 진리〔一眞法界〕로 간주하기도 하였으며, 동아시아에 이르러 그들의 통일적 불교관에 따라 3제 원융(천태종)이나 사사무애(화엄종), 혹은 본래무일물(선종)을 세계의 실상, 즉 진리로 파악하기도 하였다. 혹자는 말할지도 모르겠다. 그 모두는 중생 근기에 따른 방편일 뿐 본질과 목적은 동일한 것이라고.

그러나 역사의 현장에서는 그러하지 않았다. 온갖 부파의 분열은 차치하고서라도 대승과 소승 간의 갈등, 중관과 유식의 대립, 교종과 선종, 남종과 북종, 나아가 남종 내부에서조차 온갖 정사(正邪)의 논란이 제기되었으며, 최근에 이르기까지 돈점의 논쟁이 이어져 그것이 마치 불교학의 중심문제인 양 여겨지기도 하였다.

불교는 결코 단일하지 않다. 불타의 깨달음으로부터 비롯된 불교는 결국 인간 이성의 역사와 함께하였다고도 할 수 있다. 서로 대립하기도 하였고 지양하기도 하였으며, 종합하기도 하였다. 배휴(裵休, 797-870)는 최초로 선교일치를 주장한 규봉종밀(圭峰宗密, 780-847)의 《선원제전집도서(禪源諸詮集都序)》 서문에서 이 책의 성격을 다음과 같이 말하고 있다.

마명(馬鳴)과 용수(龍樹) 두 분은 다 같이 부처님의 가르침을 널리 펼쳤지만 공(空)이라 하고 성(性)이라 하여 종의(근본)를 달리하였으며, 혜능(慧能)과 신수(神秀) 두 분은 다 같이 달마의 심인을 전하였지만 돈(頓)과 점(漸)으로 달리 품수하였으며, 천태지의(天台智顗)는 오로지 3관(觀)에 의지하였지만 우두법융(牛頭法融)은 어떠한 법도 존재하지 않는다고 하였으며, 강서(江西)의 마조(馬祖)는 모든 것이 다 참이라 하였지만, 하택사(荷澤寺)의 신회(神會)는 지견(知見)을 바로 가리켰다. 그

밖에도 어떤 이는 공(空)이라 하고 어떤 이는 유(有)라 하여 서로를 비판하였으며, 혹은 진(眞)·망(妄)이 서로를 포섭한다고도 하고 서로를 부정한다고도 하였으며, [부처님의 말씀에 대해] '방편으로 은밀히 설한 것〔密指〕'이라 하고, '그 뜻을 분명하게 드러내어 설한 것〔顯說〕'이라고도 하였으니, 인도와 중국에 그러한 종의는 참으로 번잡하다. 진실로 병에는 천 가지 원인이 있기에 약도 다양한 종류가 생겨나게 된 것으로……(중략)……《도서》에서는 원교(圓敎)에 근거하여 모든 종의를 인정하였으니, 비록 백가(百家)라 하더라도 역시 또한 모두 포섭되지 않는 것이 없는 것이다.[2]

어떻게 한 분의 부처님으로부터 비롯된 불교의 종의를 용수(150-250년 무렵)는 공으로, 마명(400-500년 무렵, 《佛所行讚》의 저자 마명은 100년 무렵)은 진여일심으로 이해하였으며, 용수의 공관을 어떠한 까닭에서 천태지의(538-579)는 일심삼관(一心三觀)으로, 우두법융(594-657)은 일체의 공적(空寂)으로 이해하였던가? 또한 보리달마로부터 비롯된 선법(禪法)을 어떠한 근거에서 혜능(638-713)은 돈오로, 신수(?-706)는 점수로 받아들였으며, 다 같이 혜능에서 비롯된 남종선임에도 마조(709-788)의 홍주종에서는 망념이 바로 청정한 자성이라 하였고, 신회(668-760)의 하택종에서는 망념은 본래 존재하지 않으며 무념무심의 영지〔空寂靈知〕가 청정한 자성이라고 하였던 것인가?

---

[2] 《선원제전집도서(禪源諸詮集都序)》《대정장》48, p.398중), "馬龍二師, 皆弘調御之敎, 而空性異宗. 能秀二師, 俱傳達摩之心, 而頓漸殊稟. 天台專依三觀. 牛頭無有一法. 江西擧體全眞, 荷澤直指知見. 其他空有相破, 眞妄相收, 反奪順取, 密指顯說. 西域中夏其宗寔繁. 良以病有千源……都序據圓敎, 以印諸宗, 雖百家亦無所不統."

불교가 단일하지 않은 것은 본질적으로 불타의 말씀이 그의 깨달음을 근거로 한 가설적 성격을 띠기 때문이다. 말씀이 바로 깨달음은 아니었기 때문이다. 그는 도대체 무엇을, 어떻게 깨달았던 것인가? 2500년에 걸친 불교사상사는 바로 '무엇을, 어떻게 깨달을 것인가'에 대한 탐구와 해석의 도정이었다고 해도 지나친 말이 아닐 것이다.

2. 불교학과 불교

불타 깨달음에 대한 탐구와 해석의 도정은 시간적으로나 공간적으로 실로 광대하였다고 할 수 있다. 인도에서 발생한 불교는 지난 2500년에 걸쳐 스리랑카를 거쳐 남아시아로, 중앙아시아를 거쳐 동아시아로, 그리고 티베트로 시베리아(몽고)로 전파되었고 탐구되었다. 탐구의 과정에서 생산해낸 지식의 양을 가늠해 보기란 결코 쉬운 일이 아니다. 11세기를 전후하여 동아시아에서는 대장경(大藏經)이라는 이름으로 그것들을 전체적으로 결집하려는 사업이 시도되었는데, 고려대장경(속칭 팔만대장경)도 그 중의 하나였다.

해인사 사간전에 봉안되어 있는 고려각판 2,275매를 제외하더라도 수다라장과 법보전에 봉안된 경판의 수는 81,258매, 앞뒤 양면에 판각되어 있으므로 이를 인경할 경우 대략 16만 장, 접어서 제본한다면 물경 32만 쪽이 될 것이며, 표의문자인 한자를 표음문자인 한글로 번역할 경우 그것의 세 배가 될지 네 배가 될지 가늠하기 어렵다. 그러나 이는 단순계산에 의한 것이고, 거기의 말씀들은 거의 대개가 일상의 담론이 아닌 '진실(참)'을 추구한 고도의 철학적 사유에 의한 것이므로 풀이되어 그 모습을 드러낼 경우, 그 양은 실로 수미산에 비할 바가 아닐 것이다.

거기에는 도대체 무슨 말들이 쓰여 있는 것일까? 그것은 인간과 세계에 대한 비전과 통찰, 그리고 이에 대한 해석이라고 감히 말할 수 있다. 필자는 불타의 깨달음으로부터 비롯된 불교가 특별한 것이 아니라, 다시 말해 인간 삶 저편의 세계를 이야기하는 것이 아니라 바로 인간과 세계에 대한 비전을 제시하는 것이고, 서양의 종교나 철학과는 달리 그러한 비전을 직접적으로 현실의 삶에서 구현하고자 하는 것이라고 믿고 있다. 인류 역사상 '일체 중생이 바로 부처이다'라고 하는 명제나 보현보살의 8대 행원, 법장보살의 48대원보다 더 장대한 비전과 염원이 어디 있었을 것인가?

다만 문제는 그 같은 비전이 무엇이고, 어떠한 이론적 근거에서 제시되었으며, 또한 어떻게 구현할 것인가 하는 것으로서, 그것에 관한 탐구와 해석의 도정이 이른바 불교사상사였다.[3] 그 도정은 실로 광대하고도 역동적인 것이어서 막말로 인류가 산출한 어떠한 지식 체계도 거기에 포함되어 있다고 감히 말할 수 있다. 거기에는 인도 전통 철학에 반하는 것도 있고, 일견 부응하는 것도 있다. 서양철학의 용어를 빌려 말해 보자면, 실재론도 있고, 유명론(唯名論)도 있으며, 관념론

---

[3] 사실상 현실의 불교는 그것이 어떤 것이든 어떤 식으로든 이에 기초하고 있다. 따라서 후술하듯이 불교사상이 다지(多枝)한 만큼 현실의 불교도 다양(多樣)하다. 요컨대 불교학은 불교(Buddha vacana, 깨달음에 근거한 불타의 말씀)의 해석 체계이지만, 현실의 불교는 어떠한 것이든 불교학의 산물이라고 말할 수 있다.

도 있다. 다원론도 있고 일원론도 있으며, 그 모두를 파기하는 무원론(無元論)도 있다. 본체론적인 것도 있고 현상론적인 것도 있다. 철저하게 이성적인 것도 있고 반이성적인 것도 있으며, 분석적인 것도 있고 종합적인 것도 있다. 존재에 관한 탐구도 있으며, 인식이나 언어에 관한 탐구도 있다.

우리는 불교사상의 온갖 체계를 크게 시대적 구분에 따라 초기불교-아비달마(부파, 혹은 소승)불교-초기 대승(반야공)-중기 대승(유식, 여래장)-후기 대승(밀교)으로 나누기도 하고, 혹은 인도의 철학 총서(darśana saṃgraha)에 따라 유부 아비달마(바이바시카)·경량부·중관학파·유가행파로, 혹은 중국의 교판가(敎判家)에 따라 소승교·대승시교(大乘始敎)·대승종교(大乘終敎)·대승돈교(大乘頓敎)·대승원교(大乘圓敎)나 화엄·아함·방등·반야·법화 열반(혹은 藏敎·通敎·別敎·圓敎) 등으로 분류하기도 한다.

필자 사견에 의하는 한, 이 모든 체계의 중심문제는 제(諦)·법성(法性)·실상(實相)·진실(眞實)·진여(眞如)·실제(實際)·진면목(眞面目) 등의 말로 일컬어지는 '진실(참)'이다. 우리가 경험하는 세계가 거짓[虛妄]이라면, 그리하여 괴로운 것이라면, 진실은 무엇이며 거짓된 현실세계와의 관계는 무엇인가? 그러한 진실을 어떻게 하면 바로 구현할 수 있을 것인가? 지난 2500년의 불교사상사는 이에 대한 탐구와 해석의 도정이었다. 어떤 하나의 해석 체계는 필연적으로 그에 반하는 또 다른 해석 체계를 낳게 되었고, 종합이 이루어졌으며, 그에 근거한 새로운 해석이 모색되었다.

화엄의 '사사무애법계'가 아무리 절대적 이념이라 할지라도 '이사무애법계'의 《기신론》과 '이법계'의 중관과 유식, '사법계'의 아비달마가 전제되지 않고서는 성립할 수 없는 교설이었다. 누가 말했다던가? 하늘 아래 새로운 것은 없다고. 불교적으로 말하면 인연 없이 생겨난 것은 없다. 유식의 용어로 말하면 의타기(依他起)이다. 그럼에도 오늘의 우리는 역사와 전통이라는 프리즘을 통해 그러한 온갖 체계를 대소(大小) 승렬(勝劣)이나 권실(權實)―앞서 인용한 배휴의 말을 빌리면 밀지(密指)와 현설(顯說)―로 판가름 짓고 있다. 말하자면 인연은 사라지고 결과만 남았을 뿐이다. 문제는 사라지고 해답(주장)만이 남았을 뿐이다. 그러나 그러한 일련의 사상들을 각기 개별적인 독립된 교설로 여기는 것은, 그리하여 대소 승렬로 규정짓는 것은 다시 유식의 용어를 빌려 말하자면 변계소집(遍計所執)의 허망분별이다.

예컨대 대승에서는 설일체유부의 제법 실유론(實有論)을 무상의 이치도 모르는 마구니〔魔〕의 망언 따위로 여기지만, 그래서 그러한 불교를 '마땅히 버려야 할 저열한 불교', 즉 소승(hīnayāna)으로 규정하지만, 유부(특히 衆賢)에서는 상의(相依) 상대(相待)에 따른 제법의 무자성론(無自性論)이나 외계를 부정하는 도무론(都無論)을 괴법론(壞法論), 즉 '불타 교법을 파괴하는 논'이라 하였으며, 종자〔隨界〕 상속설을 벙어리가 꿈속에서 잠꼬대하는 것과 같은 것이라고 조소하고 있다. 어느 편이 진실인가? 혹은 《해심밀경》에서는 삼승이 진실이며 일승은 방편이기에 오성(五性)의 각별(各別)을 주장하지만, 《법화경》에서는 일승이 진실이며 삼승은 방편이기에 일성(一性)의 개성(皆成)을 주장한다. 어느 것이 진실인가?

이러한 물음은 장구한 불교사상의 역사만큼이나 길게 이어질 수 있다. 왜냐하면 말한 대로 불교사상사는 '진실'에 대한 탐구와 해석의 도정이었기 때문이다. 우리의 불교 전통에서 볼 때, 두말할 것도 없이 대승이 진실이며, 일성개성이 진실이다. 어떤 하나의 불교학(진리) 체계를 자신의 종교적 신념으로 채택하는 경우, 우리는 그것을 종학(宗學)이라 한다. 종학은 필경 자유로운 '탐구'의 결과였겠지만, 그것이 이념화되는 순간 또 다른 탐구를 거부하며, 그러다 충돌한다. 나아가 못내 그 충돌을 감당할 수 없을 경우, (언어적) 폭력을 수반하기도 한다.(우리는 너무나 이에 익숙하여 그것이 언어적 폭력이라는 것도 느끼지 못한다.) 그리고 마침내 어느 순간 치열하였을 탐구의 결과는 앞뒤가 없는 '구호'로 등장하며, 그러한 (언어적) 폭력은 하나의 독립된 사유 형식으로 고착되어 호교적인 찬사와 추종만을 요구한다.

혹자는 "현대불교학이 성하면 불교가 쇠퇴한다"고도 하였으며, "현대불교학은 훼불(毁佛)의 불교학을 지향하고 있는 것은 아닌가?"라고 우려하기도 하였다. 필자는 이에 대해 "여기서 쇠퇴하고, 훼손되는 불교라 함은 어떤 불교를 말함인가?"라고 되물은 적이 있지만,[4] 한편으로 그것은 사실이기도 하다. 아마도 이 때의 '불교'는 오늘 우리에게 주어진 현실의 불교일 것이기 때문이다. 서구의 역사에서도 (탐구의) 철학은 종교적이거나 도덕적인 믿음에 관한 반성적인 비판으로서 일어났다. 그리고 이러한 관심은 지속적으로 유지되어 왔다. 그러나 양자는 항상 대립하였던 것만은 아니며, 철학적인 탐구는 인간을 지적으로 성숙시켜 종교적 확신을 구축해 나가는 데 도움을 주기도 하였다.

---

4) 졸고, 〈교학과 종학〉(《한국불교학》 제41집), p.399.; 본서 제2장 p.74.

'불교학'과 '불교'의 관계 역시 이와 크게 다르지 않을 것이다. 탐구는 확신(믿음)의 토대이기 때문이다.(후술) 오늘 우리에게 주어진 불교, 다시 말해 종학으로서의 불교는 전통과 신념에 따른 것으로, 의심과 탐구를 본질로 하는 불교학과는 구분되지 않으면 안 된다. 그것은 우리의 역사가 선택한 것이기 때문이다. 그렇다고 할지라도 오늘의 불교-대단히 복합적인 것이기는 하지만-또한 애시당초 탐구의 결과였기에 불교학에 기초하지 않으면 안 되며, 이에 대한 신념을 보다 강화하기 위해서라도 그것이 온갖 불교학의 궁극적인 귀결점〔宗趣〕임을 밝혀내지 않으면 안 된다. 이러한 불교학적 시도가 이른바 교상판석(教相判釋)이었다. 만약 그렇지 않고 다만 맹목적인 추종만을 요구할 경우, 전통과 신념은 어느 순간 균열상을 드러내게 될 것이고, 또 다른 불교학의 체계가 비집고 들어와 어느 순간 그 자리를 대신하게 될 것이다.[5]

---

[5] 오늘날, 일찍이 우부소행선(愚夫所行禪, 혹은 소승선)으로 판석되었던 위빠사나가 빠르게 확산되고 있다. 전통의 간화선과 대등한 위치에서 토론을 벌이고 있으며, 몇 해 전 조계종 교육원이 시행한 설문조사에서 《아함경》이나 《구사론》 등을 소의경론으로 삼을 수 있는지를 묻는 해괴한(?) 일도 있었다. 얼마 전까지 '위빠사나로도 깨달음이 가능한가?' 하는 이런 유의 토론들이 난무하였는데, 이에 대해 한편에서는 가능하다고 하였고, 다른 한편에서는 불가능하다고 하였지만, 양편 모두 '무엇을 깨달을 것인가?' 하는 선결문제가 해결되지 않았다. 간화선과 위빠사나는 이미 깨달음의 대상(말하자면 진리관)이 다르기 때문에 깨달음의 내용도 목적도 방법도, 그리고 이에 따른 교학 체계도 다를 수밖에 없다.(본서 제1장 〈서설〉 참조) 따라서 이를 전제하지 않는 토론은 무의미할뿐더러 어느 한편에서 다른 한편을 일방적으로 규정하는 경우, 필경 언어적 폭력을 수반하게 된다. 최근 한 교계신문(법보신문 883호)에서 간화선·위빠사나·염불을 대표하는 세 분 스님의 지상토론을 접한 적이 있었는데, 지면대로라면 그것들은 물과 기름처럼 제각각이었다.

3. 연기법과 이를 둘러싼 단상

필자는 최근 두 편의 논문을 발표하였다. 하나는 〈연기법이 불타 자내증(自內證)이라는 경증(經證) 검토〉(이하 논문 A)였으며,[6] 다른 하나는 〈4성제와 12연기〉(이하 논문 B)였다.[7] 편수로는 두 편이지만, 각기 '불타의 깨달음은 연기법인가?'를 부제(副題)로 하는 동일한 주제의 논문으로, 〈4제와 연기 : 불타 자내증과 관련하여〉라는 제목으로 지난해 해인사에서 열린 '2006 한국 불교학 결집대회'에서 발표한 것이었다.

대규모 발표회가 대개 그러하듯이, 당시에도 별도의 논의나 토론이 없었던 것으로 기억된다. 논문의 요지는 "초기불교에 의하는 한, 불타의 깨달음은 연기법이 아니라 4성제 혹은 3명(明), 그 중에서도 특히 누진명(漏盡明)이다"는 것이었다. 이러한 내용 자체는 새로울 것도 없는, 진부한 것이라고 할 수도 있지만, "불타는 연기법을 깨달았다"는 말이 기정의 사실로 회자될뿐더러(불교학개론서뿐만 아니라 현행 고등학교 윤리/철학 교과서에도 대개 그러하다) 초기불교 전공자조차도 그같이 말하는 오늘의 우리의 불교현실을 감안한다면 조금은 도발적이고도 문제의식이 분명한 논문이었다고 자평한다.

지금 기억하건대, 사회자로부터 코멘트를 부탁 받은 카루나닷사(Y. Karunadassa)는 "자세하게 생각해 보지는 않았지만, 3명(明)이라 생각한다"고 하였으며, 같은 방에서 〈근본유부율의사에 인용된 이야

---

[6] 《보조사상》 제27집(보조사상연구원, 2007).; 본서 제8장.
[7] 《한국불교학》 제47집(한국불교학회, 2007).; 본서 제9장.

기와 시구(根本有部律衣事に引かれた物語と詩節)〉이라는 논문을 발표한 마츠무라 히사시(松村 恒)라는 이는, "일본에서는 우이 하쿠주(宇井伯壽) 등의 선(先)대가에 대해 이러쿵저러쿵하는 것은 있을 수 없는 일이다"고 하였다.

논문을 좀더 구체적으로 간추리면 이러하다.

논문 A에서는, 우리가 일반적으로 불타의 깨달음이 연기법이라고 주장할 때 인용하는 경설인 "연기법은 내가 지은 것도 아니고 다른 이가 지은 것도 아니다. 여래가 세간에 출현하든 출현하지 않든 법계 상주한다"는 《잡아함경》 권12의 제296경(혹은 제299경)과 "연기를 보는 자 법을 보며, 만약 법을 보는 자 연기를 본다"는 《중아함경》 권7의 〈상적유경(象跡喩經)〉, 그리고 정각 후 12연기의 유전과 환멸을 관(觀)하였다는 율장 《대품》(I.1.1-8)이나 《우다나(Udāna)》(I.1.1)의 기사에 대해 해석하였다.

첫 번째 경설에서 '법계 상주'라는 말은 연기법과 연이생법의 인과관계가 '결정적인 것(dhātu dhammaṭṭhitatā dhammaniyāmatā)'임을 나타내는 것일 뿐으로(S.N. II.25;《대비바사론》권23,《대정장》27, p.116 상), "여래가 세간에 출현하든……"이라는 형식의 표현은 3법인이나 노·병·사 등의 5불가득법(不可得法)에도 사용되고 있다.

두 번째 〈상적유경〉의 취지는 4성제, 그 중에서도 고성제를 중심으로 하여 5온의 인연생기를 밝히려는 것으로, 여기서의 '법'은 불변의 '진리'가 아니라 5취온이다. 따라서 이 경은 '불타의 깨달음은 연기법이다'는 주장의 경증이 될 수 없을뿐더러 도리어 4성제가 불타의 깨달음임을 입증하는 경문이라 할 수 있다.

세 번째 율장《대품》과《우다나》의 기사는 제 경설에 근거하여 후대 부가된 것이므로 이 역시 '불타 자내증은 연기'라는 사실을 입증하는 별도의 독립된 논거로서 사용할 수 없다.

논문 B에서는 초기불교의 경론(經論)에 의하는 한 불타의 깨달음을 '연기법'이라고 하기보다는 '4성제'(협의로 말하면 煩惱斷盡의 열반, 즉 漏盡智證明)라고 하는 편이 보다 더 설득력 있는 주장임을 밝혔다. 그 논거로서, 첫째 4성제의 '제(諦, satya)'는 '진리'에 직접적으로 대응하는 말일뿐더러 5부 4아함에 언급된 불타의 깨달음과 관련된 기사의 빈도 수나 문세(文勢)상으로 보더라도 이것이 연기법의 경우 보다 훨씬 많고 또한 강렬하다는 점; 둘째, 제경(諸經)에 의하면 불타의 성도는 3명(宿住智證明·死生智證明·漏盡智證明)을 깨달아 괴로움을 초래하는 원인인 일체의 번뇌를 단진하여 열반을 증득하는 일련의 과정 속에서 이루어지고 있으며, 누진명은 4성제의 통찰을 통해 성취되었다고 하는 점; 셋째, 나아가 경에서는 어떠한 경우에도 연기법에 대한 무지를 '무명'이라고 말하는 일이 없으며, 대개 4성제나 과거·미래·현재의 3제(際)에 대해 알지 못하는 것이라고 말하고 있을뿐더러 8정도의 정견(正見) 역시 그러하다는 점 등을 들었다.

초기경전상에서 무명(avidyā)의 환멸인 명(vidyā)의 용례는 오로지 3명이며, 3명은 과거·미래·현재의 3제에 대응한다. 초기경전에서 연기란 궁극적으로 과거생·미래생·현재생의 존재방식을 밝혀 이에 대한 어리석음을 제거하기 위한 것으로, 12연기를 형용하는 '심심난견(甚深難見, 혹은 甚深難知)'이라는 수사(修辭) 역시 대개의 경우 "전생에서 금생으로, 금생에서 후생으로 유전한다(從此世至彼世, 從

彼世至此世)"는 말과 함께 설해진다. 그것은 이법(理法)으로서의 '연기'에 대한 말이 아니다. 따라서 성도 직후 12연기의 유전과 환멸의 내관은 다만 집제와 멸제의 구체적인 내관으로 보아야 한다.

구미나 남방불교권에서 출간된 불교개론서나 불타 전기 혹은 인도 불교사에서는 불타 자내증을 대체로 3명이나 이와 관련된 4성제로 이해하고 있는 반면, 일본이나 이에 절대적으로 영향 받은 우리나라에서는 한결같이 연기법이라고 말하는 것은 참으로 이상한 일이라고 하지 않을 수 없다. 한편 우리는 일반적으로 불타 깨달음이 연기법이라고 할 때, 이 때 연기법을 대개 상의성 내지 공성으로 이해하며, 그런 점에서 불타의 깨달음이 연기법이라고 하는 우리의 이해는 멀게는 대승불교, 가깝게는 근대 이후의 일본 불교학계의 해석이라고 할 수 있다. 따라서 불타의 깨달음을 상의성의 연기법이라고 하는 것은 대승의 진리관[空觀]에 근거한 해석으로, 이는 시간과 공간 속에서 이루어진 역사를 무시한 특정 교파 혹은 특정 지역의 불교를 중심으로 한 종학(宗學)이라고 말할 수밖에 없다는 것이 논문의 요지였다.

이 두 논문은 엄격한(?) 심사과정을 거쳤다. 논문 A는 한 명이 게재불가였고, 논문 B는 한 명만이 게재불가였지만, 다른 한 명은 게재불가보다 더한 폄훼의 심사평을 첨부하였다. 심사평을 여기에 그대로 인용하고 싶지만, 문제가 없지 않을 것이기에 요지만 들어 보면 이러하다.

논문 A에 대해 "심도 있는 논지의 전개가 없다"거나 "논지의 전개가 다소 산만하고 정리되지 않은 부분이 많다"는 평에 대해서는 피심사자로서 문제삼을 수 없을 것이다. 다만 "불타가 되기 전에는 누구도 그것을 증명할 수 없기 때문에 불타의 깨달음의 세계는 누구도 설명할 수 없다"거나 "'연기와 법'(제2절 2항)에서 '법'이 연기법이 아니라 4성제라고 하는 것은 무리한 해석이며, 이해하기 힘들다"고 한 것에 대해서만은 필자 역시 이해하기 힘들었다.

《중아함경》 권7 〈상적유경〉의 "연기를 보는 자 법을 보며, 법을 보는 자 연기를 본다"에서 '법'이 무엇을 의미하는지, 이 경의 주제가 뭔지는 길지 않은 이 경을 처음부터 끝까지 한 번만 읽어 보더라도 금방 알 수 있을 것이다. 논문에서는 이와 아울러 이 경의 발전된 형태인 《요본생사경(了本生死經)》이나 《도간경(稻竿經)》, 《대승도간경》에서 조차 '법'이 4제를 의미한다는 사실을 인용하여 밝혔다. 아마 심사자는 '법'을 다만 '진리'로 이해한 모양인데, 초기경전이나 이에 대한 일차적 주석서인 아비달마 논서에서 법을 진리라는 뜻으로 사용하는 경우는 매우 드물다.

아울러 심사자는 "부파불교의 제 교설을 가지고 불타의 자내증을 검토하는 것은 논지의 전개와 무관하다"는 또 다른 게재불가의 이유를 들고 있다. 필자의 상식으로서는 말문이 막힐 지경이다. 부파불교(아마도 유부 아비달마나 남방 상좌부 아비담마를 뜻할 것이다)는 초기불교의 일차적 해석 체계이다. 더욱이 아비달마 논서에서, 우리가 불타의 깨달음이 연기법이라고 주장할 때 인용하는 앞의 두 경설에 대해 해석하고 있다면, 어떻게 이를 소승이라 하여 폐기할 수 있을 것인가? 대저 《잡아함경》이나 《중아함경》이 누구에 의해 편집 전승된 것인가? 설일체유부였다. 막말로 만약 유부에 반하는 경문이 있었다면, 그것은 유부가 전승하지 않았을 것이다. 이러한 사정을 암시하는 대목들은 아비달마 논서의 도처에서 나타난다.[8)]

논문 B를 게재불가로 판정한 이의 심사평은 심사자의 자질을 의심하게 하는 것이어서 언급할 필요성조차 느낄 수 없는 것이었다. 요컨대 참고문헌으로 볼 때 개론서가 많아 전문적인 논문이 아니라는 것이며, '필자 사견에 의하는 한……'이라는 등의 표현으로 볼 때 이론적인 글이 아니라 자기 주장을 이야기하는 느낌이 강하기 때문에 게재불가라는 것이다.

필자는 논문 B에서 우리나라에서 출판된 대표적인 몇몇 불교개론서(혹은 전문서를 포함하여)에 언급된 "불타의 깨달음은 연기법이며, 초전법륜에서 설한 4성제는 연기적 관찰을 통한 실천적 교설이다"는 등의 논설을 인용하고 이를 비판적으로 검토하였다. 논문이란 일단의 가설을 세우고 그것을 논증해 가는 작업으로, 가설의 외연이 너무 크거나 혹은 미처 다루지 못한 문제에 대해서는 사견임을 전제로 말미에 사족(蛇足)을 붙일 수 있는 것이다. 필자가 논문 B의 결론 말미에서

---

8) 어떤 한 경설의 요의(了義)·불요의(不了義)나 해석상의 차이는 차치하더라도 "우리는 그 경을 인정하지 않는다"거나 "저 경은 저들이 별도로 결집한 것이다", 혹은 "자신들이 신수(信受)하는 바에 따라 고쳐 지은 것이다"는 말은 아비달마 문헌 도처에 나타난다. 이는 물론 《아함(즉 阿笈摩)》에 대한 것이다. 예컨대 "저들(譬喩者)은, '우리는 이 경을 송지(誦持)하지 않는다'고 말하지만……(중략)……. 혹은 자신들이 주장하는 바에 따라 [경문을] 고쳐 다른 글을 짓고서 본래의 경문을 전승하여 송지한 자들의 과실이라고 말한다. 혹은 [자신들이 주장하는 종의와는 다른] 일체의 모든 경을 신수하지 않는다고 말한다. 이를테면 《순별처경(順別處經)》(현존본은 《잡아함경》 제322경)과 같은 경은 모두 성교(聖敎) 중에 포함되지 않으며, 이것은 바로 대법자(對法者, 아비달마 논사)가 실로 자신들의 종의를 애호하여 지어 《아급마(阿笈摩, 아함)》 중에 포함시킨 것이라고 말하고 있다. [이에 따라] 그들은 이루 헤아릴 수 없는 경을 부정하고서……(하략)……."(《순정리론》 권1, 《대정장》29, p.332상) "그(上座 슈리라타)는 말하기를, '이 경은 결집(結集)에 포함된 것이 아니니, 총송(總頌)과 어긋나기 때문에, 예컨대 [그들 스스로] 《순별처경》을 제작하여 이품(異品)으로 설정하였다고 말한 바와 같다'고 하였다."(동론 권4, 《대정장》29, p.352하); "이 경은 결집에 포함된 것이 아니며, 다만 무표색을 애호하는 대법(아비달마)의 여러 논사들이 이를 제작하여 《아급마》 중에 안치한 것이다." (상동) 경량부(비유자)가 유부에서 제출한 경증(經證)을 부정한 사례에 대해서는 권오민, 〈경량부와 비유자의 의미와 관계〉《불교학연구》 제21호, 2008, pp.27-34)를 참조할 것.
또한 《성실론》《대정장》31, p.243중하)에서도 "어떤 성문의 부파(聲聞部)에서 [전승한] 경은 다만

사견임을 전제로 논설한 글은 이와 같은 것이었다.

    필자 사견에 의하는 한, 불교는 물론 불타의 등정각으로부터 비롯되었겠지만, 우리가 접하는 불교는 그것이 어떠한 형태이든 그의 손을 떠난 것이다. 그것은 그것을 전한 이들의 의도가 개입되었고, 해석이 부가되었으며, 그러면서 발전 변모하였다. 그리고 그것들은 항상 새로운 것이었고, 진실된 것이라고 주장되어 왔다. 그것이 역사이다. 역사학자가 역사를 부정하고서 존재할 수 없듯이, 불교학자 역시 불교(佛敎, 불타의 말씀)를 부정하고서 존재할 수 없다. 그것이 설혹 후대 부가된 것이라 할지라도 그것은 후대 부가한 이의 몫으로 남겨져야 하며, 부가하게 된 필연적 곡절을 밝혀야 한다. 역사학자의 임무가 역사를 정확히 읽어내는 것이라면, 불교학자의 임무는 그러한 불교를 정확히 읽어내는 것이다. 누가 무엇 때문에 무엇을 어떻게 말했는지를. 그것의 대소(大小) 승열(勝劣)이나 권실(權實)은 그 다음의 문제이다.[9]

성문이 설한 것일 뿐으로, [부처가 설한 것이 아니다]"는 의문을 제기하기도 하며, 논주 하리발마(訶梨跋摩) 또한 "나는 이 경을 수습하지 않으니, 법상에 수순하지 않기 때문에 버려야 한다"(동, p.257중 16-17행)고 말하는 등 다른 부파의 경설에 대해 비판적 태도를 취하고 있다.((대정장)32, p.254중 29행; p.256하 12-13행; p.258하 26-27행; p.263하 19-20행 참조)
세친 또한 《구사론》(권28, 《대정장》29, p.147상)에서 초정려 내지 제3정려의 낙지(樂支)에 대해 논설하면서, 이때의 '낙'은 신수락(身受樂)으로, 유부가 반증(反證)으로 인용한 "云何樂根? 謂順樂觸力所引生, 身・心樂受"라는 경설에서의 '심(心)'자는, 다른 부파(經部)가 전승하는 경에서는 오로지 '신(身)낙수'로만 설하고 있기 때문에 어떤 부파(즉 有部)에서 보탠 것이라고 하였다. 이에 대해 중현은 반대로 "계경에서 '제2정려 등에는 그 밖의 식신(識身, 전5식)이 존재하지 않으며, 마음이 한 곳으로 나아간다(다시 말해 尋伺의 鼓動이 멸한다)'고 설하였기 때문에 다른 부파가 전승한 경에서 '심'자를 삭제한 것이다"고 말하고 있다.((순정리론) 권77, 《대정장》29, p.760중)
9) 졸고, 〈4성제와 12연기〉, pp.43-44.; 본서 제9장, pp.324-325. 이는 문헌 비판을 통해 불설(佛說)의 원류를 추적하였던 우이 하쿠주(宇井伯壽)나 와츠지 데츠로(和什哲郎) 등 일련의 근대 이후의 일본의 불교학자들에 대해 행해진 발언으로, 그들은 현존의 5부 4아함과 율장의 순수성을 부정하고서 다만 그것의 근본정신(趣意, 즉 연기)을 추구해야 한다고 하였기 때문이다.(본서 제9장 주 73 참조)

비록 게재가로 판정하였지만, 질책과 질문 그리고 훈계로 구성된 논문 B의 또 다른 심사평을 요약하기란 쉽지 않다. 필자의 논문에 대해 "대승을 저주한다는 느낌이 든다"고 하였으며, 《중론》과 《기신론》을 경멸하고 있다고도 하였다. 학회를 통해 하나하나 해명하고 질문에 답변하면서 이에 대한 심자자의 해명을 요구하였지만, 회답이 없었다. 필자가 보낸 해명의 일부는 이와 같다.

무엇보다 먼저 저는 논문에서 대승을 저주한 일이 없습니다. 다만 초기불교의 연기설을 불타 깨달음의 본질이라 여기면서 대승(중관)의 상의 상대의 연기설로 해석한 우이 하쿠주(宇井伯壽)를 비롯한 이에 크게 영향 받은 김동화 박사, 그리고 70년대 이후 불타 깨달음을 한결같이 상의 상대의 연기법이라고 서술하고 있는 일련의 불교학개론에 대해 비판적으로 검토하였을 뿐입니다.

저의 일관된 생각은 불교(혹은 불교학)는 결코 단일한 체계가 아니며, 시대와 지역에 따라 전개된 온갖 상이한 학적 체계가 모여 이루어진 매우 복합적이고도 유기적인 체계라는 것입니다. 불타는 도대체 무엇을 어떻게 깨달았던 것인가? 2500년에 걸친 불교사상사는 바로 이에 대한 탐구와 해석의 도정이었다고 믿고 있습니다. 그리고 우리가 '학자'라는 이름을 갖고 있는 한, 그러한 도정의 온갖 학설들의 대소(大小) 승렬(勝劣)은 우리가 판단할 성질의 것이 아니라는 것입니다. 이념가나 사상가라면 자신의 신념에 따라 평가할 수도 있겠지만, 학자에게는 신념보다 논거(經證이나 理證)와 이성적 판단이 우선하기 때문입니다. 선학개론 시간에 참선하게 하고, 법화사상 시간에 사경(寫經)하게 할 수는 없지 않겠습니까?

　불교를 역사적 변천에 따라 진술하는 한, 초기불교에는 초기불교에서의 불타 깨달음에 대한 해석이 있고, 중관이나 유식, 혹은 화엄이나 천태 나아가 선종(즉 性宗)에는 그들 나름의 해석이 있으며, 그것이 이른바 불교사상사이지요. 나는 다만 중관이나 성종을 통해 초기불교의 연기설을 해석해서는 안 된다는 사실을 말한 것일 뿐이며, 그래서 결론에서 이 논문을 진부한 것이라고 하였지요. 왜냐하면 동아시아에서와 같은 불교사상사를 갖지 않은 남방제국이나 상좌불교만을 배운 이에게 '불타 깨달음' 운운하는 것은 웃기는 일이 될 터이니 말입니다. 그들에게 있어 불타 깨달음은 연기법이 아니라 3명 그 중에서도 특히 누진명(漏盡明, 혹은 漏盡智)이지요.……(중략)…….

　혹 말할지도 모르겠군요. 부파불교로써 어떻게 불타 깨달음을 해석할 수 있는가? 그렇다면 남방 상좌부는 다 사쿠라입니까? 이에 대해서는 더 이상 말씀드릴 것도 없지만, 그렇다면 동일하게 반문해 볼 수 있을 것입니다. "대승불교로써 어떻게 불타 깨달음을 해석할 수 있는가?" 아시는지 모르겠지만, 아비달마(혹은 아비담마)는 초기불전의 직접적인 해석 체계입니다. 문제의 연기설에 대해, 4성제에 대해 직접적으로 해석하고 있습니다. 반면 대승불교에서는 어쨌든 경전을 새로이 결집하였습니다. 다시 말해 초기경전의 직접적인 해석 체계가 아니라는 말입니다. 주지하듯이 그들은 불타가 설한 교법을 해석한 것이 아니라 '불타'에 대해 해석하였지요. 인도불교 개론서에는 대개 그렇게 나와 있습니다.

　혹 이 말에 평자는 다시금 "논자는 대승불교를 비난하고 있다"거나 "저주(?)하고 있다"고 말할까 두렵습니다. 여담이지만, 나는 누군가가 아무리 '대승비불설'이라 외치더라도 그것 역시 불교의 일부이며, 인간의 사유를 엄청나게 풍요롭게 조망하였으며, 불교의 외연을 크게 넓혔다고 믿습니다.(이 점 또한 오해를 불러일으킬지도 모르겠군요.) 아니 중국에서 산출된 위경(僞經)조차 당연히 불교의 일부라고 믿고 있습니다.

대승불교는 분명 불타 깨달음의 본질을 달리 해석하고 있습니다. 그들의 경전에 근거하여. 그래서 그들은 스스로의 도를 대승이라 한 것이 아닙니까? 혹자는 또 이렇게 말합니다. "소승(아비달마)과 초기(혹은 근본)불교는 다르다." 그럼 물어보지요. 남전 니카야(nikāya)는 초기불교 경전입니까, 상좌부 경전입니까? 속되게 말해 그들 입맛에 맞게 상좌부에서 편집 전승한 것이지요. 《잡아함》이나 《중아함》은? 유부에서 편집한 것이지요. 아비달마를 조금만 읽어 본 이라면 알 것입니다. 어떤 특정의 경에 대해 불요의경이라거나 우리는 그것을 인정하지 않는다는 논의가 얼마나 많은지를.……(후략)

심사자는 심사평 말미에서 친절하게도(?) 이같이 훈계하고 있다.

사실 대승의 입장에서 보면 '적어도' 부파불교는 극복해야 할 문제들이 많았고, 대승은 이를 극복했다. 예를 들어 소지장, 법집, 무주처열반, 알라야식, 종자 등을 열거하면 논자는 평자가 무슨 말을 하려 하는지 이해할 것이다.

이게 무슨 잠꼬대 같은 소리인가? 필자는 즉답(卽答)하였다.

나의 이해를 바로 말하지요. 논자는 심사자의 말을 도무지 이해할 수 없을뿐더러 불교학에 대한 심사자의 이해를 의심할 수밖에 없습니다. 대승의 입장에서 보면 극복할 문제일지 몰라도 소승의 입장에서 보면 도리어 그것이 대승의 문제입니다. 우리는 여기서 누구의 손을 들어주어야 하겠습니까? 대승의 손을 들어주어야 한다면, 심사자는 이미 대승의 진리관(?)의 입장에서 본 논문을 읽은 것이고, 따라서 내 논문을 정확히 읽지 못하였습니다.

소지장이나 법집 등의 개념이 무엇을 어떻게 극복하였다는 것인가? 이러한 언어 형식이야말로 필자가 경멸(?)하는 '앞뒤가 없는 구호성 표현'의 전범이다. 물론 심사자는 짧은 시간에 스쳐 지나가는 생각대로 심사평을 작성하였겠지만, 이것이 한국 불교학계의 현실이라면 불교학계에서 은퇴하고 싶다는 생각도 들었다. 그러한 각각의 개념들은 무슨 문제로 인해 어떻게 생겨나게 되었으며; 그것들이 기왕의 불교학 체계에 적용될 때 야기되는 문제는 또한 무엇이고, 그러한 개념들을 생산해낸 이들은 이에 대해 어떻게 해명하였으며; 이에 따라 불교학의 체계는 다시 어떤 변모된 모습으로 나타나게 되었던가?

사실상 불타의 깨달음이 연기법이라는 주장은 그리 오래되지 않았다. 그것은 근대 이후 일본 불교학계의 해석이다. 우리의 전통대로 말하자면 진여법성인 본래 청정한 자성이다. 우리의 불교 전통에 의하는 한, 연기 무자성의 공관은 '파상(破相)의 현성(顯性)'으로, 대승의 시작, 즉 시교(始敎)에 지나지 않는다. 그럼에도 언제부터인가 불교학자도 불교도도 입만 열면 '연기'이다. 필자는 연기의 진리성을 의심하는 것이 아니라 흔히 팔만 사천 법문이라 일컬어지는 불교의 광대무변의 교설(敎說)을 오로지 '연기' 하나로 도그마화시키는 것을 경계할 따름이다.

몇 년 전 조계종 신도 교재로 출판된 《불교의 이해와 신행》에서는 '불교의 핵심교리' 여섯 항목 중 세 항목을 연기설에 배당하였다.[10] 책 어디에서도 조계종의 정체성에 관한 글은 찾아볼 수 없었다. '탐·진·치 등의 번뇌를 끊어라'고만 하였지, 책 어디에서도 어떤 번뇌를 어떻게 끊어야 한다는 친절한 안내의 말은 없었다. 그럴 것이다. 대승 공관에서 보자면 번뇌는 끊을 것도 없는 것이 아니던가?[11]

오늘날 가히 '연기' 지상주의라 할 수 있다. 연기는 '응용불교학'이라는 이름의 영역에서 무차별적으로 적용되고 있다.[12] 그러나 일찍이 현수법장(賢首法藏)이 말한 대로 아함의 업감연기(業感緣起)와 화엄의 법계연기(法界緣起)는 '연기'라는 말은 동일할지라도 지시하는 내용이 다르다. 천태지의(天台智顗)가 지적한 대로 인연생기라는 소승

---

10) 대한불교조계종 포교원 편, 《불교의 이해와 신행》(조계종 출판사, 2004). 불교의 핵심교리 여섯 항목은 이러하다. 1. 연기법, 2. 일체법, 3. 3법인, 4. 4성제, 5. 12연기, 6. 생활 속의 연기법 수행. 물론 '일체법'에 대해서도 '연기적 존재'(p.50)라는 말을 잊지 않았으며, '3법인'에서는 "불교사상의 핵심으로 연기법의 실상을 잘 설명해 주는 것"(p.51), 4성제의 경우 "8정도의 완성인 멸성제는 연기법의 체득이고, 연기법의 체득은 지혜의 완성이며, 이 때 지혜는 모든 존재가 상호의 존하는 관계로 연기해 있음을 확실히 깨닫는 것"(p.72)이라는 친절한(?) 설명을 더하고 있다.
11) 주 5)에 언급한 세 분 스님의 지상대론에서, 임종 순간까지 아미타불 명호를 부르고 의지하면 누구나 극락왕생할 수 있다는 견해에 대해 위빠사나를 대표하는 스님은 "생사해탈은 번뇌를 완전히 소멸한 상태를 말하는 것이다. 내가 어떤 하나의 개념적인 것을 붙들고 있을 때 그것이 어떻게 해탈이 될 수 있는가. 염불을 하면 지혜가 어떻게 생겨나고 번뇌가 어떻게 소멸되는지 궁금하다"고 하였다. 마찬가지로 말할 수 있다. "연기를 깨달으면 어떤 번뇌가 어떻게 끊어진다는 것인가?" 초기불전 어디에도 연기를 관하여 번뇌를 끊었다는 말은 없다. 이를 해명하기 위해서는 중관(즉 무자성)의 논리가 뒷받침되지 않으면 안 된다.(졸고, 〈4성제와 12연기〉, p.39.; 본서 제9장, p.320)
12) "오늘날 일각에서는 불교학이 학문을 위한 학문이 되어가고 있다고 지적하면서 응용불교학이나 현실에 부응하는 사회 연계 교과목의 개발이 시급하다고 말하는, 백 번 옳은 말이지만, 그것은 '불교

의 석공(析空)과 상의 상대에 따른 대승의 체공(體空)은 '공'이라는 말은 동일할지라도 그것이 지시하는 의미는 다르다.(만약 초기불교의 연기가 상의성이라면 법장과 지의 또한 비판받아 마땅하다.) 그것은 모두 일련의 사상사 속에 등장하는 개념이다.

일련의 사상사 속에 등장하는 각각의 개념을 절대시하는 경우 그것은 종파로 등장하게 되지만, 종파적 차별마저 무시한 연기(혹은 마음)에 대한 무차별적인 이해는, 불교는 만병을 통치할 수 있다는 절대적 이념으로 전락하고 만다. 그리고 그것은 '구호'가 되어 마침내 다양한 경설에 대한 해석도, 논증도 거부한다. 그것은 불교학 나아가 불교의 쇠퇴를 예고하는 것이나 다름없으며, 문(聞)·사(思)·수(修)라는 가장 기본적인 수증론(修證論)마저 파기하는 결과를 초래하게 될 것이다.

학'의 토대 위에서만 가능하다. 자칫 본말이 전도되어 불교학이 고사하는 또 다른 우를 범해서는 안 된다. 불교학자 또한 만능이 아니다. 불교생태학이나 불교사회학, 불교경제학, 그러한 것들은 불교학자의 소임이 아니다. 그 분야의 전공자의 소임이며, 불교학자는 다만 그들에게 필요한 불교적인 이념과 논리를 제공해야 한다. 만약 그렇게 하지 않을 경우 불교학이라는 거대하고도 정치한 지식 체계는 종내 사라지고 껍데기와 구호만 남게 될 것이다."(졸고, 법보신문 886호 '법보시론')

최근 불교학계 내부에서 생산되는 응용불교학을 비판하는 논문이 눈길을 끌었다. 이정훈은, 〈현재의 응용불교학, 그 내재적 한계에 관한 비판〉《문학 사학 철학》창간준비 7호, pp.103-104)에서 말하였다. "주류 경제학 또는 사회복지, 사회학의 핵심논의에는 참여할 수도 없으면서 간판만 덩그러니 '불교00학'이라고 유지하고, 이 폐쇄된 구조 속에서 불교계와 한국사회 어디에도 그 존재 가치가 불분명한 연구자들을 수없이 배출하는 것은 불교계의 손실일 뿐만 아니라 사회적 손실이다.……(중략)……다음 세대에 원효나 의상의 텍스트를 정확하게 읽고, 그 의미를 가공할 능력의 연구자들이 길러지고 있는가? 고전을 읽을 능력이 갖추어지고 있는가? 이러한 질문에 답변하지 못한다면 이미 위기는 초래되었고, 심화되고 있다고 할 수 있다. 그저 생존을 위해 사회과학도 불교학도 아닌 자칭 차별화된 연구를 계속할 것인가? 이것은 차별화가 아닌 '왕따'의 길임을 인식해야 한다."

4. 탐구와 믿음

우리는 우리에게 주어진 불교를 어떻게 이해해야 할 것인가? 부처님이 경(經)에서 그렇게 설하였고, 위대한 논사들이 논(論)에서 그렇게 해석하였으니, 당연한 것으로 여겨야 할 것인가? 그리하여 경론의 글귀들을 읊조려 내는(祖述하는) 것으로 족할 것인가? 불교는 '있어라 하니 있었더라'고 하는 계시종교가 아니다. 그것은 어느 날 홀연히 하늘에서 떨어진 것이 아니다. 어떤 한 경론의 내용을 곧이곧대로 받아들이기에는 무엇보다 먼저 불교 제 경론이 너무나도 다양하며, 학문의 수단이나 연구의 공구가 진보 발전하였으며, 세상이 좁아졌으며, 불타로부터 시간이 너무 많이 흘렀다. 이른바 교상판석으로 일컬어진 문헌 비평은 수당시대는 물론이고 위진시대에도 존재하였거늘 하물며 오늘날에야 어떠해야 할 것인가?

완성된 불교학 체계에 대해 절대적 가치와 신념을 부여하는 종학에서라면 모르겠거니와 의심과 탐구를 본질로 하는 불교학에서라면 불교 제파의 근본이 되는 명제 혹은 개념만을 단순 비교하여, 또한 감정에 호소하여 어느 것이 뛰어나고 어느 것이 저열하다고 말할 수 없다. 그것들은 이미 교학 체계의 전제(출발)가 다르기 때문이다. 흔히들 소승은 출가 중심의 자리(自利)이지만 대승은 출가와 재가를 분별하지 않기 때문에, 소승은 유자성(有自性)을 주장하지만 대승은 무자성(無自性)을 주장하기 때문에 대승이 우월하다고 하지만, 그들 소승은 왜 출가 중심(자리)일 수밖에 없으며, 왜 유자성을 주장할 수밖에 없었던가? 혹은 출가와 재가를 분별하지 않고 무자성을 주장할 때 야기되는 문제는 없는 것인가?

말해 보자. 출가와 재가가 다르지 않다면 오늘날 출가자의 정체성은 어디서 찾아야 할 것이며, 일체가 공이라면 지금 나에게 구체적으로 살아 꿈틀대는, 강력한 힘을 갖고서 나의 현실 삶을 지배하는 욕망의 정체는 무엇인가? 그것은 어떻게 생겨난 것인가? 무지 때문에? 그래서 헛되고 헛된 것이라고? 그러나 무지 또한 공한 것으로 허깨비와 같은 것이 아니던가?[13]

바로 이 같은 점에서 유식에서는 중관을 다만 무자성을 일깨우기 위한 방편일 뿐 불타의 궁극적인 취지[了義]를 밝히지 못한 것이라고 하였으며, 신라의 원측(圓測)은 대승의 가장 위대한 논사로서 제2의 부처로까지 불리기도 하는 용수(龍樹)를 8식도 알지 못한다 하여 서원 발심의 단계인 초지(初地) 보살(즉 極歡喜住菩薩)로 간주하기도 하였다.[14] 그러나 원효에 의하는 한, 중관과 유식은 적극적으로 현실[俗法]과 진실[無爲]을 설명하지 못하고 있다.[15]

우리는 불교 제 학파의 고유 개념, 이를테면 유부의 유자성론(제법실유론)이나 중관의 무자성론, '종자'로도 일컬어지는 제8 아뢰야식, 혹은 자성청정심(自性淸淨心) 등을 어떻게 이해해야 할 것인가? 우리

---

13) 이와 같은 말투가 '대승을 저주한다'는 오해를 불러일으켰을지 모르지만, 필자가 이같이 말한 의도는 대승에서는 이러한 문제에 대해 자신의 논리를 계발해야 한다는 것이었고, 실제로 어떤 식으로든 계발되어 있다. 그럼에도 이에 대해서는 침묵한 채 2천 년 전 대승이 일어날 무렵 대승의 논사들이 기성의 불교에 대해 던졌던 비판─소승은 자리를 주장하지만 대승은 자리이타를 설하며, 소승은 실유를 주장하지만 대승은 일체개공을 설한다─을 중국의 대승교가들을 거쳐 지금도 마냥 앵무새처럼 되풀이하고 있다는 점이다.(졸고, 〈소승불교 一考〉, 《철학논총》 제31집, 새한철학회, 2003.; 권오민, 《아비달마불교》, 민족사, 2003, 〈후기〉 참조)
14) 원측, 《해심밀경소(解深密經疏)》(《한국불교전서》1), pp.217하-218상.
15) 고익진, 《한국의 불교사상》(동국대 출판부, 1988), pp.173-179 참조.

는 다만 우리에게 주어진 그러한 개념들을 당연한 것으로 여겨 주어진 방식대로 해석하고, 그 의미를 가공하여 고양시키는(혹은 폄훼하는) 일에 족할 것인가? 그것이 하늘에서 떨어진 것이 아니라면, 그 같은 논의들은 어떻게 생산된 것인가?

필자는 앞서 불타의 8만 4천 법문은 인간과 세계에 대한 비전과 통찰, 그리고 이에 대한 해석이라고 감히 말할 수 있다고 하였다. 그렇다면 그러한 고유개념들은 어디서 유래한 것인가? 어떤 문제에 기인한 것인가? 관행자(觀行者, 瑜伽師)들이 선정의 상태에서 체험한 바를(직관적으로 증득한 바를) 이론적으로 구성한 것인가, 아니면 이론적으로 모색된 것을 선정을 통해 확인(혹은 확증)한 것인가? 만약 전자라면 어째서 관행자에 따라 다르게 체험된 것인가? 체험은 동일하였지만 이론적 구성이 달랐을 뿐인가? 만약 후자라면 도대체 무엇이 문제였기에 그 같은 개념들을 설정하게 된 것인가?

이에 대해서는, '유식성'이라는 개념에 한정되기는 하였지만, 서구에서도 이미 논의되고 있는 바라고 들었다. 즉 유식성의 유래와 관련하여 콘제(E. Conze)와 그리피스(P. Griffiths), 슈미트하우젠(L. Schmithausen)은 수행실천에서 나온 경험을 일반적 이론으로 발전시킨 것이라고 주장한 반면, 마수다(J. Masuda)와 브롱코스트(J. Bronkhorst), 샤프(R. Sharf)는 철학적 논의맥락에서 제기된 이론적 난점을 해결하기 위해 제안된 것이라는 주장을 지지한다는 것이다.[16] 여기서 필자는 후자의

---

16) 안성두, 〈유식성(唯識性, vijñāptimātratā) 개념의 유래에 대한 최근의 논의의 검토〉《불교연구》 제20집, 한국불교연구원, 2004).

입장에서 필자 자신의 소견을 다소 거칠지만 간략하게 밝혀 보고자 한다.

필자가 생각하는 (인도)불교학의 중심문제는 인과상속의 문제이다.[17] 즉 철저하게 생성(무상)의 철학인 불교에서 소멸과 생성 사이의 비단절적 연속을 어떻게 해명할 것인가? 다시 말해 찰나생멸하는 세계가 어떻게 인과상속의 지속적 현상으로 나타나는 것인가? 유부의 법유론(法有論)은 찰나멸(혹은 무상)설을 보다 적극적으로 해명하기 위한 이론이라 할 수 있다.

유부의 법의 이론에 따르면, 우리가 경험하는 현상세계는 찰나생멸하는 유위제법의 끊임없는 연속에 불과하다. 이를테면 지금 책상 위에 놓여 있는 컵은 한 시간 전이나 지금이나 변함없이 동일한 컵으로서 지속적으로 존재하고 있다. 그런데 각각의 제법이 찰나멸적인 것임에도 불구하고 이처럼 다음 찰나에도 그대로 존재하는 것처럼 보이는 것은 선행한 제법을 상속하여 그것과 동류의 법이 동일한 장소에서 동일한 관계를 가지고서 간단(間斷)없이 생기하기 때문이다. 다시 말해서 찰나 생멸적인 제법의 연속적 비단절적인 생기 위에서 '컵의 존재'라고 하는 시간적 지속 현상이 우리들 경험 세계의 사실로서 존재한다는 것이다.

그러나 이 경우 법이 생기한다고 하여도 무(無)로부터 생겨나는 것은 아니며, 소멸한다고 해도 무로 돌아가는 것이 아니다. 생기라고 하

---

17) 권오민, 《유부 아비달마와 경량부철학의 연구》(경서원, 1994), p.vii.; 《아비달마불교》(민족사, 2003), p.105.; 《인도철학과 불교》(민족사, 2004), p.231 참조.

는 것은 법이 미래의 영역으로부터 현재로 현현하는 것이며, 소멸이라고 하는 것은 그것이 현재로부터 과거의 영역으로 사라지는 것이다. 이른바 삼세실유이다.

이에 대해 경량부에서는 "안근이 생겨날 때 온 곳이 없고, 멸할 때 가는 곳도 없다. 그것은 본래 존재하지 않다가 지금 존재하며, 존재하다가는 다시 사라진다"는 경증(經證)을 통해 이를 비판하기도 하지만,[18] 유부 논사 중현(衆賢)에 의하는 한 여기서 '온 곳'이나 '가는 곳'은 그것의 작자(作者)라고 할 만한 자성(prakṛti)이나 자재천(自在天, Īśvara)과 같은 것을 말하며,[19] '본래 존재하지 않았던 것[本無]'은 안근 자체가 아니라 안근의 작용이라고 말한다.[20] 즉 유부에서는 세우(世友, Vasumitra)의 위부동설(位不同說)에 근거하여 어떤 법이 아직 작용하지 않는 상태에 놓여 있을 때를 미래라 하고, 지금 작용하고 있는 상태를 현재라고 하며, 이미 작용을 마친 상태를 과거라고 하지만, 법 자체로서는 동일하다고 주장한다.

만약 법 자체가 무(無)에서 생겨나 무로 사라지는 것이라고 한다면, 그것은 바로 불타가 비판한 단멸(斷滅)의 사견(邪見)으로, 과거로 흘러간 선악업은 소멸해버렸으므로 현재의 괴로움이나 즐거움 등

---

18) 《구사론》 권20(《대정장》29, p.105중; 권오민 역, 동국역경원, 2002, pp.917-918). 인용한 경문은 〈제일의공경〉으로, 오늘날 전해지는 《잡아함경》 권13 제335경(일명 《第一義空經》, 《대정장》2, p.92하)에서는 "眼生時無有來處, 滅時無有去處. 如是眼不實而生, 生而滅盡"으로 되어 있지만, 《구사론》에서는 "眼根生位無所從來. 眼根滅時無所造集. 本無今有, 有已還無."로, 《순정리론》 권51(《대정장》29, p.625하)에는 "眼根生位無所從來. 眼根滅時無所造集. 本無今有, 有已還去"로 되어 있다. 참고로 적소지선(赤沼智善)의 《호조록(互照錄)》에 의하면, 이 경에 상응하는 니카야는 없다.
19) 《순정리론》 권51(《대정장》29, p.626상).
20) 《순정리론》 권52(《대정장》29, p.632하).

의 결과는 원인 없이 생겨난 것이 되고, 현재의 선악업 또한 미래 어떠한 결과도 낳지 못할 것이기 때문에 '무인유과(無因有果) 유인무과(有因無果)'에 떨어지고 말뿐더러 그것으로는 현실에 대한 어떠한 해명도 불가능하다는 것이다.

이러한 상속의 문제에 대해 다른 부파에서는 세계의 상속 내지 존재의 지속을 가능하게 하는 개념을 설정하였다. 예컨대 정량부에서는 행위의 인과상속을 가능하게 하는 존재로서 영수증과도 같은 부실법(不失法, avipraṇāśa)을 설정하였으며, 혹은 결과를 낳을 때까지 지속한다는 잠주멸설(暫住滅說)을 주장하기도 하였다. 또한 대중부에서는 현상의 일체의 마음과 그 작용을 낳는 근본식(根本識, mūla vijñāna)을,[21] 상좌부에서는 존재 지속심으로서 유분식(有分識, bhāvaṅga)을, 독자부에서는 행위나 인식의 주체로서 비즉온비리온(非卽蘊非離蘊)의 보특가라(補特伽羅, pudgala)를, 설전부에서는 5온의 전이상속을 가능하게 하는 일미온(一味蘊, ekarasa skandha)을, 경량부에서는 종자(種子, bīja) 등을 설정하였다.

그리고 이들 중 몇몇은 대승유식의 선구로 알려지지만, 전통적 입장에서 볼 때 무아설에 정면으로 배치되는 것이었다.[22] 그러나 유부의

---

[21] 대중부에서는 이 같은 논리에 입각하여 12연기의 갈래(支分)를 현상시키는 무위법으로서의 '연기법성'을 주장하였으며, 수면(隨眠, anuśaya) 역시 일체 번뇌(纏)의 토대가 되는 힘으로서 '불상응행법'이라고 해석하였다.
[22] 세친(世親)은 《구사론》〈파아품(破我品)〉에서 독자부의 보특가라설을 비판하고, 그 대안으로 종자설을 제출하고 있지만, 중현(衆賢)에 의하는 한 그의 종자 상속설 또한 불교의 정의(正義)를 교란시키는 이론일 따름이다. 수계(隨界)·훈습(薰習)·공능(功能)·부실(不失)·증장(增長) 등으로도 일컬어지는 종자의 상속설은 《순정리론》 전편에 걸쳐 인용 비판되고 있지만, 특히 권12(《대정장》 29, pp.379상-398중)와 권35(동, pp.541하-542하)에서는 경주(經主) 세친(世親)의 종자 상속설을, 권18(동, pp.440중-442중)에서는 상좌(上座) 슈리라타(Śrīlāta)의 수계설을, 권34(동,

경우 역시 상속의 문제를 더욱 세련시키기 위해 득(得), 무표업, 중유(中有, 혹은 中陰)와 같은 개념을 설정하지 않으면 안 되었다. 오늘날 이러한 각각의 개념 중 어떤 것에 대해서는 선정을 통해 체험되는 것이라 하지만, 처음부터 그 같은 방식으로 도출되었다고 보기는 어렵다.

한편 불교 제파(諸派)에서는, 멸진정(滅盡定)에 들어 마음이 완전히 끊어졌거나 무색계에 태어나 색신이 소멸하였다면, 출정(出定)할 때의 마음은 어떤 마음으로부터 상속하며, 하계(욕계와 색계)에 태어날 때의 색신은 무엇으로부터 생겨나는 것인가 하는 문제에 직면하여 각기 세 가지 방안을 도출하여 경전상의 근거와 이론적 근거를 통해 입증하고 있는데, 이는 지극히 자연스러운 이론적 귀결로 여겨진다.

먼저 멸진정의 경우, 입정할 때의 마음[前定心]을 등무간연으로 삼아 생겨난다는 유부(有部)설, 멸진정(혹은 滅受想定)에서는 말 그대로 수(受)와 상(想)만이 멸할 뿐 미세한 마음은 여전히 존재하기 때문에 이러한 마음으로부터 출정할 때의 마음이 상속한다는 비유론자(譬喩論者)의 멸정유심설(滅定有心說),[23] 그리고 마음이 잠시 전생하지 않는 상태를 멸진정이라 가설한 것으로, 출정심은 신체[有色根]상에

pp.534하-535하)에서는 비유종(譬喩宗)의 종자 상속설을, 권45(동, pp.596하-598하)에서는 경주 세친의 수면 종자설과 이에 대한 상좌 슈리라타의 해명을 집중적으로 인용 비판하고 있다. 중현은, "과거업이 존재한다"는 경설의 반증(反證)으로 '本無今有 有而還無'의 경증(주 18 참조)을 통해 "과거의 업에 의해 인기된 현재의 상속(相續) 중의 여과(與果)의 공능(功能)에 근거하여 은밀히 '존재한다'고 설하였다"는 세친의 해석에 대해 "이는 마치 어리석은 이가 물살이 빠른 여울에서 배를, 거기에 탄 사람들의 발에 메어놓고서 배가 멈추기를 고대하는 것과 같다"고 조소하고 있다.(《순정리론》 권51, 동, p.627상)
23) 《순정리론》 권13(《대정장》29, p.403상). 세친은 "멸진정에서도 여전히 미세한 마음이 존재한다"는 주장을 세우(世友)의 《문론(問論)》 중에서의 설로 전하고 있는데(《구사론》 권5, 《대정장》29, p.25하), 여기서 세우는 경부사(經部師) 세우이다.

훈습된 마음의 종자로부터 생겨난다는 선대(先代) 궤범사(軌範師, 세친의 스승들)의 색심호훈설(色心互熏說)이 바로 그것이다.[24)]

또한 무색계의 경우, 어떤 이(대중부)는 무색계에도 미세한 색은 존재하여 그것으로부터 하계의 색이 상속한다고 주장하였고,[25)] 경량부에서는 예의 색심호훈설에 따라 마음상에 훈습된 색의 이숙인(종자)으로부터 생겨난다고 하였으며,[26)] 유부 아비달마에서는 "무색계에는 어떠한 경우에도 색이 존재하지 않기 때문에, 하계의 색근은 과거 대종(색온)과 구기(俱起)하였던 마음의 상속을 구유인(俱有因)으로 삼고 오래전에 멸한 색근을 동류인(同類因)으로 삼아 생겨난다"고 하였다.[27)]

대체 멸진정 중에 존재한다는 미세한 마음(다시 말해 受·想 등의 심소와 상응하지 않는 마음)이란 어떤 마음일까? 유부에 의하는 한 마음

---

24) 《구사론》(앞의 책).; 《순정리론》 권13(《대정장》29, p.404상). 참고로 《구사론》에서는 멸진정 가유설과 색심호훈설이 유여사(有餘師)와 선대(先代) 궤범사(軌範師)의 설로 언급되며, 《순정리론》에서는 경주(經主) 세친이 인용한 이석(異釋)으로 인용되지만, 동 권80(동, p.771하)에서는 이를 상좌(上座), 즉 슈리라타(Śrīlāta)의 설로도 인용하고 있다. 한편 《성업론》(《대정장》32, p.783하 20-29행)에서 이는 어떤 이의 설[有說]로 인용되지만 전술한 멸정유심설에 의해 비판되고 있다.

25) 《구사론》 권28(《대정장》29, p.145하; 졸역, p.1272).; 《순정리론》 권77(《대정장》29, p.757중). "有言彼色微故亦名無, 如物黃微亦名無黃物." 이는 보광《구사론기》 권28, 《대정장》41, p.418하)에 의하면 대중부와 화지부의 주장이다. 《이부종륜론》에서도 대중부 등에서는 "색계·무색계에도 6식신이 갖추어져 있다"고 주장하고 있는데, 그럴 경우 그것의 소의·소연이 되는 미세한 색법이 존재한다고 보아야 하는 것이다. 《대비바사론》 권83(《대정장》27, p.431중)에서는 무색계의 유색론(有色論)을 분별론자(分別論者)의 주장으로 전하고 있다. 즉 그들에 의하면, 경에서 "명색은 식을 반연하고, 식은 명색을 반연한다"고 설하고 있으며, 또한 "목숨[壽]과 체온[煖]과 의식[識]은 항상 화합하여 떠나지 않는다"고 하였으므로, 식이 존재하는 무색계에는 명색도 존재해야 한다는 것이다.

26) 《구사론》 권28(《대정장》29, p.146상중). 여기에도 설자(說者)가 밝혀져 있지 않지만, 보광(普光)은 논주 세친이 경부(經部)의 뜻을 빌려 답한 것이라고 평석하고 있다.(《구사론기》, 《대정장》41, p.420상) 앞서 멸진정의 색심호훈설을 무색계의 예로써 설하고 있기 때문이다.(《구사론》 권5, 《대정장》29, p.25하; 졸역, p.228)

27) 《발지론》 권13(《대정장》26, p.987상).; 《대비바사론》 권134(《대정장》27, p.696상중).; 《순정리론》 권77(《대정장》29, p.757하).

은 반드시 심소와 상응하여 일어나지만,[28] 작용은 물론이거니와 지각성[受]마저 배제된, 소연도 행상도 갖지 않는 마음이 존재한다면 그것은 심층의 무의식과 같은 것인가?[29] 유가행파에서는 그렇다고 말한다. 그것은 다름 아닌 아뢰야식(ālayavijñāna)이다. 즉《유가사지론》에서는 색심호훈설을 주장하기도 하지만,[30] 이는 어디까지나 아뢰야식이 설정되지 않은 경우이고(따라서 滅定無心), 이미 설정된 경우 출정심(出定心)은 아뢰야식에 근거하여 생겨난다.[31] (따라서 滅定有心)

또한 무색계 중에 존재하는 미세한 색은 어떤 색을 말함인가? 그것도 다만 선정을 통해서만 확인되는 것일까? 마음에도 색이 종자[功能, 힘]의 상태로서 훈습되고 있다면, 현실에서 마주하는 구체적 색신(육체)도 다만 마음의 현 실태 내지 표상이라는 말인가?

그런데 흥미로운 사실은 유부에 의해 비유자(譬喩者)로 불린 경량부에서도 무소연식(無所緣識)의 가능성을 말하고 있다는 점이다. 앞서 언급한 유부의 제법 유자성론의 전제는 그것으로 인해 인식이 가능하다는 것이었다. 중현은 유(有)의 특성을 '경계 대상이 되어 앎을 낳는 것'이라고 정의한다.[32] 이른바 유소연식론(有所緣識論, 혹은 有境覺

---

[28] 《순정리론》 권80(《대정장》29, p.771하), "又不可說此[滅盡]定有心, 曾不見有心無受想思故."
[29] 중현은 이에 대해 "만약 그러한 마음이 존재한다면, [6식을 벗어난] 제7의 식(識)이라고 해야 하지만, 어떠한 경에서도 이러한 식이 존재한다고 말한 적이 없다"고 힐난한다.(《순정리론》 권13, 《대정장》29, p.403상) 아비달마에서 제7식, 제13처(處) 등의 말은 '토끼 뿔' '거북의 털'과 같은 의미이다.
[30] 《유가사지론》 권51(《대정장》30, p.583하 2-10행). 이에 따라 일부 학자들은 《구사론》상의 선대 궤범사를 유가행파로 비정하기도 하는데(袴谷憲昭, 〈Pūrvācārya考〉, 《印度學佛敎學硏究》 34-2, 1986), 이에 대해 권오민은 〈Pūrvācārya 再考〉(《불교학연구》 제20, 2008)에서 비판적으로 검토하였다.
[31] 《유가사지론》 권51(《대정장》30, p.584상 27행-중 1행).
[32] 《순정리론》 권50(《대정장》29, p.621하), "爲境生覺, 是眞有相."

論)이다. 이에 대해 비유론자는 비존재 역시 경계 대상이 되어 앎을 낳을 수 있다는 무경각론(無境覺論)을 주장하면서 《유식이십론》에서 유식무경(唯識無境)의 예로서 제시된 선화륜(旋火輪), 환상, 두 개의 달에 대한 인식, 꿈속이나 눈에 백태가 낄 때의 인식 등의 예를 들고 있는데,[33] 경량부(비유자)와 유가행파의 친연 관계를 고려한다면, 그들의 이숙의 종자식(아뢰야식) 역시 상속의 문제를 해결하기 위해 요청된 개념이라 할 수 있다.[34] 만약 종자식이 선정을 통해 체험(직관)된 것이라고 한다면, 부실법이나 근본식, 비즉온비리온의 보특가라 등도 역시 그러한 것이라고 해야 하기 때문이다.

다른 한편, 우리는 대개 대승 발보리심의 근거가 되는 자성청정심(自性淸淨心)의 유래를 대중부의 심성본정설(心性本淨說)에서 찾기도 하는데, 그렇다면 이러한 대중부설은 어디서 유래한 것인가? 《대비바사론》에 의하면, 그것은 정해탈(正解脫, 지금 바로 해탈)하려고 할 때의 마음은 유염(有染)의 마음인가, 무염(無染)의 마음인가 하는 문제에서 비롯되었다.[35] 즉 유부에서는 정해탈할 때는 이미 진지(盡智)의 장애가 끊어졌을뿐더러 염오심이 해탈한다는 것은 이치상 있을

---

33) 《순정리론》 권50(《대정장》29, p.622상). 이 같은 경량부 설은 어디서 유래한 것인가? 대승에서 침투한 것인가, 이것이 대승으로 발전한 것인가? 경량부의 무소연식론에 대해서는 권오민, 〈譬喩論者(Darṣṭāntika)의 無境覺論〉(《한국불교학》 제49집, 2007)을 참조할 것.
34) 이러한 멸진정(無心定)의 문제는 실제로 유가행파에서 아뢰야식의 존재를 증명하는 하나의 논거(8相 중 제7相)로 사용되고 있다.(《유가사지론》 권51, 《대정장》30, p.579하, "何故, 若無阿賴耶識, 處無心定不應道理? 謂入無想定或滅盡定, 應如捨命, 識離於身, 非不離身, 如世尊說當於爾時識不離身故.") 《성유식론》의 경우는 열 가지 이증(理證) 중 제9증.(《대정장》31, p.17하 25행 이하 참조)
35) 《대비바사론》 권27(《대정장》27, p.140중). 대중부의 심성본정설과 이에 대한 유부의 비판에 대해서는 동론(동, pp.140중-141상).; 《순정리론》 권72(《대정장》29, p.733상-하).; 《사리불아비담론》 권27(《대정장》20, p.697중) 등을 참조할 것.

수 없는 일이기 때문에 무염(예컨대 無貪·無瞋·無癡 등)의 마음이 정해탈한다고 주장하지만, 분별론자(대중부)는 "마음이 탐으로부터 지금 바로 해탈을 획득한다"는 경설(經說)에 따라 유염의 마음이 정해탈한다고 주장한다. 즉 그들에 의하는 한 유염의 마음은 본질적으로 청정한 것〔本淨〕이기 때문이다.

제법의 무자성론 역시 철학적 반성에서 비롯되었다고 말할 수 있다. 왜 무자성이어야 한다는 것인가? 공화론자(空花論者, 대승의 논사)나 도무론자(都無論者, 외계 대상을 부정한 논사)들은 대개 "가벼움과 무거움 등은 서로에 근거하여 성립된 개념이기 때문에 실유가 아니다"는 등의 형식으로 말한다.[36] 어떤 한 존재〔法〕는 상대적인 조건에 따라 가칭(假稱)된다는 것이다. 따라서 무자성론 역시 애당초 언어적

---

[36] 《순정리론》 권4(《대정장》29, p.353하), "又言輕重相待成故 非實有者." 가벼움과 무거움은 7소조촉(所造觸) 중의 하나이다. 중현은 이하 상의(相依) 상대(相待)에 따른 무자성론을 비판하고 있다. 중현에 의하면, "이것이 있으므로 저것이 있다"고 하였을 때, '이것'에 의해 드러나는 '저것' 역시 실유로서, 이는 세간 상식에 속한다. 다시 말해 실재하는 어떤 것이 타자를 인연으로 하여 생겨나는 것으로, 그럴 때 타자는 다만 생기의 조건일 뿐 존재 자체의 조건은 아니라는 것이다. 만약 그렇지 않고 일체는 타자에 근거하여 생겨났기에 무자성공이라고 한다면, 일체는 무엇으로부터 생겨난 것인가? 무(無)인가? 그럴 경우 무인론(無因論)에 떨어지고 만다.
또한 예컨대 아버지가 그 자식에 대해 원인이 되었으면 더 이상 그 자식의 결과는 되지 않는 것처럼, 무거움이 가벼움의 근거(원인)가 되었으면 더 이상 그것의 결과는 되지 않는다. 만약 그럴 경우 가벼움과 무거움의 기준이 상실되어 모든 사물은 결국 가볍기도 하고 무겁기도 하다고 해야 하기 때문에 이는 사실상 지식의 부재이다. 혹은 "가벼움이란 무거움의 부재를 본질로 한다"고 할 경우, 무거움의 비존재와 가벼움의 존재가 동시에 함께 존재한다고 하지 않으면 안 된다. 즉 어떤 물건은 보다 가벼운 것에 대해 무거운 것이고, 보다 무거운 것에 대해 가벼운 것이지만, 이는 다만 현실의 그 물건〔相〕이 그렇게 인식된 것일 뿐 그 같은 인식이 낳아지게 된 근거로서의 '무거움'이나 '가벼움' 자체는 실재한다고 말한다.
말하자면 대승의 공관에서는 '관계〔相待, 즉 연기〕'를 존재 자체의 조건으로 파악하였다면, 유부는 다만 생기의 조건으로 이해하였을 뿐이다.("對法諸師釋, 「此有故]彼有'者, 謂此有故令彼有性. 非因能令法體成有. 但能令法有作用生.": 《순정리론》 권52, 동, p.635하) 다시 말해 대승은 오로지 인식을 통해 드러난 현실의 존재〔能詮〕에 대해 논의하였다면, 유부는 그 근거〔所詮〕에 대해 논의하였다고 할 수 있다.("唯能詮相待不定, 非所詮體而有改易.-是故相待非不實因.": 《순정리론》 권4, 동, p.353하)

〔能詮〕 관계에 근거하여 설정(구상)된 것이라고 할 수 있다.

이상과 같은 몇몇 사실로 보건대, 불교 제 학파의 주요 개념들은 애당초 이론적 요청이나 철학적 반성에서 비롯되었으며, 그것이 인도 전통에 따라 선정의 체험을 통해 확인(확증)되었을 것으로 추측할 수 있다. 어떠한 수행도에도 반드시 세속도(世俗道)가 존재하며, 듣고〔聞, śruta〕 주체적으로 반성 사유〔思, cintā〕하고서 선정을 통해 반복적으로 수습〔修, bhāvanā〕한다는 세 단계에 걸친 3혜(慧)의 수증론이 이를 말해준다.[37] 따라서 그것들은 항상 지혜를 통한 탐구와 선정을 통한 확인(확증)이라는 관계 속에서 내용적으로 세련되고 보충되고 재해석되고 발전되어 온 것이라고 말할 수 있다.

나아가 불교에서의 믿음은 바로 이러한 선정을 통한 확인에 근거한 것이다. 불교 전통에 따르는 한, '믿음(śraddha)'이란 외적 대상에 의한 동요〔尋伺〕를 떠난, 제2선에서 두드러진 심리현상으로, 마치 흐린

---

[37] 불교논리학서에 의하면, 요가행자의 지각(yogijñāna, 혹은 yogi pratyakṣ)은 진실의 대상(bhūtārtha, 眞實義)을 반복적으로 관찰한 끝에 생겨나는 지식으로(《느야야빈두》1. 11), 여기에 이르기 위해서는 세 단계를 거쳐야 한다. 첫 번째 단계는 대상이 명료하게 현현하기 시작하는 상태이며, 두 번째 단계는 마치 운모판을 통해 사물을 보는 것처럼 이제 바야흐로 대상에 대한 관찰이 점점 가까이 이른 상태이며, 세 번째 단계에 이르면 마치 아말라까의 열매를 손바닥에 놓고 보듯이 바로 관찰할 수 있다. 이러한 지각은, 인식의 순간에는 존재하지 않는 대상을 언어를 통해 구상한 개념적 사유(vikalpa)에서 벗어난(떠난) 것이다.(다르못타라의 《느야야 티카》)

그럴 때 이같이 반문할 수 있다. "요가(즉 samādhi) 수행(bhāvanā)은 [이미 말하였듯이 진실의 대상을] 반복적으로 마음속에 그려내는 것(samāropa)으로, 말하자면 개념적 사유이며, 개념적 사유는 실재하지 않는 대상과 관계한다. 그런데 어떻게 [요가 수행 중에] 진실의 대상이 현현한다는 것인가? 또한 원래 개념적 지식이었던 [요가행자의 지각(즉 첫 번째 단계의 지각)이] 어떻게 불확정인 지식을 획득할 수 있다는 것인가? 다시 말해 개념적 사유(확정적인 지식)가 어떻게 불확정적인 비개념적인 직관으로 바뀔 수 있다는 것인가?"

이에 대해 목샤카라굽타(Mokṣākaragupta, 1050–1200 무렵)는 이같이 해명하였다. "첫째, 개념적 사유는 애당초 실재하지 않는 대상(avastuviṣaya)과 관계하지만, 요가 수행에서는 실재하는 대상[의 형상]을 간접적으로 직시(adhyavasāya, 확인)한다. 둘째, 우리는 개념적 사유(혹은 확정적 지식)가 바로 불확정적인 지식이라고 말한 것이 아니라 [간접적인 직시를 통해] 확정적 지식으

물을 맑게 하는 구슬처럼 맑고 청정함[澄靜]을 특질로 한다. 다시 말해 이는 타자로부터 부여된 것이 아니라(다시 말해 '믿어라' 해서 믿는 것이 아니라) '진실의(眞實義)에 대한 자기 확신(adhimukti, 信解 혹은 勝解)'을 의미하는 것으로, 그러한 확신은 내적 직관적 경험(bhāvanā, 修習)의 소산이다. 그리고 여기서 말한 '내적 직관적 경험'이란 우리가 통상 '수행(修行)'이라 일컫는 선정을 통해 '진실의(bhūtārtha)', 즉 진실의 대상을 반복적으로 사유 통찰하는 것을 의미한다.

물론 '믿음'에 대한 이 같은 개념적 정의를 늘어놓는다고 해서 모든 이의 믿음이 이에 기초해야 한다는 것은 아니다. 그러나 적어도 불교에서의 믿음이 이와 같은 연원에서 출발하였다는 사실을 상기하지 않으면 안 된다.(주 37 참조)

로부터 불확정적인 지식(비개념적인 지각)이 낳아졌다고 말할 뿐이다. 나아가 사랑에 빠져 있거나 슬픔 등에 잠겨 있는 이에게 [연인 등의 모습이 바로 현현하는] 것처럼 [대상에 대해] 부단히 전념하는 이에게 비개념적인 비전이 현현한다는 사실은 직접적으로 경험되는 바이기 때문에 그 같은 불합리성은 지적될 수 없다."(Y. Kajiyama, trans., An Introduction to Buddhist philosophy: an annotated translation of Tarkabhāṣā of Mokṣākaragupta, Memories of the Faculty of Letter, Kyoto University, No.10, 1966, pp.53-54)

이처럼 불교논리학서를 통해 보더라도 진실의 대상은 먼저 철학(언어)적으로 구성된 개념을 통해 사유하고서 선정(요가)을 통해 확인하는 것(adhyavasāya)으로, 이는 아비달마 일반의 수도론이다. 즉 문(聞)·사(思)·수(修)의 3혜는 말(名, nāma)과 뜻(義, artha)에 따른 인식능력(판단력)의 차별로서, 마치 물에 빠진 이가 수영하는 법을 알지 못하면 부목(浮木)에 의지해야 하고, 일찍이 배웠더라도 익숙하지 못하면 그것을 버리기도 하고, 혹은 의지하기도 하지만, 완전히 배운 이는 그것에 의지하지 않고 오로지 자력으로 건너가듯이, 문소성혜는 다만 말을 대상으로 하여 생겨난 것이며, 사소성혜는 말과 뜻을, 수소성혜는 오로지 뜻만을 대상으로 하여 획득된 인식능력이다.(《대비바사론》 권42, 《대정장》27, p.218상.; 《순정리론》 권59, 《대정장》29, p.669상)

요컨대 진실의 대상에 대한 이언(離言)의 직관은 선정에 근거한 반복적 수습을 통해 개념적 사유로부터 낳아진 것이지 상(相)을 제거해 나갈 때 홀연히 나타나는 것이 아니라는 것이다. 참고로 여기서 '진실의 대상'이란 다르못타라에 의하면 4성제이며, 목샤카라굽타는 이와 아울러 5온의 찰나멸(즉 무상)과 공과 무아와 괴로움(이상 苦諦 4相) 등이라고 광설하고 있다.

5. 맺음말

졸렬하게도 최근 발표한 필자의 두 편의 논문에 대한 심사평에서 발단된 본고를 이즈음에서 끝맺으려 한다. 불교는 우리 민족에 있어 피와도 같다. 눈에 드러나지 않지만 저변에서 맥맥히 흐르면서 어느 때는 생동하며 용솟음친 때도 있었고, 또 어느 때는 생동감을 상실한 채 관성의 힘(업력)만으로 흐른 때도 있었다. 저 신라의 불교가 앞의 경우라는 것은 누구도 부인하지 않을 것이다. 그 같은 생동력의 원천은 무엇이었던가? 온갖 다양한 불교가 탐구되었고, (종횡의 통일적 원리로) 해석되었으며, 그것이 밑거름이 되었다고 한다면 식자(識者)의 우견(隅見)인가? 그러나 《한국불교찬술문헌총록》(동대 출판부, 1976)을 펼쳐 보라. 그리고 대충 눈대중으로라도 살펴보라. 신라시대 편과 조선시대 편이 무엇이 어떻게 다른지 금방 알 수 있을 것이다.

필자는, 다만 알음알이 운운하며 **불교학**을 **불교**의 아류쯤으로 치부하는, 그리고 불교학자마저 그러한 불교학 인식에 순응하는 것을 보며 이제 바야흐로 팔만대장경의 그것과는 다른 새로운 불교가 펼쳐질 것이라는 우려를 갖고 있다. 이른바 선의 황금시대라고 하는 당송시대에도 여전히 화엄이 성행하였고, 한 켠에서는 천태가 부흥하였으며, 인류문화사상 유례를 찾아보기 힘든 대장경이 간행되었다. 우리는 구마라집(鳩摩羅什)과 진제(眞諦)와 현장(玄奘)을 어떻게 이해해야 하는가? 겨우 아양(啞羊)을 면한 이라고 해야 할 것인가? 우리가 그들에게 지고 있는 빚은 얼마일까?

인간사에서는 항상 닭과 달걀의 선후가 문제되지만, 필자 사견에 의하는 한 우리가 접하는 불교는 그것이 어떤 것이든 불교학의 산물이며, 우리의 '믿음' 또한 그것에 대한 것이거나 혹은 그것과 관련된 상징 체계에 대한 것이다. 굳이 라다크리슈난의 연설을 인용하지 않더라도 우리는 다들 잘 알고 있다. 불교에서의 믿음이 기독교에서의 믿음과 같지 않다는 것을. '있어라' 해서 있는 것도, '믿어라' 해서 믿는 것도 아님을. 불교(인도사유)에 있어 믿음이란 존재 본성〔眞實義, bhūtārtha〕에 대한 통찰의 결과로서 드러난 내적 직관적 경험에 기초한 것으로, 그것은 분명 절대적 권위에 의탁하여 어떠한 주체적 노력 없이 종교적 위안을 얻으려는 맹목적이고 기계적인 믿음과는 다르다는 것을.[38]

필자는 우연한 계기로 인해 주로 소승(아비달마)의 한역 논서들을 독습하여 왔기에 오늘의 불교학의 문제가 무엇이며, 과연 오늘의 불교학이 추구해야 할 방향이 어딘지 잘 알지 못한다. 그러나 분명하게 말할 수 있는 것은, 다만 권위에 의탁한 채 전면적이면서도 정치한 선인(先人)들의 논의를 단편적으로 거칠게 재구성하는 것에 만족해서는 안 된다는 사실이다. '학'의 출발은 의심과 탐구이며, 그것은 인간 본연의 이성활동이다. 불교에서는 이성활동(사량분별)을 부정하는 일이 없다. 팔만대장경이 이를 말해주고 있지 않은가? 다소 거칠고 치기 어린 글이지만, 십수 년 전에 발표하였던 글의 한 단락을 인용하는 것으로 맺음말에 갈음하고자 한다.

---

[38] 라다크리슈난, 허우성 역, 《인도인의 인생관》(서광사, 1994), pp.18-19 참조.

인도불교학의 역사는 대론(對論)을 통한 논증 형식의 극대화 과정이라 해도 결코 과언이 아니다. 중국의 불교가 불전번역과 그에 따른 주소(註疏)적 연구를 통해 수평적 확장을 이루어 왔다고 한다면, 인도의 불교는 이사(異師) 이파(異派, 외도를 포함하여)와의 대론(對論)을 통한 수직적 파생, 즉 새로운 이론의 창출을 꾀하였다.……(중략)……초기 아비달마에 있어 대론의 근거는 대개 불타의 말씀〔經證〕이었지만 내용과 뜻을 달리하는 상반된 말씀으로 인해 점차 논리적 근거〔理證〕를 세우게 되었다. 그리고 그것이 서로 대립 배반할 경우 결국 논증 자체의 오류를 지적하지 않을 수 없었고, 그 결과 논증 형식의 발달을 초래하게 되었다.

따라서 우리가 불교학의 동시성과 현장성을 실현하기 위해서는 불교 제파의 논사들이 제출하였던 그 같은 치열한 논거를 확보하여 제시하는 일이 무엇보다 중요하다. 즉 과거 논사들의 논리 전개의 결과로서 드러난 제 이론의 내용을 재구 나열하는 것도 중요하지만, 그들이 왜 무엇 때문에 그 같은 문제를 제기하게 되었고, 그것을 해결하기 위해 어떠한 논거를 제출하였던가? 하는 방법론적 모색이 필요한 것이다. 그렇게 함으로써 우리는 그들의 시대정신과 문제의식을 오늘에 회복시킬 수 있고, 오늘의 나로서, 오늘의 문제를 가지고서 그들의 대론에 동참할 수 있을 것이다.[39]

---

39) 졸고, 〈우리나라 인도불교학의 반성적 회고〉《한국의 불교학 연구, 그 회고와 전망》, 동국대학교 불교문화연구원, 1994), pp.26-28.; 본서 제5장 pp.192-195.

제4장
뇌허雷虛 김동화의 불교학관佛敎學觀

* 이 글은 《문학 사학 철학》 통권 13호(한국불교사연구소, 2008. 7)에 게재된 것이다.

뇌허雷虛 김동화의 불교학관佛敎學觀

1. 들어가는 말

우리나라에서의 불교학 연구는 이제 바야흐로 새로운 국면을 맞이한 듯하다. 종래 교상판석에 따른 종파의 연구로부터 실증주의에 입각한 역사적 연구, 혹은 호교론에 입각한 종지(宗旨)의 천명이라는 전통적 연구로부터 문헌 비평이라는 새로운 방법론에 의한 연구, 한역(漢譯) 중심의 연구로부터 범어원전은 두말할 것도 없고 남방의 팔리어 삼장이나 티베트 장경(藏經)에 근거한 연구도 이루어지고 있다. 이제 더 이상 초기(원시)불교나 부파(혹은 아비달마)불교, 중관, 유식이라는 말이 낯설지 않다. 초기불교의 신(新)·고층(古層)은 물론이고, 지혜와 선정조차 애당초 기원과 갈래를 달리하는 전통이었을 것이라거나, 공성(空性)의 기술에는 선정 체험에 근거한 것과 사변에 근거한 것의 두 가지 타입이 있다는 식의 연구도 이루어지고 있다.

다른 한편으로 기존불교에 대한 반동인지는 알 수 없으나 종래 소승선(小乘禪) 혹은 우부소행선(愚夫所行禪)으로 폄하되던 남방제국의 불교 수행법인 위빠사나가 도입되어 대중의 지지를 얻게 됨에 따라 초기불교로 돌아가자는 목소리도 심심찮게 들을 수 있을뿐더러, 다른 한 켠에서는 여전히 간화선(조사선)이 최상승법이며 깨달음에 이르는 첩경이라 여기면서 도심에서 시민선방이나 선학강좌가 열리기도 한다.

그러나 이러한 일들은 20세기 전반에는 두말할 것도 없고 30-40년 전만 하여도 상상하기조차 어려웠다. 80년대 이후 경제성장과 더불어 우리나라가 세계 속에 편입되면서 세계의 불교에도 관심을 기울이게 되었고, '세계화'라는 구호와 함께 불교(학) 역시 세계조류에 편입되어 바야흐로 전통과 실증의 긴장이 불교(학) 내부에도 그대로 반영되고 있다.

그러나 사실 이러한 긴장의 단초는 우리나라에 근대불교학이 도입되면서 비롯되었다고 말할 수 있다. 여기서 근대불교학이라 함은, 근대적 불교 교육기관인 동국대학교의 전신인 명진학교의 개교(1906) 무렵을 기준으로 삼을 수 있겠지만, 실질적으로는 뇌허(雷虛) 김동화(金東華)로부터 시작하였다고 할 수 있다. 그는 불교의 모든 경전을 일불소설(一佛所說)로 이해하지 않았는데, 이를 근대 실증주의에 입각한 불교학의 시작으로 볼 수 있기 때문이다.

연보에 따르면, 뇌허 김동화는 1902년 경북 상주에서 김학수(金學洙)와 전주 이씨(李氏)를 양친으로 삼아 태어났다. 1913년에 출가하여 이듬해 상주 남장사에서 사미계를 받고, 1919년에 남장사 남명학원에서 초등과(四集科)를, 1923년에는 김룡사 지방학림(四敎科와 大敎科)을 수료하였으며, 1928년과 1932년에 일본 입정대학(立正大學) 전문부와 학부 종교과를 졸업하였다. 이후 1936년에 동교 전문부 종교과 전임강사, 1941년에 혜화전문학교(동국대학 전신) 강사 겸 생도주사를 거쳐 1943년 교수로 취임한 이래 1973년 퇴임하기까지 동국대학, 고려대학 등에서 후학을 지도 강학하였으며, 1980년 79세를 일기로 입적하여 출가본사인 상주 남장사에 봉안되었다.

앞서 그를 우리나라 근대불교학의 효시라고 말한 바 있지만, 그는 타의 추종을 불허하는 가시적인 연구성과를 남겼다. 개별적인 연구 논문이나 교양 논설 따위는 차치하고서라도 단행본만 23종을 저술하였다. 지금도 여전히 불교학 연구에 기초가 될 만한 저술의 목록을 열거해 보면 다음과 같다.(출판연도순)

《불교학개론》, 백영사, 1954.(1947년 탈고)

《불교유심사상의 발달》(佛敎學報 별쇄 합본), 1970.

《불교윤리학》, 문조사, 1971.(1957년 1월 탈고)

《구사학(俱舍學)》, 문조사, 1971.(1968년 3월 탈고)

《유식철학》, 보련각, 1973.

《원시불교사상》, 불교사상사, 1973.

《대승불교사상》, 불교사상사, 1973.

《선종사상사》, 태극출판사, 1975.

《불교교리발달사》, 보련각, 1977.

이 밖에도 그는 《삼국시대의 불교사상》(《亞細亞研究》 별쇄 합본, 1964), 《호국대성(護國大聖) 사명대사(四溟大師) 연구》(동국대 불교문화연구소, 1971), 《한국역대고승전(韓國歷代高僧傳)》(삼성문화재단, 1973), 《불교의 호국사상》(佛敎新聞社, 1976)과 같은 한국불교사상에 관한 저술도 남기고 있으며, 만년의 그의 불교(학)관을 밝힌 《한국불

교사상의 좌표(座標)》(保林社, 1984)가 사후 출판되기도 하였다.[1] 그리고 2001년도에 이상의 저술과 그 밖의 논설 등이 14권의 《전집》으로 뇌허불교학술원에서 간행되었다.

목록에서 보듯이, 그의 저술은 대개 인도불교사상에 관한 것이며, 사상 전체를 개관하는 통론적인 것이다. 그리고 그것은 《불교교리발달사》로 대미를 장식한다. 그렇다고 이로 인해 그의 학문적 성과가 평가절하되는 것은 아니다. 그것은 그의 의도였고, 염원이었기 때문이다.

필자가 12세에 입산한 이래 불유구(不踰矩)의 년(從心所欲의 70을 말함: 필자 주)을 가까이 바라보는 오늘날까지의 불교생활이란 요컨대 이상과 같은 불교(이에 대해서는 제2절에서 상론할 것임: 필자 주)의 수학과 신행을 염원 희망 사색하는 테두리 안에서 허덕이고 몸부림쳐 온 것 이외에 다른 아무런 욕망도 한 일이 없었다. 그 결과로 남은 것이 《불교학개론》 《원시불교사상론》 《구사학개론》 《유식학개론》 《선종사상사》 《삼국시대의 불교사상》 《불교유심사상의 발달》 그리고 아직 미간(未刊)에 속하는 것이지만 《신편 불교성전》 《불교윤리학》 등의 제 저서이다. 그리고 이상의 여러 저서의 종합이요, 전체적 결정이 바로 《불교교리발달사》인 것이다.[2]

---

1) 《뇌허(雷虛) 김동화 박사 연보 및 저작 목록》 《雷虛 金東華 全集(이하 '전집')》14, 雷虛佛敎學術院, 2001, pp.598-611. 뇌허의 생애와 사상에 대한 기왕의 연구물로는 목정배, 〈김동화의 불교철학 탐구〉(《해방 50년의 한국철학》, 철학과 현실사, 1996).; 제선, 《뇌허의 불교사상연구》(민족사, 2007) 등이 있다.
2) 《불교교리발달사》(삼영출판사, 1983재판), p.3.; 《전집》2, pp.8-9.

그는 전통이 붕괴되고 새로운 문물이 도입되는 격변기에 도일(渡日) 수학하였다.[3] 이미 전통 강원에서 이력을 마친 그로서는 전술한 전통과 실증의 긴장감을 뼈저리게 느끼지 않을 수 없었으며, 어떤 식으로든 우리 전통의 불교에 근대불교학을 접목시켜야 한다는 사명으로부터 자유로울 수 없었다. 실증적 연원에 기초하지 않은 전통 불교는 예컨대 뿌리 없는 꽃이나 과실과 같다고 여겼기 때문이다. 그것은 그의 화두였고 평생의 짐이었다.

근대학자들의 불교연구에 의해 불교관에 많은 파동(波動)이 있었다. 원시불교와 소승불교는 다 같이 소승(小乘)이라든가, 소승불교가 진정한 불교요 대승은 불설(佛說)이 아니라든가, 또는 종파불교는 각 종조의 교설이요 불설이 아니라는 등 여러 가지의 의론(議論)이 발생하여 불교계는 일시 사상적 혼란을 초래한 적이 있었다. 기실 필자가 본 연구를 시작한 동기도 실은 여기에 있었다. 단도직입적으로 말해 대승불교는 불설이 아니다. 불설이 아니면, 불교가 아니다. 그렇다면 소위 북방불교인 중국 우리나라 일본 등의 제국의 불교는 비불교(非佛敎)를 불교라고 믿어온 맹신의 불교, 환상의 불교가 되고 만다. 이러한 사실의 진상(眞相)을 알아본다는 것은 다만 한 불교도로서의 책임일 뿐 아니라 범(汎) 동양문화인의 일원으로서 책임이기도 한 것이다.[4] (필자 윤문)

---

3) 제선 스님(《뇌허의 불교사상 연구》, p.78)은 뇌허가 도일(渡日) 수학한 1920년대를 전환기적 자각의 불교시대로 정의하면서 다음과 같은 세 가지 측면으로 논의하고 있다. "첫째 종래의 산중불교에서 대중불교로의 이행을 본격적으로 촉구했던 불교사상의 전환기였으며, 둘째 정교분립의 원칙하에 사찰령 폐지운동을 일으켰던 개혁기였으며, 셋째 권위주의적 체제안주적인 원로파(대부분 본산주지)에 대항하여 체제 개혁적인 소장파(젊은 승려층)가 개혁의지를 관철하였던 자각기였다."
4) 《불교교리발달사》, p.677.; 《전집》12, pp.771-772.

필자는 십수 년 전 우리의 불교학을 반성해 보는 자리에서 "인도불교학에 관한 한 김동화 박사 이래 여전히 답보 상태에 머물러 있다"고 말한 적이 있으며,[5] 작년 어느 글에서 그 말을 다시 확인하기도 하였다.[6] 이제 뇌허가 짊어졌던 화두와 짐을 나눠 질 때도 되지 않았을까? 그가 입적한 지 30여 년이 다 되어감에도 여전히 그의 저술에 필적할 만한 불교학의 입문서가 나오지 않고 있다는 것은 참으로 부끄러운 일이 아닐 수 없다.

본 논문에서는 그가 지녔던 문제의식을 들추어내어 오늘 우리의 불교(학)를 비추어 보는 면경(面鏡)으로 삼고자 한다. 그는 불교와 불교학에 대해 어떻게 생각하였던가? 필자는 그의 생각 그의 말이 오늘에도 여전히 유효하다고, 아니 더욱 절실히 요구된다고 믿기 때문이다.

2. 누가 불교를 아는가?

불교(佛敎, buddha vacana)란 글자 뜻대로라면 '불타의 말씀'을 의미하지만, 오늘날 종교(宗敎)의 하위개념으로 기독교나 이슬람교 등과 동일한 반열로 취급된다. 그러나 익히 알고 있듯이 '종교'라는 말은 불법(佛法)의 전통적인 해석술어로,[7] 19세기 말 일본 사람들(井上

---

5) 졸고, 〈우리나라 인도불교학의 반성적 회고〉(《한국의 불교학 연구, 그 회고와 전망》, 동국대 불교문화연구원, 1994), p.13.; 본서 제5장 p.179.
6) 졸고, 〈인도불교사 연구 단상(斷想)〉(《문학 사학 철학》 2007 가을 통권 10호), p.128.; 본서 제6장 p.220.
7) '종(宗, siddhānta)'과 '교(敎, deśanā, 혹은 śāsana)'의 의미에 대해서는 졸고, 〈고대인도의 사

哲次郎 등)이 릴리전(religion)이라는 말을 이같이 번역한 것이다. 따라서 '불교는 종교이다'고 할 때의 '종교'가 오늘날 사전적 의미, 즉 "우주의 창조주나 지배자로서 복종 숭배되어야 하는 신적 또는 초인간적 힘을 믿는 것"이라는 의미로서의 종교는 아니다. 그렇다고 불교가 오로지 이성에 의한 사변적 진리만을 추구하는 것도 아니다. 여기에는 반드시 지계(持戒)와 선정(禪定)에 따른 통찰(darśana)이 수반되어야 하기 때문이다.

주지하는 바대로 서양의 경우, 철학과 종교는 각기 희랍과 히브리의 문화 전통에서 유래하였기 때문에 양자 사이에는 항상 긴장 관계가 지속되어 왔다. 그러나 인도의 경우, 그러한 대립 관계가 성립하지 않았을 뿐만 아니라 도리어 상호 보완적 관계를 유지해 왔다. 종교의 이론이 철학이었고, 철학의 실천이 종교였다. 요컨대 인도의 종교는 철학적이며, 인도의 철학은 종교적이라고 말할 수 있다.[8]

뇌허는 불교(佛敎)를 '불타에 의지하는 불교〔依佛之敎〕', '불타가 바로 불교〔佛陀卽敎〕', '불타가 되는 불교〔成佛之敎〕'로 구분하고, 각각에 불보(佛寶) · 법보(法寶) · 승보(僧寶)를 배당하였다. 그리고 불보에 관한 논의는 말하자면 교주론(敎主論)으로 이고득락(離苦得樂)의 미(美)의 세계를 다루는 믿음〔信〕의 종교적 측면이라 할 수 있고, 법보에 관한 논의는 진리론(眞理論)으로 전미개오(轉迷開悟)의 진(眞)의 세계를 다루는 이해〔解〕의 철학적 측면이라 할 수 있으며, 승

유 전통에서 본 철학과 종교, 그리고 불교〉(《有部 阿毘達磨와 經量部 哲學의 硏究》, 경서원, 1994) pp.28-34를 참조할 것.
8) 원의범, 《인도철학사상》(집문당, 1977), p.13.

보에 관한 논의는 구원의 해탈론(解脫論)으로 지악수선(止惡修善)의 선(善)의 세계를 다루는 실천[行]의 윤리적 측면이라 할 수 있다고 하였다. 나아가 이러한 믿음과 이해와 실천을 통해 불교의 궁극가치에 도달하는 것이 깨달음[證]의 경계이며 성(聖)의 세계라고 하였다.[9]

이 같은 점에서 본다면, 불교는 유신론도 아닐뿐더러 형이상학적인 문제를 다루지도 않고, 인식[思量計度]의 완전성도 인정하지 않으며, 인륜이나 인간 행위의 본질 따위를 밝히는 것도 아니기 때문에 상식적 차원의 종교도 아니고 철학도 아니며 윤리도 아니다. 보다 광범위한 의미에서의 종교이고 철학이며 윤리이다. 그에 의하는 한, "불교는 종교이다"고 할 때, 그것은 인심(人心)의 세 요소인 지(知)·정(情)·의(意)가 근본적으로 욕구하는 진·선·미 등의 가치의 세계를 탐구하고 건설하려는 철학과 윤리가 종합된 의미로서의 종교이다.[10]

그렇다고 할 때 불교는 그렇게 간단한 종교가 아니다. 믿는다고 믿어지는 것도 아니며, 안다고 해서 알려지는 것도 아니다. 그는 (불교학의 제설은) 난마처럼 얽히고 실타래처럼 설키어 있어 도무지 헷갈려 알기 어렵다고 탄식하며 이같이 말하고 있다. "불교에는 지극히 심오한 철학설이 있는가 하면, 근엄한 윤리 도덕설도 존재하며, 내생의 세

---

9) 《불교학개론》(보련각, 1975 재판), pp.7-11.; 《전집》1, pp.23-27. 나아가 불보에 정(情)-경장(經藏)-정학(定學)을, 법보에 지(知)-논장(論藏)-혜학(慧學)을, 승보에 의(意)-율장(律藏)-계학(戒學)을 배당하기도 하였는데, 도식적 측면이 없는 것은 아니다. 뇌허의 도표를 전재하면 이와 같다.

```
         ┌ 1. 依佛之敎−佛寶−교주론−종교적 離苦得樂−美의 세계−情 經藏−定學−信 ┐
佛敎 ─── 2. 佛陀卽敎−法寶−진리론−철학적 轉迷開悟−眞의 세계−知 論藏−慧學−解 ├── 證(聖)
         └ 3. 成佛之敎−僧寶−해탈론−윤리적 止惡修善−善의 세계−意 律藏−戒學−行 ┘
```

10) 필자 소견에 의하는 한, "불교란 요컨대 붓타에 의해 성취된 세계와 인간에 대한 통찰과 비전, 그리고 이에 대한 해석 체계이다."(졸고, 〈불교학과 불교: 탐구와 믿음의 변주〉, 《문학 사학 철학》 2007 여름 통권 9호, p.13.; 본서 제3장 p.84)

계를 밝히는 미타(彌陀)의 교설도 있고, 현신(現身)의 성불을 주장하는 법화나 비밀교 등의 학설도 있으며, 호탕 무애하여 마치 천마(天馬)가 대공(大空)을 달리는 듯한 선종의 교설이 있는가 하면, 살얼음을 딛듯이 일거수 일투족 한 가지도 소홀해서는 안 되는 계율종의 교설도 있으며, 그 밖의 염세주의 · 현세주의 · 고관(苦觀) · 낙관(樂觀) 등 다지다양한 사상이 존재하여 실로 그 귀취(歸趣)를 파악하기 어렵다."[11]

따라서 불교의 정의 또한 결코 쉬운 일이 아니다. 다시 뇌허의 입을 빌려 말하면, 석상대선(石霜大善) 화상이 불법의 대의로 말한 "봄날에 닭이 운다(春日鷄鳴)"거나 "가을에 개가 짖는다(中秋犬吠)"는 등의 언구는 직지인심(直指人心)의 선종의 그것으로서는 충분하겠지만, 이를 학문적으로 논하고자 한다면 실로 오리무중의 감이 없지 않으며, 또한 "제행은 무상하여 생멸하는 존재이니, 생멸이 멸하고 나면 적멸의 즐거움이다(諸行無常 是生滅法 生滅滅已 寂滅爲樂)"의 도리나 "모든 악을 짓지 말고 온갖 선을 행하며 스스로 그 마음을 청정히 하는 것, 이것이 모든 부처님의 가르침이다(諸惡莫作 衆善奉行 自淨其意 是諸佛敎)"라는 칠불통계(七佛通誡) 역시 특수한 관점의 일방적 정의이지 결코 불교 전체에 대한 포괄적인 정의라고는 말할 수 없다.[12]

앞서 '불교'란 글자 뜻대로라면 '불타의 말씀'을 의미한다고 하였지만, 이 또한 한결같지 않다. 뇌허는 "대승 · 소승의 여러 경 · 율 · 논과 이에 대한 주석서 등 중요한 것만 꼽아 보아도 '한우충동(汗牛充棟)'이라는 문자도 다만 옛날의 형용사에 지나지 않는다"고 하였는

11) 《불교학개론》, p.12.; 《전집》1, p.27.
12) 《불교학개론》, pp.4-5.; 《전집》1, pp.21-22.

데,[13] 실로 그러하다고 하지 않을 수 없다.

불교의 갈래 역시 한결같지 않다. 그는 불교를 크게 전적(삼장)·교주·교리·실천 방법·교화 방법 등 다섯 가지에 근거하여 분류하였다.[14]

첫째, 전적에 따른 분류: 화엄종·천태종·진언종·정토종·열반종 등은 경(經)에 의한 종파이며, 율종은 율(律)에 의한 종파, 지론종·섭론종·구사종·성실종·법상종·삼론종 등은 논(論)에 의한 종파이다.

둘째, 교주에 따른 분류: 정토종은 아미타불에 의지하는 불교이고, 진언종은 대일여래에, 그 밖의 종파는 석가모니불에 의지하는 불교이다.

셋째, 교리에 따른 분류: 구사종과 성실종은 소승이며, 삼론종·법상종·섭론종은 방편[權]으로서의 대승이며, 화엄종·천태종·진언종·정토종·열반종·지론종은 진실[實]로서의 대승이다.

넷째, 실천 방법에 따른 분류: 정토종·진종(眞宗)·시종(時宗)·융통염불종은 이행도(易行道, 淨土門)이며, 그 밖의 종파는 난행도(難行道, 聖道門)이다.

다섯째, 교화 방법에 따른 분류: 여기에는 현교(顯敎)와 밀교(密

---

13) 《불교학개론》, p.24.; 《전집》1, p.37. '한우충동(汗牛充棟)'이란 수레에 실을 경우 소가 땀을 흘리고, 집에 쌓아올릴 경우 용마루에 닿을 만큼 책이 많다는 뜻으로, 유종원(柳宗元)의 《육문통선생묘표(陸文通先生墓表)》의 '其爲書, 處則充棟宇, 出則汗牛馬'에서 유래하였다. 필자도 법온(法蘊)의 양(量)은 실로 수미산에 비할 바가 아니라고 크게 한탄한 적이 있다.(《불교학과 불교: 탐구와 믿음의 변주》, pp.12-13.; 본서 제3장 pp.83-84)
14) 《불교학개론》, pp.26-28.; 《전집》1, pp.39-41.

敎), 교종(敎宗)과 선종(禪宗)의 구별이 있다.

이상과 같은 사실을 고려할 때, '불교'를 안다고 하는 것은 실로 무망(無望)한 일인지도 모른다. 그러나 필경 불교는 앎의 종교이며, 깨달음의 철학이다.[15] 불교란 무엇인가? 불교를 어떻게 연구해야 하는가? 대저 불교를 안다고 함은 무엇을 의미하는가? 뇌허는 불교교리를 이해하는 경지를 일곱 가지로 나눈다.

첫째는 한역(漢譯)의 경문(經文)을 해석(해독)할 수 있는 정도.

둘째는 특수한 불교술어의 의의를 어느 정도 해석할 수 있는 정도.

셋째는 하나의 경(經), 하나의 논(論)의 취지를 이해하는 정도.

넷째는 한 종파의 교학을 조직적이고 체계적으로 이해하는 정도.

다섯째는 전체 불교교리사상을 조류적(潮流的)으로 비교 구분하여 이해하는 정도.

여섯째는 교리사상의 발달과정을 역사적으로 더듬어 볼 줄 아는 정도.

일곱째는 전체 불교교리를 종합적으로 조직하고 또한 체계적으로 이해하는 정도.[16]

뇌허의 말처럼 '불교를 안다'고 하는 정도를 이같이 나열해 놓고 나면, 종래 불교를 안다고 자처하는 자도 약간은 주저하지 않을 수 없다. 요컨대 나무와 숲의 경우처럼 일경(一經) 일종(一宗)의 취지와 교학

---

15) 흔히 불교를 포함한 인도의 철학은 종교적이라고 말하는데, 이는 곧 철학 활동의 궁극 목표인 정지(正知)·정견(正見)을 통해 종교적 욕구인 구원, 즉 해탈을 실현할 수 있다는 의미이다.(권오민, 《인도철학과 불교》, 민족사, 2004, p.30)

16) 《불교교리발달사》, p.1.; 《전집》2, p.6.(본장 주 40 참조) 필자 사견에 의하는 한, 이같이 알 때 비로소 독단에 떨어지지 않고 자신이 전공하는 일경(一經) 일종(一宗)은 더욱 강력한 이념이 될 수 있다.

을 전체 불교사상사의 관점에서 조망할 수 있어야 불교를 안다고 할 수 있다는 것이다. 그의 이러한 불교학관(佛敎學觀)은 불교학에 대한 외경심을 갖게 하려는 것이 아니라 "불교의 교리 내용과 그 연구의 범위가 이와 같이 넓다는 것을 재인식하여 현존 지식에 만족하지 말고 항상 그 연구에 전진할 신심과 용기를 가져야 한다"는 사실을 고취시키기 위함이었다.

이는 오늘날에도 더 이상 두말이 필요 없는 지극히 상식적인 말이라고도 할 수 있겠지만, 뇌허는 어떠한 곡절에서 전 생애에 걸쳐 이 같은 불교학관을 갖게 되었던 것인가? 과연 그는 일곱 번째의 불교 이해를 구현하였던 것인가? 구현하였다면, 그의 이해는 어떠한 것이었던가?

3. 한국불교의 현실

1) 일종(一宗) 일파(一派)의 불교

뇌허는 세연(世緣)을 다하기 직전, 한국불교의 현실에 대해 애통해 하면서 불교가 전래되고부터 오늘에 이르기까지 우리나라 불교인들에 의해 신앙되고 이해되었던 불교를 종합하고 재정리해야 할 필요성을 역설한 《한국불교사상의 좌표》라는 소책자를 남겼다.[17]

---

17) 《한국불교사상의 좌표》(보림사, 1984).; 《전집》11에 소재(所載). 이 책은 입적하기 직전 1979년 10월 16일 탈고된 것으로, 원래 《순정불교이론(純正佛敎理論)》이라 이름하였던 것을 개명한 것이다. 다소 과격한 표현 때문인지는 몰라도 박선영(朴先榮)은 《후기(後記)》에서 "1970년대 중반 전후의 한국불교계 현실을 고려하면서 읽는 것이 이 책에 담긴 저자 김동화 선생님의 뜻을 이해하는 데

그가 통한(痛恨)으로 여긴 한국불교의 현실은 어떠한 것이었던가? 그것은 자의에 의한 것이든 타의에 의한 것이든 삼국과 통일신라시대의 저 찬란하였던 온갖 형태의 다양한 불교(학)가 망실되었다는 사실이다. 불교는 결코 단일하지 않다. 필자 또한 이 점 누누이 강조해 왔다. 길지만 인용해 본다.

불교는 결코 단일하지 않다. 불타의 깨달음으로부터 비롯된 불교는 결국 인간 이성의 역사와 함께하였다고도 할 수 있다. 서로 대립하기도 하였고 지양하기도 하였으며, 종합하기도 하였다. 배휴(裴休)는 최초로 선교일치를 주장한 규봉종밀(圭峰宗密)의 《도서(都序)》 서문에서 이 책의 성격을 다음과 같이 말하고 있다.

"마명(馬鳴)과 용수(龍樹) 두 분은 다 같이 부처님의 가르침을 널리 펼쳤지만 공(空)이라 하고 성(性)이라 하여 종의(근본)를 달리하였으며, 혜능(慧能)과 신수(神秀) 두 분은 다 같이 달마의 심인을 전하였지만 돈(頓)과 점(漸)으로 달리 품수하였으며, 천태지의(天台智顗)는 오로지 3관(觀)에 의지하였지만 우두법융(牛頭法融)은 어떠한 법도 존재하지 않는다고 하였으며, 강서(江西)의 마조(馬祖)는 모든 것이 다 참이라 하였지만, 하택사(荷澤寺)의 신회(神會)는 지견(知見)을 바로 가리켰다. 그 밖에도 어떤 이는 공(空)이라 하고, 어떤 이는 유(有)라 하여 서로를 비

도움이 될 것이다"고 사족(蛇足)을 붙였지만, 필자는 그렇게만 생각하지 않는다. 물론 1960년 후반부터 70년대 중반에 걸친 격렬한 불교계 내분과 이에 따른 정체성의 상실로 이 책을 집필하게 된 한 이유가 되었겠지만, '들어가는 말'에서 밝힌 대로 이 책의 내용은 선생께서 평생토록 짊어지신 화두였고, 짐이었다.

판하였으며, 혹은 진(眞)·망(妄)이 서로를 포섭한다고도 하고 서로를 부정한다고도 하였으며, [부처님의 말씀에 대해] '방편으로 은밀히 설한 것[密指]'이라 하고, '그 뜻을 분명하게 드러내어 설한 것[顯說]'이라고도 하였으니, 인도와 중국에 그러한 종의는 참으로 번잡하다. 진실로 병에는 천 가지 원인이 있기에 약도 다양한 종류가 생겨나게 된 것으로……(중략)……《도서》에서는 원교(圓敎)에 근거하여 모든 종의를 인정하였으니, 비록 백가(百家)라 하더라도 역시 또한 모두 포섭되지 않는 것이 없는 것이다."

어떻게 한 분의 부처님으로부터 비롯된 불교의 종의를 용수는 공으로, 마명은 진여일심으로 이해하였으며, 용수의 공관을 어떠한 까닭에서 천태지의는 일심삼관(一心三觀)으로, 우두법융은 일체의 공적(空寂)으로 이해하였던가? 또한 보리달마로부터 비롯된 선법(禪法)을 어떠한 근거에서 혜능은 돈오로, 신수는 점수로 받아들였으며, 다 같이 혜능에서 비롯된 남종선임에도 마조의 홍주종에서는 망념이 바로 청정한 자성이라 하였고, 신회의 하택종에서는 망념은 본래 존재하지 않으며 무념무심의 영지[空寂靈知]가 청정한 자성이라고 하였던 것인가?

불교가 단일하지 않은 것은 본질적으로 불타의 말씀이 그의 깨달음을 근거로 한 가설적 성격을 띠기 때문이다. 말씀이 바로 깨달음은 아니었기 때문이다. 그는 도대체 무엇을, 어떻게 깨달았던 것인가? 2500년에 걸친 불교사상사는 바로 '무엇을, 어떻게 깨달을 것인가'에 대한 탐구와 해석의 도정이었다고 해도 지나친 말이 아닐 것이다.

그럼에도 오늘의 우리는 그러한 역사의 끝자락에 서서 알게 모르게 우리에게 남겨진 불교만이 불교의 모든 것이라고 간주하고 있다는 의구심을 떨쳐버릴 수 없다. 한국불교가 거쳐온 지난 6백 년간의 굴절을 충분히 이해한다고 하여도, 혹 그것은 이미 박제가 된 구호와 같은 것은 아닐까? 그리하여 오늘날 어떤 이들은 그 대안을 남방의 위빠사나(혹은 티베트 불교)에서 구하고 있는 것은 아닐까?[18]

종교단체의 등록이 자유로워졌고 이에 따라 수많은 불교종단이 난립해 있지만, 오늘날 여전히 선종의 일파인 임제종 계통의 조계종이 한국불교의 주류를 이루고 있다. 뇌허는 그렇게 된 이유로 멀리는 고려시대의 불교 타락과 조선시대의 불교 탄압을 들고 있지만, 가깝게는 해방 이후 몇몇 정상승(政商僧)들이 교권 장악을 위해 조계 일종으로 축소시킨 결과로 보고 있다. 여기서 그가 말한 원인(遠因)과 근인(近因)에 대해 좀더 구체적으로 살펴보자.

주지하듯이 우리나라에 불교가 전래된 것이 고구려 소수림왕 2년(372년)이니, 어언 1600년이 넘었다. 이제 불교는 뗄래야 뗄 수 없는 우리의 전통문화가 되었으며, 민족적 인생관이 되었을 법도 하다.[19] 뇌허가 조감(鳥瞰)한 고구려의 불교는 '철학적 이해의 불교'였고, 백제의 불교는 '생활화의 불교'였으며, 신라의 불교는 '민족적 약동의

---

18) 졸고, 〈불교학과 불음: 탐구와 믿음의 변주〉, pp.11-12.; 본서 제3장 pp.81-83 참조.
19) 뇌허는 민족적 인생관이 된 불교사상으로 첫째 권선징악의 사상, 둘째 인과응보의 사상, 셋째 내세관, 즉 영원한 생명관을 들고 있지만(《佛敎와 韓國人》, 《전집》14, pp.291-292), 이러한 사상들은 소승의 업감연기에 근거한 것으로, 어떠한 까닭에서 대승불교의 요체라고 할 수 있는 반야 공사상이나 동아시아 불교의 핵심이라 할 수 있는 진여일심의 사상이 민족적 인생관이 될 수 없었던가? 그것은 아마도 후술하듯이 고려와 조선시대의 불교학의 단절이나 그 후의 혼돈과도 관련 있을 것이라 생각된다.

불교'였다.[20] 즉 문헌상으로 볼 때, 고구려의 불교는 비록 종파로서는 성립하지 않았을지라도 삼론(예컨대 僧朗이나 慧灌, 605년)·살바다(薩婆多, Sarvāstivāda), 즉 소승 아비달마(예컨대 智先, 581년)·천태(예컨대 波若, 598년)·열반(예컨대 普德)의 철학이 성행하였으며, 백제는 열반(541년)·삼론(예컨대 觀勒, 602년)·성실(예컨대 道藏, 684년) 등이 성행하였을 뿐만 아니라 율종(예컨대 謙益, 526년)에 기초하여 불교사상을 실생활에 적용하였기 때문이다. 이를테면 법왕 원년(599) 살생을 금한다는 포고가 그러한 경우이다. 그리고 중국의 13종이 거의 다 들어온 신라의 불교는 이론(철학)과 실천이 겸비된 불교였기 때문이었다. 그의 말을 바로 들어 보자.

신라불교의 사상 내용은 이론불교와 실천불교의 두 가지로 나누어서 볼 수 있다. 전자는 즉 철학적 불교로서, 앞서 말한 삼론·살바다·성실·열반·천태의 제종(諸宗) 외에 섭대승(攝大乘)·유식·화엄 등의 제종이 더 나타났고, 실천불교로서는 미타(彌陀)·미륵(彌勒)·비밀(秘密)·선(禪) 등의 제종이 새로이 유포되어 호화찬란한 불교의 여러 가지 사상이 병존하였던 것이다. 바꾸어 말하면, 신라통일 이후의 불교는 철학적으로 이해될 대로 이해되어 당나라 불교와 어깨를 겨루어 학해(學解)의 경쟁도 했었고, 또 신라 학해의 우수성이 그들에게 인정되어 인용되는 일이 적지 않았으니, 전자에 속하는 것이 원측(圓測)과 도증(道證)

---

20) 〈불교와 한국인〉(《전집》14), pp.280-286. 한편 〈한국불교사상의 진로〉(《전집》13, pp.307-314)에서는 고구려조를 '불교의 실력과시의 시대'로, 백제조를 '불교문화의 해외선양의 시대'로, 통일신라 시기를 '진속일여(眞俗一如)의 불교시대'로 규정하고 있다.

이요, 후자에 속하는 것이 원효(元曉) 등이다. 그리고 실천불교로서도 당나라에서 실천되던 여러 종이 모두 유포되어 이 강토의 불교로서는 실로 난국(蘭菊)의 미(美)를 다투던 최성기(最盛期)의 불교였던 것이다.[21]

그러나 이후 불교에 대한 그의 조감은 부정적이다. 고려불교는 비록 의천(義天)이 교학의 부흥에, 지눌(知訥)이 선종의 재흥에 정성과 힘을 기울였을지라도 일반대중에까지 파급되지 못하였을뿐더러 승려는 다만 국가의 안태(安泰)를 제불 보살에게 기원하는 것으로써 능사로 삼은 '타면적(惰眠的) 불교'였으며, 조선시대의 불교는 억불정책에 따른 '은둔불교'였다. 고승(高僧)과 석덕(碩德)이 없지 않았지만, 구법(求法)하러 오는 자들만을, 그것도 다만 위의(威儀)와 도덕(道德)으로써 상대하였다는 것이다.[22]

따라서 억불(抑佛)에 속수무책, 불감당일 수밖에 없었다. 불교학자인 뇌허의 눈에 비친 최대의 억불은 종파의 통폐합이었다. 조선 초기(태종 6년)까지만 해도 조계종(曹溪宗) · 총지종(摠持宗) · 천태소자종(天台疏字宗) · 천태법사종(天台法事宗) · 화엄종(華嚴宗) · 도문종(道門宗) · 자은종(慈恩宗) · 중도종(中道宗) · 신인종(神印宗) · 남산종(南山宗) · 시흥종(始興宗) 등 11종이 존재하였지만, 이듬해에 이르기까지 총지종과 남산종을 합하여 총남종(摠南宗)으로, 중도종과 신

---

21) 〈불교와 한국인〉(《전집》14), p.285.; 《한국불교사상의 좌표》, pp.15-19((전집)11, pp.459-462) 참조. 이러한 삼국 불교의 보다 자세한 내용에 대해서는 《삼국시대의 불교사상》(《전집》11 所載)을 참고할 것.
22) 〈불교와 한국인〉(《전집》14), pp.286-290. 참고로 《한국불교사상의 진로》(《전집》13, pp.314-315)에서는 고려의 불교를 '호국안민(護國安民)의 불교'로, 조선의 불교를 '은인자중(隱忍自重) 시대의 불교'로 규정하고 있다.

인종을 합하여 중신종(中神宗)으로, 천태소자종과 천태법사종을 합하여 천태종으로 삼아 7종으로 통합하였으며, 세종 6년에는 조계종·천태종·총남종을 선종(禪宗)으로, 화엄종·자은종·중신종·시흥종을 교종(敎宗)으로 폐합하여 양종(兩宗)으로 만들어버렸다. 그리고 연산군 때 양종의 도회소(都會所)였던 흥천사(興天寺)와 흥덕사(興德寺)가 폐사됨에 따라 선·교의 양종은 발붙일 곳 없이 명맥만 유지하다가 중종 때 승과(僧科)를 폐지함에 따라 공식적으로 양종 자체마저 사라지게 되었다.

뇌허는 이를 다 고려시대의 '타면적 불교'의 과보로 보고 있다. 그는 탄식하고 있다. "만약 그 때 종파에 대한 신념이 튼튼한 여러 종파의 승려들이 있었다면, 어찌 국가 관리들에게 자기네의 신앙을 유린당할 수 있었을까?"[23]

나아가 뇌허는 개화 이후 현대의 불교를 '관망적 불교'로 조감하였다. 전통의식과 주체의식이 고조되어 이제 더 이상—전 민족이 신앙하고 연구하지 않는다고 할지라도—무관심할 수는 없는 시대적 기운이 조성되고 있다고 보았기 때문이다.[24] 그가 입적한 지 30년이 다 되어가는 오늘에서 볼 때 이는 분명한 사실이다. 분명 불교는 새롭게 움트고 있다. 전통 불교에 대한 반성과 함께 경향 각지에서 불교강좌가 열리며, 관(官)이나 외세에 대한 주체의식이 고조되고 있다.

그렇다면 이제 이 시대 불교는 어떠해야 하는가? 우리는 오늘의 시

---

23) 《한국불교사상의 좌표》, p.25.; 《전집》11, p.466.
24) 《불교와 한국인》(《전집》14), p.290. 그러나 〈한국불교사상의 진로〉(《전집》13, p.316)에서는 현대를 '불교사상의 혼돈시기'로 규정하는데, 이에 대해서는 다음 항(項)에서 상론한다.

대를 다양한 개성의 시대로 규정한다.[25] 불교가 인간과 세계에 관한 통찰과 비전을 제시하는 종교라면(주 10 참조), 현대사회의 다양한 여러 문제들을 해석해낼 수 있어야 한다. '본래무일물(本來無一物)'은 그야말로 개구착(開口着)의 도리이다. 불교에는 앞서 설하였듯이 '한우충동(汗牛充棟)'이라는 옛말도 무색할 정도의 다양한 불설(佛說)과 논설(論說)이 존재한다.

뇌허는 《한국불교사상의 좌표》에서 해방 이후 옛날 호화찬란하였던 여러 종파를 회복하지 못한 채 선종의 일파인 조계종이라는 단일종파로 출발하게 된 것에 대해 못내 아쉬워하였다. 아니 극도의 불편한 심사를 여과 없이 드러내고 있다. 그는, 해방 이후 몇몇 정상승(政商僧)들이 교권을 장악하기 위한 속셈에서 독자적으로 한국불교의 광대한 범위를 선종 중의 일개 종파인 조계종에 국한 축소시켜버렸으며, 지나간 역사적 배경을 아는지 모르는지 불교도들은 각자의 신앙과 사상을 무시당하거나 제대로 인정받지 못하면서도 아무런 항변이나 이의 없이 그것을 묵과해 오고 있는 것이 오늘의 한국불교의 실태라고 일갈(一喝)하였다.[26]

해방 이후로부터 갑년(甲年)도 더 지났을뿐더러 비록 '직지인심(直指人心) 견성성불(見性成佛)'을 종지로 한다고 조계종 종헌상에 명시되어 있을지라도 현실적으로 승가대학 등에서 온갖 교학이 강의되는 마당에 당시 뇌허의 소회(所懷)를 들추어내는 것은 새삼스러운

---

25) 뇌허는 오늘날의 시대적 특성(혹은 문제)을 경제문제·노동문제·현실주의·물질주의·합리주의·개인주의로 규정한다.(本章 4-1 '4綱과 4敎' 참조)
26) 《한국불교사상의 좌표》, p.10.; 《전집》11, p.456.

일이 되겠지만, 실로 난국(蘭菊)의 미(美)를 다툰 '호화찬란의 신라 불교'를 꿈꾸었던 불교학자로서 선종 중심의 단일교단의 출현은 통한의 일이 아닐 수 없었을 것이기에 그의 노성(怒聲)을 인용해 본다.

한국불교의 역사를 살펴보면, 고구려 백제 신라의 삼국시대에도 결코 단일종파의 불교가 아니었고, 고려 말기에는 5교 양종이 함께 있었으며, 이조 때에도 11종·7종·선교 양종 등으로 여러 종파가 세워져 있었다. 과거에도 이와 같았던 불교가 오늘날 더욱 발전하지는 못하더라도 어찌하여 단일종파로 위축되고 말았던가? 그렇게 축소되는 데 분명한 이유가 있다면 모르겠지만, 불교학자들의 의견도 한 번 물어본 적이 없고, 또 일반 승려대회에서 토의된 일도 없이 몇몇 종무행정가들의 독선적인 결단으로 이 같은 처사를 하였다는 것은 도저히 용서받을 수 없는 과오이다.

현재 한국불교도들의 가슴속에 생생한 신앙과 교리사상을 볼 때, 그 중 선종의 신념과 사상을 가진 사람이 과연 몇이나 될까? 일반 신자는 말할 것도 없거니와 승려의 대부분도 그 신앙의 내용이 불분명한 것이 사실이지만, 화엄(화엄종이 아님)·법화(천태종이 아님)·미타·진언·관음 등의 사상이 대체적인 신앙 내용이라 하겠다. 이러한 신앙을 가진 사람들에게 정전백수자(庭前栢樹子)니 구자무불성(狗子無佛性)이니 하는 화두공안은 운외청산(雲外靑山)에 불과한 것이니, 혹 이 나라 불교도를 모두 선종 신자라고 말한들 무슨 실속이 있겠는가?

대외적 체면을 보더라도 세계 어느 불교국에서 나라 안에 한 가지 종파만을 갖고 있는 곳이 있던가?……(중략)……오늘날 종파불교가 행해지는 나라에서 오직 한 종파만을 갖는 나라는 전혀 찾아볼 수 없다. 따라서 우리가 만약 한 종파만을 고집한다면 그것은 잘못된 고집이며, 우리 민족의 편협성을 드러내는 것 이외 아무것도 아니다.

불교의 발전과 관련하여 볼 때, 불타의 교리사상에 전혀 근거도 없는 이론을 주장한다든지, 또는 불타의 가르침에 반대되는 해석을 하는 따위는 용납할 수 없다. 그러나 경·율·논 삼장에 타당한 근거를 가지고 건설적이며 발전적인 교리의 천명과 실천을 주장하는 특수한 불교관이 갖가지로 나타난다면 그것은 불교의 종파로 인정해야 할 것이다.……(중략)……만약 이것을 정책적으로 막는다면, 이는 불교의 발전을 저해하는 일이다.

선종의 사상만으로써는 시대에 알맞은 발전을 기대할 수 없다. 원래 선종은 불립문자(不立文字) 교외별전(敎外別傳) 직지인심(直指人心) 견성성불(見性成佛)을 내용으로 하는 것으로, 그 마음을 닦고 실천하는 것이다. 그러므로 삼장의 연구는 필요가 없는 것이다.……(중략)……우리 불교신자에게는 이러한 삼장이 살아 계시는 불타와 같거늘 어찌 소홀히 할 수 있겠는가? 현대인은 더욱이 말과 글에 거의 전적으로 의존하고 생활해 가는 사람들이므로 아무리 불립문자를 부르짖어 보아도 헛수고에 불과한 것이다.[27]

그렇다고 뇌허가 선종이나 조계종 자체를 부정하였던 것은 아니었다. 다만 선종만이, 조계종만이 한국불교의 전부라고 생각하는 것은

---

27) 《한국불교사상의 좌표》, pp.11-14.; 《전집》11, pp.457-459.

잘못된 것임을 지적하였을 뿐이다. 드러난 사실로만 본다면, 교종과 선종은 본질적으로 다르다. 흔히들 '교'는 부처의 말씀이고, '선'은 부처의 마음이라고 말하지만, 어떠한 불교 종파에서도 이 두 가지를 별개의 것으로 본 일이 없다. 초기불교 이래 지(止, śamatha, 혹은 定)와 관(觀, vipaśanā, 혹은 慧)은 항상 함께하는 것으로, 소승의 설일체유부에서도 지관(止觀)의 균등(均等)을 깨달음에 이르는 편안한 길〔樂通行〕이라 하였고, 대승의 각 종파 역시 그들의 교학 체계를 교상문(敎相門)과 관심문(觀心門)으로 구성하였다. 이들은 모두 이론과 실천을 깨달음에 이르는 양 날개로 보고 있다. 교(敎)·관(觀)의 쌍미(雙美)를 찬탄하였다. 그러나 이른바 불립문자 교외별전을 표방하는 홍주종(洪州宗)의 선법이 그러한 교종의 실천문 정도의 위상을 갖는다고는 그 누구도 말하지 않기 때문에 교종과 선종은 본질적으로 다르다고 말할 수 있는 것이다.

왜 질적으로 다르다고 보는가? 선종은 불타께서 가섭(迦葉)에게 최상승(最上乘)인 언어〔敎〕밖의 도리(즉 마음)로써 직접 전한 것이 사자상승(師資相承)되어 보리달마(菩提達摩)에 의해 중국에 전해지고 혜능(慧能)의 드라마틱한 일화를 통해 부흥한 것이기 때문이다. 그러나 이제 식자(識者)로서 이를 역사적 사실로 믿는 이는 아무도 없다.

사실상 선종 또한 불교교학 전체를 통해 볼 때 의미 있는 것으로, 그 자체만을 떼어놓고 본다는 것은 상상할 수조차 없다. 달마(達磨)가 혜가(慧可)에게 심요(心要)로 부촉한 것은《능가경》이었고(그래서 楞伽宗이었다),《능가경》에서는 깨달음의 근거가 되는 여래장(如來藏)과 유식사상에서 미혹한 세계의 근거가 되었던 아뢰야식(阿賴耶識)을 종합하고 있다. 《능가경》의 여래장은 생멸과 진여의 토대로서, 《기신론》에서 말한 진여일심 자성청정심에 다름 아니다.

뇌허는 선종을 진여일심을 추구하는 실천 위주의 철학으로 이해하고 있다. 즉 "전 불교에 관통하는 실천문의 사상만을 독립시켜 보급 발전시킨 결과, 이것이 선종이라는 일종(一宗)으로 성립함에 따라 드디어 이 사상이 여타의 제 종파와는 관계없는 것처럼 선전되었다"는 것이다.[28] 따라서 비록 종래 선종인들이 자기 종파를 학(學)으로 논의하는 것을 모독으로 생각하여 초연한 태도를 취하였을지라도, 그것은 선종의 목적달성(즉 견성성불)을 도리어 지연시키고 장애한다고 보았기 때문이지 이론적 학설이 절대로 필요하지 않다고 주장하였기 때문이 아니라는 것이다.[29] 이같이 본다면, '불립문자'라는 것도 사실상 또 다른 형태의 방편이라 할 수 있다.[30]

2) 혼돈과 편협함의 불교

뇌허는 선종 위주의 단일종파가 이 나라 불교를 대변한다는 것은 어불성설이고 비정상적인 일로서, 오늘날 교종을 표방하는 수많은 종파

---

28) 《선종사상사》(태극출판사, 1975), p.16.; 《전집》9, p.20.
29) 〈선학계의 오늘의 문제점〉(《전집》14), p.252; p.249.
30) 〈선종의 소의경(所依經)에 대하여〉(《전집》13), p.198. 사실 대승·소승을 막론하고 어떠한 불교에서도 언어 문자에 집착하라고 가르치는 일은 없다. 언어 문자에 집착하는 대표적인 불교로 폄하되는 소승의 설일체유부에서도 능전(能詮)의 말은 소전(所詮)의 뜻을 드러내는 방편일 뿐이기에 피안에 이르면 배를 버리듯이 뜻을 얻고 나면 버려야 한다고 말한다. 다만 불타의 일언(一言) 일구(一句)도 간과해서는 안 되기 때문에 서로 뒤섞여 상충되는 그것들을 어떤 식으로든 해석해야만 하였다. 그들이 추구한 것은 불타 말씀 이면의 진실의 법성(法性)이었고, 그것이 '아비달마(abhidharma, 對法)'였다.

들이 우후죽순식으로 생겨나게 된 것도 이 때문으로 보았다. 그는 〈한국불교사상의 진로〉라는 글에서 개화 이래 현대를 '불교사상의 혼돈시대'로 규정하였다. 이에 따르면, 1895년 이후 승려의 도성출입금지가 해금되고 억불에서 해방됨에 따라 한편으로는 승려의 신분을 보장받고 불교가 도시로 진출하여 대중화의 발전상을 보이기도 하였지만, 다른 한편으로는 자유 방종이 걷잡을 수 없는 대세가 되어 남은 것은 다만 사원과 그에 딸린 몇천 석의 재산뿐 사실상 불교는 부재하였다. 이러한 멸망상을 직시하고 부교입종(扶敎立宗)의 운동으로 봉기한 것이 독신승을 중심으로 한 불교정화운동이었지만, 그 수단과 방법이 졸렬하여 오늘의 혼돈의 불교를 초래하게 되었다는 것이다.

여기서 그의 말을 직접 들어 보자.

정화 10여 년 후의 오늘날 한국불교는 과연 어떠한 결과를 초래하였는가? 고구려와 같은 학문의 불교로 되었단 말인가, 그렇지 않으면 해외에 우리 불교문화를 전수하였던 백제불교, 진속일여(眞俗一如)의 신라불교, 호국애민의 고려불교, 그 어떤 것을 가져왔단 말인가? 필자가 최근 들은 바에 의하면, 현재 우리나라에 불교의 17종파가 탄생하여 연합회까지 성립되었다 한다. 참으로 놀랍다. 중국불교가 그 왕성의 극에 달했을 때가 13종이었고, 일본불교가 13종이다. 우리나라의 불교는 이들 국가에 상회하고 있는 현황이니, 이 어찌 성사(盛事)가 아니리요! (그래서) 나는 현재의 불교를 혼돈불교(混沌佛敎)라 보는 바이다.……(중략)…….

인도 중국 일본 할 것 없이 그 나라 교단 내의 투쟁이라 하면, 그것은 교리사상의 우열을 다투는 것이 주(主)였다. 어느 나라 불교에 종권(宗權) 투쟁, 사원(寺院) 쟁취의 추태가 있었단 말인가? 우리나라 현 정통교단의 투쟁이 교리문제에 관한 것이었다면, 그 얼마나 청사(靑史)에 빛날 일이었을까?[31]

즉 그는, 이 같은 혼돈은 정통종단이 재래의 선교의 양종을 선(禪) 단일종파로 축소함에 따라 그 반발로 생겨난 것이라고 보았다. 따라서 그의 관심사는 "한국불교사상의 발전적 희망적 견지에서 어떻게 하면 새로이 일어난 제 종파의 불교를 합리화시키고 장차 일어날 새 불교를 유도 발전시킬 것인가?"에 있었으며,[32] 이에 따라 종래 전통의 한국불교사상을 종합하고 재정리하지 않으면 안 된다고 보았다.[33] 이는 불교의 발전뿐만 아니라 이 나라의 문화발전과 민심의 지도를 위해서도 반드시 필요한 일이기 때문이었다.[34]

현실을 둘러보자. 종파의 차이에도 불구하고 조계종을 포함하여 오늘날 불교 종파에서는 대개 간경·참선·염불·주력 등을 불교의 수행으로 삼고(표방하고) 있는데, 이는 굴절된 우리의 불교 현실을 적나라하게 드러내는 것이라 할 수 있다. 왜냐하면 이는 각기 교종·선종·정토(염불)종·진언종 등의 행법으로 조선초기 불교 통폐합에 따른 혼돈이기 때문이다. 혹자는 그것들은 각기 중생의 근기에 따른 것으로, 이야말로 회통불교의 자취라고 말하기도 하지만, 선종의 승려

---

31) 〈한국불교사상의 진로〉,《전집》13, p.317; p.319.
32) 〈한국불교사상의 진로〉, p.319.
33) 《한국불교사상의 좌표》, p.147.;《전집》11, p.550.
34) 《한국불교사상의 좌표》, p.11.;《전집》11, p.456.

들이 경을 읽게 된 것은 17세기 말 숙종 무렵부터이다. 김영수(金映遂)나 권상로(權相老)에 의하면, 월담설제(月潭雪霽, 1632-1704) 혹은 백암성총(栢菴性聰, 1631-1700)에 이르러 교종의 각파가 이미 세상에서 사라져 오로지 태고(太古)의 법맥에 속한 선종만이 남게 됨으로 말미암아 구태여 선종을 표방할 필요도 없게 되었고, 이에 따라 종래 불립문자를 종지로 하여 경학(經學)을 경시하던 선종 승려들도 《법화경》이나 《화엄경》 등을 기탄 없이 강(講)하게 되었다.[35]

한편 뇌허는 통폐합의 잔재를 조석 예불에서 찾기도 한다. 예불할 때 먼저 교주 석가세존 이외에 대일법신불(大日法身佛)·미타보신불(彌陀報身佛)과 문수·보현·관음·대세지·지장 보살 등도 신앙의 대상으로 삼아 예배하며, 그 후 지송(持誦)하는 경전은 오로지 《반야심경》뿐이고, 그 밖에 진언다라니와 미타찬불(彌陀讚佛)·칭명염불(稱名念佛)이 위주가 되는데, 이는 진언종과 염불종이 합해져 생긴 현상으로 보았다.[36] 여기서 문제는 신앙적 측면에서는 여러 종파의 잔재가 남아 있지만, 교리적 측면에서는 내세울 만한 것이 아무것도 없다는 것이다.

몇해 전 교계 한 신문에서 '깨달음이란 무엇인가'에 대해 연재물을 기획한 일이 있었는데, 어떤 이는 진여불성이라 하였고, 어떤 이들은 4성제·연기·무아라고 하였으며, 또 다른 이들은 각기 3법인·무상·본각(本覺)·염불삼매라고도 하였고, 깨달음 지상주의에 대해

---

[35] 졸고, 〈교학과 종학: 현행 불교 강원의 교과과정에 대해 다시 생각한다〉, p.361.; 본서 제2장 pp.32-33 참조.
[36] 《한국불교사상의 좌표》, p.150.; 《전집》11, p.551.

경계해야 한다는 이도 있었다. 그야말로 각양각색이었다. 이에 대해 필자는 시대에 따라 깨달음의 대상도 방법도 달랐다고 주장하였다. 지난 2500년에 걸친 불교사상사는 바로 무엇을 어떻게 깨달을 것인가에 대한 탐구와 해석의 도정이었기 때문이다.[37] 이러한 도정이 갈래지어지지 않는 한 불교사상은 혼돈이거나 편협한 독단일 수밖에 없다.

그렇다면 우리의 불교 전통에서의 불타 깨달음은 무엇인가? 다시 말해 우리의 불교 전통에서 해석한 불교의 종취는 무엇인가? 뇌허에 의하면, 아쉽게도 현재 남아 있는 사상 가운데 전통적으로 독특하게 전해 내려오는 교리로서 지적할 만한 것이 없다.[38] 그것은 아마도 다른 불교국가와 달리 조선조 500년 동안의 불교는 은둔한 채 명맥을 유지하였지만, 교종의 통폐합으로 말미암아 교학적인 정체성을 상실하였기 때문일 것이다. 1600여 년의 불교 전통을 지녔음에도 각자의 전공에 따라 불타 깨달음을 각양각색으로 이해하게 된 것도 아마 이 때문이었을 것으로 생각된다.

뇌허는 바로 이 같은 이유에서 "조석예불에서의 신앙들이 경전상의 근거가 없는 사이비불교가 아닌 이상, 이 같은 비정상적인 현재의 불교를 (교학적으로) 종합하고 (종파적으로) 재정리해야 한다"고 하였던 것이다. 비록 선과 염불이 실천철학이라 할지라도 그것 역시 교학적 뒷받침이 없으면 충분히 발전할 수 없기 때문이다.

나아가 뇌허는 이처럼 한 종파만의 편협성에 경계하였을 뿐만 아니라 어떤 한 교학의 독단성에 대해서도 경계하였다. "인류의 역사는 새

---

37) 《불교신문》 제2070호(2004. 10. 12).; 본서 제1장 서설 참조.
38) 《한국불교사상의 좌표》, p.150.; 《전집》11, p.551.

문화를 창조하는 동시에 또 옛 문화를 발전시켰기에"[39] 결코 '한 가지'로만 파악할 수 없다. 파악한다면, 그것은 독단이다. 그는 말하였다. "천태(天台)의 일념삼천(一念三千)의 철학이 아무리 심오하고 화엄(華嚴)의 십현연기(十玄緣起)의 철학이 아무리 원융하다 할지라도, 원시불교에 그 근원이 없다 하면 그것은 뿌리 없는 화초가 되고 만다."[40]

그는 한국불교의 특성으로 여러 종파의 공존(그러나 自派만을 고집하지 않는다는 점에서 중국의 종파와는 다르다), 나아가 한 가지 교학만을 고집하기보다 각각의 종파적 학문을 초월하여 보편적 태도로 두루 연구하는 보편적이고도 포용적인 성향을 들고 있다. 설혹 한 가지 교학을 전공한 학자라 할지라도 그의 학설 가운데 진실의(眞實義)에 대한 편견이 전혀 나타나지 않는다는 것이다.[41] 그 대표적인 예로 원효(元曉)와 태현(太賢)을 들고 있다.

원효(元曉)는 그의 저서를 통해 본다면, 경·율·논 삼장의 어디에도 붓을 대지 않은 것이 없지만, 특히 여러 종파에 관한 학문을 보더라도 화엄·열반·법화·염불·계율·유식·섭론·삼론·성실·비담(毘曇) 등의 열 가지 종파에 관해 저술하였고, 태현(太賢) 역시 유식·섭론·화

---

39) 《원시불교사상》(보련각, 1973), p.3.; 《전집》3, p.6.
40) 《원시불교사상》, p.4.; 《전집》3, p.8. 일본의 가마다 시게오(鎌田茂雄) 역시 불교학의 폐쇄성과 독단성으로 인해 사상사적 연구가 거의 이루어지지 않고 있음을 개탄하고 있다. 예컨대 천태종이나 화엄종과 같은 종파의 교리연구는 불교사상사를 전체적으로 파악한 다음에 행해져야 하는 것으로, 특히 그것의 중국적 특징이 무엇인지 하는 점이 해명되어야 한다고 말하고 있다.(鎌田茂雄, 〈중국불교연구의 문제점〉, 平川彰 編, 양기봉 역, 《佛敎硏究入門》, 경서원, 1988, p.225)
41) 《한국불교사상의 좌표》, pp.22-24.; 《전집》11, pp.464-465.

엄·열반·법화·염불·계율 등 일곱 종파에 관해 저술하였다. 이러한 포괄적인 불교학의 태도는 중국에서 아무리 유명한 학자라 할지라도 그 유례의 인물을 찾아볼 수 없다. 필자는 중국학자와 이 나라 학자 간에 이와 같은 상이한 결과가 나타나게 되는 것은 그 민족성에 기인한다고 보는 바이다. 불교의 삼장을 연구하되 어떤 한 부분(교학)에만 편벽되게 집착하지 않고 여러 경전과 여러 논서의 취지는 다 각각 그 독특한 바가 있으므로 그것을 그대로 살려서 공명정대한 진리만을 밝힌다는 것이었다.[42]

이러한 뇌허의 불교학관(佛敎學觀)은 만년에 비롯된 것이 아니라 그의 초기저술인《불교학개론》(1954, 1947년 탈고)에서도 드러나고 있다. 즉 어떤 한 사상을 연구함에 있어 반드시 '그 사상이 어떤 것인가' 하는 정체에 대해 구명해야 하고, 아울러 '그 사상이 어떻게 해서 흥기하게 된 것인가' 하는 발생과 육성에 관해 구명해야 한다는 것이다.[43]

이에 따라 그는 그의《불교학개론》을 불보론(교주론)·법보론(진리론)·승보론(해탈론) 3편으로 구성하여, 제1편에서는 역사적 불타(응신불)와 진리로서의 불타(법신불), 그리고 여러 종류의 불신관(佛身觀)에 대해 논설하고, 제2편 제1장〈불교의 근본교리〉에서 3법인 등 원시불교의 기본이론을, 제2장〈우주론〉에서는《구사론》등에서 정리된 세간론을, 제3장〈만유제법의 분류〉에서 아비달마와 유식에서의 제법분별을, 제4장〈연기론(현상론)〉에서는 소승의 업감연기설로부터 유식의

---

42)《한국불교사상의 좌표》, p.24.;《전집》11, p.465.
43)《불교학개론》, p.31.;《전집》1, p.42.

아뢰야연기설,《기신론》의 진여연기설, 화엄의 법계연기설, 밀교의 육대연기설, 그리고 특이하게 일련종의 불계(佛界)연기설을 설하고, 제5장〈실상론(실체론)〉에서는 아비달마와 경량부와《성실론》의 존재론과 용수의 공사상, 유식의 존재론, 천태의 제법실상론을 밝혔으며, 제6장은 4장과 5장의 소결이고, 제7장에서는 불교인식론과 유식의 전식득지(轉識得智)에 대해 언급하였다. 그리고 제3편 제1장에서는 승가에 대해, 제2장에서는 믿음의 대상과 불성에 대해, 제3장에서는 대승·소승의 열반관을, 제4장에서는 원시불교와 대승·소승의 수행론을, 제5장과 제6장에서는 대승·소승의 깨달음〔斷惑證理〕과 불국정토에 대해 논의하였다.

이는 말하자면 불교의 거의 모든 개념을 원시불교·부파불교·소승불교·대승불교와 중국의 대승종파에 관통시켜 논의한 것으로,《불교학개론》이라기보다 차라리《불교대계(佛敎大系)》라고 할 만하다. 이는 필경 후일의《불교교리발달사》를 예상하는 것이라 할 수 있다.

앞서 필자는 "지난 2500년에 걸친 불교사상사는 바로 무엇을 어떻게 깨달을 것인가에 대한 탐구와 해석의 도정이었다"고 하였다.(주 37) 탐구와 해석의 도정은 시간적으로나 공간적으로, 혹은 사상적으로 실로 광대하였으며, 그것은 사실 여전히 현재진행형이라고 말할 수 있다. 그럼에도 오늘의 우리는 이 같은 도정을 무시하고 불교를 '하나'로 묶어서 바라보려고 한다. '하나'에는 항상 '절대'가 도사리고 있다. 그것은 바야흐로 만병을 통치할 수 있다는 절대적 이념으로 제시되기도 한다. 거기에 더 이상 우리의 의심과 문제제기 혹은 비판은 허용되지 않는다. 다만 이해와 추종만을 요구할 뿐, 오늘의 우리의 사유가 끼어들 여지가 없다. 그러나 실제 역사의 현장에서는 그러하지 않았다. 인간의 거의 모든 사유가 동원되었다고 말할 수 있다. 지나간 불교사상사는 불타 깨달음에 대한 해석의 역사이자 해석의 과정에서 야기된 온갖 문제들에 대한 비판적 탐구의 역사였다.[44]

또한 그럼에도 오늘의 우리는 '마음', '연기', '중도' 혹은 '참선'이라는 등의 말 한마디로 수미산보다 더한 볼륨의 지식의 곳간인 팔만대장경(고려대장경)을 우리 스스로 방기(放棄)해 버린다. 다만 유형의 문화재로서만 귀하다 여길 따름이다. '마음'이라 하지만, 그것에 대한 이해는 초기불교와 부파불교, 대승의 학파와 종파에 따라 한결같지 않았다.[45] '연기'와 '중도', '선(禪)' 역시 그러하다. 소승선(위빠사나)과 조사선(간화선)은, '선'이라는 말은 동일할지라도 관(觀, 혹은 看)하는 대상도 방법도 목적도 다르다.

'불교'라는 말은 하나이지만, 그것은 시대나 지역에 따라 전개된 온갖 상이한 학적 체계가 모여 이루어진 매우 복합적이고 유기적인 체계이다. 따라서 후대 발달한 어떤 교학 체계상에서의 개념만을 이해한다면, 그것은 앞뒤가 없는 '구호(독단)'로 전락하기 십상이며, 여기에는 호교적인 찬사와 추종만이 요구된다. 이는 사실상 교시이며, 전통이라는 권위에 의지하지 않는다면 외부와의 소통 또한 쉽지 않을 것이다.

---

44) 뇌허는 이러한 불교의 역사를 언제나 원시불교—부파불교—소승불교—대승—(대승 논부)—대승 제 종파로 나누어 설명하고자 하였다.
45) 《불교유심사상의 발달》(《전집》7)은 전6장으로 구성되어 있는데, 제1장과 제2장과 제3장은 원시불교와 부파불교와 소승불교의 심식설에 대해, 제4장과 제5장은 대승경전과 대승논부상의 심식설에 대해, 제6장은 중국불교 제 종파의 유식학설에 대해 논의하고 있다.

불교는 필경 천상의 계시도, 절대자의 교시도 아니다. 아니라면, 불교(학)의 온갖 개념들은 무슨 문제로 인해 어떻게 생겨나게 되었으며; 그것들이 기왕의 불교(학) 체계에 적용될 때 야기되는 문제는 또한 무엇이고, 그러한 개념들을 생산해낸 이들은 이에 대해 어떻게 해명하였으며; 이에 따라 불교(학)의 체계는 다시 어떤 변모된 모습으로 나타나게 되었던가? 이러한 제 문제가 밝혀지지 않는 한, 그러한 개념들은 원천적으로 공허하거나 절대(신비)주의에 떨어질 수밖에 없다. 우리가 소승 교학을 공리공론이라 하는 것도 이 때문이라 여겨진다.

우리는 우리에게 주어진 불교를 어떻게 이해해야 할 것인가? 부처님이 경(經)에서 그렇게 설하였고, 위대한 논사들이 논(論)에서 그렇게 해석하였으니, 당연한 것으로 여겨야 할 것인가? 그리하여 경론의 글귀들을 읊조려내는 것으로 족해야 할 것인가? 이 정도라면 뇌허가 말한 바, 불교를 이해하는 첫 번째 수준이다.(주 16 참조)

다시 뇌허가 말한 불교를 이해하는 방법에 귀 기울여 보자. 그에 의하면, 다른 뭇 종교와 차별되는 불교의 특징은 이해〔解〕에 있다. 어떻게 이해해야 하는가? 오로지 믿음으로 이해하는 것은 무지몽매하다.

첫째, 불교교리 연구의 첫 번째 대상은 무엇보다도 경(經)과 논(論)이므로 이러한 원전의 이해, 즉 해독에 노력해야 한다.

둘째, 원전의 해독은 자력만으로는 어려운 일이기 때문에 선현의 주석서에 의지해야 한다. 이것을 일러 훈고학이라 하는 바, 이러한 방식에는 일장일단이 없지 않으나 일단은 불교연구의 불가피한 과정이다.

셋째, 모든 교리에 대한 어느 정도의 지식을 얻은 다음에는 그러한 제반교리의 논리적 이해가 필요하다. 왜냐하면 경론상의 모든 교설은 마치 해변에 흩어져 있는 진주나 효천(曉天)의 창공에 반짝이는 명성(明星)과 같아서 서로 연관적 관계가 없는 것처럼 보인다. 그러나 어찌 그럴 이치가 있겠는가?

넷째, 다음은 역사적 이해가 필요하다. 종래 불교학자들의 생각으로서는 불교의 모든 경전은 일불소설(一佛所說)이라 하여 모든 교리에 선후가 없는 것처럼 보아 왔지만, 기실은 그러한 것이 아니다. 역사적으로 볼 때 원시·부파·소승·대승 등 여러 시대에 걸쳐 엄연한 차이가 있으니, 이것을 무시한 불교연구란 도노(徒勞, 헛된 노력)에 불과할 것이다.

다섯째, 제반교리를 체계적으로 이해해야 한다. 원시불교의 온갖 교리는 그것대로 체계가 있고, 부파 내지 종파들도 다 각각의 체계가 있을 뿐 아니라 이 전체를 통합하여 보아도 역시 전체로서의 체계가 있다. 그러므로 이것을 체계화하여 보지 않는다면 사상으로서의 불교, 철학설로서의 불교가 존립되지 못할 것이다.

여섯째, 인간적으로 이해해야 한다. 고래의 불교학자와 불교인이 이해한 개념을 보면, 그것이 불교를 이해하려고 하는 것인지, 또는 불교를 신앙하려고 하는 것인지 태도상의 구분이 나지 않는다. 신(信)과 해(解)는 구별되어야 한다. 이것이 불교의 특징이기 때문이다. 처음에는 무지몽매한 범부로서 현명하신 불타의 교설을 무조건 믿지 않을 수 없다. 그러나 그 다음 단계에 이르러서는 "우리는 어째서 그 교설을 믿지 않으면 안 되는가? 불타는 어떻게 해서 각자(覺者)가 되셨는가? 우리는 그의 교설대로 과연 각자가 될 가능성을 소유하고 있는 것이 확실한가?" 하는 등의 의문이 자꾸 생기고, 또다시 일어나니, 그 이유를 알아야 한다.……(중략)……그러므로 우리가 불교의 모든 교리문제를 연구함에 있어서는 언제나 항상 인간적으로 이해해야 함을 잊어서는 안 된다. 만약 이 점을 망각한다면, 그것은 죽은 불교가 되고 만다.[46] (필자 윤문)

'죽은 불교', 이는 무엇을 말하는 것일까? 필자는 최근 한 글에서 말하였다. "혹 우리는 불교학을 오늘 우리에게 주어진 현실의 불교와 동일시하여 오로지 신념의 체계로만 받아들이고 있는 것은 아닌가? 혹은 사실 체계로 받아들일 여유가 없거나, 신념 체계를 사실의 체계로 포장하고 있는 것은 아닌가? 혹은 같은 말이지만, 텍스트의 엄숙함에 갇혀 그 행간을 보지 못하고 있는 것은 아닌가? 혹은 소승이니 대승이니 하는 개별적인 텍스트에 갇혀 텍스트들 사이의 행간을 보지 못하고 있는 것은 아닌가? 그 때 그들에게 무슨 일이 벌어졌던가? 무엇이 문제였으며, 무엇을 추구하였던가? 불교학을 오로지 신념 체계로 받아들일 경우, 우리는 '사실'로 포장된 '진리'만을 알 수 있을 뿐이며, 우리에게는 그 진리의 주인공인 각각의 위대한 논사와 다만 개별적인 텍스트만이 존재할 뿐이다. 여기에 문제가 있을 리 만무하며, 오늘의 '내'가 개입할 여지는 더더욱 없다."[47] 그것은 바야흐로 앵무새의 지저귐처럼 반복되는 구호가 될 수밖에 없다.[48]

누구나 알고 있는 사실이지만, 불교는 도그마가 아니다. 뇌허는 이

---

46) 《불교교리발달사》, pp.2-3.; 《전집》2, pp.7-8.
47) 졸고, 〈우리나라 불교학에 대한 한 불교학자의 소회〉(《불교평론》 2007년 겨울호), p.267.; 본서 제6장 pp.221-222 참조.
48) 권오민, 《인도철학과 불교》, p.11.

를 말하고자 하였다. 그리고 광대무변의 불교를 전체적으로 재구(再構)함으로써 이를 실현하고자 하였다. 이것이야말로 난국(蘭菊)의 미(美)를 다투었던 저 호화찬란의 신라불교를 부흥시키는 길이라 믿었다. 일련의 그의 저술은 바로 이러한 신념의 소산이었다.

(구사학과 유식학은) 이와 같이 중요한 불교학의 관문이지만, 우리나라에서는 옛 신라시대를 제외하고서 고려·조선 양대 천여 년간에는 이 학문이 전연 관심의 대상이 되지 않으니, 그것은 곧 불교를 학문적으로는 연구하지 않았다는 것을 반증하는 것이라 할 수 있을 것이다. 저자는 이 점을 유감의 정도가 아니라 슬프게 생각해 왔다. 입으로나 말로 불교를 위하는 것도 물론 불교를 위해 하는 한 방법이 아닌 것은 아닐 것이다. 그러나 참으로 불법을 위한다면, 그것은 무엇보다도 먼저 불법이 무엇인가를 알아야 할 것이다. 불교의 시종(始終)의 과정을 신(信)·해(解)·행(行)·증(證)이라 한다. '신'으로 입문한 다음에는 '해', 즉 불법을 알아야 한다. 알지 못하는 '행'은 맹목적이거늘, 무슨 올바른 '증'을 기약할 수 있으리! 전부가 모두 그랬다는 것은 아니지만, 적어도 과거의 불교사 문헌에 의하는 한 고려·조선 두 시기는 '해'의 불교를 뛰어넘어 '행'의 불교로 비약하였던 것 같다.[49]

---

49) 《구사학(俱舍學)》(문조사, 1974), pp.4-5.; 《전집》5, p.7.

4. 뇌허의 불교학(교관론)

1) 4강(綱)과 4교(敎)

이미 말하였듯이, 뇌허는 한국불교의 현실을 이같이 비정상적인 것으로 이해하였으며, 이에 따라 고래의 전통 불교를 종합하고 재정리해야 한다고 주장하였다. 그는 "여기서 '종합'이라 함은 현재까지 이 나라 불교인들에게 신앙되고 이해되었던 불교사상을 될 수 있는 한 살리자는 의미이며, '재정리'라고 함은 현재까지 신앙되고 있는 교리사상을 명분이 명확하도록 체계를 세워 몇 개의 종파로서 인정해 주자는 뜻이다"고 하여 그 개념을 분명히 하고 있다.[50]

즉 정화 사태 이후 우후죽순으로 난립한 새로운 종파들이 정해(正解)와 정행(正行)을 통해 재기하기 위해서는 신앙의 본존(本尊)과 소의경전과 교학적 정비를 갖추어야 하며, 그럴 때 혼돈의 상태에서 벗어나 미래 '희망적인 불교'를 맞이할 수 있다는 것이다.[51] 그리고 이에 관해 그는 앞서 언급한 조석예불의 지송문으로 볼 때, 현재 우리나라에 살아 신앙되고 있는 불교는 선(禪)과 염불과 교(敎)이기에 이 세 가지의 사상을 종합하여 (각각의) 종파로 재정리하는 것이 우리의 전통을 살리면서 앞으로의 발전도 기대할 수 있을 것이라고 하였다.[52]

그러나 이 때 문제는, 선과 염불은 실천종파일뿐더러 그 교리 내용

---

50) 《한국불교사상의 좌표》, p.148.; 《전집》11, p.550.
51) 《한국불교사상의 진로》《전집》13), pp.317-327 참조.
52) 《한국불교사상의 좌표》, pp.150-152.; 《전집》11, pp.551-552.

이 비교적 선명하지만, 난마처럼 얽혀 있는 '교'의 경우 실로 막연하다는 점이다. 전통적으로 중국의 종파에서는 교상판석(敎相判釋)에 따라 전체의 교학을 해석하였지만, 여기서는 삼장(三藏) 전부를 하나의 체계로 정리하지 못하고 제 경론의 우열을 설정하였다. 예컨대 경종(經宗)에서는 소의경의 정통과 방계를 차별 짓고, 율종(律宗)이나 논종(論宗)에서는 경을, 염불종에서는 노사나불이나 석가모니불의 설을 무시하는 경향이 있으며, 밀교에서는 그 밖의 제불(諸佛)의 설을 응신불(應身佛)의 설이라 하여 낮춰 보았다.

뇌허는, 고래의 중국의 종파불교가 특정의 경론을 소의전적으로 삼은 데 대해 이 시대의 불교(즉 교종)는 삼장 모두를 소의전적으로 삼아야 한다고 보았다.[53] 불법에 우열이 있을 수 없으며, 이 나라의 민족성도 그 같은 부분적이고 편협한 사상을 좋아하지 않았기에 종래의 모든 종파를 초월하여 종합적으로 한 체계를 갖춘 교판론이 필요하다고 보았다.[54]

그렇다면 그의 교상판석의 기준은 무엇이었던가? 그것은 신(信)·해(解)·행(行)·증(證)이었다. 그는 신·해·행·증을 교판의 기준으로 삼게 된 근거를 다음과 같은 문헌에서 찾고 있다.[55]

첫째, 세친(世親)의 《십지경론(十地經論)》에서는 제불이 설한 법륜(法輪)을 교법(敎法)과 증법(證法)과 수행법(修行法)으로 나누고 있다. 그리고 이에 따라 천태지의(天台智顗)도 《법화현의(法華玄義)》

---

53) 《한국불교사상의 좌표》, p.188.; 《전집》11, p.577.
54) 《한국불교사상의 좌표》, p.155.; 《전집》11, p.554.
55) 《한국불교사상의 좌표》, pp.156-162.; 《전집》11, pp.555-562.

에서 "법에 세 가지가 있으니, 교(敎)·행(行)·증(證)이 그것이다"고 하였으며, 자은규기(慈恩窺基)도《법원의림장(法苑義林章)》에서 "부처님께서 열반하신 후 법에 세 가지 때가 있으니, 정법(正法)·상법(像法)·말법(末法)이 그것이다. 교·행·증 셋을 다 갖춘 그 때의 법을 정법이라 하고, 교와 행만이 있을 때 상법이라 하며, 오직 교만이 있고 다른 것은 없을 때를 말법이라 한다"고 하였다.

둘째, 법운(法雲)은《법화의기(法華義記)》에서《법화경》〈방편품〉의 불지(佛智)를 방편지〔權智〕와 진실지〔實智〕로 나누어 "진실지의 입장에서 본다면, 교법이 동일하고〔敎一〕 이치가 동일하고〔理一〕 근기가 동일하고〔機一〕 교화될 중생이 동일하다〔人一〕"고 하였고, 또한 "제불은 하나의 큰 인연에서 출현하였고〔즉 果一〕 다만 보살을 교화하였고〔人一〕 지으신 모든 일은 동일한 결과를 낳았고〔因一〕 오로지 일불승으로써 중생을 위해 설법하였다〔敎一〕"고 설하였으며, 지의(智顗)는 그의《법화경문구(法華經文句)》에서 이 중의 첫 번째(果一)와 두 번째(人一)를 행일(行一)과 이일(理一)로 고쳐 일체 불법을 하나의 교(敎)·행(行)·인(因)·리(理)로 나타내었다.

셋째, 지엄(智嚴)은《수현기(搜玄記)》에서《화엄경》〈정종분(正宗分)〉의 각 품을 생신분(生信分)·생해분(生解分)·수행분(修行分)·입증분(入證分)으로 나누었다.

넷째, 일본의 정토진종(淨土眞宗)의 종조인 친란(親鸞)은 그의《현정토진실교행문류(顯淨土眞實敎行文類)》에서 진종의 요지를 간단히 교(敎)·행(行)·신(信)·증(證)의 네 항목으로 밝히고 있다.

이 중 첫 번째만이 교법 전체를 포괄하는 일반적 분류이며, 두 번째

이하는 종파에 따른 특수한 분류이지만, 불교교리 전체를 이같이 교(즉 解)·행·증으로 삼분할 수 있으며, "믿음이 도의 근원"이라는 《화엄경》의 말처럼 이 세 가지에는 믿음이 전제되어야 하기 때문에 신·해·행·증으로 불교 전반을 종합 정리할 수 있다는 것이다. 뇌허는 이를 '4교(敎)'라고 하였다.

뇌허는 다시 네 가지 교법과 함께 이러한 교법이 펼쳐질 장(場)으로서 시대와 중생(근기)과 지역(국토)에 대해 주목한다. 시대의 특성과 민심의 소재를 알지 못하고, 세계에 대한 안목을 갖지 않고서는 교법 또한 펼칠(드러낼) 수 없기 때문이다.[56]

첫 번째 시대관: 그는 오늘의 시대적 특성(혹은 문제)으로서 경제문제·노동문제·현실주의·물질주의·합리주의·개인주의를 들고 있다. 불교는 한편으로 이러한 문제에 대해 등한시한 것이 사실이다. 한편으로 무욕(無欲)을 찬탄하고, 내세(來世)와 유심(唯心)과 적정(寂靜)주의의 경향을 띠는 것 또한 사실이다. "위로하는 열 마디의 말보다 한 조각의 빵이 더 효력이 빠르다"고 뇌허는 말하고 있다.

두 번째 중생관: 중생은 업에 따른 온갖 차별이 있으며, 이러한 차별에는 선천적인 것도 있고 후천적인 것도 있다. 법상종(法相宗)에서는 오성각별(五性各別)을 설하지만, 다른 한편 천태·화엄 등의 성종(性宗)에서는 일성(一性)의 개성(皆成)을 주장한다. 다시 말해 전자에 의하는 한 삼승(三乘)이 진실이고 일승(一乘)은 방편이지만, 후자에 의하는 한 일승이 진실이고 삼승은 방편이다. 뇌허는, 이러한 상반

---

56) 《한국불교사상의 좌표》, pp.165-182.; 《전집》11, pp.561-573.

되는 설은 그 시대의 현실적인 갖가지 다른 상황에 맞춘 것이라고 하였다.[57]

생각해 보면, '중생이 바로 부처'라는 명제는 이상적 측면으로, 이러한 거대 담론 앞에서는 옳고 그름도, 잘나고 못남도, 선악도, 빈부도 다만 허망한 분별일 따름이다. 그러나 이러한 차별은 엄연한 현실이다. 불교 전통상에서 전자가 성종(性宗), 즉 본질(이상)주의라면, 후자는 상종(相宗), 즉 현실주의이다. 이상을 떠난 현실은 초라하지만, 현실을 떠난 이상은 공허하다. 앞의 시대관에서 언급한 경제문제 등이나 다양한 중생의 차별은 모두 현실로서, 현실의 사사(事事)와 물물(物物)이 전제되지 않은 사사무애(事事無碍) 본래무일물(本來無一物)은 공허하다. 다시 말해 현실의 구체적인 '사사'와 '물물'을 드러낼 때, 비로소 화엄의 사사무애도, 선종의 본래무일물도 의미 있고 현실을 지도하는 강력한 이념이 될 수 있는 것이다. 이것이 이른바 대각국사 의천(義天)의 성상겸학(性相兼學)이다. 의천의 말처럼 상종(현실)에 대한 이해가 없이 거대 담론만 늘어놓다가는 웃음거리가 될 수도 있다.[58]

---

57) 《한국불교사상의 좌표》, p.176.; 《전집》11, p.569. 오성각별(五性各別)과 일성개성(一性皆成)에 대해서는 졸고, 〈5종성론에 대하여〉(《天台學硏究》 제7집, 천태불교문화연구원, 2005; 본서 제10장)를 참조 바람.

58) 의천은 "'성'과 '상'의 두 갈래를 함께 배워야 비로소 달통한 사람이라 할 수 있다"는 징관(澄觀)의 말을 인용하면서 "요즘 불교를 배우는 이들은 스스로는 돈오(頓悟)라고 말하면서 방편교(유식)와 소승교(구사)를 멸시하고, '성'과 '상'에 대해 담론하다가 왕왕 사람들의 웃음거리가 되기도 하니, 이는 모두 성종과 상종을 함께 배우지 못하였기 때문이다"고 하였는데(《刊定成唯識論單科序》, 《한국불교전서》4, p.529중하; 완전한 인용은 제7장 주 6 참조), 뇌허 역시 "만약 불교교리의 전반적인 것을 연구하고자 한다면 반드시 구사 유식의 교학적 소양이 없어서는 일지(一知) 반해(半解)를 다루는 곳에서도 그 이해의 불편을 느낄 것이다"고 하였다.(《俱舍學》, p.4; 《전집》5, p.7)

이 점에 대해 뇌허는 이같이 말하고 있다.

이와 같이 중생에 여러 종류의 근기가 있다면, 결국 그들을 완전히 구제한다는 것도 불가능한 일이 아닌가? 그래서 불교는 근기에 맞춘 가르침이요, 병에 따른 약이라고 하는 것이리라. 여기서는 가르침을 펴는 사람의 식견(識見)이 월등하게 뛰어나야 할 것은 물론이고, 진심에서 우러나오는 성의가 있어야 한다.[59]

결국 사사와 물물의 현실에 대한 이해가 있어야 다양한 중생들의 문제에 대처할 수 있다는 말이다.

세 번째는 지역(국토)관: 포교지역에 대한 이해가 있어야 한다. 더욱이 세계화로 인해 더 이상 자타 피아의 구별이 없어진 마당에 불교는 아시아의 종교가 아니라 세계의 종교가 되어야 하기 때문이다.

네 번째는 교법(불교)관: 전술한 대로 불교에는 인도불교도 있고 중국·한국 불교도 있으며, 다시 인도불교에는 부파·소승·대승이 있고, 대승에도 여러 갈래가 있으며, 중국에는 13종이, 한국에는 조선 초기까지 11종이 있었는데, 무엇을 진정한 불교라고 하겠는가? 따라서 이 모두를 포용하거나 (지역과 종파를) 초월할 수 있는 종합 통일하는 원리에 대한 이해를 갖지 않으면 안 된다. 그리고 뇌허가 이해한 종합 통일의 원리는 전술한 신·해·행·증의 4교(敎)였다.

뇌허는 이러한 네 가지 이해를 '4강(綱)'이라 하여 불교라는 큰집의

---

[59] 《한국불교사상의 좌표》, p.176.; 《전집》11, p.569.

네 기둥으로 삼고, 신·해·행·증의 4교를 집을 완성해 가는 단계로 이해하였다.[60] 그럴 경우 삼장 중 특정의 경론을 소의로 거론할 필요도 없고, 또한 여기서는 대승·소승의 우열은 물론이고 여러 종파의 우열과 시비 또한 말할 필요도 없다. 어떠한 불교도 4교에 포함될뿐더러 (혹은 4교를 포함할뿐더러: 필자) 불교에 입문한 이로서 신·해·행·증의 과정을 거치는 것은 누구에게도 당연한 경로이기 때문이다.

2) 4교관(敎觀)의 비판적 이해

이처럼 뇌허는 특정의 경론이 아닌 삼장(三藏) 모두를 소의전적으로 삼아야 한다고 보았다. 그는 자신들이 숭상하는 취지의 일경(一經) 일론(一論)으로 불교 전체를 통일하려는 중국의 종파불교에 대해 그들만의 독특한 새로운 불교라고 하면서 "독립민족으로서 외국의 문화사상을 수입함에 있어 당연한 태도"라고 하였지만, 다른 한편으로 삼장을 불설[經·律]과 비불설[論]로 차별 짓고, 경에 대해서도 대승·소승으로, 대승경에 대해서도 권(權, 방편)·실(實, 진실) 등으로 심천(深淺) 우열(優劣)을 가리는 것은 종파불교의 단점이라 하였다. 즉 교법 자체로는 일미(一味) 평등한 것으로, 소승법을 닦는 작은 근기의 중생이나 대승법을 닦는 큰 근기의 중생은 다 같이 불성을 갖추고 있

---

60) "4강(綱)은 부처의 가르침이라는 하나의 큰집에 있어서 사면의 벽이나 사방의 기둥과도 같다. 또 4교(敎)는 마치 우리 신자들이 불교라는 큰집의 문에 들어서서 점차 불교의 우주 및 인생관을 이해하기 시작하여 앞뒤 순서와 단계를 나누어 분간한 후 불교 목적지에 도달하기 위하여 한 걸음씩 실천으로 옮겨 드디어 그 완성된 경지에 도달해 가는 것과 같다. 이렇게 볼 때 4강설과 4교설은 서로 긴밀한 유기적 관계에 있다 하겠다."(《한국불교사상의 좌표》, pp.189-190; 《전집》11, p.578)

을뿐더러 8만 4천의 법문은 근기에 따라 이루어진 것이기 때문에 우열을 논하는 자체가 종파적 편견이라는 것이다.[61]

그렇다면 구체적으로 삼장을 어떻게 4교에 배당할 것인가? 일단 그가 밝힌 바대로 인용하면 다음과 같다.[62]

```
            ┌ 신(信)의 불교: 아함 및 기타           : 종교
            ├ 해(解)의 불교: 반야·방등부, 논부      : 철학
  불교 ─────┤
            ├ 행(行)의 불교: 화엄 외 여러 경, 율부  : 윤리
            └ 증(證)의 불교: 법화·화엄 외 여러 경   : 완성의 불교
```

일견 이와 같은 도식에 당황하지 않을 수 없다. 그가 비록 이러한 도식은 절대적인 것이 아니라고 하였을지라도, 아함이 믿음의 불교라는 것도 종교에 배당한 것도 잘 이해되지 않는다. 그가 말한 대로 믿음에 관한 것이 아함에만 있는 바가 아니며, 또한 증득에 관한 설법이 《화엄경》에만 나타나는 것도 아니다. 그는 대체적인 특징을 예로 든 것에 불과하다고 하면서 "아함부는 믿음으로써 불교의 종교성을 많이 강조하고 있고, 이해에 관한 반야부 등의 경전은 철학성이 짙으며, 또 실천수행을 주로 담고 있는 화엄이나 율부의 경전들은 윤리성이 깊고, 법화 등의 증득에 대한 경전은 인생으로서 최고의 완성을 표현하고 있다"고 하였지만,[63] 이 역시 잘 이해되지 않는다.

---

61) 《한국불교사상의 좌표》, pp.141-144.; 《전집》11, pp.547-548.
62) 《한국불교사상의 좌표》, p.189.; 《전집》11, p.578.
63) 《한국불교사상의 좌표》, p.190.; 《전집》11, p.579.

그의 일련의 저술상에서 설해지고 있듯이, 신·해·행·증은 아함(원시불교)을 비롯한 모든 불교에 나타난다. 예컨대 그의 초기저술인 《불교학개론》 제3편 〈승보론(僧寶論): 해탈론〉에서도 승단이 구현하고자 하는 이상을 신앙론〔信〕·열반론〔解〕·수행론〔行〕·단혹증리론(斷惑證理論, 證)으로 나누고, 각각을 원시불교·소승·대승·대승 제 종파에 걸쳐 논의하고 있는 것이다.[64] 앞의 표에서 예시한 제경으로 볼 때, 그의 4교설은 불타의 일대교설을 장교(藏敎)·통교(通敎)·별교(別敎)·원교(圓敎)로 분류한 천태의 화법(化法) 4교(敎)와 유사하다. 그는 어떠한 이유에서 일체 교법을 이같이 분류하게 되었던가?

일체의 불교를 신·해·행·증으로 분류하려는 시도는 일찍이 그의 초기저술인 《불교학개론》(1954: 1947년 탈고)과 《불교윤리학》(1971: 1957년 탈고)에서 이루어지고 있는데, 이는 불교의 정체성을 해명하기 위한 하나의 시도였다. 즉 여기서는, 불교를 지(知)·정(情)·의(意)라는 인간의 심리현상과 진(眞)·선(善)·미(美)라는 인간이 추구하는 가치, 그리고 이에 상응하는 학문분과인 철학·종교·윤리에 대응시켜 궁극적으로 그것의 완성으로 이해하고 있다. 이를 다음과 같은 도표로 나타내고 있다.[65]

```
        ┌ 지(知) ─ 철학 ─ 진(眞) ─ 해(解) ┐
일심 ───┼ 정(情) ─ 종교 ─ 미(美) ─ 신(信) ┼─ 증(證, 불타)
        └ 의(意) ─ 윤리 ─ 선(善) ─ 행(行) ┘
```

삼장 각각을 네 단계에 배당한 것만 제외한다면, 이것과 앞의 교판의 도표는 동일하다. 따라서 그의 교판론(4교설)의 기본적 구도는 이미 《불교학개론》과 《불교윤리학》에서 갖추어졌다고 볼 수 있다. 그리고 4교에 배당한 제경 또한 그의 말대로 절대적인 것이 아니라 다만 하나의 예시에 불과한 것으로 보아야 한다.

첫째, 믿음[信]의 불교: '믿음'은 불교의 첫걸음이기 때문에 역사적으로 불교의 시초가 되는 《아함경》을 배당하였다. 즉 《아함경》은 문헌상으로도 불교 최초의 경전일뿐더러 후세 여러 교리사상의 모태가 되고, 교단적으로도 다섯 비구로부터 시작하여 점차 하나의 교단이 형성되어 가는 모습을 보여주고 있으며, 신앙대상 또한 석가모니불에 한정되기에 이러한 일불(一佛) 사상은 여러 종파의 불교를 통일하는 하나의 원리가 될 수 있다는 것이다.[66] 따라서 "과거 여러 종파에서 이 경의 존재 가치를 소홀히 생각하고 다만 소승경전이라는 편협한 판단을 내렸던 것은 불교성전의 역사성을 무시한 짧은 안목이었다"고 말한다.[67] 천태의 일념삼천(一念三千)도, 화엄의 십현연기(十玄緣起)도 결국엔 원시불교에 그 근원을 두고 있다는 것이다.[68]

둘째, 이해[解]의 불교: 믿음이 더욱 견고해지기 위해서는 믿음의 대상에 대한 이해가 필요하다.[69] 이는 뭇 종교와는 다른 불교만의 특징

---

64) 《불교학개론》, pp.443-482.; 《전집》1, pp.361-394.
65) 《불교윤리학》(《전집》8), p.27. 《불교학개론》에서는 일심을 '불교'로, 불타를 '성(聖)'으로 나타내었다.(주 9 참조)
66) 《한국불교사상의 좌표》, pp.192-193.; 《전집》11, p.580.
67) 《한국불교사상의 좌표》, p.191.; 《전집》11, p.580.
68) 주 40) 참조.
69) '믿음(sraddha, 혹은 adhimukti)'에 대해서는 본서 제3장 4절 '탐구와 믿음' 참조.

이라 할 수 있는 것으로, 사실상 불교의 거의 모든 경론이 철학적 교리 내용을 담고 있어 이해 없이는 읽어낼 수조차 없다. 그는, '이해'는 불교 제 경론의 공통된 특징이라 하면서도 반야부 계통의 경전을 비롯하여 방등부(《유마경》,《능가경》,《사익경》,《승만경》)·보적부·《대집경》 등을 특별히 열거하고 있다.70) 그 이유에 대해서는 구체적으로 밝히고 있지 않지만, "예컨대 반야부 경전에서는 사물을 일단 긍정적으로 받아들여 설명한 아함과는 달리 부정의 방식을 통해 진리(반야바라밀)를 추구하였고, 천태의 3지설(智說)도 이에 근거하였으며, 다른 한편으로 소승의 법상을 섭취하여 대승의 법수(法數)와 행상(行相)을 망라하여 조직하였다"고 말하고 있다.71) 그러나 이는 다분히 화엄의 대승시교(大乘始敎), 천태의 통교(通敎)를 연상시키는 설명이다.

셋째, 실행[行]의 불교: 뇌허는 이 또한 이론(이해)에 대응하는 일반론적인 의미로 사용한다. "지혜의 눈[智目]과 실천의 발[行足]이 있어야 청량(淸凉)한 열반의 경지에 이른다"는 《법화현의(法華玄義)》를 인용하고 있기 때문이다.72) 그는 실행의 불교를 강조한 경전으로 《화엄경》《해심밀경》《율부》《범망경》 등을 언급하고 있지만, "수행설은 대승과 소승의 각 경·율·논에 따라 다양하기 때문에 공통된 설을 찾기 어렵다"고 고백하고 있다.73) 요컨대 중생의 (처지와) 근기가 천차만별이어서 5계나 10계를 지켜야 할 사람이라면 그 같은 내용을

---

70) 《한국불교사상의 좌표》, pp.194-195.; 《전집》11, pp.581-582.
71) 《한국불교사상의 좌표》, pp.195-201.; 《전집》11, pp.582-586 취의(取意).
72) 《한국불교사상의 좌표》, p.201.; 《전집》11, p.586.
73) 《한국불교사상의 좌표》, pp.201-202.; 《전집》11, p.587.

담은 율부에, 10중(重) 대계(大戒)를 지켜야 할 사람은 《범망경》에 의지해야 하며, 또한 일반의 수행법으로 6바라밀과 10바라밀이 있기 때문에 《해심밀경》과 《화엄경》을 언급하였다는 것이다.

넷째, 증득(證)의 불교: 여기서 '증득'이란 앞서 말한 "지혜의 눈과 실천의 발로 이른 청량지(淸凉池)", 즉 깨달음의 경지를 말하는 것으로, 이에 해당하는 소의경전으로 《법화경》《열반경》《화엄경》 등을 들고 있다.[74] 왜냐하면 《법화경》〈방편품〉에서는 제법실상(즉 十如是)을 설하고 있으며, 《화엄경》〈입법계품〉에서는 선재동자의 구법여행의 최종단계로서 보현보살의 경지를 드러내고 있기 때문이었다.

이렇듯 뇌허가 4교(敎)에 배당한 각각의 경전은 다만 상식적인 예시였다. 요컨대 전통의 불교를 종합하기 위해서는 일경(一經) 일론(一論) 위주의 종파불교를 초월하여 원시불교로부터 대승의 제 종파에 걸친 전 불교를 드러내야 하며, 그것을 드러내는 단초가 신(信)·해(解)·행(行)·증(證)이었다. 다시 말해 원시불교·부파·소승·대승·대승 제 종파 각각을 믿음의 불교·이해의 불교·실행의 불교·증득의 불교로 갈래지을 때, 전 불교는 종횡의 유기적 관계를 지닌 종합적인 모습으로 드러나게 된다는 것이다. 그리고 이 가운데 시대와 중생과 지역(국토)의 특성과 근기에 부합하는 불교를 설할 때 바야흐로 불국토를 구현할 수 있다. 예컨대 오늘의 시대적 문제는 경제문제 따위인 바, 이를 무시한 채 '본래무일물'만 외쳐서는 안 된다는 것이다. 이것이 이른바 그의 '4강(綱) 4교설(敎說)'이다.

---

74) 《한국불교사상의 좌표》, p.206.; 《전집》11, p.590.

사실 그의 사후 출판된 《한국불교사상의 좌표》 상에 논설된 이 같은 그의 교판설은 거칠뿐더러 견강부회한 면도 없지 않다. 그러나 입적하기 직전에 쓰인 것이라는 사실을 감안한다면, 이 같은 사정을 충분히 이해할 수 있다. 앞서 언급한 대로 그의 4교설은 이미 《불교학개론》에서 다루어지고 있지만 〈승보론〉에서 간략히 취급하였으며, 《불교교리발달사》에서는 원시·부파·소승·대승 불교에 이르는 인도의 전 불교를 계통적으로 설하였지만 신·해·행·증의 4교로는 정리되지 못하였다. 이를 기초로 하고, 그 사이에 집필된 《원시불교사상》 《구사학》 《유식철학》 《대승불교사상》 등을 참고하여 보다 정치하고 조직적인 그의 교판론이 나와야 한다. 지엄(智嚴)의 교판을 법장(法藏)이 완성하여 화엄종을 열었듯이, 이제 바야흐로 그의 학문을 계승하는 후학이 나와 그의 교판론을 완성해야 하지 않겠는가?

아울러 그의 일련의 저술 또한 현대문으로 번역되어 다시 출간되어야 한다. 고(古) 투의 문체도, 문장상의 오류도, 고사(古事)의 성어(成語)도, 번역되지 않은 한문의 인용문도, 나아가 명확하지 않은 전거도 모두 '뇌허의 불교학'을 가로막는 장애이고, 한물간 것으로 도외시하게 하는 원인이 된다. 그렇지 않을 경우 화려한 서명(書名)에도 불구하고, 풍부한 내용에도 불구하고 그것들은 서가만을 장식하게 될 것이다.

또 한 가지, 그의 《전집》 14권이 낱권으로 판매되지 않는 것도—물론 현실적 문제가 있을 것이지만—그것의 발간이 다만 '뇌허의 불교학'을 과시 장엄하기 위한 것일 뿐이라는 생각이 들게 한다. 역사가 보여주듯이, 후학의 손을 떠난 불교학은 그것이 어떤 것이든 사장될 수밖에 없다.

5. 맺음말

  필자는 천성이 게으르고 비루하여 선생을 가까이서 뵌 적이 없다. 그러나 《구사학》을 통해 선생과 조우한 이래 많은 학은(學恩)을 입었다. 아니 어느 시기까지 그의 일련의 저술은 우리 불교학계의 유일한 지남(指南)의 나침반이었으며, 《불교교리발달사》 제2편 〈부파불교의 교리〉나 제3편 〈소승불교의 교리사상〉과 같은 것은 여전히 그러하다.[75]

  불교는 결코 단일하지 않다. 선생의 말대로 2500여 년에 걸친 불교는 '난마(亂麻) 산사(散絲) 다기망양(多岐亡羊)'의 갈래가 있고(주 11 참조), 8만 4천 법문이라 하듯이 '한우충동(汗牛充棟)'의 옛말도 무색하리만큼 전적이 많다.(주 13 참조) 그것들은 모두 불타 깨달음을 해석해내려는 불교학의 산물이다. 따라서 의문 또한 층생첩출(層生疊出)하니(주 46 참조), 불교학도라면 마땅히 그 같은 의문들을 밝혀야 한다. 그러나 오늘의 우리는 그러한 갈래와 전적을 고려하지 않고 '마음'이니 '연기'니 '중도'니 '참선'이니 하는 개념 하나로 전 불교를 이해하려 든다. 의문은 봉쇄되고 묵살된 채 믿음만을 찬탄한다. 그것은 차라리 맹용이며, 의천(義天)의 말대로 웃음거리가 될 수도 있다.

  필자는 최근 몇몇 글에서 오늘의 우리 불교(학) 현실을 강하게 비판한 적이 있다. "불교가 이룩한 갈래의 차제(次第)를 무시한 전통 강

---

[75] 예컨대 제3편 제4장 '성실론(成實論)의 교리설(教理說)'(〈成實論의 諸問題에 대하여〉, 《동국대 논문집》 제6·7 合集, 1969)은 《성실론》의 사상을 개관한 것으로, 여전히 이 분야에 전무후무한 것이다.

원의 교과과정은 화중지병(畵中之餠)이 될 수밖에 없다"고도 하였고,[76] "'하나'에는 항상 '절대'가 도사리고 있다"고도 하였으며, "이같은 절대, 즉 '의심과 비판이 결여된 독단'과 '진리라는 미명의 주박(呪縛)'에서 벗어나지 않는 한, 전통이라는 권위에 의지해서만 비로소 외부와의 소통도 가능하다"고도 하였다.[77] "혹 우리는 불교학을 오늘 우리에게 주어진 현실의 불교와 동일시하여 오로지 신념의 체계로만 받아들이고 있는 것은 아닌가?"라고 의심하기도 하였고,[78] "알음알이 운운하며 불교학을 불교의 아류쯤으로 치부하는 것을 보며 이제 바야흐로 팔만대장경의 그것과는 다른 불교가 펼쳐질 것이라는 우려를 갖고 있다"고 근심하기도 하였으며,[79] "누가 뭐래도 경론을 읽고 주체적으로 반성 사유하고 통찰(darśana)하는 것이야말로 수행의 첫걸음이자 완성이다"고 단언하기도 하였다.[80]

고백컨대 필자의 이러한 생각은 일정 부분 뇌허 김동화 박사에게서 기인한 것이다. 뇌허와 필자 사이에는 반세기 이상의 시차가 있다. 그럼에도 시차를 느끼지 못하니, 그 이유를 뇌허의 혜안으로 보아야 할지 오늘의 단견으로 돌려야 할지 모르겠다. 언제부터인가 우리는 '불교학'을 다만 선(禪)에 대응하는 '교(敎)'로 이해하고 있다.[81] 다만 둔

---

76) 졸고, 〈교학과 종학〉, p.377.; 본서 제2장 p.48.
77) 졸고, 〈우리나라 불교학에 대한 한 불교학자의 소회〉, p.262.; p.272.
78) 같은 논문, p.267.; 주 47 참조.
79) 졸고, 〈불교와 불교학: 탐구와 믿음의 변주〉, p.39.; 본서 제3장 p.115.
80) 졸고, 〈우리나라 불교학에 대한 한 불교학자의 소회〉, p.270.
81) '소승'이 대승에 의한 폄칭이듯이, '북종(北宗)'이 남종(南宗)에 의한 폄칭이듯이, 교종 역시 선종에 의한 폄칭으로밖에 볼 수 없다. 그 이유에 대해서는 본장 3-1) '일종(一宗) 일파(一派)의 불교' 참조.

근(鈍根) 열기(劣機)를 위한 방편설로 이해한다. 언제 어떻게 이러한 이해를 갖게 된 것인가? 뇌허가 '호화찬란하다'고 찬탄하고 그리워하였던 저 신라의 전성기에는 부처님의 마음은 알지 못한 채 다만 부처님의 말씀〔敎〕만이 횡행하였던 것인가? 원효도 태현도 아양승(啞羊僧, 文字僧)에 지나지 않는다는 것인가? 뇌허는 신라 말 선종이 수입되면서부터 불교교학은 쇠퇴의 일로(一路)를 밟아왔다고 말한다.[82]

뇌허는 '선'을 부정한 것이 아니라 학(學)으로서 정립되어야 함을 역설하였다. 물론 전통적으로 본다면, '학'으로 정립될 경우 교종과의 구별이 없어지기 때문에 선학(禪學)은 성립될 수도 없을뿐더러 선을 학문의 일종으로 다룬다는 것은 용서받을 수 없는 외도적 소행이라 할 수 있다.[83] 그러나 선사상이 철학적 이해를 거부한다 할지라도, 좋게 말해 그것은 재래의 사상이나 철학이 미치지 못하는 보다 깊은 지평에 서 있기 때문일 것으로, 이미 선의 황금기라는 당송시대에도 선의 원리와 방법 그리고 역사〔傳燈〕에 대해 설해 왔기 때문에 '학'으로 정립하지 못할 이유가 없다. 그리고 만약 '학'으로 정립된다면, 그것은 당연히 불교학에 편입되어야 한다. 어떠한 불교 학(종)파에도 자파의 실천 수행론이 존재하기 때문이다.

필자의 좁은 소견으로 보건대, 교학이 배제된 선 자체는 상상하기 어렵다. 오늘날 빠르게 확산되는 위빠사나에 어떻게 대응할 것인가? 다만 위빠사나는 어리석은 이들이 닦는 선〔愚夫所行禪〕이고 조사선은

---

82) 〈선종(禪宗)의 소의경(所依經)에 대하여〉(《전집》13), p.240.
83) 〈선학계(禪學界)의 오늘의 문제점〉(《전집》14), pp.248-249.

최상승(最上乘)의 선이라는 전통의 구호만을 되뇌일 것인가? 역동적으로 전개한 불교교학상의 제 문제를 무시하고서는 대응할 수 없다. 선종 또한 진여자성에 근거한 대승의 종파이기 때문이다. 뇌허가 말하였듯이, 대승사상의 제 경론과 선사상의 초탈 경계를 혼동해서는 안 되지만, 경과 율과 논이 있음으로 해서 교단이 정립될 수 있었고, 그것을 기반으로 선의 가풍을 전적(傳續)시킬 수 있었다.[84]

불교학은 결코 '알음알이'에 한정시킬 수도 없거니와 한정되지도 않는다. 불타의 법문이 무량이고 무변이니 불교학 또한 무량이며 무변이다. 뇌허는 무변의 불교사상을 회복시켜 저 신라의 불교를 부흥시키려고 하였다. 필자는 뇌허를 이렇게 읽었지만, 좁은 소견을 통해 헤아린 억측(臆測)일지도 모르겠다. 그렇다 할지라도 이것이 어찌 뇌허만의 꿈이겠는가?

---

84) 《대승불교사상》(불교사상사, 1974), p.2.; 《전집》4, p.7.

제5장
우리나라 인도불교학의 반성적 회고

* 이 글은 1992년 5월 22일 동국대학교 불교문화연구원 개원 30주년을 기념하여 "한국의 불교학 연구, 그 회고와 전망"(1994. 11 公刊)이라는 주제로 개최된 세미나의 발표문으로, 당연히 그 때까지의 불교학계의 사정을 반영한 것이다. 따라서 이 글에서 언급되는 연구 성과물은 시대성이 뒤떨어질 뿐만 아니라 격세(隔世)의 감(感)도 느낄 만한 것이지만, 이 또한 당시 기록물로서 의미 없는 것은 아닐뿐더러 우리나라에서의 인도불교학에 관한 한 필자의 생각은 여전히 이 글에서 말한 바와 크게 다르지 않기 때문에 내용의 수정 없이 전재한다.

우리나라 인도불교학의 반성적 회고

1. 인도의 불교

불교(Buddha vacana)란 말 그대로 불타의 말씀 즉 교법(敎法)을 말하며, 따라서 불교학이란 불타의 말씀을 소재로 한 전체적이고도 조직적인 이론 체계 내지 체계화된 지식을 말한다. 그런데 불타의 말씀은 그의 깨달음(自內證)을 근거로 한 가설적 성격을 띠기 때문에 매우 다양한 형식과 내용으로 이루어져 있다. 해서 거기에 일정한 이론적 체계를 부여하려는 노력은 필연적이었다.

즉 불타의 깨달음은 말 자체의 의미에 의해 직접 지시되거나 알려지는 것이 아니기 때문에 그 밑에 감추어진 그것은 은밀할 수밖에 없다. 게다가 불타가 입멸하매 그것은 더욱더 은밀해졌고, 또한 그것은 시대에 따른 새로운 문제에 대하여 항상 새로운 시대의 언어 형식으로 이야기되어야만 하였다. 그렇지 않으면 그것은 살아 생동할 수 없으며, 다만 지나간 시대의 조박(糟粕)에 지나지 않기 때문이다. 카슈미르의 정통 유부(有部) 논사 중현(衆賢, Saṃghabhadra)의 말을 빌릴 것도 없이 항상 새롭게 해석 간택(簡擇)되어 우리의 삶 속에서 살아 숨쉬지 않는 한 그것은 진정한 불교일 수 없는 것이다.[1]

이 같은 불교의 학적 체계는 이미 불타 재세시 마트리카(matṛka, 論母)라고 하는 형식으로 시작하여 불타 입멸 후 산출된 수많은 아비달마(abhidharma)에서 이루어지고 있는데, 그것은 다시 시대에 따른 이론적 반(反)·합(合)의 과정을 거쳐 마침내 밀교(密敎)로까지 전개되기에 이른다. 따라서 인도의 불교는 결코 단일한 체계가 아니며, 시대에 따라 전개된 상이한 제 체계가 모여 이루어진 매우 복합적이고도 유기적인 체계이다.

우리는 그러한 제 체계를 시대적 구분에 따라 보통 원시(초기)불교, 부파(아비달마)불교, 초기 대승·중기 대승·밀교 등으로 나누기도 하고,[2] 두드러진 각각의 이론 체계에 근거하여 비바사사(毘婆沙師, Vabhāṣika, 즉 설일체유부), 경량부(Sautrāntika), 중관학파(Mādhyamika), 유가행파(Yogācāra) 등으로 구분 짓기도 한다. 그리고 이것들은 다시 세부적 체계로 나뉘어 서로 대립하기도 하고 종합을 꾀하기도 하지만, 분명한 사실은 이 모두가 불타의 깨달음에 근거한 그의 말씀의 학적 체계로 상호 유기적으로 관계한다는 점이다.

따라서 이 모두는 인도불교학의 대상이 된다. 물론 이 밖에도 불타

---

1) 불타 말씀(經)에 대한 중현(眾賢)의 입장은 그의 《순정리론》 모두(冒頭)에서 밝혀놓았다. 예컨대 동론 권1(《大正藏》29, p.330상)에서 "阿毘達磨能決衆經, 判經了義不了義故. 阿毘達磨名總攝, 不違一切聖敎理言. 故順此理名了義經, 與此理違名不了義, 不了義者恐違法性. 依正理敎應求意旨"라고 하여 아비달마를 법성에 따른 중경(衆經)의 요의와 불요의를 결택(決擇) 분별하는 근거로 간주하면서 "정리(正理)와 성교(聖敎)에 근거하여 불타의 취지를 추구해야 한다"고 말하고 있다. 이 점에 관해서는 졸고, 〈經主 世親과 對法師 衆賢의 阿毘達磨觀〉《불교학보》 제28집, 동국대 불교문화연구원, 1991), pp.252-254 참조.
2) 平川彰, 《インド佛敎史》(東京: 春秋社, 1987)의 시대구분에 따른 것임.

전이나 불타관, 교단사, 계율론 등도 당연히 포함되어야 하고, 외교(外敎)와의 철학적 역사적 관계 역시 무시되어서는 안 된다.

2. 인도불교학의 현실

2-1. 우리는 근대적 의미로서의 우리나라 인도불교학의 시작을 어쨌든 1954년에 발간된 일종의 인도불교사상사적 의미를 갖는 김동화(金東華) 박사의 《불교학개론》(서울: 박영사)부터라고 보아야 할 것이다. 그는 근대 실증적 입장에서 불교의 모든 경전을 일불소설(一佛所說)로 보지 않았기 때문이다.

그로부터 40여 년, 양적으로나 질적으로 학문의 성숙기에 이르렀다고는 결코 말할 수 없다. 선생의 개설적인 일련의 저술, 《원시불교사상론》(서울: 불교사상사, 1973), 《구사학(俱舍學)》(서울: 문조사, 1971), 《대승불교사상》(불교사상사, 1973), 《유식철학(唯識哲學)》(서울: 보련각, 1973), 《불교교리발달사》(대구: 삼영출판사, 1977) 등이 공간된 이래 이에 비견할 만한 저술이 아직 이루어지지 않았을 뿐 아니라 인도불교에 관한 논문 역시 300여 편 정도에 지나지 않기 때문이다.

이를 세부적으로 분류해 보면 다음 표와 같다.[3]

---

3) 이 표는 이철교, 《한국불교관계문헌총록》(未刊)에 의한 것으로, 불교와 여타 제 과학과의 비교, 외국인 또는 학생논문, 교육대학원의 학위논문, 기타 팸플릿 등의 단편은 제외하였다. 그러나 여기에는 누락의 가능성도 배제할 수 없고, 동일 필자에 의한 중복 게재 내지 인도불교의 중국적 전개에 관한 것도 있어 정확한 자료로 보기는 어려운 점이 있다. 다만 현재까지 우리나라 인도불교학 관계 논문의 전체적인 경향을 개관해 보는 데 의미가 있다 하겠다.

	계	a	b	c	d	e	f	62	63	64	65	66	67	68	69	70	71	72	73	74	75	76	77	78	79	80	81	82	83	84	85	86	87	88	89	90	91
원시불교	68	11	18	11	2	14/7	3/2	3																		5	5	2	2	2		4	2	6	3	11	10
소승부파불교	24	10	8	2	2	7/1	1/0	1			1		2		2	2				2	1	1	1				2	2	2	1		1	1	2	3	3	4
초기대승 (56) 반야	17	5	2	1	1	8/2	0/1			2	1		2	1	1	1			1				1				2	2		1	1	1	2	1			1
초기대승 (56) 화엄	15	3	2	1	1	6/1	1/0	1		1		1	1	1	1	1		1		1	1		1		1	1	2	2	1	1			2	1	3	3	1
초기대승 (56) 법화	17	5	5	1	2	3/0	1/0					1	1	2	1	1					1	3			1	1	2	2	1	1				2	1		2
초기대승 (56) 기타	7	2	2			4/0	1/0								1		1	1																2			2
후기대승 (100) 유식	50	16	8	1	9	12/3	1/0		1			1	1	2	1	1	1		2	2	2	2	1	2		1	1	4	4	1		3	2	2	2	6	7
후기대승 (100) 중관	37	5	10	10	2	8/3	1/2			2	1			2	1		1	1		1		2		2	2	1	2	2	1	2	1	2	1	5	2	3	3
후기대승 (100) 여래장	17	1	3	2		5/3	1/2	3	1	1	1	1				1	1		1			3										2	3	1	2	1	3
인명	18	2	7	2	1	5/1	2/0		1							1		1					2	1	1		1		1			1	3	1	2	2	4
기타(교지 등) g	23	3	7	2	1	8/0	2/0	1	1				1						1			1						1	1		1	4	2	4	4	3	3
총계	293	61	70	32	22	93	15	8	3	7	3	4	5	7	4	6	3	8	6	8	7	9	3	4	9	14	13	9	5	4	17	16	20	22	29	38

a: 동대간행물 (불교학보, 동국사상, 연구논집, 논문집)
b: 불교 관계 학회논집 (한국불교학, 불교연구, 기념논집 등)
c: 타대학 및 일반철학회 논문집
d: 기타(교지 등)
e: 석사학위 논문(東大/타대학)
f: 박사학위 논문(東大/타대학)
g: 불교와 인도철학과의 관계, 밀교, 계율 등

불교학과 불교

이 표로 보건대 지난 30-40여 년 동안 인도불교에 관한 우리의 연구실적은 너무나도 빈약하다. 이 중 3편 이상 발표자는 25명, 그들이 발표한 논문은 대략 150여 편 정도이며, 석사학위논문 93편을 제외한다면 200여 편으로, 우리나라 인도불교학의 양적 수준은 결국 이 정도로밖에 볼 수 없을 것이다.

한국불교의 경우 국학과의 연계를 통하여 양적 신장을 이룩하였고 (이는 국학진흥 정책과 무관하지 않다), 중국불교 또한 한국불교와 필연적 유기적 관계를 지니기 때문에 한국학 연구자의 관심의 대상이 될 수 있었다. 그러나 학문적 성과가 일천한, 혹은 거의 공백에 가까운 인도철학 내지 인도사와의 연대가 불가능한 인도불교의 경우, 오늘날 다만 한국불교와 중국불교의 **서론적 의미**밖에 지니지 못하였음을 우리는 부인할 수 없다.

그 결과 이 분야에 관해 어떠한 논쟁점도 부각된 적이 없으며, 발표논문에 대한 논평 역시 부재하였다. 이를테면 연구자의 절대빈곤이라는 현상이 절대적 권위로 전이되어 진정한 의미의 비판도 논평도 토론도 없게 되었다. 따라서 인도불교학은 김동화 박사 이래 여전히 답보상태에 머물러 있다고 말할 수 있다.

2-2. 앞의 표만 가지고 볼 때 우리는 다음의 몇 가지 사실을 지적해 볼 수 있다.

무엇보다 먼저 양적으로 유식과 중관에 관한 논문이 월등히 많은 반면 소승 아비달마에 관한 것은 지나치게 적다는 점이다. 그러나 유식의 경우 오형근(吳亨根) 교수에 의해 발표된 논문이 대부분이라 해도 과언이 아닐 정도로 오 교수 이외 달리 연구자가 없다고 말할 수 있다.[4] 그러나 이 같은 사실은 학문의 발전과 보편성이라는 점에서 바람직하지 못한 현상으로서, 유식에 관한 한 오 교수의 이해의 타당성을 확인할 길이 전혀 없다는 점에 문제의 심각성이 있다. 그리고 이러한 점은 소승 아비달마에도 그대로 적용될 수 있다.[5]

이에 반해 중관의 경우 15명이 28편의 논문(번역 포함, 석사논문 제외)을 쓸 정도로 인기 있는 분야이다. 그러나 그것은 학파의 중추라고 할 수 있는 월칭(月稱, Chandrakīrti)이나 청변(淸辨, Bhāvaviveka), 혹은 불호(佛護, Buddhapālita)에 대한 것이라기보다 비조인 용수(龍樹, Nāgārjuna), 그것도 《회쟁론(廻諍論)》이나 《대지도론(大智度論)》 등과 같은 여타의 저작은 도외시되고, 오로지 《중론(中論)》 한 가지에만 한정되어 있다는 데 문제가 있다.[6]

---

4) 인도유식에 관한 오형근 교수의 논문은 대략 24편 정도로, 《新編 유식사상연구》(불교사상사, 1989)에 〈초기유식의 心意識思想과 팔식 성립 연구〉 등 14편이 수록되어 있으며, 근년에 발표된 것으로는 〈瑜伽論의 止觀思想에 대한 고찰〉(《불교사상논총》, 境海法印申正午博士華甲記念會, 1991), 〈유식학에 나타난 물질관〉(《불교학보》 제28집, 1991) 등이 있다.
5) 소승 아비달마에 대해서는 김동화 선생의 《俱舍學》과 〈부파불교의 心識說〉(《불교학보》 제2집, 1964), 〈소승불교의 心識說〉(동 제3집, 1966)이 발표된 이래, 오형근 교수에 의해 〈六足論의 심리사상〉(《논문집》 제16집, 동국대, 1977), 〈小乘論上의 中有說에 대한 고찰〉(《불교학보》 제18집, 1981), 〈六足論上의 止觀思想〉(동 제24집, 1987), 〈부파불교의 물질론 연구(I), (II)〉(동 제26집, 1989; 제27집, 1990) 등이 발표되었으며, 필자도 이 분야에 대해 몇 편의 논문을 쓴 바 있다.: 권오민, 〈宗輪論上에 나타난 說轉部說 검토〉(《한국불교학》 제14집, 1989), 〈根見·識見에 대한 경량부의 비판〉(《논문집》 29-1, 경상대, 1990), 〈경량부 연구의 몇 가지 문제점〉(《동양철학》 제1집, 1990), 〈경량부 철학의 비판적 체계 연구〉(박사학위논문, 동국대 대학원, 1990), 〈經主 世親과 對法師 衆賢의 阿毘達磨觀〉(《불교학보》 제28집, 1991).
6) 이에 대해 다음과 같은 논문이 발표되었다. 김인덕, 〈中論頌에서 밝혀지는 眞理性〉(《한국문화와 원불교사상》, 崇山華甲記念論集, 1982), 〈中論의 중요사상과 논리 형식〉(《불교학보》 제19집, 1982), 〈中論 八不宣說에 대한 제 견해〉(《佛敎와 諸科學》, 동국대 80주년 기념논총, 1987).; 김하우, 〈中觀의 漸悟方式에 있어서 不可得義〉(《철학연구》 제6집, 고려대, 1980), 〈中觀에 있어서 전오의 교시〉(《교리와 현대세계》, 1977), 〈中觀의 無住方式〉(《교육논총》, 고려대, 1988).; 서경수, 〈空의 논

그것은 《중론》이 용수의 가장 대표적인 저작이자 후세 중관학파의 주된 논전이었기 때문이기도 하겠지만, 그러나 《중론》 한 가지에만 한정될 경우, 후술(3-2)하듯이 논의의 기술과정에서 논리적 정합성을 상실하기 쉽다. 이 분야에 관한 한 번역연구가 많은 이유도 바로 이 때문이었을 것이다.[7] 따라서 공관(空觀)을 명료하고 구체적으로 드러내기 위해서는, 혹은 이에 관한 다양한 이해를 조망하기 위해서는 후대 제 주석에 근거하지 않으면 안 되며, 또한 불교학의 다른 분야, 특히 유부 아비달마에 대한 논의가 뒤따라야만 한다. 왜냐하면 《중론》의 무자성 공관은 유부 법유론(法有論)의 비판의 산물이기 때문이다.

용수의 공관과 함께 일반 철학계에서 자주 다루어지고 있는 분야가 원시불교인데, 이는 지극히 사변적일 뿐더러 술어의 장벽과 사상사적 이해가 요구되는 아비달마불교나 대승불교 교학에 비해 비교적 간명하고 자료의 취급이 용이한 데 그 원인이 있지 않은가 생각된다. 다른 한편으로 일찍이 김동화 선생께서 갈파하였듯이 "천태(天台)의 일념삼천(一念三千)의 철학이 아무리 심오하고 화엄(華嚴)의 십현연기(十

리-龍樹의 中論頌을 중심으로〉(《불교철학의 한국적 전개》, 불광출판부, 1990).; 조수동, 〈나가르주나의 이제설에 관한 연구〉(《인간과 사상》 제3집, 영남 동서철학연구소, 1991).; 김승동, 〈中論에 나타난 龍樹의 空思想에 관한 연구〉(《인문학논총》 제23집, 부산대, 1983).; 최유진, 〈중관철학의 이제설 연구〉(《철학연구》 제9집, 서울대, 1981).; 장만룡, 〈Madhamika의 空觀哲學〉(《문리대학보》 제4집, 부산대, 1962) 등.

7) 《중론》 혹은 《중론송(中論頌)》의 번역(연구)으로는 정태혁, 〈月稱造 梵文中論釋 觀聖諦品 역주〉(《불교학보》 제19집, 1972).; 김하우, 〈中論 觀時品 제19〉(《인문논총》 제33집, 고려대, 1988), 〈中論 제23품〉(《중국학논총》, 고려대, 1988), 〈中論 觀行品 제13〉(《인도학인도철학》 제1집, 인도학인도철학회, 1989).; 전재성, 〈中論 歸敬偈 無畏疏의 연구〉(《가산학보》 제10집, 1985) 등이 있으며, 김인덕, 〈中論頌상의 '불거(不去)'의 논리〉(《한국불교학》 제10집, 1985), 〈중론 觀四諦品 解明과 대승 공사상〉(동 제11집, 1986), 〈中論頌釋—三是偈를 중심으로〉(《불교사상논총》, 1991) 등도 일련의 해설적인 번역이라 할 수 있다.

玄緣起)가 아무리 원융하다 할지라도 그 근원은 결국 원시불교에 있기"때문에[8] 불교 제 철학의 원초적 형태에 대한 호기심의 발로로도 볼 수 있다. 그러나 그럴 경우 북방으로 전승된 한역(漢譯)《아함경》보다 불타 설법어였던 마가다어의 발전 형태로 일컬어지는 팔리어 경전이 보다 원형에 가까울 것이기 때문에 그것에 대한 연구가 수행되어야 하는데, 최근에 이르러서야 비로소 몇몇 연구자에 의해 남북 양전의 문헌학적 비교가 이루어지고 있는 형편이다.[9]

어쨌든 원시불교에 대한 관심이 고조되기 시작한 것은 고익진(高翊晋) 교수의 〈아함법상(阿含法相)의 체계성(體系性) 연구〉(석사학위논문, 동국대 대학원, 1971)가 나오고부터라고 생각되는데, 그 후 다섯 편의 박사학위논문이 제출되었다.[10]

그리고 표에서는 별항으로 취급하지 않았지만 인도불교사에 관한 한 우리 학계의 실정은 거의 백지 상태에 가까운데, 이는 (우리가 알고 있는 쟁점의 경우) 외국에서 이미 가능한 모든 해석이 이루어졌거나 새로운 사료의 획득도 분석도 불가능하여 객관적 사실에 입각해야 하는 쟁점의 해결을 기대하기가 어려웠기 때문으로 볼 수 있을 것이

---

[8] 김동화, 《原始佛敎思想》(보련각, 1988), p.4.
[9] 이를테면 김용환, 〈원시불교에 있어 법사상의 전개〉(《인문논총》 제33집, 부산대, 1988), 〈무기설에 대하여〉(동 제37집, 1990).; 서성원, 〈Sattvassani-Dhito에 대하여〉(《인도학인도철학》 제2집, 1990), 〈잡아함경에 나타난 Vatsagotra의 질문〉(《불교사상논총》, 1991).; 최봉수, 〈팔리 니카야의 意成身說과 三界 三身變에 대하여〉(《한국불교학》 제13집, 1988), 〈三科說의 연기론적 이해〉(동 제14집, 1989), 〈원시불교의 五眼說에 대하여〉(동 제15집, 1991) 등이 그것이다.
[10] 김진환, 〈원시불교의 연기사상연구-아함경을 중심으로〉(건국대 대학원, 1981).; 윤세원, 〈불타의 정치사상에 관한 연구-원시경전을 중심으로〉(중앙대 대학원, 1986).; 조용길, 〈초기불교의 업설에 관한 연구〉(동국대 대학원, 1987).; 최봉수, 〈초기불교의 연기사상 연구-아함 니카야를 중심으로〉(동국대 대학원, 1990).; 이중표, 〈아함의 중도 체계 연구〉(동국대 대학원, 1990).

다.[11] (그러나 보다 엄격히 말하면 새로운 사료는 그만두고서라도 기존 문헌의 분석 비판을 통해 사료를 획득하는 방법론이 연습되지 않았거나 아예 인도불교사에 대한 관심도, 이에 관한 논쟁점의 이해도 결여되었기 때문일 것이다. : 필자 후주)

앞의 표에 나타난 또 다른 특징은 석사학위논문이 전체 논문의 3할을 넘는다는 점이다. 내용은 차치하고서라도 어쨌든 그것이 인도불교학의 큰 몫을 차지함은 부인하기 어렵다. 이는 학문의 시작 단계에서는 인도불교학에 대한 관심이 높았음을 말해주지만, 그것이 일회성으로 그친다는 데 반성의 여지가 있다. 즉 그들의 학문적 성과들은 상호 연계성을 갖고 축적되는 것이 아니라 항상 원점에서 새롭게 출발하고 그것으로 끝난다는 사실에 대해 재고해 보지 않으면 안 된다.

그러나 그럼에도 불구하고 1980년, 1986년, 1990년을 기점으로 논문의 수가 비약적으로 증가한다는 사실 또한 주목하지 않을 수 없다. 이 같은 사실은 우리나라 불교학의 연구자 수가 증가했기 때문이기도 하겠지만, 국학 일변도에서 벗어나 인도불교에 대한 관심이 고조된 결과로도 볼 수 있다.

2-3. 인도불교학 관계 저술의 경우 역시 부진을 면하지 못하여 앞서 언급한 김동화 선생의 저술 이외 30여 종에 지나지 않는다. 그나마 대개 홍교적(弘教的) 입장에서 저술된 개설서 내지 교양입문서에 불과하여

---

11) 윤호진, 〈佛滅年代考〉(《불교학보》 제25집, 1988), 〈아쇼카왕과 불교〉(《불교사상논총》, 1991).; 한경수, 〈十事非法의 구체적 내용과 문제점 및 배경사 연구〉(상동) 등은 자료의 정리 제공이라는 점에서 특기할 만하다.

크게 주목할 바가 되지 못한다. 다만 논문의 모음집이나 일련의 학위논문이 단행본으로 출판되어 그나마 공백을 메꾸어 주고 있을 뿐이다.[12]

이 같은 사정을 그대로 반영하는 것이 1980년 이후 쏟아져 나온 일련의 번역물이라고 할 수 있다. 우리나라에서 출판된 인도불교 관계 번역서는 55종(經論 제외) 정도인데, 인도불교(사상)사 내지 총론이 12종, 원시불교 8종, 소승 4종, 대승 25종, 기타 6종 등이다. 그러나 번역이란 저 찬란했던 중국불교사를 통해 알 수 있듯이 모름지기 학문 형성의 기반을 제공하는 일차적 작업이라 할 수 있다. 그러나 우리나라에서의 인도불교학의 흐름은 원전번역이라는 단계를 거치지 않고 바로 이차적 저술을 무분별하게 번역 도입함으로써 학적 체계의 기반을 공고히 하지 못하였다. 나아가 그 내용은 차치하고서라도 일본에 편중함으로써(49종) 학문적 종속이라고 하는 의타적 구조를 갖게 되었다는 데 문제의 심각성을 느끼지 않으면 안 된다.

3. 반성적 회고

3-1. 앞에서 설한 것처럼 불교학이란 불타 교법을 소재로 한 지식 체계를 말하며, 그것은 이미 불타 재세 시부터 있어 왔다. 이를테면

---

12) 그 대표적인 것으로는 이지관, 《南北傳 六部律藏 비교연구》(대각회출판부, 1976).; 오형근, 《신편 유식사상연구》(불교사상사, 1991).; 정병조, 《문수보살연구》(불광출판사, 1989).; 최봉수, 《원시불교의 연기사상연구》(경서원, 1991).; 이중표, 《아함의 중도 체계》(불광출판사, 1991).; 정승석, 《인도의 이원론과 불교》(민족사, 1991) 등이 있다.

불타 설법에 대한 그 자신이나 성문 제자들의 주석적 논의(論議, upadeśa, 혹은 mātṛka)가 바로 그것이다. 그리고 설일체유부를 비롯한 불교 제파가 구체적으로 나타나기 시작하는 불멸(佛滅) 후 200-300년 무렵부터는 그것을 어떤 특수한 관점하에 조직하여 시설하기 시작하였고, 그에 따른 불교학의 술어 개념도 해석 정리되었다. 나아가 그것들은 다시 이사(異師) 이파(異派)와의 대론(對論)을 통한 개량 증광의 과정을 거치면서 조직적인 학적 체계로 구축되었고, 다른 한편으로는 그 반동적 체계로서 대승이 일어나기도 하였다. 그럴 때, 이미 학적 체계를 갖춘 그 같은 불교 제파의 불교학이 오늘날 인도불교학의 연구대상이 됨은 지극히 당연하다.

따라서 우리는 '불교학이란 과거 선행된 불교학을 연구하는 것'이라고 일단 가설할 수 있다. 즉 불교학은 궁극적으로 불타의 깨달음, 즉 자증법(自證法, pratyātma dharma)을 대상으로 삼아야 하겠지만(毘婆沙師의 술어로 勝義阿毘達磨, pārāthikābhidharma), 그것은 언어 문자와 사유 분별을 떠난 내적 직관을 통해 획득되는 것이기 때문에[13] 어쨌든 그것을 드러내기 위한 선교(善巧)의 방편인 그의 말씀, 즉 교법(敎法, desana dharma)을 대상으로 할 수밖에 없다. 나아가 우리는 불타 말씀과 그의 자내증 사이의 일치성을 확인할 만한 위치에 있지 않기 때문에 또 다른 방편인 과거 불교 제파의 제 논사들에 의한 불교의 학적 체계(毘婆沙師의 술어로 世俗阿毘達磨, śampetikābhidharma)

---

13) 《입능가경(入楞伽經)》 권4《대정장》16, p.609상), "宗趣法相者, 謂自所證殊勝之相. 離於文字語言分別, 入無漏界成自地行, 超過一切不正思覺, 伏魔外道, 生智慧光."

인 그들의 불교학을 연구대상으로 삼지 않을 수 없는 것이다.

 필자는 여기서 이러한 지극히 상식적이고 당연한 명제를 통해 우리나라의 인도불교학을 반성적으로 회고해 봄으로써 오늘날 우리 불교학의 방향을 모색 제언하고자 한다.

 3-2. 불타의 자내증은 시공을 초월하는 무제약적인 것이지만, 그의 말씀 내지 그것에 대한 불교 제파의 학적 체계는 시공의 산물이며 차별적인 것이다.[14] 그렇기 때문에 불타의 법문에는 점층의 차별이 있고, 그 학적 체계 역시 다양한 것이다.

 우리는 이 점을 분명히 하지 않으면 안 된다. 만약 불교 내지 그 학적 체계인 불교학이 시공의 산물이 아니라면, '불교학은 불교 내지 불교학을 연구하는 것'이 되며, 이는 동어반복의 의미 없는 명제(이를 보통 唐揖過라고 한다)가 되고 만다. 따라서 전자의 불교학이 의미 있기 위해서는 후자와는 다른 어떤 구체적 사실에 의해 지지되고 조건되어야 하는데, 그것은 바로 '오늘의 한국(나)'이라는 사실이다.

 주지하듯이 인도 전통에 있어 철학에 상응하는 술어는 다르샤나(darśana) 혹은 안비크시키(ānvīkṣikī)이다. 그것은 '보다' 혹은 '지각이나 증언에 의해 알려진 것(īkṣita)을 다시 보는 것(ānu-īkaṣaṇa)', 이미 보여졌다고 하는 절대적 전제하에 보는 것이 아니라 의혹(saṃśaya)을

---

14) 불타의 말씀(轉法輪)이 세간적인 것인가, 출세간적인 것인가 하는 문제는 일찍이 유부와 대중부계에 의해 논의되었지만, 신앙적 차원이 아닌 이성적 판단(慧)에 근거할 경우, 그것은 유부가 설한 것처럼 일상적 경험 세계의 사실로서 세간적인 것(즉 出定後語)이다. 졸고, 〈경주 세친과 대법사 중현의 아비달마관〉, pp.247-250 참조.

갖고 **다시 보는 것**을 의미한다.[15] 곧 인도의 철학은 '봄(통찰)'의 철학으로 정견(正見, samyak darśana)을 제1 덕목으로 삼는 불교의 경우 더욱 철저하다고 할 수 있는데, 여기에는 반드시 동시성과 현장성 그리고 주체성이 수반되어야 한다. 즉 **지금 여기서 내**가 보아야 하는 것이다.

그럼에도 오늘날 우리나라에서의 인도불교학이 내용적인 면에서 과거 인도에서의 불교학을 조술(祖述) 확인하는 데 지나지 않는다면, 다시 말해 오늘날 한국의 지적 체계로써 그것을 능동적으로 구성하는 것이 아니라 다만 중국화된 표현방식에 의해 반복적으로 나열 기술한 것이라고 한다면, 이는 그다지 의미 있는 작업이라 할 수 없다. 그것은 자료의 제공 그 이상이 아니기 때문이다.

자료의 제공, 그것은 당연히 번역으로 대신되어야 한다. 오늘날 우리나라의 인도불교학이 양적으로나 질적으로 부진을 면하지 못하는 첫 번째 이유는 각 경론(經論)에 대한 번역이 이루어지지 않았기 때문일 것이다. 우리말에 의한 불전의 번역 없이 어떻게 불교학의 발전을 기대할 수 있을 것인가?[16] 소수의 혹자는 범본(梵本)이든 한역본(漢譯本)이든 각 경론을 읽고 이해(분별)할 수도 있겠으나, 그것은 개인에 의한 지식의 독점일 뿐 우리나라에서의 인도불교학의 발전과는 거리가 멀다고 할 수 있을 것이다. 왜냐하면 각 경론의 이해에 기초한 그

---

15) Nyāyā sūtra of Gautama with Vātsyāyana's Bhāsya and Uddyotakara's Varttika(trans., into English by G. Jhā, reproduced by Rinsen Book Co. Kyoto, 1983), vol.1, pp.44-45. Bhāsya I.i.1 참조.

16) "오늘날 우리의 불교철학연구는 오늘의 한국이라고 하는 역사성을 떠나서는 이루어질 수 없다. 이 것은 곧 우리가 일상적으로 사용하고 있는 오늘날의 우리말을 떠나서는 능동적이고 주체적인 불교학의 정립은 물론이거니와 불교철학사의 진정한 이해조차 불가능함을 의미한다."(길희성, 〈신현숙 교수의 '한국불교철학사연구의 반성과 문제점'에 대한 논평〉, 《哲學》 제27집, 1987 봄호, p.45)

들의 발언은 절대적 권위를 지니겠지만, 그것과 각 경론의 진의 사이의 정합성을 달리 확인할 길이 없으며, 또한 그 같은 상황하에서 진정한 의미의 토론도, 상호간의 비판 자극도 부재하여 마침내 독단과 정체에 떨어지고 말 것이기 때문이다.

그리고 이 같은 번역의 부재 속에서 나타나는 바람직하지 못한 불교학 논의의 기술 형식은 다음의 세 가지로 정리될 수 있다.

첫째, 이차적 자료에 근거한 논의의 전개로, 이 경우 내용은 차치하고서라도 대개 논제의 외연이 지나치게 확장되어 통론(개론)적인 범주를 벗어나지 못한다. 인도불교학의 경우, 오늘날에 있어서조차 이 같은 통시대적이고 통문제적인 논의가 호교적 입장에서 두루뭉술하게 논의되고 있으며, 그것은 또 다른 논의의 전거가 되기도 한다.(구체적인 예는 생략함)

둘째, 계경(契經, sūtra)이나 송(頌, karika) 등 우리가 쉽게 접할 수 있는 일차자료에만 근거한 경우. 경이나 게송은 문장이 너무나 간결하여 이미 석경(釋經, upadeśa)이나 석론(釋論, śāstra) 등에서 논의되었던 바를 필자 자의에 따라 다시 언급하거나 혹은 전체적인 문제의 소재는 간과한 채 특수하고도 개별적인 전거만으로 논의를 비약시키기 때문에 논리적 정합성을 상실하기 쉽다.

셋째, 비록 경(經)이나 석론 논소(論疏) 등의 자료에 의거하였을지라도 다만 제 논전의 해당 부분을 무차별적으로 나열시킨 경우. 이 때 그것은 대개 해당 주제에 대한 제 논전의 번역 정리에 불과하다는 인상을 강하게 풍긴다. 다시 말해 논의의 근거와 쟁점이 선명하게 부각되지 못함으로 인해 학적인 논문이라기보다 그 내용에 대한 백화점식 나열 선전에 가깝다. 그것은 이미 제 경론에 드러나 있기 때문에 만약 일본의《국역일체경(國譯一切經)》과 같은 상세한 주석과 내용 분석이 이루어진 번역만 존재했더라면, 이 같은 기술 형식의 논의는 의미를 상실하게 될 것이다.[17] 그것은 오늘의 불교학이 아니라 과거 불교학의 거친(조악한) 재구성에 불과하기 때문이다.

3-3. 그런데 사실 번역보다 선행되어야 할 작업은 불교학의 한자어 술어를 오늘날 우리가 사용하는 일상적인 언어개념으로 전환 재생시키는 일이다. 불교학의 주요술어는 적어도 지금으로부터 1600(빨라야 1300)여 년 전 구마라집(鳩摩羅什, 344-413 또는 350-409)이나 현장(玄奘, 602-664) 시대에 이루어진 말로서, 오늘날 통용되는 한자어의 의미와는 그 내용을 전혀 달리하든지 혹은 그 뜻을 완곡하게 내함(內含)하고 있어 전공자가 아닌 한 그것을 이해하기란 거의 불가능한 일이다. 그러나 불타 교법에 스승의 악권(握拳, ācariyamuṭṭhi, 비밀스럽고 은밀한 가르침)은 없고, 해서 불교 언어는 항상 시대와 장소에 따라 변용되어 왔다. 그것이 살아 생동하기 위해서는 마땅히 그렇게 되지 않으면 안 된다.

혹자는 말할지도 모르겠다. "불교학의 술어를 일상의 언어로 전환

---

17) 1964년 동국역경원이 설립된 이래 아함·반야·화엄·법화 등 대소승의 주요 경장(經藏)은 거의 번역되었으며, 논장(論藏)의 경우《중론》등 중관부 11종,《십주비바사론》등 석경론부(釋經論部) 2종,《유가사지론》등 유가부 22종,《느야야빈두》·《성실론》등 논집부 3종, 그리고 대정장본(大正藏本)으로 중관·유가 전체 분량(1,931여 쪽)보다 많은 비담부(3,500여 쪽)의《구사론》1종(이 같은 사실은 소승 아비달마에 대한 연구의 양적 부진과 결코 무관하지 않을 것이다) 등 39종이 번역되었지만(《한글대장경 旣刊目錄》, 동국역경원, 1991), 필자는 이에 근거하여 쓰인 논문을 아직 보지 못하였다. 그리고 시중에 유통되고 있는 대중적이고 신앙적인 제 대승경론은 대개 용성(龍城)·운허(耘虛) 두 선각자에 의해 이루어진 번역의 중간(重刊) 혹은 복간(復刊)들이다.

시킬 경우 그것의 본질적 특성을 상실할 우려가 있다"고. 그것은 틀린 말이 아니다.[18] 그러나 불타 사유의 본질적 특성이란 무엇인가? 그것은 해석의 문제이지 사실의 문제가 아니다. 그렇다면 인도에서 해석한 불타 사유의 본질적 특성을 상실한 중국의 번역 불교는 어떻게 이해해야 할 것인가? 누가 감히 이를 허물 수 있을 것인가? 중국의 불교가들은 그들 자신의 언어로 그것(불타 사유의 본질적 특성)을 확인하기 위해 수없이 되풀이한 번역과 그에 따른 주소적(註疏的) 연구, 그리고 교상판석(敎相判釋)을 이루어내었으며, 그렇기 때문에 인도의 그것과는 다른 또 하나의 위대한 불교의 세계를 건설할 수 있었던 것이다.

불교에 있어 말이란 원래 그런 것이다. 불교 일반에 있어 말(śabda)이란 각기 저마다의 개별적 약속에 의해 화자(話者)의 의도와 관계하여 그것만을 나타낼 뿐, 말에 의해 의미되는 외적 대상과 직접 관계하는 것이 아니다.[19] 다시 말해 말이란 드러나야 할 대상〔所顯義, jñeya〕에 대해 그것과는 별도의 판단을 낳게 하는 화자의 관념 체계에 불과한 것이기 때문에[20] 본질적 특성을 지닌 절대적 의미체가 아니며,

---

18) 잘은 모르지만, 우리말이 섬세한 인도의 사유를 모두 담기에는 아마도 역부족일 것이다. 예컨대 46가지의 심소법은 차치하더라도 지(智)와 혜(慧), 교(憍)와 만(慢) 등을 우리말로 분별하기란 대단히 어렵다. 또한 변계소집성(遍計所執性)과 같은 술어를 우리말로 번역할 경우, 그것은 개념이 아니라 하나의 명제가 되기 때문에 문장의 구성 자체가 어려워진다.
19) Mokṣakaragupta, *Tarkabhāṣā*(trans., Y. Kajiyama, An Introduction to Buddhist Philosophy, *Memories of the Faculty of Letter, Kyoto University*, No.10, 1966), §4.2, pp.32-35 참조. [The opponent may ask:] "If so how about all verbal usage in the world which is not to be doubted?" [The author:] It is not hurt at all, because [the words convey their meaning] by virtue of the desire of a speaker [who expresses himself] according to such and such an agreement. It is said: The words are to refer to the mere intention of a speaker [and not to the external object meant by it].
20) 《입아비달마론》 권하(《대정장》28, p.987하), "要依語故火等名生, 由火等名詮火等義. 詮者謂能於所顯義, 生他覺慧, 非與義合."

상황과 조건에 따라 얼마든지 변용될 수 있는 일시적인 것(prajñpti, 假說)이며, 한정적인 것(samvṛti, 世俗)이다.

그럼에도 불구하고 절대적 의미를 부여한 고어(古語)에 집착한다면, 그것은 더 이상 오늘 우리의 불교학이 될 수 없으며, 그럴 때 거기서 어떤 의미를 찾기란 대단히 어려운 일이 되고 만다. 왜냐하면 불교철학상에서 모든 존재[諸法]는 그 자체로서는 현존하지 않으며 오직 현재 찰나에 작용하여 그 의미(arthakriyā, 실제적 효용성)를 드러낼 때 비로소 존재하는 것이기 때문이다. 이는 찰나멸[無常]을 전제로 한 불교철학의 필연적 귀결이다.

예컨대 불[火]은 그 자체로서는 존재하지 않으며, 오직 그것과 동시에 존재하는 땔감을 만나 작용함(탐)으로써 그 존재성을 드러내듯이, 모든 존재는 오로지 작용하여 그 효용성을 드러낼 때 비로소 존재하게 된다. 즉 작용은 현재 찰나 그것과 동시에 존재하는 파트너(artha, 대상)와의 관계 속에서만 이루어진다. 그렇다고 할 때 파트너를 갖지 못한 논의는 그 어떠한 효과적 작용성도 드러낼 수 없다. 즉 그 같은 존재 근거를 확보하지 못한 논의 자체는 무의미할 수밖에 없다.

불교의 언어는 죽은 고어가 아니라 살아 있는 오늘의 말로 끊임없이 재생되어야 한다.[21] 그리고 중국의 불교가들에게서 보듯이 끊임없

---

21) 이 같은 논의는 매우 구태의연한 중언부언으로, 일찍이 김동화 선생께서도 시사한 바가 있으며(〈오형근 교수의 '신라유식사상의 특성과 그 역사적 전개' 논평〉, 《신편 유식사상연구》, p.102), 동양철학계에서 항상 제기되는 문제이기도 하다. 김용옥, 《동양학 어떻게 할 것인가》(통나무, 1988) 첫째 글 〈우리는 동양학 어떻게 할 것인가〉와 둘째 글 〈번역에 있어서 공간과 시간〉.; 신현숙, 앞의 글, p.40.; 황준연, 〈동양철학 연구할 때 생각할 몇 가지 문제점〉(심재룡, 《한국에서 철학하는 자세들》, 집문당, 1987), pp.182-183 등 참조.

는 개역(改譯)과 주소적(註疏的) 연찬을 통해 그 의미의 타당성을 확보해 나아가야 하는 것이다. 불교사를 통해 볼 때 불타 언어를 재생시킴으로써 그의 자내증을 보다 명료하게 드러내려는 시도는 필연적이었고, 그것은 다름 아닌 아비달마였다.[22] 즉 궁극적으로 불타 진지(眞智)에 대한 이해 간택력인 무루정혜(無漏淨慧, prajñāmala)를 본질로 하는 아비달마란, 불타 교법을 끊임없이 연찬 해석하여 그 시대의 언어로 재생시키는 것, 혹은 반대로 그 시대의 언어로 재생된 불타 교법을 통해 불타 진지를 이해 간택하려 함을 목적으로 하였기 때문이다.

3-4. 인도불교학의 역사는 대론(對論)을 통한 논증 형식의 극대화 과정이었다고 해도 결코 과언이 아니다. 중국의 불교가 번역과 그에 따른 주소적 연구를 통하여 수평적 확장을 이루어 왔다고 한다면, 인도의 불교는 이사(異師) 이파(異派)와의 대론을 통한 수직적 파생, 즉 새로운 이론의 창출을 꾀하였던 것이다. 예컨대 아비달마 중기 논서인 《대비바사론》의 경우, 상캬 · 바이세시카 · 자이나, 혹은 비유자(譬喩者) · 분별론자(分別論者) · 대중부 · 독자부 · 화지부 등의 외도

22) 《유가사지론》 권81(《대정장》30, p.753중), "논의(論議, upadeśa)를 내용으로 하는 아비달마 또는 마트리카(matṛka, 論母)란 제 경전의 끊임없는 연찬 해석을 말하는데, 다양한 언어적 양식으로 이루어진 제 경전 중 가장 궁극적인 것[了義經]이기도 하다. 즉 세존은 여기서 세계 존재의 본질과 실상(諸法體相)을 널리 분별하였으며, 또한 이미 진리의 자취[諦跡, 4성제를 말함]를 통찰한 거룩한 제자들도 그 같은 본질과 실상을 자신의 깨달음에 근거하여 여기서 분별하였으니, 이를 마트리카 혹은 아비달마라고 하는 것이다.……그러므로 마땅히 알아야 하니, 언어 문자로 이루어진 세간의 모든 것은 마트리카에 의해 해석되어야만 그 뜻(artha)을 명료하게 드러낼 수 있으며, 계경(契經) 등 12가지 형식의 불타 말씀 역시 이것에 의해 세계 존재의 본질과 실상을 확립해야 그 뜻에 뒤섞임이 없이 명료해지는 것이다. 이것이 바로 아비달마이고 마트리카이며 논의의 본래 의미이다."

나 불교 내 이파(異派)뿐만 아니라 서방사(西方師)·외국사(外國師)·간다라(健馱羅) 논사·구(舊) 아비달마 논사 등 유부 내 이사(異師), 그리고 세우(世友)나 법구(法救)·묘음(妙音) 등 바사(婆沙)의 4대논사를 비롯한 십수 명의 내외 논사가 등장하여 당시 정통으로 일컬어지던 카슈미르 유부 비바사(毘婆沙)를 둘러싸고 대론을 벌이고 있다. 그리고 이들은 시간이 지남에 따라 더욱 구체적으로 사상사를 전개시켜 나가고 있는 것이다.

인도의 불교는 결코 단일한 체계가 아니며, 불교의 제파 역시 그러하다. 이를테면 유가행파만 하더라도 인도에서의 그 역사는 거의 천년에 가까우며, 그 시대 이른바 소승의 설일체유부도 비바사사(毘婆沙師, Vabhāṣika)라는 이름으로 존속하고 있어 대론을 통해 상호 간에 대단히 다양한 이론적 전개를 펼쳤을 것임은 불을 보듯 뻔한 일이었을 것이다.[23] 특히 유가행파의 유상유식(有相唯識)의 경우 진나(陳那, Dignāga) 이후 경량부와 종합을 꾀하여 소위 '불교지식론(Buddhist logico epistemology)'이라는 또 다른 영역(經量瑜伽行派)을 펼치기도 하였다.[24]

---

[23] 현장(玄奘)이 인도에 체재할 무렵(630-644) 그가 방문한 불교사원의 수는 총 1,169곳으로, 대승(161개소, 승려수 19,400명)보다 소승(638개소, 승려수 130,130명)이 월등히 많았으며, 특히 정량부 일개 부파만 하더라도 351개소(승려수 108,530명)나 되었다. 그리고 당시 대소승을 겸학한 곳(39개 사원, 승려수 22,900명)도 있었고, 대승상좌부도 유력하였던 점으로 볼 때, 그들의 학적 탐구 내지 상호교류의 열기는 우리의 상상을 초월할 것이다. 당시 불교의 실태에 대해서는 N. Dutt, *Buddhist Sects in India*(Motilal Banarsidass, Delhi, 1978), Appendix, A Tabular Statement of the Buddhist Sects in India—on the basis of information furnished by Hiuen Tsang, 7th century A.D.를 참조할 것.

[24] 이는 중관학파의 경우도 마찬가지이다. 즉 진나(陳那)의 영향으로 논증식의 설정을 주장한 자립논증파(Svātantrika)의 청변(淸辨) 등은 세속(prajñpti)으로서의 외계 실재를 인정하고 승의제의 실재성을 비판함으로써 경량중관학파, 혹은 경량중관자립논증파를 형성하기도 하였다.

뿐만 아니라 이들 불교 제파와 외교(外敎)와의 관계 역시 무시될 수 없다. 즉 상캬 학파나 가우다파다(Gauḍapāda)와 유식, 바이세시카와 유부, 샹카라(Śaṅkara)와 중관 등은 매우 밀접한 관계를 지니고 있는 것이다. 따라서 우리는 이 모두의 한계를 분명히 해야 할 필요가 있다. 도대체 유부교학에 어떠한 이론적 오류가 있었기에 그토록 많은 이사(異師) 이파(異派)가 생겨나게 되었던가? 도대체 그들 사이에 무엇이 문제였으며, 그것은 어떻게 논의 전개되고 있는가? 초기 아비달마에 있어 대론의 근거는 대개 불타의 말씀〔經證〕이었지만, 내용과 뜻을 달리하는 상반된 말씀으로 인해 점차 논리적 근거〔理證〕를 세우게 되었다. 그리고 그것이 서로 대립 배반할 경우 결국 논증 자체의 오류를 지적하지 않을 수 없었고, 그 결과 논증 형식의 발달을 초래하게 되었던 것이다.

따라서 우리가 불교학의 동시성과 현장성을 실현하기 위해서는 불교 제파의 논사들이 제출하였던 그 같은 치열한 논거를 확보하여 제시하는 일이 무엇보다 중요하다. 즉 과거 논사들의 논리전개의 결과로서 드러난 제 이론의 내용을 재구 나열하는 것도 중요하지만, 그들이 왜 무엇 때문에 그 같은 문제를 제기하게 되었고, 그것을 해결하기 위

불교지식론에 대해서는 1969년 법칭(法稱, Dharmakīrti)의 《정리일적(正理一滴, Nyāyābindu)》과 상갈라주(商揭羅主)의 《인명입정리론(因明入正理論)》을 원의범 교수가 번역(《한글대장경》136, 논집부1)한 이래, 원의범, 〈불교인식논리학〉(《논문집》 제3·4 합집, 동국대, 1967), 〈인식의 正과 誤의 기준〉(《불교학보》 제8집, 1977).; 이지수, 〈불교논리학입문-Śaṅkarasvamin의 Nyāyāpraveśa의 범한대조〉(《철학논총》 제3집, 영남철학회, 1987), 〈지각의 본성에 대한 불교논리학파와 정리학파의 논쟁〉(《가산학보》 제1집, 1991).; 전치수, 〈apoha론의 정의 및 그 생성배경-法稱의 自註를 중심으로〉(《인도학인도철학》 제1집, 1989), 〈언어의 표시대상(śabdārtha)〉(《한국불교학》 제12집, 1987), 〈4종 지각의 상관성의 고찰〉(동 제15집, 1990) 등 모두 18편이 발표되었다.

해 어떠한 논거를 제출하였던가 하는 방법론적 모색이 필요한 것이다. 그렇게 함으로써 우리는 그들의 시대정신과 문제의식을 오늘에 회복시킬 수 있고, 오늘의 나로서, 오늘의 문제를 가지고 그들의 대론(對論)에 동참할 수 있을 것이다.

4. 맺음말

불교는 원래 초월 절대주의를 지양하였지만, 언제부터인가 다방면에 걸쳐 그러한 모습으로 우리에게 비쳐져 왔다. 그러나 오늘의 불교 내지 불교학은 다시금 철저하게 세속화 다원화되지 않으면 안 된다. 여기서 '세속화'라 함은 오늘의 말로, 오늘의 사람을 대상으로, 오늘의 현장을 기반으로 함을 말한다. 다시 말해 불교학은 불교학자들만의 폐쇄된 고유영역이 아니라 그것에 관심 있는 모든 이에게 개방되고 토론되어야 한다. 불타 교법에 악권(握拳)은 없는 것이다. 그러기 위해서는 불전의 번역과 술어 개념의 재생이 필수적인데, 그것이 바로 순수 불교학자의 몫이라고 필자는 생각한다.

그리고 불교학의 '다원화'란 논리적 정합성이 결여된 두루뭉술한 통문제적 통론적 통시대적 논술의 지양을 말한다. 그것은 더 이상 설득력을 지니지 못한다. 오히려 어떤 개별적이고도 구체적인 문제를 철학적 개념적 문헌적 역사적 관점하에서 명확히 할 때 보다 설득력이 있는 것이다.

예나 지금이나 인간의 삶은 다양하다. 우리는 4부의 아함(阿含)이

2천여 종이 넘는 단경(單經)의 집록(集錄)이라는 사실을 음미해 볼 필요가 있으며, 불멸 후 수없이 되풀이된 부파분열이라는 역사적 사실의 의미를 긍정적인 시각에서 되새겨 보아야 할 것이다. 만약 불교학의 제 문제가 계시적인 천상의 문제라면, 그것들은 모두 부질없는 일이었을 것이다. 불교학의 제 문제는 천상의 문제가 아니라 개별적이고도 구체적인 인간의 문제로서, 지금 여기, 우리의 삶 안에서 보여야 한다. 그렇지 않다면 불전의 비유처럼 허공에 핀 꽃이고 석녀의 아들이며, 토끼의 뿔, 거북의 털일 뿐이다.

　인도불교의 중요성을 새삼 논의할 필요는 없다. 그러나 우리는 현실적으로 양적으로나 질적으로 그 부진함을 부인하기 어렵다. 사실 그동안 우리의 관심은 한국불교에 있었음을 부정할 수 없다. 그러나 말할 필요도 없는 사실이지만, 한국불교의 뿌리는 인도불교에 있는 것이다.

제6장
인도불교사 연구 단상 斷想

* 이 글은 《문학 사학 철학》 통권 10호(한국불교사연구소, 2007. 10)에 게재된 것으로, 동지(同誌) 통권 9호(2007. 7)에 실린 김호성 교수의 시론 〈일본 불교학의 수용, 지나치나 부족하나〉에 대한 비평적 독후감이다.

인도불교사 연구 단상斷想

1. 고백

요즘은 어떤지 잘 모르겠지만, 필자가 동국대 대학원에 입학할 무렵 불교학과의 세부전공이 '불교학'과 '불교사'에서 인도불교·중국불교·한국불교로 재편되었고, 초기불교(아함)를 공부하려던 필자는 자연 인도불교 전공에 몸을 담게 되었다. 평계이겠지만—그러나 아는 분은 아실 것이다—그 때(70년대 말에서 80년대 초) 불교학계의 사정은 지금과는 비교도 할 수 없을 정도로 열악하여 비록 원시불교·부파불교·대승불교·중관학·유식학·인도불교사 등의 교과과정이 나열되어 있었을지라도, 어느 하나 변변히 감을 잡은 것조차 없었다. 더욱이 불교학을 공부하는 이라면 반드시 갖추어야 할 어학적 소양도, 세계를 이해하는 인간 사유의 기본 형식도 논리도, 나아가 인도불교 제 경론에 대한 기본적인 이해조차 갖추지 못한 명색만의 불교학도였을 뿐이었다.

물론 그 때에도 이미, 지금도 대학원 교재로 손색이 없을 김동화 박사의 《원시불교사상》 《대승불교사상》 《구사학》 《유식학》 《불교교리발달사》 같은 저술이 출판되어 있었다. 그러나 또한 평계이겠지만, 조기방학을 떡먹듯이 한 당시 시국상황 덕분에 진도가 서론 이상을 나가 본 적이 없었으며, 또한 고백하건대 혼자서 학습할 여력도 없었다. 읽을 수는 있되 뜻은 알기 어려웠다. 최근에 읽었던 《순정리론》에서 중현(衆賢)이 대론자에게 힐난하였던 것처럼, 다만 검은 것이 글자임을 알 수 있을 뿐이었다.

비록 이름뿐이겠지만, '인도불교'라는 것을 공부하게 된 실마리가 있었다. 당시 종종 찾아뵈었던 고익진 교수(그 때는 부교수 이상만 대학원 수업을 담당하였기에 강의는 하지 않았다)에게서 사사키 교고(佐々木教悟) 등 4명의 공저인 150쪽 남짓한 《佛敎史槪說-インド篇》이라는 책을 얻게 되었고, 오며 가며 주워들은 짧은 일본어 실력으로 읽게 되었으며, 공치사라도 얻을 요량으로 그것을 노트에 깨끗이 정서하여 갖다 드렸다.(그 때는 워드 프로세서가 없었던 시절이었다.) 고 선생님은 그것을 복사하여 한두 해 학부의 교재로 사용하기도 하였는데, 그 후 경서원(經書院)이라는 출판사에 다리를 놓아 제목을 《인도불교사》로 바꿔 내 이름으로 출판하여 주었다. 1985년 초봄의 일이었다.

그 책의 장점은, 지금으로서는 웃기는 이야기겠지만, 인도의 시대적 상황과 불교사를 함께 기술하였다는 점이며, 또한 당시로는 얻기 어려웠던 각 장(章)에 따른 참고문헌(말하자면 기본자료)의 목록이 실려 있었으며, 무엇보다 인도불교사를 학습하는 데 중요하다고 생각되는 용어를 고딕체로 나타내었다는 점이었다. 그래서 필자는 역자 후기에서 "독자 스스로가 독서하면서 참고문헌을 찾아보고, 노트를 하고 상세한 설명을 덧붙인다면, 훌륭한 자신의 인도불교사 저술이 될 것이다"고 적었고, 필자 역시 그렇게 하리라고 다짐하였지만, 그 다짐은 오늘날까지 이루어지지 않고 있다. 다만 경량부(經量部)라는 부파를 주제로 하여 지극히 엉성한 학위논문을 썼을 뿐이며, 지금도 여전히 그 주변을 맴돌고 있다.

오늘의 후학들에게는 참으로 미안한 말이지만, 학생이 늙으면 선생이 된다는 어느 선배의 말대로 우연찮게도 원시불교와 부파불교는 물론이고, 인도불교사나 반야사상·중관학 등도 강의하게 되었으며, '인도 불교철학'이라는 타이틀로 교수자가 되었고, 해서 학술진흥재단의 전공분야에도 '인도불교'라고 적어 넣었다.[1] 그러나 한편으로 생각하면, 승랑도 길장도, 원측도 규기도 사실상 인도불교(중관과 유식) 전공자이며, 또한 그들의 저술에서 어떤 식으로든 부파(주로 유부와 경량부)불교나 외도(인도철학)에 관해 다루고 있으므로 이 분야의 연구자에게도 연구대상이 된다. 해서 불교학 내의 전공분야를 구분짓는 일은 어쩌면 무망한 일일지도 모른다.

서두가 길었던 같다. 요컨대 필자의 명색의 전공이 '인도불교'라는

---

[1] 그러나 이제 더 이상 학진의 학문분류표상에는 '인도불교'도, 흔히 '소승불교'라고 일컬어지는 '부파불교'나 '아비달마불교'도 없다. 이를 입력하면, "입력된 검색조건을 만족하는 자료가 없습니다"라고 반응한다. 한국학술진흥재단의 연구분류표에서 불교 관계 영역은, 〈불교학 분야〉의 근본불교/ 천태학/ 화엄학/ 유식학/ 정토학/ 계율학/ 중관학/ 밀교/ 선학/ 불교윤리/ 불교교육/ 불교문헌학/ 지역불교 및 불교사 연구/ 응용불교학/ 기타불교학과, 〈동양철학 분야〉의 '인도철학'과, 〈한국철학 분야〉의 '한국불교철학' 뿐이다. 따라서 굳이 포함시키자면, 인도불교와 소승불교는 '지역불교 및 불교사 연구'나 '인도철학' 혹은 '기타불교학'에 들어가야 하지만, 만약 그러하다고 한다면 이 세상의 어떤 불교가 지역불교 내지 불교사의 범주를 벗어난 것이라 하겠는가? 혹여 이 분야에 대한 연구과제라도 신청하게 된다면, 현대 미주(美洲)불교나 강원도 지역의 불교를 전공한 이도, 한국불교 최근세사를 전공한 이도 이를 심사할 수 있게 될 것이다. 이는 '인도불교사' 위상에 관한 우리 학계의 현실을 단적으로 말해주는 것이라 할 수 있다. 이 이야기는 공식적으로 네 번째이다.

것이다. 여기서 '명색'이라 말한 것은 앞서의 다짐 이후 20여 년을 넘게 보냈건만 '인도불교'에 관해 어떠한 새로운 학설도 내어놓지 못하였을뿐더러 주류(?)의 논의에서도 비켜서 있기 때문이다. 그래서인가, 김호성 교수의 시론 〈일본 불교학의 수용, 지나치나 부족하나〉(이하 〈시론〉)를 읽고 자괴감을 금할 길이 없었지만, 다른 한편으로 뭐라고 말로 표현하기 어려운 어떤 응어리가 가슴을 꽉 막아 마음이 편치 못하였다. 몇날이 지나도록 해야 할 일이 손에 잡히지 않았고, 해서 자책이든 변명이든 하소연이든, 혹은 반론이든 뭐라도 토해내야 하겠다는 우부(愚夫)의 심정에서 이 글을 쓰게 되었다.

2. 반박

〈시론〉의 골자는 우리나라에 일본에서 출판된 불교서적이 범람하고 있지만, 엄밀한 의미의 학술서적은 거의 없으며, 시의에 맞게 수용되지도 않았다는 것이다. 필자 역시 앞서 말한 《인도불교사》를 번역한 이래 호구의 방편으로, 혹은 접해 보지 못한 학문 세계의 신선함에 이끌려 몇권의 단행본을 번역 출판하기도 하였지만, 이러다가 일본 불교학계의 아류가 되고 마는 것이 아닌가, 인도불교에 관한 한 상식적이고도 계몽적인 논의가 우리 학계의 주류가 되지는 않을까 하고 우려하기도 하였었다. 그들은 각기 자신의 연구성과에 근거하여 그 같은 개론서를 저술하였겠지만, 그것만 수용한 우리로서는 문제의 소재 자체를 잃어버리고 정리된 결과만을 익히는 수동적인 불교학의 신세를 면하기 어려울 수도 있기 때문이다.

그러나 어쩌겠는가? 물이 위에서 아래로 흐르듯이-그것도 가볍고 거친 것부터-넘친 곳에서 모자란 곳으로 흐르는 것은 지극히 당연하다고 해야 하지 않겠는가? 필자를 포함하여 인도불교 전공자라고 내세우는 이가 많지만, 불교학과가 설치된 모든 대학의 커리큘럼에 '인도불교사'가 개설되어 있지만, 1973년 프린트 본을 활자화한 장원규 선생의 《인도불교사》 이래 이에 관한 우리의 저술은 없지 아니한가?

각설하고, 〈시론〉에서는 시의에 맞게 수용되지 않았다는 예로서 히라카와(平川彰)의 '대승불교 불탑기원설'을 들고 있다. 그의 《인도불교의 역사》(민족사, 1989)가 번역 출판될 무렵, 이미 일본 본토에서는 비판받고 무너지기 시작하였다고. 그래서 김 교수 자신의 학위논문에서 《금강경》의 성립을 논의하면서 불탑기원설에 대해 언급하지 않을 수 없었다고.

그러나 만약 그런 오류(?)를 범하지 않았다면, 논문의 기조가 달라지기라도 하였다는 것인가? 김 교수는 논문에서 재가자를 중심으로 한 불탑기원설에 따라 "《금강경》을 수지한 선남자 선여인은 재가자이며, 이러한 재가불교적 성격이 후대 선종이 재가불자들의 넓은 지지를 얻는 데 결정적 요인이 되었을 것이다"고 하였지만,[2] 그것은 너무나도 개연성이 클뿐더러 논문의 전체적 기조와는 하등 관계가 없는 것이었다. 더욱이 "단 《반야경》의 지지자들의 기원은 불탑과는 다른 방향에서 찾아야 할 것이다"고 말한 히라카와의 첨언도 고려하지 않았지

---

2) 김호성, 〈禪觀의 大乘的 淵源 연구〉(동국대 박사학위 청구 논문, 1995), p.42.

않은가?[3]

　　대승불교의 기원에 관한 한 어떠한 설도 가설에 지나지 않는다. (우리는 물론 이렇게 말할 자격도 없다. 가설조차 내놓아 본 적이 없으니.) 아마도 짐작컨대 이 문제는 1745년 도미나가 나카모도(富永仲基)의 《출정후어(出定後語)》가 출간된 이래 근대일본의 신학문이 시작되면서 해결해야 할 숙원이었을 것으로, 필자가 알기에도 10여 권에 이르는 대저가 출판되었는데, 누구의 말인지는 기억나지 않지만 지금도 잊지 않고 있는 구절은 "대승불교가 언제, 누구에 의해, 어떠한 이유에서 성립하였는지 분명하지 않지만, 분명한 사실은 대승경전이 존재한다는 점이다"는 것이다. 그렇다. 월지의 지루가참이 후한 환제와 영제 연간(146-189년)에 《도행반야경》을 번역하였다고 하였으니, 어떤 식으로든 그 이전에 성립하였음이 분명하다.

　　그렇다고 이제 누구도 "문수시리(文殊尸利)와 미륵(彌勒) 등의 대보살이 아난(阿難)을 데리고 별도로 결집하였다"[4]거나 "여래께서는 철위산 밖의 2계의 중간에서 무량의 제불(諸佛)이 모인 곳에서 설법하였고, 다시 이 같은 대승의 법장을 결집하고자 80억 나유타의 아라한과 무량무변의 항하사 불가사의의 보살들이 모여 다 같이 함께 합송(合誦)하였다"[5]고는 말하지 않으며, "히말라야 산중의 어떤 탑이나 용궁의 칠보장 속에 감추어 둔 것을 전해 받았다"[6]고도 말하지 않는다.

---

3) 平川彰, 이호근 역, 《인도불교의 역사》 상(민족사, 1989), p.296. 이에 대해서는 平川彰, 《初期大乘佛敎의 硏究》(春秋社, 1968) 제6장 3절 〈般若經における經典崇拜と舍利供養의 批判〉에서 보다 상론하고 있다.
4) 《대지도론》 권100(《대정장》25, p.756중).
5) 《금강선론》 권1(《대정장》25, p.801상).

이렇듯 대승경전이 어느 날 불현듯 출현한 것이 아니라면, 대승불교 자체가 다지다양하듯이 그것 또한 하나의 원인이 아니라 다양하고 복합적이며 중층적인 원인에 의해 생겨난 것이라고 하지 않으면 안 될 것이다. 종래 교학적인 유사성에 근거하여 대중부 기원설이 제시되었다면(이 또한 대승의 기원이 아니라고 분명하게 말할 수 있는 자는 없을 것이다), 히라카와는 교단사에 주목하여 기존의 성문교단(Śrāvaka saṃgha)과는 차별되는 보살교단(Bodhisattva gaṇa)의 존재를 확인하고, 이를 통해 불탑교단을 비정하여(왜냐하면 초기불교 이래 출가자는 불탑에 관여하지 않았기 때문에. 그러나 비정의 논거는 매우 박약하다) 대승의 연원으로 제시하였던 것이다. 아마 교단사에 근거한 최초의 시도가 아닌가 여겨진다.

그 또한 부파불교(특히 대중부나 경량부) 기원설이나 이른바 찬불승(讚佛乘)으로 일컬어지는 불전문학으로부터 고취되었다고 하는 설 등도 열거하고 있지만, 전자의 경우 대승불교가 성립하고도 여전히 존속하고 있었다는 점, 교리상 유사하다고 해서 그 부파의 출신자가 대승경전을 저술하였다고는 보기 어렵다는 점(혹은 교리의 수용으로 본다면 유부가 오히려 풍부하다는 점), 교단사적으로 확인하기 어렵다는 등의 난점을, 후자의 경우 부파를 초월하여 공통적으로 수용하고 있을 뿐더러 본생보살은 대승의 보살과는 본질적으로 차이가 있다는 등의 난점을 언급하고 있다.[7]

그렇다고 해서 그가 어느 한 곳에서도(개론서이든 학술서이든) 확신

---

6) 《용수보살전》(《대정장》50, p.184중하).
7) 平川彰, 이호근 역, 앞의 책, pp.281-287.

에 찬 목소리로 대승불교의 불탑기원설을 주창한 적이 없다. "보살교단의 기원이 불탑교단이라고 상정하는 것은 반드시 무리는 아니라고 생각한다"고 하였으며,[8] "대승불교의 출현을 불탑교단으로만 설명할 수 있다고는 생각하지 않지만, 부파불교와는 이질적인 방대한 대승경전의 존재를 고려할 때, 불타 재세(在世)부터 전승을 보존하였던 불탑에서의 교리의 발전을 무시할 수는 없다고 생각한다"고 하였다.[9] 자신의 설이 가설(사실상 작업가설)이라는 말이다. 또한 그의 학설을 계승하여 바르후트 불탑의 명문(銘文)을 통해 이를 보다 강화시킨 시즈타니 마사오(靜谷正雄) 역시 가설임을 분명히 하고 있다.[10]

일본 불교학계의 실정은 잘 모르겠지만, 어떤 가설이 "비판받고 무너지기 시작하였다"는 〈시론〉의 말은 너무 과장된 것이 아닌가 여겨진다. 전술한 학위논문의 오류(?)로 인해 "참회의 심정으로 사사키 시즈카 교수(후술)를 초청하여 특별강연을 가졌다"는 말은 마치 교주에 대한 추종자의 고백처럼 들린다. 더욱이 "이제는 히라카와 아키라 선생의 불탑기원설만으로 대승불교의 흥기를 설명해서는 아니 되며, 오히려 연구사적으로 히라카와 설과 함께 그러한 설이 어떤 맥락에서 비판되고 있으며 새로운 학설의 전모는 무엇인지 하는 점을 학생들에게 가르쳐야 한다고 생각하고 있다"는 말은 실소를 낳기에 충분하다.

어느 누가 불탑기원설만으로 대승불교의 흥기를 설명하는가? 필자

---

8) 平川彰, 이호근 역, 앞의 책, p.296.
9) 平川彰,《初期大乘佛敎の硏究》, p.796.
10) 靜谷正雄, 정호영 역,《대승의 세계》(대원정사,1991), p.112.; 靜谷正雄,《初期大乘佛敎の成立科程》(京都: 百華苑,1974), p.13.

자신 히라카와의 '불탑기원설'을 전적으로 신뢰하는 것은 아니지만, '불타'라는 또 다른 영감을 불러일으킬 만한 뛰어난 (작업)가설이라 생각한다.(후술) 물론 기존의 부파교단의 출가자들 역시 불탑에 공양하였으며, 히라카와도 이 점에 대해 검토하였다. 그는 "유부(《십송률》)와 대중부(《마하승기율》)에서는 탑지(塔地)와 승지(僧地)를 구별하였으며, 법장부(《사분율》)나 화지부(《오분율》)에서는 비록 승원에 불탑을 세웠을지라도 탑물(塔物)과 승물(僧物)을 구별하고 있으며, 또한 《이부종륜론》에 따르면, 아마라바티 대탑과 무관하지 않았을 대중부 계통의 제다산부·서산주부·북산주부와 화지부의 말부(末部)에서는 불탑에 공양하더라도 과보가 적다고 설하고 있는 것으로 볼 때, 비록 부파교단에서 불탑공양이 이루어지고 있었을지라도 그것이 성행하는 것을 바라지 않았음을 의미한다"고 하였다.[11]

그러나 필자의 이해에 따르는 한, 이 문제는 단순히 탑지와 승지, 탑물과 승물의 관계가 아니라 불타와 승가의 관계에 관한 것으로, 불(佛)·법(法)·승(僧)의 '불'의 체성을 어떻게 규정할 것인가 하는 문제와 직결되어 있다. 이 문제는 《대비바사론》이래 제 부파에서 가장 일반적으로 논쟁하였던 문제 중의 하나였다.[12] 설혹 기존의 부파교단

---

11) 平川彰, 이호근 역, 앞의 책, pp.293-294. 보다 자세한 내용은 平川彰, 《初期大乘佛敎の硏究》 제7장 〈部派佛敎と佛塔の關係〉 참조.
12) 《성실론》 권2(《대정장》32, p.253하)에서는 당시 부파교단에서 가장 즐겨 논쟁하였던 10가지 문제를 제시하고 있는데(이보다 후대 문헌인 《순정리론》상의 廣說로 볼 때 이는 정확한 언급이다), 승가와 불타의 관계에 관한 문제는 그 중 아홉 번째 문제이다. 이에 따르면, 화지부(摩醯舍娑道人, Mahīsāsaka)에서는 불타도 승가에 포함된다고 하였으며, 논주 하리발마(訶梨跋摩)는 반대의 입장을 취하고 있다. 한편 《이부종륜론》(《대정장》49, p.17상)에 따르면, 화지부는 "부처님도 역시 승가에 포섭되기 때문에 승가에 보시하는 것은 대과(大果)를 획득하지만, 별도로 부처님께 보시하는

의 출가자들 역시 불탑에 공양하였다고 할지라도《법화경》에서와 같은 열렬한 신앙은 아니었을 것이며, 또한 시즈타니 마사오는 바르후트 불탑의 명문에는 외래 기진자(寄進者) 중 Thupadāsa(skt. Stūpadāsa), 즉 '탑노(塔奴)'라고 이름한 인물이 나타난다고 하였는데, 불탑신앙이 대승불교 흥기와 무관하다면, 이는 어떻게 이해해야 할 것인가? 시즈타니는 "이러한 이는 불탑에 시여된 노비가 아니라 열광적인 불탑신앙자가 고의로 세속의 이름을 탑노로 바꾸었을 것으로 생각된다"고 하였지만,[13]《구사론》에서 "32상이 결정된 주정(住定)의 보살을 세간에서 '무가(無價)의 타사(馱娑)', 즉 대가 없이 일체 유정을 위해 종복이 된 이라고 말한다"고 하였으니,[14] '탑노' 또한 이 같은 의미로 이해해야 하는 것이다.

한편 히라카와 설에 대해 강력한 공격을 퍼부어, 〈시론〉에서 "개인적으로 한없이 부끄럽고 송구스러웠다"고 한(어떤 점에서 그렇게 송구스러워했는지는 잘 모르겠지만) 사사키 시즈카〔佐々木閑〕는《인도불교변역론(印度佛敎變易論)》[15]〈부론(附論)〉에서 히라카와가 주장한 10선계를 수지한 보살의 존재, 불탑교단, 소승비구와의 공주(共住) 불

것은 그렇지 않다"고 한 반면, 법장부(法藏部)에서는 "부처님이 비록 승가에 포섭될지라도 부처님께 별도로 보시하면 대과를 획득하지만, 승가에 별도로 보시하는 경우는 그렇지 않다"고 하였다. 이에 대해 유부의 논사 중현은 부처님께서는 승가에 포섭되기는 하지만, 성문의 승가에 포섭되는 것은 아니라고 말하고 있다.(《순정리론》 권38,《대정장》29, pp.558하-559상) 내용상의 차이는 있을지라도 이들 세 부파는 승중유불설(僧中有佛說)을 주장하였다는 점에서 일치한다. 그럴지라도 유부의 경우, 탑을 파괴하는 것은 부처님 몸에서 피를 내는 것과 같은 무간죄이다.(《구사론》 권18,《대정장》29, p.94중)
13) 靜谷正雄,《初期大乘佛敎の成立科程》, p.20.
14)《구사론》 권18《대정장》29, p.94하).
15) 이자랑 역,《인도불교의 변천》(동국대 출판부, 2007).

가능에 대해 낱낱이 비판하고, 그의 논거들은 도리어 출가자 기원설의 자료가 될 수도 있다고 하였다. 대승불교 홍기(사실은 '불교 다양성')의 기원에 관한 한, 그는 논의 자체를 기존의 연구와는 전혀 다른 방향에서 시작하고 있다.

우리는 대개 온갖 상이한 제론(諸論)에 따라 어떤 원인(예컨대 10事나 大天의 5事頌)에 의해 단일한 불교교단이 근본분열하고 다시 지말분열하였다고 생각하는 데 반해, 그는 아쇼카왕 시대에 이미 분열되어 있었고(이에 대해서는 아직 아무것도 말할 수 없다), 파승(破僧, 승가의 파괴)의 개념이 그 시대 어떤 사건을 계기로 '법륜(정법)의 파괴〔破法輪僧〕'에서 갈마의 파괴〔破羯磨僧, 동일교구 안에서 2부의 승가가 각기 별도로 포살이나 갈마작법을 시행하는 것〕로 바뀌었고, 이에 따라 교의를 달리하는 각각의 부파가 갈마를 함께 시행함으로써 하나의 불교승단이라는 공통의 인식이 생겨났으며, 이러한 인식으로부터 바야흐로 '부파불교'가 성립할 수 있었고, 대승불교 또한 이 같은 계기에서 나타나게 되었다는 것이다. 즉 "부파불교와 대승불교는 동일한 원인에 의해 나타난 두 가지 현상인데, 대승불교의 경우 부파 중에서도 특히 파승 정의의 전환을 호의적으로 승인한 부파에서 발생하였을 것이다"[16]는 것이다.

그의 연구는 앞서 말한 대로 기왕의 연구와는 방법에 있어서나 서술에 있어 전혀 다른 방식을 취하고 있다. 그의 관심은 불교가 어떻게

---

16) 이자랑, 〈인도불교 교단사에 관한 일본 학계의 최근 연구 동향〉《불교학보》 제39집, 동국대 불교문화연구원, 2002), p.316.

다양하게 변용할 수 있었던가 하는 것이었는데, 그 최초의 단서를《마하승기율》에서 찾고, 이 율장의 파승관(즉 파갈마승)에 따라 마치 추리소설을 쓰듯이, 퍼즐을 맞추어가듯이 변용의 원인을 추적하고 있다. 그렇지만 그가 머리말과 결론에서 말하고 있듯이, 기본적인 구도만을 제시한 것이며, 원초적인 원인만을 해명한 것으로, 말하자면 "다양성을 용인하는 입장이 마련되었다"고 하는 정도로서, 다양성의 구체적인 원인에 관해서는 아무것도 밝혀진 것이 없다.[17] 그의 말대로 그의 연구는 (부파불교나) 대승불교의 구체적인 발생원인과는 별개의 것이었다.[18] 다시 말해 그가 학계에 제출한 것은 연구의 방향 정도이기에, 오늘 우리가 그에게서 구체적으로 배워야 할 점은 연구방법론이나 태도이며, 사실 이 글을 쓰게 된 동기 중의 하나도 필자 자신이 점에 크게 고무되었기 때문이다.(후설)

---

17) 파승의 개념을 '파갈마승'으로 규정한 것은《마하승기율》(대중부)에서였지만, 그렇다면 대중부에서 '법륜의 파괴'를 버리고 '갈마의 파괴'를 취한 까닭은 무엇인가? 사사키 논의의 요점은 아쇼카왕 시대에 어떤 사건을 계기로 법칙(法勅)이 내려졌고, 이에 따라 대중부에서 파승의 개념이 바뀌었으며(반대로 대중부의 입장에 따라 법칙이 내려졌을 수도 있다), 이에 다른 부파도 동조하여 불교 다양화의 길을 열게 되었다는 것이다. 그렇다면 애시당초 파승 자체는 제바달다의 '어육(魚肉)을 먹지 않는다'는 등의 5법(法)에 기인한 것인데, 다시 말해 파법륜승에 기인한 것인데, 어떠한 까닭에서 대중부는 이마저 파갈마승에 포함시켜 파승을 정의하게 된 것인가?(《마하승기율》에 따르면, 제바달다는 正法을 비방하고 邪說인 5법을 주장했기 때문이 아니라 부처님의 승단과는 별도로 포살을 시행하였기 때문에 '파승'이다.) 아마도 추측은 가능할지라도 답은 찾지 못할 것이다. 혹 어쩌면 우리는 끝내 그의 추리소설상에서의 범인도, 퍼즐게임의 완성도 보지 못할지 모른다. 그 또한 "10년, 20년으로 목표에 도달하리라고 생각하지 않는다"고 하였지만, 구체적인 제 부파나 대승사상의 기원을 현재의 연구성과에 적용시키는 일은 대단히 어려운 작업이 될 것이기 때문이다. 요컨대 그의 책에는 우리가 즐겨(?) 말하는 방식의 '대승불교의 흥기 원인'과 관련된 내용이 없다는 말이다. 그렇다고 이 말이 그의 책의 평가 절하를 의미하는 것은 절대 아니다. 그는 초기불교사 연구에 새로운 이정표를 제시하였다고 해도 과언이 아니다.(후술) 요는 〈시론〉에서 '대승불교 흥기 기원 운운' 하며 사사키의 책을 언급하였지만, 여기에는 가설이든 작업가설이든 우리가 기대하는 어떠한 구체적 내용도 담고 있지 않다는 말이다.
18) 이자랑 역, 앞의 책, p.371.

따라서 사사키 교수에 대한 〈시론〉의 어투와 논조는, 개인적으로 어떤 관계가 있는지 모르지만, 독자들로 하여금 오해를 불러일으키기에 충분한 것이라고 할 수 있다.

3. 단상

기왕에 대승불교 기원에 관한 이야기가 나왔으니, 내친 김에 명색이 인도불교 전공이라는 필자의 관견(管見)을 거칠게 스케치해 보기로 한다. 필자가 생각하는 대승불교 흥기의 키워드는 '불타'이다. 말하자면 전통적인 교리사적 입장에 추구해 보려는 것이다. 앞서 언급하였듯이 대승불교 기원에 관한 (작업)가설은 복합적이고 중층적으로 구성되지 않으면 안 되는데, '불타'라는 개념은 사상사적으로 거의 모든 문제와 겹쳐질 수 있기 때문이다.

주지하듯이 남전에서의 부파분열은 10사(事)의 비법(非法)과 정법(淨法)의 쟁론에 기인하지만, 북전에 의하는 한 대천(大天)의 5사송(事頌)이다. 5사송은 여러 문헌에 나오는데, 그것은 본질적으로 아라한의 성자성에 관한 문제이다. 초기불교에서는 아라한과 불타는 동격이었지만, 점차 불타는 초월적 존재로서 독립한다.

"제불 세존은 모두 세간으로부터 벗어났다. 어떠한 경우에도 유루법이 존재하지 않는다. 그의 일체의 말은 전법륜(轉法輪, 즉 설법)이며, 진실[如義]이며, 일음(一音)으로써 일체법을 설한다. 색신도 위력도 수명도 무한하다. 잠도 자지 않고 꿈도 꾸지 않는다. 항상 선정에 들어 있기 때문에 말하지 않지만, 유정들은 말을 설하였다고 여겨 환희 용약(踊躍)한다. 일 찰나의 마음(혹은 반야)으로 일체법을 알며, 진지(盡智)와 무생지(無生智)가 항상 수전(隨轉)하여 바로 반열반에 이른다."[19] 이것이 대중부 계통의 불타관으로, 라모트의 표현을 빌리자면 지상에서의 그의 삶은 다만 허구일 뿐이다.[20]

다른 한편 상좌부나 유부 등에서는 이와 반대로 생각하였다고 보면 옳다.(사사키 교수에 의하면, 유부는 어느 순간까지 파갈마승을 파승의 개념으로 받아들이지 않았으며, 그것의 주도적 역할을 한 것은 대중부였다. 이는 필자에게 큰 도움이 된 가르침이었다.) 유부에 의하는 한, 불타와 아라한은 말하자면 인류애와 실존으로부터 출발하여 시작은 달랐지만, 깨달음(진지와 무생지)이라는 결과는 동일하였다. 해서 아라한이 몽정을 한다는 것은 망언에 다름 아니다. 유부의 전승에 의하면, 근본분열을 야기한 장본인인 대천은 극악무도한 자이다. 그는 어미와 사통하고 이것이 탄로날 것을 두려워한 나머지 아비를 죽였으며, 어미와 함께 파팔리푸트라로 도망쳤다가 고향 마투라에서 온 아라한을 만나자 그도 죽였으며, 어미가 다른 사내와 관계하자 어미마저 죽였으며, 그 후 이에 대한 죄책감에서 출가하여 아라한이 되어 문제의 5사 송을 지었다는 것이다.[21]

---

19) 《이부종륜론》(《대정장》49, p.15중하).
20) 에띠엔 라모트, 윤호진 역, 《인도불교사》2(시공사, 2006), p.405.
21) 《대비바사론》권99(《대정장》27, pp.510하–512상). 이 전설의 원형이 되는 《발지론》권7(《대정장》26, p.956중)에서는 대천이라는 이름이 배제된 채 오사(五事)만이 기술되고 있으며, 《논사(論事)》나 《이부종륜론》의 대중부 본종동의(本宗同義)에서도 역시 그러한데, 《논사주(論事註)》에 의하면 이는 대중부의 한 유파인 동산부주와 서산부주, 즉 안다카의 설이다.(塚本啓祥, 《初期佛教教團の硏

'불타'라는 개념이 언제 어떻게 초월적으로 변모하여 갔는가 하는 문제 역시 다수의 복합적인 원인이 있겠지만, 일단 라모트에 의하면 민중들이 원하였다. 재가신자들은 신을 요구하였으며, 출가자들은 스승을 원하였다. 불타는 바야흐로 신과 인간의 스승[天人師]으로 출현하였으며, 신 중의 신으로 다시 태어났다.[22] 이 같은 점에서 본다면 '천상천하 유아독존'이라는 탄생게(誕生偈) 역시 일체 중생은 다 자성불(自性佛)로서 존귀하다는 뜻이 아니다. 연등불의 수기로부터 비롯되는 일련의 불전문학은 모두 이 같은 찬불에서 비롯된 것이라고 할 수 있다.

유부에서는 비록 대중부의 불타관에 반대하였지만, 그렇다고 결코 찬불에 인색하였던 것은 아니며, 대중부의 불타관은 오로지 이 파만의 전유물이 아니다. 경량부(혹은 세친)에서도 일 찰나 마음으로 알며 (알고자 하면 바로 알며) 색신 또한 불타(무루)라고 주장한다.[23] 이에 따를 경우 불탑 역시 승가와는 구별되겠지만, 여래 색신이 유루임을 주장하는 유부에서도 불탑공양을 부정하지 않았을뿐더러 조탑(造塔)은 일 겁 동안 하늘에 태어나는 복을 받으며, 불탑을 파괴하는 것 역시 무간죄로 간주하였다. 그들에 따르는 한, 제다(制多, 탑묘)에 대한 보시는 무탐(無貪)과 함께 작용하는 사(思)에 의해 복이 초래되기 때문이며, 불신(佛身)은 승의의 불타인 무학법의 소의가 되기 때문이다.

究), 東京: 山喜房佛書林, 1980, p.162 참조) 따라서 대중부 계통으로 생각되는 대천과 오사의 전설을 근본분열의 전설에 결부시키고, 여기에 설일체유부의 교단 사정이 반영된 것이 《대비바사론》의 전설이라고 하는 것이 일반적 학설이다.
22) 에띠엔 라모트, 앞의 책, 제7장 〈불교라는 종교〉 참조.
23) 《구사론》 권7(《대정장》29, p.37상).; 동 권14(동, p.76하).

불타와 승가의 관계에 대한 제파의 입장 역시 이와 같이 중층적이다.(전술)

이 같은 점에서 본다면, 기존의 부파교단에서도 불탑공양을 하였기 때문에 대승의 불탑기원설이 희석되는 것도 아니며, 대승이 흥기하고도 여전히 대중부가 존재하였다고 하는 사실 역시 대중부 기원설을 희석시키지 못한다. 상좌부에서 유부가, 유부에서 경량부가 분파하였다고 해서 상좌부나 유부가 사라진 것은 아니기 때문이다.

'불탑신앙'은 불타를 어떻게 이해할 것인가 하는 문제와 직결되어 있다. 만약 탑노(塔奴)와 같은 열렬한 불탑신앙자들이 존재하였다면, 이는 필경 부파교단에서의 불탑신앙과는 차원을 달리하는 것이다. 이는 마치 대승·소승이 불전을 공유하지만, 보살의 개념을 달리하는 것과 같다. 오래전에 필자가 히라카와의 불탑기원설을 인용하여 〈대승불교의 성립〉이라는 글을 쓴 적이 있었는데, 어느 선학께서 일본에서 그의 학설이 비판받고 있다는 말과 함께 "대승불교가 어찌 탑돌이하다가 생겨났겠는가?"라고 힐난한 적이 있었다. 불탑신앙이 단순히 우리가 인도에서 마주치게 되는 티베트 인들의 탑돌이 정도는 아닐 것이다.

사실 히라카와 학설에서 불탑기원설보다 먼저 주목해야 할 것은 관불삼매(觀佛三昧, pratyutpanna samādhi, 혹은 般舟三昧, 佛現前三昧)라고 생각한다. 입멸에 드신 부처님께서 어떻게 현전한다는 것인가? 그는 여러 종류의 역본을 대조하여 재가보살이 머문 곳이 탑사(塔寺)라 결정짓고(사사키는 증거가 박약하다고 비판하지만), 관불삼매의 기원을 불탑에서의 불타 예배의 종교 체험에서 유래한 것이라고 추정하

고 있는 것이다.[24]

또한 상식적으로 본정(本淨)의 심성(心性)은 객진(客塵)의 번뇌보다 선재(先在)하는 것으로 객진의 번뇌가 생겨날 때에도 존재하므로 두 찰나에 걸친 것(다시 말해 지속하는 것)이라 하지 않으면 안 되며,[25] 따라서 그것은 유위법처럼 인연에 따라 전변(생멸)하는 것이 아니다.[26] 아니라면 그것은 결코 세간적 존재라고 할 수 없다.[27]

또한 《순정리론》상에 언급된 비유부(譬喩部, 경량부)와, 동일 계통으로 일컬어지는 《성실론》에서는 상의(相依) 상대(相待)에 따른 가명론(假名論)과 무소연식론(無所緣識論)을 설하고 있는데, 이것이 대승의 영향을 받은 것인지, 대승에 영향을 끼친 것인지는 알 수 없지만, 만약 기존의 '법'을 부정하고 '진실'을 추구하였다면 돌아갈 곳은 '불타' 밖에 없다. 그리고 이 때 불타는 더 이상 이미 입멸에 든 불타는 아닐 것이다.[28]

마지막으로, 아함을 부정하고 새로운 경전을 찬술함에 따른 비불설(非佛說)의 문제. 유력한 부파들은 각기 독자적으로 삼장을 결집 전승

---

24) 앞서 언급한 《용수보살전》(주 6)에 의하면, 용수는 불탑으로 가 출가 수계한다.
25) 《대비바사론》 권27(《대정장》27, p.140하).
26) 《순정리론》 권72(《대정장》29, p.733하).
27) 히라카와는 심성본정설은 법장부 소속이라 알려지는 《사리불아담론》에도 나타나는 등 대중부만의 특수한 설이 아니기 때문에 대중부 기원설을 인정하기 어렵다고 하였지만, 어떠한 경우에도 부파불교 내부에서 자파만의 특수한 설은 거의 없다. 예컨대 삼세실유는 상좌부 계통의 설이지만, 화지부나 경량부에서는 이를 인정하지 않으며, 화지부 말부(末部)에서는 다시 이를 인정한다. 심성본정설의 경우, 유부와 경량부 모두 인정하지 않는다.
28) T. 체르바스키는 티베트 자료에 따라 "경량부에서는 대승과 마찬가지로 법신불(dharmakāya, 즉 성스러운 붓다: a divine Buddha)의 교의를 인정하였으며……법신을 그들의 미세한 의식(their subtle conscisness; 《이부종륜론》의 《經量部 條》에 언급된 一味蘊 이는 멸진정에서도 멸하지 않는 細心과 상응한다. 필자 주)의 의인화로서 해석하였다"고 말하고 있다.(THE CONCEPTION OF BUDDHIST NIRVĀNA, Motilal Banarsidassa, Delhi, 1978Rep., pp.34-35)

하였으며, 첨예한 문제를 논의하는 경우 다른 부파에서 전승한 경설을 불설로 인정하지 않았다. 뿐만 아니라 자신들의 종의에 따라 자체적으로 경전을 제작하기도 하였다. 《순정리론》에 언급되는 〈순별처경(順別處經)〉이 그러한 경우로서, '비불설'이라는 말은 반드시 대승경전에만 해당하는 말은 아니었다.[29] 예컨대 성실론주 하리발마(訶梨跋摩)는 점현관(漸現觀)을 주장하는 자(예컨대 유부)에 대해 "그대는 '사다리를 오르는 것처럼 점차적으로 진리를 관찰해야 한다'고 부처님이 설하였다고 하지만, 나는 이러한 경을 익힌 적이 없다. 설혹 [이러한 경이] 존재한다고 할지라도 마땅히 버려야 할 것이니, 법상(진실)에 수순하지 않기 때문이다"고 말하고 있으며,[30] 승중유불설(僧衆有佛說)을 주장하는 화지부(摩醯舍娑道人)에서 인용한 "부처님은 승가의 상수(上首)로 머무시니, 어떤 사람이 보시하면 그것은 승가에 보시하는 것이라고 말할 수 있다"는 경설에 대해 "이 경에는 작은 과실이 있다"고 하였다.[31] 그러니 8인(因)이니 10종인(種因)이니 하여 구태여 대승이 불설임을 논증할 필요도 없다.[32]

요컨대 대승불교는 교의적으로 '불타'라는 관념을 둘러싸고 부파

---

29) 졸고, 〈불교학과 불교〉《문학 사학 철학》 통권 9호) 주 7).; 본서 제3장 주 8) 참조.
30) 《성실론》 권3《대정장》32, p.257중). 《이부종륜론》에서 돈현관론은 대중부의 주장인데, 이로 본다면 성실론주(경량부) 역시 이에 동조하고 있음을 알 수 있다.
31) 《성실론》 권3《대정장》32, p.258하).; 주 12) 참조.
32) 대승이 불설임을 논증하는 이러한 논거들은, 요컨대 "대승이 최고의 법이며, 부처님은 바로 최고의 법을 깨달은 이"라는 사실을 전제로 한 것으로, 선결문제 미해결을 범하고 있다고 할 수 있다.(권오민, 《아비달마불교》, 민족사, 2003, 〈후기〉 주 7 참조) 불설/비불설의 문제는 대승과 소승에 한정된 것이 아니라 당시 부파불교를 비롯한 불교 일반의 논쟁점이었다. 당시 불설의 기준으로 간주된 법성(dharmatā) 혹은 정리(正理, nyāyā, yukti)에 따른 성전의 제작은 시대적 당위였다.

내부에서 비롯되었다는 것으로, 여기에는 대중부 불타관이나 자성청정심도, 불탑신앙도, 경량부의 가명론도, 혹은 관불삼매나 사사키가 말한 유부의 부동주(不同住)도 모두 포섭될 수 있다. 문헌적 검토도 치밀한 논증도 결여하였고 자세하게 정리되지도 않았지만, 다만 '단상(斷想)'이라는 이름하에 거칠게 다루어 보았다. 후일의 인연을 기다릴 것이다.

4. 참회

이제 본 에세이에서 진짜 하고자 하였던 말을 해야 할 순서가 되었다. 〈시론〉에서는 "문제는 우리 불교학에 미치는 일본 불교학계의 영향이 크다는 점에 있는 것이 아니라 제대로 수용이 되지 않고 있으며, 오히려 늦은 점에 문제가 있다"고 하였다. 여기에 토를 달 생각은 없다. 선진학계의 우수한 연구성과를, 그것도 제때 제때 받아들여야 한다는 데 무슨 사족이 필요할 것인가? 다만 누가 그렇게 해야 하는 것이며, 또한 그렇게 해서 어쩌자는 것인가?

"그렇게 할 때, 우리 학문 후속 세대가 장차는 세계학계의 중심이 될 수 있다." 필자에게는 참으로 요원한 말로 들릴뿐더러 학문의 현실을 직시하지 못한 말로 들린다. 〈시론〉의 표현대로 비록 '세미 학술서'라고 할지라도 지난 20여 년간 줄기차게 번역 출판해 왔음에도 전술한 대로 장원규 선생의 프린트 본이 활자화된 이래 그 흔한 '세미 학술서'로서의 '인도불교사'조차 내어놓지 못하고 있질 않은가? 오해 없었으면 좋겠다. 이는 누구를 힐난하는 말이 아니라 필자를 포함한 우리 학계 현실에 대해 자조하는 것임을. 그래서 첫머리에서 어떤 응어리로 가슴이 막혀 며칠 동안 마음이 편치 못하였다고 하였다.

나오는 것이라곤 '불교학개론'이고, '불교란 무엇인가'이며, '불교입문'이며, '불교의 이해'가 아닌가? 혹 그 밖의 달리 이름하는 것일지라도 결국 그러한 내용의 아류가 아닌가? 이제 그러한 것들은 불교대학 졸업생들이 저술가로서 호구의 업(業)을 삼아 쓰도록 넘겨주어야(혹은 남겨주어야) 하지 않겠는가? 지난 2500년간 '불교'가 생산해 낸 수미산도 비할 수 없을 지식이나 이야깃거리를 상식으로, 교양으로, 흥밋거리로, 혹은 관심의 고조나 포교의 일환으로 일반독자(혹은 불교신자)들에게 제공하는 불교저술가가 반드시 학자일 필요는 없다고 생각한다. 아니 학자라면 경계해야 할 일이라고 생각한다. 신선한 아이디어와, 자료를 정리하고 글쓰기에 소질이 있는 불교대학 졸업생이라면 능히 감당할 수 있지 않겠는가? 또한 오늘날 '돈(?)이 될 만한 인문학'이란 바로 그러한 것밖에 없지 아니한가? 그리고 바로 그러한 인력을 배출하는 것이야말로 불교대학의 중요한 역할이 아니던가? 이제 교단이나 교계가 '비빌 언덕'이라는 생각은 거둬들여야 하지 않겠는가? 그러한 요망은 지난 몇십 년으로 충분하지 않은가?

말이 딴 데로 흘렀다. 필자는 요즘 앞서도 인용한 적이 있는 《성실론》을 읽고 있다. 이 논은 길장(吉藏)의 《삼론현의》에서 경량부 혹은 비유부의 논서로 평석되었고, 사실이 그러하다. 그래서 읽고 있다. 이 논에 언급되는 학설을 대별하면 1/3 정도는 경량부 설이고('경량부'라고 하였지만 《대비바사론》 이래 사상적 편차가 매우 심하다), 1/3 정도는 유부 설이며, 나머지 1/3은 그 밖의 부파와 승론(勝論, Vaiśeṣika)과 수론(數論, Sāṃkhya) 등의 학설이다. 혹은 정리론(正理論, Nyāyā)의 16구의론(句義論)도 나온다. 따라서 이러한 학설들을 이해하지 못한다면 읽어낼 도리가 없다. 그것들은 이 논에만 나오는 것이 아니고 4-5세기 찬술된 인도불교의 논서(어느 정도 볼륨을 갖는)에는 다 나온다. 그러니 '세미 학술서'라도 '상캬 철학 입문'이나 '바이세시카(혹은 느야야) 철학 입문' 정도는 있어야 '장차 세계학계의 중심'이 되지 않겠는가?[33)]

왜 승론에서는 지·수·화·풍 등은 실체(dravya)이고, 색·향·미·촉 등은 속성(guṇa)이라 주장한 것이며, 왜 수론에서는 지·수·화·풍 등은 거친 물질[大]로서, 색·향·미·촉 등의 미세한 물질[唯]로부터 전개하였다는 것인가? 경이나 논에 그렇게 쓰여 있으니 그렇게밖에 이해할 도리가 없는 것인가? 그렇다면 왜 유부에서는 반대로 지·수·화·풍의 4대로부터 색·향·미·촉이 생겨났다고 하면서 각각을 자상을 갖는 법이라고 주장하는 것이며, 왜 성실론주 하리발마는 지·수·화·풍의 4대는 색·향·미·촉에 의해 드러나는 가설적 개념[假名]일 뿐이라고 외치는 것인가? 필자는 오래전 수론을 공부하면서 지·수·화·풍의 4대를 유부에서는 능조(能造)의 색이라는데, 여기서는 왜 소조(所造)라는 것인가 하고 의문을 가진 적이

---

33) 번거로운 중언부언이지만, 예컨대 《성실론》에서 인식대상[所緣境]의 비실재에 관해 논의한 〈무상품(無相品)〉의 "又有中無有, 云何有與法合故名有耶?"(《대정장》32, p.255상)와 같은 글귀는 바이세시카 학파의 최고의 보편인 유성(有性, satta)과 존재(즉 vastu, padārtha로서의 실체 내지 내속)와 화합(和合, samvāya)이라고 하는 개념을 알지 못하는 한 읽어낼 수 없다. 설혹 읽어낸다고 할지라도 소상하게 설한 '바이세시카 철학' 개론서 정도의 책이 없다면, 그 뜻을 이해할 수 없을 것이다. 인용문의 뜻은 이러하다. "유[성] 중에는 유성이 존재하지 않는데, 어떻게 '유[성]이 법과 화합하였기 때문에 존재하는 것이라고 말할 수 있다'는 것인가?

있었는데(몇해 전 인도철학회 학술발표회에서 상캬 학파 전변설에 대해 발표한 이에게 질문하기도 하였다), 《성실론》에서는 〈색론(色論)〉 첫머리에서 바로 이 문제를 노정시키고 있었다.

가설이든 정설이든 완성된 체계로서 제출된 연구성과를 제때 접하는 것도 중요하지만, 율장이든 논장이든 경장이든 그들이 이용하였던 텍스트를 먼저 읽는 것이 보다 더 중요하지 않겠는가? 그래야 그들의 연구성과를 조금이라도 비판적으로 이해할 수 있을 것이 아닌가? 새삼스레 그들이 제시한 주장의 논거들을 찾아 읽는 것은 〈시론〉에서의 말처럼 "장안에서 쏜 화살이 신라를 지나는 격"이다. 언제까지 쫓아만 가자는 것인가? 최근에 읽은 몇 편의 논문 중에는 개론서나 손만 뻗치면 쥘 수 있는 논서의 논설들이 구미학자의 저술에서 마구잡이로 인용된 것도 있었으며, 60년대 김동화 박사 시대의 글투와 같은 논문도 있었다. 이것이나 저것이나 기본자료를 읽지 않았거나 읽었더라도 정확히 읽지 못한 것이다.

오래전의 일이지만, 필자는 1992년 동대 불교문화연구원 개원 30주년을 기념하여 개최된 '한국의 불교학 연구, 그 회고와 전망'이라는 세미나에 발제자로 참가하여 "인도불교학은 김동화 박사 이래 여전히 답보 상태에 머물러 있다"고 말한 적이 있다.[34] 과연 오늘은 어떠한가? 우리는 '인도불교사'와 관련하여 불교 제 학파의 논전에 대한 훈고적인 주석 작업 이외 가설을 세우든, 기왕의 학설을 비판하든 어떤

---

34) 졸고, 〈우리나라 인도불교학의 반성적 회고〉《한국의 불교학 연구, 그 회고와 전망》, 동국대학교 불교문화연구원, 1994), p.13.; 본서 제5장 p.179.

식으로든 코멘트한 적이 있던가? 혹은 할 수 있기는 한가? 할 수 없다면, 왜 할 수 없는가? 학문의 연륜이 짧아서, 연구인력이 부족하여, 새로운 연구성과를 제때 수용하지 못하여, 최신 고고학적 자료를 접할 수도 해독할 수도 없어서? 그렇다면 우리끼리(?) 하는 것일지라도 수없이 쏟아낸 논문들과 개론서, 그리고 학위논문들이 과연 학문적 성과로서 축적되어 후속 세대의 학문적 토대가 되었던 것인가? 선학 제현께서는 오해 없었으면 한다. 이 또한 필자 스스로 수없이 뇌까린 변명이었고 자조의 독백이었음을.

우리에게 무엇이 결여된 것인가? 혹 우리는 불교학을 현실의 불교와 동일시하여 오로지 신념의 체계로만 받아들이고 있는 것은 아닌가? 혹은 사실 체계로 받아들일 여유가 없거나, 신념 체계를 사실의 체계로 포장하고 있는 것은 아닌가? 혹은 같은 말이지만, 텍스트의 엄숙함에 갇혀 행간을 읽지 못하고 있는 것은 아닌가? 혹은 소승이니 대승이니 하는 개별적인 텍스트에 갇혀 텍스트들 사이의 행간을 보지 못하고 있는 것은 아닌가?

우리는 전통적으로 삼론학을 통해 대승의 공관을 이해하는데, 대개는 이렇게 말한다. "비담(毘曇)은 무아의 경지는 체득하였으나 법유성(法有性)에 집착하였고, 성실(成實)은 아(我)와 법(法)의 이공(二空)은 구변(具辨)하였으나 밝힘이 미진하여 사견만 늘어놓아 모두 불교의 참된 뜻을 상실하였다." 이는 승랑과 이를 계승한 길장의 불교관을 이해하는 데에는 유효할지 몰라도 우리의 불교 이해, 그것이 대승 공관이든 비담의 실유론이든 성실의 가명론이든 모두에 바람직하지 못하다. 오늘의 원고지 매수로 20만 장도 넘을 비담과 성실을 단 한 문장, '실유'와 '가명'이라는 단 두 마디로 조진다. 불교의 참된 뜻을 상실한 것을 읽어 무엇할 것인가? 그러나 실은 단권(單卷)의 《삼론현의》에서조차 그러하지 않았다.

그 때 그들(毘曇의 毘婆沙師와 成實의 譬喩師와 三論의 空觀論者를 비롯한 당시 인도 불교계)에게 무슨 일이 벌어졌던가? 무엇이 문제였으며, 무엇을 추구하였던가? 불교학을 오로지 신념 체계로 받아들일 경우, 우리는 '사실'로 포장된 '진실'만을 알 수 있을 뿐이며, 우리에게는 그 진실의 주인공인 각각의 위대한 논사와 다만 개별적인 텍스트만이 존재할 뿐이다. 《성실론》도 명칭 자체는 '진실을 성취하게 하는 논'이다. 여기서 '진실'은 무엇인가? 4제(諦)이다. 《대비바사론》이나 《대지도론》은 법유론만을 광설(廣說, 비바사)하거나 대지도(大智度, 마하반야바라밀다)만을 논한 것이 아니다. 둘 모두 말하자면 인문학(당시 천문이나 자연학을 포함한)의 대백과사전이다.

불교학의 정초를 놓은 위대한 논사들이 활약하였던 시기는 대체로 굽타 왕조 전후이다. 인도의 사가(史家)들은 이구동성으로 A.D. 320년 찬드라굽타 1세의 즉위로부터 시작하여 6세기 중엽 흉노(에프탈리트)의 침입 등의 원인으로 종언을 고한 굽타 시대를 인도의 문예부흥기라고 말하고 있다. 《마하바라타》와 《라마야나》·《푸라나》가 오늘날의 형태를 갖춘 것도 이 때였으며, 인도 정통 6파철학의 수트라와 이에 대한 가장 기본적인 주석서도 이 시기에 제작되었다.

불교도 예외는 아니어서 인도불교사 연표에 따르면, 무착(310-390)과 세친(400-480 무렵)이 유가행파의 체계를 세우고, 안혜(500-550 무렵)·무성(530 무렵)·호법(530-561) 등이 이를 계승 발전시키고 있으며, 불호(470-540)와 청변(500-570)은 각기 귀류논증과 자립논증의 중관을 확립한다. 뿐만 아니라 불교논리학의 초석을 세운 진나(480-540)와 법칭(600-650)도 이 시기 활동하였으며, 당시 유력한 소승 부파였던 설일체유부의 경우도 법승·법구(4세기 초, 《바사론》의 법구가 아니라 《잡아비담심론》의 저자)를 거쳐 세친과 중현(5세기 후반)에 이르러 절정에 이른다.

그러나 법구와 세친 등은 비록 유부에 몸담았다고 할지라도 유부의 이단자 그룹이었던 서방사나 경량부에 가까운 인물이었다. 우리에게는 여전히 생소한 이름이지만, 경량부라고 자처한 일단의 비유자나 하리발마(250-350 무렵)·슈리라타(勝授)도 비록 연대기상으로는 세친에 앞서지만 동시대라고 말할 수 있다.

한 왕조 시기에 이처럼 각색의 다양한 사상가들이 활동하였던 일은 세계사상사에서 유래를 찾아보기 어려울 것인데, 이 같은 시대적 사정으로 볼 때 이들이 오로지 자신의 학문적 영역 속에서 독자적으로 활동하였다고 보기는 어렵다. 중국에 이르러 불교 제파는 여러 방식으로 분류되지만, 당시 인도철학 총서(예컨대 Sarvadarśanasaṃgraha)에서는 비바사사(毘婆沙師, Vaibhāṣika, 즉 설일체유부)·경량부(Sautrāntika)·중관파(Madhyamika)·유가행파(Yagācāra)로 분류하고 있는데, 이는 아마도 당시 가장 유력하였거나 혹은 가장 분명한 특성을 드러내고 있었기 때문이었을 것이다. 필경 불타(혹은 초기불교) 시대에는 없었을 이들 불교 제파는 어디서 유래한 것이며, 서로 간에 어떠한 연관을 지니며, 어떻게 변모 발전하는가?

무릇 학문의 변모 발전은 내부적 모순에 기인하기도 하며, 당시 시대적 상황 예컨대 외도나 이파(異派)의 도전이나 영향에서 비롯된 것으로도 볼 수 있다. 그렇다면 내부적 모순은 무엇이며, 외부의 도전이나 영향은 무엇인가?[35] 도대체 20여 부파(명칭상으로는 이보다 훨씬 많다)를 비롯한 불교 제파는 어떻게 일어나게 되었고, 그들 사이에 무엇이 문제였던가? 문제를 알아야 답(연구성과)도 이해할 수 있을 것이며, 문제를 알아야 논문도 쓸 수 있을 것이 아닌가?[36]

필자는 소승 제파도, 대승도, 중관도, 유식도, 여래장도 결국은 동일한 문제로 인해 파생되어 전개한 것이라고 믿고 있다. 따라서 문제 중심으로 본다면 소승 부파불교와 대승은 칼로 무 자르듯이 따로 떼어 놓고 생각할 수 없다. 그것이 소승인가, 대승인가, 불교인가, 불교가 아닌가 하는 문제는 그렇게 중요하지 않다.

구마라집이 《성실론》을 번역한 이래, 이 논이 대승의 논인가, 소승의 논인가 하는 문제가 매우 심각하게 논의되었다고 전한다. 주지하듯이 이를 소승이라 파척하고 일어난 것이 삼론종이었다. 《성실론》은 4제를 골격으로 하여 찬술된 것이기 때문에 소승이라면 소승이다. 그러나 여기서는 상의(相依) 상대(相待)에 따른 무자성의 가명론(假名論)을 포함하여 무소연식론(無所緣識論, 따라서 심·심소 불상응), 아(我)·법(法) 양공(兩空)이 설해지고 있으며, 이는 중현의 《순정리

---

35) 예컨대 사사키 시즈카의 《인도불교의 변천》에서 제1 논거로 내세운 아쇼카왕의 분열법칙(分裂法勅)은 대중부의 파승 개념의 전환에 있어 외부적 영향이라 할 수 있다. 혹은 내부적 모순이 법칙에 반영된 것이라고도 할 수 있다.(주 17 참조)
36) 비록 일반독자들을 위한 개설서이기는 하지만, 어떤 '불교사'(《불교사의 이해》, 조계종출판사, 2004, p.40)에서는 이같이 말하고 있다. "사실 《이부종륜론》 등의 문헌에서 전하는 각 부파의 주장 점들은 언뜻 보기에 별반 차이가 없는 듯도 하다. 하지만 그들이 주장하고 논쟁하였던 교리상의 논점들은 대승불교의 성립에 지대한 영향을 주었다." 돌(咄)!

론》상에서 수도 없이 인용 비판되는 비유부(즉 경량부)나 당시 이 부파의 리더[上座]였던 슈리라타의 학설과 거의 일치한다. 따라서 이 논서는 이미 길장도 말하였듯이 비유부의 논서이다. 그래서, 그래서 어쨌다는 말인가?

우리는 이를 통해 아공법유(我空法有, 비담)-법가(法假, 혹은 法空, 성실)-공가상즉(空假相卽)의 중도(中道, 삼론), 혹은 유소연식(有所緣識, 비담)-무소연식(無所緣識, 성실)-유식무경(唯識無境, 유식)으로 이어지는 사상적 변이를 찾을 수도 있을 것이지만,[37] 이는 구체적이지는 않을지라도 이미 알려진 사실이고, 우리는 텍스트의 행간에서, 혹은 각각의 텍스트들 사이의 행간에서 인도불교사를 새롭게 밝히거나 보충할 만한 수많은 정보를 구할 수 있다. 거기서는 오로지 법유론 따위만을 설하고 있는 것이 아니다. 경전상에 언급된 법상(法相)의 해석과 거기서 파생된 온갖 문제들, 이를 둘러싼 온갖 이설, 비판, 논박과 논박에 대한 재비판, 힐난, 에피소드나 비유 등이 열거되고 있으며, 우리는 이를 통해 예기치 못한 낙수(落穗)거리를 주울 수도 있다. 《순정리론》은 한역으로 80권이며, 《성실론》은 비록 16권이지만 실제 분량은 현장의 30권본 《구사론》과 비슷하다. 《대지도론》이나 《유가사지론》은 물경 100권이며, 《대비바사론》은 200권이다. 얼마나 방대한가? 그러니 낙수거리 또한 얼마나 많을 것인가? 그런데 그 낙수는 어디에 숨어 있는가?

---

37) 조금 과장되게 말하면, 《대비바사론》에서 80회 이상 언급되는 비유자(譬喩者)설—《성실론》·《구사론》에 무기명으로 인용되는 경량부 혹은 비유자설—《순정리론》의 비유부 내지 상좌 슈리라타의 설로써 거의 모든 대승사상의 유래를 밝힐 수 있다. 문제는 경량부의 정체는 무엇이며, 어떻게 형성되었고 발전하는가 하는 점이다.

그러니 읽어야 한다. 처음부터. 도대체 어느 하 세월에? 그렇기 때문에 읽어야 한다. 〈시론〉에서 염려한 우리 학문 후속 세대들에게 조금이라도 남겨 그들의 방황과 시간을 절약시켜 주기 위해서라도. 쓸데없는 논문은 그만두어야 한다. 이것이 오늘의 필자 지론이다.

사사키 시즈카 교수가 주목한 것은 '예기치 못한 낙수'였다. 그는 그것을 '숨겨진 정보'라고 하였다.[38] 그의 책(《인도불교의 변천》)에서 그것은 대단히 중요한 의미를 갖는다. 적어도 초기불교 교단사를 재구함에 있어 서로 상충되는 거의 모든 정설(定說)들은 후대 개변되거나 가탁된 것으로 보았기 때문이다. 그는 "대관(大官)이 악비구를 교단에서 추방하였다"는 아쇼카왕의 분열법칙(分裂法勅)에 상응하는 문구를 《마하승기율》에서 찾아냄으로써 이 율장을 일거에 사서(史書)로 만들어버렸다. 다시 말해 그간 오리무중이었던 초기불교 교단사의 기준점을 찾아내었던 것이다. 이는 그의 모든 논의를 가능하게 한 첫 번째 열쇠였다. 그야말로 압권(壓卷)이었다.[39]

---

38) 이자랑 역, 《인도불교의 변천》, p.76. '숨겨진 정보'는 무작정 읽는다고 해서 찾아지는 것이 아니다. 당연한 말이지만, '자신의 문제'를 갖지 않은 한 읽어도 '낙수'를 주울 수 없다.

39) 그는, 이 기준점에 근거하여 "《마하승기율》에서는 오로지 파승(破僧)을 파갈마승(破羯磨僧)으로 규정하지만, 유부율(《십송율》) 등에서는 여전히 파법륜승(破法輪僧)이었고, 법장부나 화지부(《사분율》)과 《오분율》에서는 절충형으로, 이 시대 파승의 개념이 파갈마승으로 바뀌었고, 결국 유부도 동조하였으며, 마침내 불교 다양화의 길을 열었다"는 논의를 전개하였다.(전술) 사실 난마같이 얽혀 있는, 혹은 오리무중의 초기 부파불교의 교단사나 교리사 연구의 어려움을 겪어 보지 않은 이라면, 그의 《인도불교의 변천》의 가치를 헤아리기 어려울지도 모른다. 고백컨대 필자에게는 대단히 충격적이었다. 그 한 예로, 필자는 초기불교 교단사에 대해서는 아예 접근도 하지 못한 채 유부를 중심으로 한 제 부파의 논서만을 읽어 왔는데, 《발지론》에서 "3악행 중 파승의 허광어(虛誑語)가 가장 큰 죄이다"고 천명한 이래, 《바사론》를 비롯한 유부의 거의 모든 논서에서는 파승을 두 가지로 분류하여 그것의 본질·조건·시기·작자·과보 등 이를 둘러싼 온갖 문제에 대해 논의하면서, "불타 입멸 이후 등 여섯 시기에는 파법륜승이 일어나지 않는다"고 하였다.(이에 대해서는 《인도불교의 변천》 pp.104-116에서 설해지고 있다.) 그렇다면, 이는 곧 불타 입멸 이후로는

요컨대 우리는 신념 체계인 '진리'에 갇혀, 혹은 그것과 동격으로 여기는 텍스트의 엄숙함에 갇혀 그 때 그 역사의 현장을 찾지 못한다는 것이다.[40] 찾아진 역사의 현장(새로운 학설)을 시의에 맞게 접하는 것도 좋은 일이겠지만, 학자에게 있어 이는 어디까지나 금과옥조로서 수용하기 위함이 아니라 또 다른 새로운 현장을 찾기 위함이 아니던가?

〈시론〉에서는 "왜 세계학계의 첨단에 참여하는 학자가 없는가?"라고 자문하고, 불교학자의 수가 지극히 적기 때문이라고 자답하고 있지만, 필자는 그렇게 생각하지 않는다. 박사과정 이상만이 불교학자라고도 생각하지 않는다. 왜인가? 이에 대해서는 말하지 않으련다. 또한 최신학설의 수용이 늦기 때문이라고도 생각하지 않는다. 수용할 만한 바탕(토대)이 마련되어 있지 않은 한, '제때'라는 것은 그다지 중요하지 않기 때문이다.[41]

그런데 도대체 누가 수용해야 하는 것인가? 수용할 만한 이가 수용

갈마의 파괴만이 일어났다는 말이며, 파갈마승은 상식적으로 하나의 교구(界) 안에서 포살 등의 작법을 별도로 시행하는 것으로, 10사(事) 중 주처정(住處淨)과 유사한 것이라고 해야 할 것인데, 이를 어찌 '승가의 파괴'라고 할 수 있을 것이며, 저 많은 부파는 다 무엇이며, 또한 유부가 다른 부파를 저토록 미워하는 까닭은 무엇인가? 이러한 소박한 의심은 파승 개념의 변화과정을 읽으면서 일시에 해소되었다.

40) 우리는 대개 오늘날에도 계율을 '불교윤리' 정도로 생각할뿐더러(여기에는 분명 문제가 있다) 정직하게 생각한다고 해도 6부의 광률(廣律)을 각 부파에 따라 다르게 전승된 법령집 정도로만 생각하지, 누가 그것으로 초기 교단사를 밝히고 나아가 대승불교의 기원을 밝힐 사료로 생각할 것인가?

41) 우리는 여전히 1930-1940년대 일본이나 구미에서 나온 논문을 보며, 그들의 문제제기와 해석에 탄식하고 있지 않은가? 지극히 부끄러운 말이 될지는 몰라도 필자에게 있어 宮本正尊, 『譬喩者, 大德法救, 童受, 喩鬘論の硏究』(《日本佛敎學協會年報》 제1집, 1936)나 Jean Przylusky, *Darṣṭāntika, Sautrāntika and Sarvāstivādin*(The Indian Historical Quarterly. vol. XVI, Calcutta, 1940)은 학위논문을 쓸 때에도 외경(畏境) 자체였고, 지금도 그러하며, 1884년에 출판

하지 않겠는가? 누가 수용할 만한 이인가? 세계학계의 첨단에 참여하는 학자인가? 순환모순이다.

"왜 세계학계의 첨단에 참여하는 학자가 없는가?" 필자는, 후학들에게 주체적으로 문제를 찾고, 그 문제를 연구할 만한 학적 토대를 마련해주지 못하였기 때문이라고 생각한다. 우리가 그러하였듯이, 우리의 후학들은 왜 매번 처음부터 다시 시작해야만 하는 것인가? 가설이든 비판이든 선학의 학적 토대를 딛고서 거기서부터 출발할 수는 없는 것인가? 둘러 말할 것 없이 노골적으로 말하자. 적어도 감(感)이라도 잡을 수 있도록 목차와 역주가 첨부된 불교(혹은 인도철학) 제파의 주요 경론과 이에 근거한 군소리를 뺀 소상한 개론서(비록 '세미 학술서'일지라도)를 그들의 손에 쥐어줘야 하지 않겠는가?[42] 적어도 학부시절에. 그래야 문제의 소재라도 알 수 있을 것이 아닌가? 그래야 이리저리 왔다갔다하지 않고 사사키 교수처럼 한 문제에만 십 년을 매달리고, 그리고서도 다시 십 년, 이십 년을 기약하지 않겠는가? 그것은 누구의 책임인가?

된 W. W. Rockhill, *The Life of the Buddha and The Early History of His Order* 제7장 (History of the Schools of Buddhist)을 여전히 경이의 눈으로 바라보고 있다. 우리는 오늘에 이르러서도 그러한 정도의 성과를 갖지 못하였다.

42) 《한글대장경》이 완간되어 있지 않은가 하고 반문할 수도 있겠지만, 그것의 문제점은 누구나 다 아는 사실이다. 그래서 참고하였음에도 논거의 출처로서 밝히길 꺼려 한다. 그런데 무엇이 《한글대장경》의 문제점인가? 이에 대해 몇 차례 세미나가 개최되었고, 다수의 평론도 발표되었지만, 문제점의 지적이 하나같이 원론적이라는 데 더 큰 문제점이 있어 보였다. 자꾸 거명하여 민망하지만, 사사키 시즈카의 《인도불교의 변천》을 읽으면서 또 하나 놀랐던 것은 그가 이용한 자료라는 것이 거의 대개 우리가 지금 손만 뻗으면 쥘 수 있는 그러한 것이었다는 점이다. 대개 초기 부파불교 교단사의 연구서라고 하면, 생판 듣지도 보지도 못한(그것도 서로 상충하여 난마처럼 얽혀 있는) 자료들이 수도 없이 열거되지만(《이부종륜론》만 하더라도 여섯 종류나 되며, 이와 유사한 部執의 자료는 열 가지도 넘는다), 그가 중요시한 것은 앞서도 말한 적 있는 '우리에게 이미 알려진 자료'인 '한역(漢譯)의 숨어 있는 정보'였다.(이자랑 역, 앞의 책, p.371; p.76)

"이는 우리의 책임이다."

이 말을 하고 싶어 이 글을 쓰게 되었다.

5. 사족

또 말이 넘쳤다. 나이(?) 탓으로 돌릴 수밖에 없다. 필자도 어제는 학생이었고, 그 때도 학우들과 함께 이런 넋두리를 늘어놓으면서 선학을 탓하기도 하였었다. 여러 사람들에게 누가 되는 발언이 있을지 몰라 또 며칠간 마음 편치 못할지도 모르겠다. 첫머리에서 말하였듯이 필자의 하소연이나 변명 정도로 읽어주었으면 좋겠다. 이제 바야흐로 학생시절의 원망은 고스란히 필자(세대)의 몫이 되고 말았기 때문이다. 김호성 교수는 그 옛날 학부시절부터 외우(畏友)였고, 지금도 여전히 그러하다.

제7장
'불교의 물질관'에 관한 단상 斷想

* 이 글은 원각불교사상연구원 편, 《믿음과 수행의 길》(대한불교천태종 출판부, 2008)에 게재된 것이다.

'불교의 물질관'에 관한 단상斷想

1. 불교에서의 물질, 색色

'마음' 혹은 '정신'이라는 말에 대응하는 '물질(matter)'이라는 말은 한역(漢譯) 불전(佛典)뿐만 아니라 전통의 한문문헌에도 나타나지 않는다. 이는 대개의 문화어들이 그렇듯이 메이지유신 이후 일본에서 만들어진 신조어이다. '물'은 사물, '질'은 바탕이라는 뜻이므로 '현상의 바탕이 되는 사물'이라는 정도의 의미가 되겠지만, 마음 또한 그러한 의미를 지니므로 굳이 한문전통에서 이에 부합하는 말을 찾자면 외물(外物) 정도가 될 것이다.

불교에서 '물질'에 대응하는 술어는 다름 아닌 색(色)이다. 육신을 지니고 있는 한 물질은 결코 간과할 수 없는, 아니 현실에서의 인간 삶에 절대적인 조건이 되는 것이기에 '색'에 관한 논의 역시 '마음'과 더불어 불교학의 한 축을 이룬다. 불교 내부에서 '색'이라는 말을 그만큼 많이 찾아볼 수 있다는 말이다. 한문전통에서 색은 대개 '안색(顏色)', '행색(行色)'이라는 말에서 보듯이 빛깔(색채)이나 모양새(형태) 등을 의미하며, 이것이 변하여 주색(酒色)의 '색'과 같은 부정적 의미로 사용되기도 하지만, 불교에서 말하는 '색'의 외연은 이보다 훨씬 넓다. 시각의 대상을 비롯하여 물질 일반, 나아가 물질에서 파생된 힘 등을 모두 포함하기 때문이다.

일차적으로 색은 시각의 대상이라는 의미로 사용된다. '안(眼)·이(耳)·비(鼻)·설(舌)·신(身)·의(意), 색(色)·성(聲)·향(香)·미(味)·촉(觸)·법(法)'이라 할 때의 '색'이 바로 그것이다. 이 때 색은 푸르고 노랗고 붉고 흰 등의 색채와 길고 짧고 모지고 둥근 등의 형태를 갖는다. 우리가 눈으로 볼 수 있는 것은 다만 이 두 가지뿐으로, 범어 루파(rūpa)를 '색(色)'이라는 말로 번역하게 된 것도 아마 이 같은 의미에 근거하였기 때문일 것이다.

루파는 원래 '변화하여 허물어지는 것[變壞性]'이라는 뜻으로, 허물어짐의 괴로움을 낳는 것을 말한다. 그러나 허물어지는 것은 색만이 아니다. 마음을 포함하여 생겨난 모든 것은 변화하고 허물어지기 때문에, 대개는 '다른 색의 생기를 장애하는 것[礙性]'이라는 뜻으로 해석된다. 다시 말해 부피를 갖고 특정의 공간을 점유함으로써 그곳에 그 밖의 다른 색이 생겨날 수 없게 하는 것이 바로 색의 뜻이다. 이는 서양철학에서 물질을 연장(延長, extension)으로 규정한 것과 동일하다. 따라서 불교철학에서 색은 시간적인 변이성과 공간적인 점유성을 지닌 존재를 말한다. 그렇다고 본다면, 색은 시각의 대상(즉 12處 중의 色處)만이 아니다. 안·이·비·설·신과 같은 내적인 신체 기관(즉 色身)도, 그 밖의 성·향·미·촉과 같은 외계의 대상도 넓은 의미의 색이다.

나아가 불교 제파(諸派)에 따라 차이가 있기는 하지만, 의지작용에 근거한 언어적 신체적 활동(즉 語業과 身業)도 색법에 포함되며, 그것이 과보를 낳기 전까지의 상태나 세력 역시 그러한데, 전자를 외부적으로 나타난 색, 즉 표색(表色, 혹은 表業)이라 하고,[1] 후자를 이와 반대로 무표색(無表色, 혹은 無表業)이라 한다. 무표색은 말하자면 미래에 결과를 낳게 하는 물리적 힘이다. 따라서 이는 눈으로 볼 수 없고 사유에 의해 파악된다. 선인선과(善因善果) 악인악과(惡因惡果), 즉 선업에 의해서는 좋은 결과가 낳아지고 악업에 의해서는 나쁜 결과가 낳아진다고 한 이상, 결과를 낳게 하는 힘이 존재해야 하는 것이다.

여담이지만, 작년(2007년) 노벨평화상은 유엔 정부 간 기후변화위원회(IPCC)가 엘 고어 전 미국 부통령과 함께 공동 수상하였는데, "IPCC는 인류에게 큰 위협이 되는 기후변화가 인간이 야기한 문제라는 사실에 경각심을 불러일으킨 대표적 단체였을뿐더러, 인간의 활동이 기후변화를 일으킨다는 주장은 1980년대에는 하나의 가설에 불과했으나 이 위원회의 노력으로 우리는 이러한 주장을 뒷받침하는 확고한 증거들을 갖게 되었다"는 것이 선정 변(辯)이었다. 이러한 수상의 이유는 다른 유신론적 종교에서는 받아들이기 어려운 사실들이겠지만, 불교에서는 기후변화는 물론이거니와 우주의 생성과 괴멸조차 인류공동의 업(共業)의 결과로 보기 때문에 그렇게 낯설지 않다. 무표색을 주장하는 불교학파(예컨대 설일체유부)에 따르면, 좋거나 좋지 못한 미래의 결과는 다만 마음에 의해 초래되는 것이 아니라 구체적이고

| 1) 어업(語業)과 신업(身業)은 각기 말소리(語聲)와 신체적 형태(身形)를 본질로 한다.

도 실제적인 원인에 의해 초래되며, 그러한 결과 또한 인간 삶에 구체적으로 영향을 미친다.

그리고 이러한 온갖 종류의 색(5근·5경·무표색)을 총칭하는 말이 5온(蘊: 色·受·想·行·識) 중의 첫 번째인 색온(色蘊)이다. 따라서 5온의 '색'은 바로 물질의 총체를 나타낸다.

2. 물질은 인간 삶의 바탕

'온(skandha)'은 집합의 뜻이다. 그렇다면 '색'은 무엇의 집합물인가? 이에 따라 물질에 대해 보다 구체적으로 살펴보지 않으면 안 된다.

예컨대 한 잔의 차는 형태와 색채를 갖기에 눈에 보인다. 또한 코로 냄새 맡고 혀로 맛보며, 손으로 감촉을 느낄 수도 있다. 즉 색(色)·향(香)·미(味)·촉(觸)을 갖는다. 그렇다면 이는 물질의 본래적인 성질인가? 그렇지 않다. 본래적인 성질은 지(地)·수(水)·화(火)·풍(風)이다. 따라서 '지' 등은 당연히 땅 등을 의미하는 것이 아니라 견고성·습윤성·온난성·운동성을 말한다. 어떠한 물질도 이 네 가지를 본질로 한다. 이 네 가지는 항상 함께 존재하는데, 현실의 땅(혹은 얼음)은 다만 견고성이 두드러진 것이고, 물은 습윤성이 두드러진 것일 뿐으로, 여기에는 다 같이 색·향·미·촉이 존재한다.

불교에서는 이러한 '지' 등을 4대(大, 혹은 大種)라 하고, '색' 등을 4대의 화합에 의해 생겨난 이차적인 색, 즉 소조색(所造色)이라 한다. 현상의 모든 물질은 최소한 이 여덟 가지를 모두 갖추고 있으며(이를 8

事俱生이라 한다), 그래서 경에서는 5온 중 색온에 대해 설할 때면 항상 "4대와 소조색이 바로 그것이다"고 말하고 있는 것이다.

그렇다면 물질(예컨대 찻잔)을 쪼개고 또 쪼개어 더 이상 쪼갤 수 없을 때까지 쪼개면, 그 때도 여전히 형태와 색채를 갖는 것일까? 세계를 분석(分析)하여 보려는 것은 불교의 기본적인 사유방식이다. 우리 범부들은 대개 우리가 경험하는 세계가 단일하고 영원한 것이라고 믿는 성벽이 있다. 그것을 '나' 혹은 '나의 것'이라 여기며, 그래서 이에 집착하지만, 여기에는 필시 괴로움이 수반된다. '나'나 나의 세계는 다만 5온의 인연화합이다. 2만여 개의 부품의 집합을 '차(車)'라 이름하고, 개별적인 나무들의 집합을 '숲'이라 이름하듯이, 자아 또한 5온의 화합이다. 부품을 떠나 별도의 차가 존재하지 않듯이, 5온을 떠나 별도의 자아가 존재하지 않는다. 차가 온갖 부품으로 분석되듯이, 자아 역시 5온으로 분석된다. 따라서 단일하고 영원한 세계도, 그것의 토대라고 여기는 자아도 존재하지 않는다. 무아이며, 무상이다. 이 같은 분석적 방법이 초기불교의 기본적인 사유방식이었다.

물질을 분석하여 더 이상 분석할 수 없는 최소단위를 극미(極微)라고 한다. 여기에는 견고성 등의 4대(大)가 함께 존재하지만, 앞서 그 중 무엇이 두드러지는가에 따라 물성이 결정된다고 하였다. 그런데 문제는, 극미의 집합인 구체적 물질(즉 색)이 공간을 점유하는 것이라면, 극미는 어떠한가 하는 점이다. 만약 유방분(有方分, 부피를 갖는 것)이라면 다시 쪼갤 수 있어 극미라 할 수도 없으며, 무방분(無方分, 부피를 갖지 않는 것)이라면 아무리 많은 극미가 결합하여도 역시 부피를 갖지 않는다고 해야 한다.

또한 극미는 통상 사방 상하의 여섯 개의 극미에 둘러싸여 최초의 결합을 시작하는데,[2] 이 때 결합은 실제적으로 접촉한 것인가, 다만 무간(無間), 즉 절대적 근접일 뿐인가? 만약 실제적으로 접촉한 것이라면, 이 때 접촉은 일곱 개의 극미가 전체적으로 접촉한 것〔遍觸〕인가, 부분적으로 접촉한 것〔分觸〕인가? 만약 전체적으로 접촉한다면 결국 일곱 극미는 하나로 뒤섞인 상태이므로 산하대지조차 하나의 극미 크기라고 해야 하며, 부분적으로 접촉한다면 가운데 극미는 여섯 부분을 갖기 때문에 극미라고 말할 수도 없다. 그리고 절대적으로 근접한 것을 접촉(혹은 결합)이라 한다면, 극미 사이에는 이미 간격이 있어 '장애하는 것〔礙性〕'이라고도 말할 수 없다. 이는 딜레마이다.

이는 근대 자연과학에서도 야기된 난해한 문제로서, 분석론적 입장에 서는 한 필연적으로 제기될 수밖에 없는 문제이기도 하다. 제 학파와 시대에 따라 이에 대한 입장과 해석을 달리하지만, 설일체유부라는 학파에서는 극미를 무방분의 가설적 극미와 유방분의 실제적 극미라는 이중구조로 해석하여 각기 추리와 지각의 대상으로 이해하였다. 그리고 추리의 대상도 알려진 이상 실재하는 것이라고 이해하였다. 그리고 무방분의 제 극미는 하나의 극미도 들어갈 틈이 없이 절대적으로 근접하여 집합하지만(이를 和集이라 함), 풍계(風界)의 견인력에

---

[2] 이를 1미취(微聚, 혹은 微)라고 한다. 그리고 7미취를 1금진(金塵, 금속의 입자), 7금진을 1수진(水塵, 물의 입자), 7수진을 1토모진(兎毛塵, 토끼의 털끝 정도의 입자), 7토모진을 1양모진(羊毛塵), 7양모진을 1우모진(牛毛塵), 7우모진을 1극유진(隙遊塵, 광선 중에 흩날리는 먼지 크기의 입자)이라 하며, 7극유진을 1기(蟣, 서캐 크기의 입자), 7기를 1광맥(穬麥, 밀알 크기의 입자), 7광맥을 1지절(指節)이라 하는데, 3지절이 바로 1지(指), 즉 손가락의 크기이다.(《구사론》 권12, 권오민 역, 동국역경원, 2002, p.550) 따라서 하나의 밀알은 7의 10승, 즉 282,475,249개의 극미가 모인 것이라 할 수 있다.

의해 서로에 영향을 미쳐 하나의 결합물〔聚色〕을 형성한다. 마치 달과 지구와 태양이 비록 떨어져 있을지라도 중력으로써 하나의 태양계를 형성하는 것과 같다고 하겠다.

아무튼 초기불교 이래 물질(색법)은 인간의 인식과 활동의 근거이자 조건으로, 또 다른 세계를 초래하는 힘으로 이해되었다. 즉 어떠한 경우에도 눈〔眼根〕과 눈에 의해 보이는 대상〔色境〕 없이 시의식〔眼識〕은 생겨나지 않으며, 나아가 몸〔身根〕과 몸에 의해 접촉되는 대상〔觸境〕 없이 촉의식〔身識〕은 생겨나지 않는다. 그리고 이러한 전(前) 5식에 근거하여 의식(意識)이 생겨나며, 이에 따라 입(말소리)으로 몸(신체적 형태)으로 업을 짓고(행위하고), 이러한 업력(즉 무표색)에 의해 또 다른 세계를 향수(享受)하게 되는 것이다. 이러한 점으로 볼 때, 물질은 인간의 현실 삶에 바탕이 되는 것이라 하지 않을 수 없다.

3. 유심의 불교

그런데 언제부터인가 물질은 불교에 반(反)하는 것으로 여겨왔다. 그것은 높은 정신활동에 장애가 되는 것으로 인식되었으며, 해서 성자는 그것에 초연한 이로 간주되어 왔다. 이러한 사유는 어디서 비롯된 것일까? 우리는 흔히 불교를 마음의 종교라고 한다. "일체유심조(一切唯心造)─일체의 모든 존재는 그 자체로서 존재하는 것이 아니라 마음에 의해 지어진 것이다." 이러한 유심(唯心)의 불교는 또한 어디서 비롯된 것일까? 단초는 《화엄경》이지만, 이론적으로 모색된 것은 유식학파(唯識學派)에서였다.

세친(世親)은 그의 《유식이십론(唯識二十論)》 첫머리에서 '삼계(三界)는 오로지 마음'이라는 《화엄경》〈십지품(十地品)〉의 말을 인용하여 대승의 취지는 유식(唯識)이라 주장하면서 이같이 설하고 있다.

> 오로지 의식만이 존재할 뿐 그 대상은 존재하지 않으니, 마치 사람 눈에 백태가 끼면 터럭이나 두 개의 달이 보이듯이, 실재하지 않는 대상이 허망하게 나타나 보이는 것일 뿐이다.[3]

그에 의하면, 외계 대상은 실재하지 않으며 오로지 의식만이 존재할 뿐이다. 우리는 앞서 물질의 양적 최소단위인 극미가 유방분인가, 무방분인가에 대해 살펴보았는데, 세친은 유방분이든 무방분이든 모두 난점을 지니기 때문에 극미를 객관적으로 실재하는 외계 대상이 아니라 다만 관념상으로 나타난 가설적 극미로 이해하였으며, 따라서 외계 대상 역시 감관[根]에 의해 알려지는 것이 아니라 식(識)에 의해 알려진다.

이를테면 우리는 외계에 객관적으로 실재하는 '산'을 보는 것이 아니라 산의 관념을 보는 것이다. 즉 마음에 의해 낳아진 산의 관념이 외계로 투영되어 마치 외계 실재하는 것처럼 보일 뿐으로, 그것은 신기루와 같고 환상과 같으며, 꿈과도 같다. 그것은 실재하지 않는 주객 이원의 허망(거짓된) 분별일 따름이다. 해서 유식학파에서는 일찍이

---

3) 구담(瞿曇) 반야류지(般若流支) 역, 《유식론(唯識論)》《대정장》31, p.63하).

경험하였던 '관념들의 창고'라고 할 만한 심층의 의식인 아뢰야식(阿賴耶識, alaya vijñāna)을 설정하고, 자아의식을 비롯한 일체의 의식, 즉 인식하는 의식과 인식되는 의식(산 등의 관념)은 그것으로부터 변화한 것이라고 주장하였던 것이다.

그렇다고 할지라도 그들은 물질을 포함하여 현상으로 드러난 사사물물(事事物物) 온갖 존재의 차별상에 대해 논의한다. 온갖 존재의 차별상에 대한 언급 없이 허망분별을 논할 수 없기 때문이다. 그래서 이후 중국에서는 이상과 같은 물질과 마음 등의 현상의 온갖 차별상에 대해 논의하는 불교를 상종(相宗)이라 하였다.

나아가 마음은 현실, 즉 미혹한 세계의 씨앗(종자)이 될 뿐만 아니라 깨달음의 근거가 된다고 하는 불교학설이 출현한다. 이른바 여래장(如來藏, tathāgata garbha)사상이 그것이다. 여래장이란 '여래의 태아' 혹은 '여래의 탯집'이라는 정도의 의미로서, "모든 중생은 여래의 태아로서 여래 안에 포용되어 있다"거나 "모든 중생은 자신 안에 여래의 가능성, 여래의 씨알을 품고 있다"는 뜻이다. 후자가 보다 일반적인 의미이다. 즉 밖으로 드러난 모습은 미망의 범부이지만, 그러한 미망 속에 여래라는 태아가 감추어져 있다는 말이다. 이제 바야흐로 마음은 생멸(生滅, 미망)과 진여(眞如, 여래), 공(空)과 불공(不空)의 토대로서 이해되었다. 일체 모든 존재의 본원(本源)으로 간주되었다.

불교사상사를 통해 다시 간추려 말하면, "색즉시공(色卽是空) 공즉시색(空卽是色) — 일체의 모든 존재는 마치 꿈과 같고, 환상과 같고, 물거품과 같고, 그림자와 같고, 아침이슬과 같고, 번갯불과 같다"는 반야공관(般若空觀)에 기초하여 일체는 마음에 의해 분별된 것이라는 유식관(唯識觀)을 거쳐 마침내 진여자성(眞如自性) 내지 일심(一心)이라 일컬어지는 '절대〔不空〕의 마음'을 통찰하였고, 중생(현실)도 부처(이상)도 다 이러한 절대의 마음에서 비롯된 것으로 여기에 되었다. "마음과 부처와 중생은 본질적으로 어떠한 차별도 없다."[4]

이러한 '일심'이라 일컬어진 절대 마음의 불교는 바야흐로 동아시아에서 전개한 거의 모든 불교의 요체가 되었으며, 이후 중국에서는 이러한 단일한 진여자성에 대해 논의하는 불교를 성종(性宗)이라 하였다.

4. 이상〔性〕과 현실〔相〕

한편 생각해 보면, '마음이 바로 부처'라거나 '중생이 바로 부처'라는 명제는 이상적 측면으로, 이러한 거대 담론 앞에서는 옳고 그름도, 잘나고 못남도, 선악도, 빈부도 다만 허망한 분별일 따름이다. 그러나 이러한 차별은 엄연한 현실이다. 오늘날 경제적 차별은 모든 차별에 선행하며, 따라서 분배의 문제는 전 지구적인 화두라고 해도 과언이 아니다.

가난은 현실이다. "가난은 자랑은 아니지만 그렇다고 부끄러운 것도 아니며, 하물며 죄가 아니다"고들 말하지만, 이는 대개 가난을 지렛대로 삼아 성공한 이의 회고이다. 가난은 개념상으로는 부(富)가 결여된 상태이며, 그래서 실체가 없는 것〔無自性〕이지만, 현실의 삶 속

---

4) 《화엄경》(60권) 권10 〈야마궁중게찬품(夜摩宮中偈讚品)〉《대정장》9, p.465하).

에서는 실로 고통의 질곡이며, 죄악이다. 가난한 탓에 병든 부모를 병원에도 가보지 못한 채 생을 마치게 하였다면, 자녀를 유기하게 되었다면, 교육의 기회를 주지 못하여 가난을 대물림하게 하였다면, 이 어찌 부끄러운 일이 아닐 것이며 죄가 아닐 것인가? 여기에 '일념삼천(一念三千)'은 공허하다.

이른바 세속화의 문제는 현대종교가 직면한 가장 보편적인 문제가 되었다.[5] 불교 역시 예외일 수 없다. 불교는 본질적으로 자비 이타를 지향하기 때문이다. 오늘날 학교·병원·고아원·빈민구호소와 같은 사회봉사기관을 포함하여 현실의 온갖 문제를 다루는 시민운동으로 어떤 한 종교의 교세를 가늠하기도 한다. 정부를 대신하여 사회적 문제해소를 하나의 이념으로 삼고 있으며, 그것이 불교가 나아가야 할 최선의 길인 것처럼 비쳐지기도 한다.

그러나 세속화를 지향하는 한, 불교는 추상적인 거대담론에서 한걸음 물러서지 않으면 안 된다. 그럴 경우 제 종교의 교리는 일정 부분 거추장스러운 것이 되고 말 것이며, 결국 종교 간의 차별성도 무시될 수밖에 없다. 세속화가 종교의 모든 것은 아니다. 종교의 본질적 측면 또한 간과할 수 없기 때문이다. 전자가 현실이라면 후자는 이상이다. 동아시아 불교 전통상에서 현실의 차별상에 치중한 것이 상종(相宗)이라면 절대의 이상에 치중한 것이 성종(性宗)이다. 세속화를 실현하기 위해서는 가난 등의 사회악에 대한 통찰이 필요하다. 물질과 그것이 인간의 현실 삶에 미치는 영향에 대해 강렬한 통찰이 필요하다.

| 5) 뤄위례(褚宇烈), 〈인간불교의 이념과 실천〉《천태학연구》 제8집, 천태불교문화연구원, 2006) p.68.

이상을 떠난 현실은 초라하지만, 현실을 떠난 이상은 공허하다. 성종의 거대담론이 도출되기까지의 인간과 세계에 관한 온갖 다양한 사색과 이론의 절차가 무시되는 한 그것은 구호나 다름없으며, 구호에는 항상 현실성이 결여될 수밖에 없다. 현실의 사사(事事)와 물물(物物)이 전제되지 않은 사사무애(事事無礙) 본래무일물(本來無一物)은 공허하다. 다시 말해 현실의 구체적인 '사사'와 '물물'을 드러낼 때, 비로소 화엄의 사사무애도, 선종의 본래무일물도 의미 있고 현실을 지도하는 강력한 이념이 될 수 있다. 이런 까닭에 청량징관(清涼澄觀, ?-839, 화엄종 4조)도, 대각 국사 의천(義天, 1055-1101)도 성종과 상종의 겸학(兼學)을 주장하였으리라. 의천이 말한 것처럼 상종(현실)에 대한 이해가 없이 거대담론만 늘어놓다가는 웃음거리가 될 수도 있기 때문이다.

어떤 이는 "현수법장(賢首法藏)은 유식(唯識)의 유가종(瑜伽宗)을 5교(教) 중 대승시교(大乘始教)로 판석(判釋)하였으니, 대승의 구경 현묘의 설이 아니다"고 말하였지만……5교를 궁구하려면 [상종과 성종을] 함께 배워야 한다.……청량징관(清涼澄觀)도 말하기를, "성(性)과 상(相)은 하늘의 해와 달과 같고, 《역(易)》의 건(乾)과 곤(坤)과 같아서 두 가지의 자취를 배워 겸비할 때 비로소 달통한 사람이라 할 수 있다"고 하였다.

그러니 알아야 한다. 《구사론》을 배우지 않으면 소승의 설을 알지 못하며, 유식을 배우지 않고서 어찌 시교(始教)의 종의를 파악할 수 있을 것이며, 《기신론》을 배우지 않고서 어찌 종교(終教)와 돈교(頓教)를 밝힐 수 있을 것인가? 또한 《화엄》을 배우지 않으면 원융의 세계에 들어가기가 어렵다. 뜻이 얕은 것으로는 깊은 것에 이르지 못하지만, 깊은 것은 반드시 얕은 것과 함께 배워야 하는 것은 당연한 이치이다. 그래서 경의 게송에서도 "연못이나 강의 물도 마실 힘이 없으면서 어찌 대해를 삼킬 수 있을 것이며, 성문 · 연각의 이승법도 익히지 못하였으면서 어찌 대승을 배울 수 있을 것인가?"라고 하였으니, 참으로 믿을 만한 말씀이라 하지 않을 수 없다. 이승도 익혀야 하거늘, 하물며 대승[의 상종]을 말해 무엇할 것인가?

요즘 불교를 배우는 이들은 스스로 돈오(頓悟)라고 말하면서 방편교〔權, 즉 唯識〕와 소승교〔小, 즉 俱舍〕를 멸시하고, '성'과 '상'에 대해 담론하다가 왕왕 사람들의 웃음거리가 되기도 하니, 이는 모두 성종과 상종을 함께 배우지 못하였기 때문이다."[6]

꿈은 꿈에서 깨기 전까지는 꿈이 아니다. 꿈은 꿈에서 깨어난 자에게 있어서만 꿈일 따름이다.[7] 꿈이 아닌 꿈속에서 오로지 꿈이라고 말하는 것은 그야말로 꿈 같은 소리가 아닐 수 없다.

---

6) 《대각국사문집》 권1 〈간정성유식론단과서(刊定成唯識論單科序)〉《한국불교전서》4, p.529중하).
7) 《유식이십론》 제17송 후반(《대정장》31, p.76하), "未覺不能知 夢所見非有."

제8장
연기법이 불타 자내증이라는 경증經證 검토

불타의 깨달음은 연기법인가?(Ⅰ)

* 이 글은 《보조사상》 제27집(보조사상연구원, 2007)에 게재된 것이다.

연기법이 불타 자내증이라는
경증經證 검토

1. 들어가는 말

이제 바야흐로 우리나라에서의 불타의 깨달음〔自內證〕이 '연기법(緣起法)'이라는 것은 기정사실이 된 듯하다. 이에 대해서는 더 이상 이론의 여지도 없을뿐더러 반성적인 흔적도 엿보이지 않는다. 일찍이 김동화(金東華) 박사가 "불타 깨달음의 내용이나 실천도에 대해서는 다수의 이설(異說)이 전하여 명확하게 말할 수 없지만, 소극적으로 말하면 번뇌 멸진(滅盡)의 열반이며, 적극적으로 말하면 연기설이다"고 절충적으로 말한 이래,[1] "연기의 도리를 깊이 관찰한 고타마는 생사 괴로움의 근본원인은 진리에 대한 무지에서 발생한 것임을 발견하고……무명을 멸함으로써 무고안온(無苦安穩)의 열반을 증득하는 데 성공하였다"는 식의 논의를 거쳐[2] 급기야 "불타 깨달음의 내용은 연기

---

[1] 김동화(金東華), 《불교학개론》(서울; 보련각, 1954, 1975 재판), pp.64–70.
[2] 교양교재편찬위원회 편, 《불교학개론》(동국대학교 출판부, 1987), p.33.

법이며, 4성제·3법인 등 그 밖의 교설은 모두 연기법의 응용 내지 실천이론이다"고 규정하기에 이르렀다.[3]

불타 깨달음의 내용에 대해 일찍이 우이 하쿠주(宇井伯壽)는 15종의 이설을 언급하였으며,[4] 김동화 박사도 그의 《원시불교사상론》에서 11종의 이설을 언급하고 있는데,[5] 대체로 ① 4제(諦)·12연기와 같은 이법의 증득에 의했다고 하는 설, ② 4념처(念處)·4정근(正勤)·4여의족(如意足)·7각지(覺支)·8정도(正道)와 같은 수행도의 완성에 의했다고 하는 설, ③ 5온(蘊)·12처(處)·4계(界)와 같은 제법의 참다운 관찰, 즉 무상·고·무아관에 의했다고 하는 설, ④ 4선(禪)·3명(明)의 체득에 의했다고 하는 설 등으로 나눌 수 있다.[6]

우리는 이에 대해 연기법은 성도의 내용이고, 그 밖의 교설은 모두 그에 이르기 위한 과정이나 실천 수행도라고 말할 수도 있겠지만, 어떠한 경전이나 논서에서도 이러한 교설들을 인과 관계로 규정한 곳은 없다.[7]

이처럼 성도의 내용이나 과정에 관한 전승이 일치하지 않는 것은 '새가 공중을 날 때 그 자취를 남기지 않는 것처럼' 불타의 깨달음은 자지(自知) 자각법(自覺法)으로서 불가득 불가설이기 때문이기도 하겠지만, 듣는 자의 근기에 따라 달리 설해졌기 때문이라고 말할 수 있

---

3) 불교교재편찬위원회, 《불교사상의 이해》(동국대학교 불교문화대학, 1997), p.73.; 대한불교조계종 포교원, 《불교의 이해와 신행》(조계종출판사, 2004), p.41.
4) 宇井伯壽, 〈阿含の成立に關する考察〉《印度哲學研究》第三, 東京: 岩波書店, 1965), pp.394-414.
5) 김동화, 《원시불교사상론》(보련각, 1988), pp.45-46.
6) 藤田宏達 등, 권오민 역, 《초기 부파불교의 역사》(민족사, 1989), p.41.
7) 굳이 실천도와 깨달음을 인과 관계로 규정하자면, 깨달음은 4제 중의 멸제(滅諦), 즉 무위의 열반이 되어야 한다.

다. 그렇다고 할지라도 불타 입멸 후 "이러한 여러 교설 가운데 가장 근본적인 것은 무엇인가?"라고 묻지 않을 수 없었을 것이며, 따라서 불타 자내증에 관한 한 그러한 교설을 전승한 자의 의도나 후대의 해석이 개입되지 않았다고는 할 수 없을 것이다.

아무튼 우리의 불교입문서에서 연기설은 모든 교설에 우선하는, 다시 말해 업과 윤회는 물론이거니와 4성제·무상·무아 등의 이론적 근거로서 불교 제1 철학으로 기술되고 있지만, 이 때 연기는 대개 상의성(相依性) 내지 공성(空性)으로 이해되고 있으며, 그런 점에서 불타의 자내증이 연기법이라고 하는 것은 어느 정도 대승의 스크린을 거친 것이라 할 수 있다.

특히 12연기설은 완성된 형태의 연기설일 뿐 원초적인 교설이 아니라고 하면서, "12연기와 같은 형태로 정리되기 이전의 '심원한 종교적 체험으로서의 연기'에 대한 자각이 성도의 내용이다"[8]고 하는 근대의 문헌고증을 빙자한 논의 또한 초기불교의 연기설을 대승의 상의(相依) 상대(相待) 연기설과 결부시키는 단초가 되었을 것이다.

본 논문에서는, "불타는 연기법을 깨달았다"고 하는 우리의 이해는 결국 불타 깨달음을 전하는 몇 가지 경설에 근거한 후대 해석(멀게는 대승불교, 가깝게는 근대 이후의 일본 불교학계)이라는 전제하에, 초기불교의 제 경(經)·율(律)과 아비달마(阿毘達磨)에 의거하여 그 같은 해석을 가능하게 한 경증(經證)에 대해 검토해 보려는 것이다.

연기설은 경전상에서 대개 '심심난견(甚深難見, 혹은 甚深難知)'이

---

8) 藤田宏達 등,《초기 부파불교의 역사》, pp.41-42.

라는 말로 수식될뿐더러 대승불교의 축이자 불교의 핵심적 사상으로 해석되었다.[9] 그러나 대승과 소승의 연기설은 질적으로 다른 것일뿐더러 각기 교학상에서의 위상 또한 다르다. 그것은 '마땅히 버려야 할 저열한 법'이라는 뜻의 '소승(hīnayāna)'이라는 말에서, 설일체유부(說一切有部) 논사 중현(衆賢, Saṃghbhdra)이 대승의 연기 무자성론을 괴법론(壞法論), 즉 '불타의 교법을 파괴하는 논'이라 한 데서 분명히 드러난다.[10]

필자는 연기(법)의 진리성을 의심하려는 것이 아니다. 다만 아무런 비판적 반성 없이 불타의 깨달음을 한결같이 연기법이라 되뇌이면서 세상만사에 적용시켜 도그마(우상)화함으로써 연기의 진리성을 도리어 화석화시키는 오늘의 현실에 대해 고전적인 경전해석의 한 단면을 보여주려는 것이다.

2. 불타 자내증이 연기법이라는 경증 검토

우리가 불타의 깨달음이 연기법임을 논증할 때 흔히 인용하는 경설

---

9) 현수법장(賢首法藏)은, 우리가 경험하는 현상세계는 업에 의해 초래되었다고 주장하는 초기불교와 아비달마불교에서의 그것을 업감연기설(業感緣起說)로, 아뢰야식에 의해 전개된 것이라고 주장하는 유식의 그것을 자성연기설(自性緣起說), 혹은 아뢰야식연기설로, 여래장으로부터 비롯된 것이라는 《기신론》의 그것을 진여연기설(眞如緣起說), 혹은 여래장연기설)로 칭명하였다. 중관의 경우 주객 능소의 상의 상대의 연기설을 설하고 있지만, 이는 다만 세계로 나타나는 일체의 언어적 개념을 비판하기 위한 것일 뿐 세계를 해명하기 위한 교설이 아니기 때문에 특별한 연기설로 제시하지 않았다. 그리고 스스로 원명구덕종(圓明俱德宗)으로 판석한 화엄의 연기설을 법계연기설(法界緣起說, 즉 性起說)이라 하였다.
10) 졸고, 〈경주(經主) 세친(世親)과 상좌(上座) 슈리라타(Śrīlāta)〉(《한국불교학》 제46집, 2006), p.56-57 참조.

은 다음의 두 가지이다.

세존이시여, 연기법은 세존께서 지은 것입니까? 다른 이가 지은 것입니까? 연기법은 내가 지은 것도 아니고 다른 이가 지은 것도 아니다. 여래가 세간에 출현하든 출현하지 않든 법계(法界)로서 상주(常住)하는 것으로, 여래는 이 법을 깨달아 등정각(等正覺)을 성취하였으며, 여러 중생들을 위하여 분별 연설하였고, 개발(開發) 현시(顯示) 하였다.(《잡아함경》권12 제299경)[11]

만약 연기를 본다면 이는 바로 법(法)을 보는 것이며, 만약 법을 본다면 이는 바로 연기를 보는 것이다.(《중아함경》권7 〈象跡喩經〉)[12]

혹은 이 밖에 등정각을 성취하고서 7일간 해탈의 즐거움을 즐긴 후 12연기의 유전(流轉)과 환멸(還滅)을 관찰하였다는 남전 율장《대품》(Ⅰ.1.1-8)이나《소부경전(小部經典)》중의《우다나(Udāna)》(Ⅰ.1.1)를 언급하기도 한다.

글자 뜻대로만 이해한다면, 불타 자내증이 연기법이라는 사실은 이상의 경증만으로도 충분할 것이다. 그렇다면 예컨대 "옛날 선인(仙人)들이 지나갔던 자취를 얻어 나도 그 길을 따라가게 되었던 것으로,

---

11) 《대정장》2, p.85중.;《잡아함경》권12 제296경(동 p.84중)에도 이러한 기사가 언급된다. "若佛出世, 若未出世, 此法常住・法住・法界. 彼如來自所覺知, 成正等覺. 爲人演說開示顯發."(완전한 인용은 주 27을 참조할 것)
12) 《대정장》1, p.467상.;《요본생사경(了本生死經)》《대정장》16, p.815중)이나 이것의 이본(異本)으로 일컬어지는《도간경(稻竿經)》《대정장》16, p 816하)에서는 이 기사를 "若比丘見緣起, 爲見法. 已見法, 爲見我," 혹은 "汝等比丘見十二因緣, 卽是見法, 卽是見佛"로 전하고 있다.(後說)

정견 등의 8정도가 바로 그것이다. 나는 그 길을 따라 노(老)·병사(病死) 내지 행(行)과 그것의 집(集)과 그것의 멸(滅)과 그것의 멸도적(滅道跡)을 관찰하였으니, 나는 이러한 법을 스스로 알고 스스로 깨달아 등정각을 성취하였고, 비구 등의 요익을 위해 개시(開示) 현발(顯發)하였다"[13]는 경설은 어떻게 해석할 것이며, "4성제를 평등하고 바르게 깨달은 이를 여래 응(應) 등정각(等正覺)이라 한다"[14]고 한 경설이나 "4성제를 세 번 굴림으로써 아뇩다라삼먁삼보리(阿耨多羅三藐三菩提)를 증득하였다"[15]고 한 저 유명한 《초전법륜경》의 법문은 어떻게 이해해야 할 것인가?

4성제의 '제(satya)'는 진리에 직접적으로 대응하는 말일뿐더러 5부 4아함에 언급된 불타 깨달음과 관련된 기사의 빈도나 문세(文勢)상으로 보더라도 이것이 연기법의 경우보다 훨씬 많고, 또한 강렬하다.

1) 연기법의 법계(法界) 상주(常住)

(1) '법계 상주'는 결정성의 의미

우리는 '법계 상주'라는 말에서 여래법성(즉 一眞法界 혹은 如來性)의 영원성과, 현상의 개개물물은 모두 그것에 의해 드러난 것이라는 저 화엄의 법계연기설(즉 性起說)을 연상하게 된다. '연기법의 법계 상주'라는 말 역시 연기를 현상의 생멸하는 법과는 별도로 존재하는

---

13) 《잡아함경》 권12 제287경《대정장》2, pp.80하–81상).
14) 《잡아함경》 권15 제402경《대정장》2, p.107하).
15) 《잡아함경》 권15 제379경《대정장》2, p.104상).

이법(理法)으로 간주할 수도 있을 것인데, 이러한 견해는 《이부종륜론》에서 대중부 계통의 본종동의(本宗同義)로 전해진다. 즉 그들은 앞의 경설(주 11의 제296경)에 근거하여 연기의 이법에 의해 드러난 각각의 지분(支分)은 유위이지만, 연기의 이법은 상주 불변의 무위법이라고 주장하였다.16)

그러나 설일체유부(이하 유부) 아비달마에 의하는 한 연기법은 유위이다.17) 즉 유부의 비바사사(毘婆沙師)들은 앞의 경에서 설한 연기법이란 다름 아닌 '무명 등을 근거로 하여 행(行) 등이 일어나는 것'을 말한 것으로, '법계로서 상주한다'는 말은 바로 그 같은 인과 관계가 '결정적인 사실'임을 의미하는 것이라고 해석하였다.

이 경에서는 인과가 결정적이라는 사실을 설한 것이기 때문에 [그것으로 연기법이 무위라는 사실을 입증할 수 없다]. 즉 불타가 세간에 출현하거나 출현하지 않거나 무명은 결정코 제행의 원인이며, 제행은 결정코 무명의 결과이다. 나아가 생은 결정코 노사의 원인이며, 노사는 결정코 생의 결과이다. '법성(法性, 첫 번째 경증에서의 法界) 법주(法住)'라는 말은 바로 '결정적인 것'이라는 뜻일 뿐 무위의 뜻이 아니니, 경의 뜻은 이와 같은 것이다.18)

---

16) 《이부종륜론(異部宗輪論)》《대정장》49, p.15하).; 《대비바사론(大毘婆沙論)》 권23《대정장》27, p.116하) 참조. 참고로 《대비바사론》에서는 이를 분별론자(分別論者)의 설로 전하고 있다.
17) 《이부종륜론》《대정장》49, p.16중).; 《품류족론(品類足論)》 권6《대정장》26, p.715하).; 《대비바사론》 권23《대정장》27, p.116하).; 《구사론》 권9《대정장》29, p.50중).; 《순정리론》 권28《대정장》29, p.499상).
18) 《대비바사론》 권23《대정장》27, p.116하), "問: 若緣起法非無爲者, 如何會釋彼所引經? 答: 經說因果決定義. 謂佛出世, 若佛出世, 無明決定是諸行因, 諸行決定是無明果. 如是乃至 生決定是老死因, 老死決定是生果. 法性法住是決定義, 非無爲義. 經義如是."

즉 여래가 세간에 출현하든 세간에 출현하지 않든 '행' 등은 항상 무명 등을 조건으로 하여 일어나는 것이지 자재신(自在神)과 같은 또 다른 법을 조건으로 하거나, 혹은 인연 없이 저절로 일어나는 것도 아닐뿐더러 이와 같은 연기의 법성은 불타께서 지은 것도, 다른 이가 지은 것도 아니기 때문에, 경에서는 그것을 '상주하는 것', 즉 '결정적인 것'이라고 설하였다는 것이다.[19]

이 같은 논의를 단지 유부만의 독단적인 해석이라고 해야 할 것인가? 그렇다면 "이 세상에는 도저히 획득할 수 없는 것이 다섯 가지가 있으니, 상실하는 것을 상실하지 않게 하려는 것과 멸진하는 것을 멸진하지 않게 하려는 것과 늙고 병들고 죽는 것을 늙지 않게 하고 병들지 않게 하고 죽지 않게 하려는 것이 바로 그것이다. 이는 여래가 세간에 출현하든 출현하지 않든 법계로서 항주(恒住)하는 진실〔如〕이기 때문에 결코 허물어지지 않는다"[20]고 한 법문은 어떻게 이해해야 할 것인가?

더구나 연기법의 법계 상주를 설하는 이 경(주 11의 제296경)에 대응하는《상응부경전》에서도 연기를 '생을 연하여 노사가 있다'는 말로 규정한 후, "이러한 계(界, dhātu, 특성)는 여래가 출현하든 출현하지 않든 정해진 것으로서, 법으로서 확립되어 있으며(dhammaṭṭhitatā), 법으로서 결정되어 있다(dhammaniyāmatā)"고 하여 '법계'를 '결정적인 것'이라는 말로 해설하고 있는 것이다.[21]

---

19) 《순정리론》 권28(《대정장》29, p.499상).
20) 《증일아함경》 권26(《대정장》2, p.697상), "……是謂比丘! 有此五事最不可得. 若如來出世, 若如來不出世, 此法界恒住如故, 而不朽敗."
21) S.N. II. 25. jātipaccayā bhikkhave jarāmaraṇam uppādā vā tathāgatānam anuppādā

그런데 만약 경에서 설한 '법계로서 상주하는 법'이 택멸(擇滅)의 열반처럼 무명 등과는 다른 별도의 법이라고 한다면, 어떻게 무위의 상법(常法)이 무명 등과 같은 유위의 무상법(無常法)을 낳을 수 있을 것인가? 사물의 생기(生起)는 반드시 그것을 일어나게 하는 원인에 의존해야 하는데, 만약 연기법의 본질이 무위라면 무명 등의 무상법은 바로 이 같은 상주법인 연기에 의해 일어난 것이라고 해야 할뿐더러, '~을 조건으로 하여 일어난다'는 의미의 연기를 '그 자체 상주하는 것'이라고 말하는 것은 이치에 맞지 않다.[22]

중현(衆賢)은 단도직입적으로 묻고 있다. "저들(대중부)이 주장한 무위연기는 무명 등과는 다른 것이라고 해야 할 것인가, 바로 무명 등이라고 해야 할 것인가? 혹은 무명 등[의 현상의 사태]에 의해 성취(유추)된 것을 취한 것이라고 해야 할 것인가?" 그리고는 힐난한다. "연기가 무명 등과 다른 것이라고 할 경우 그 자성을 알기 어려우며, 바로 무명 등이라고 할 경우 무상한 것이 되어야 하며, 무명 등[의 현상의 사태]에 의해 성취(유추)된 것을 취한 것이라고 한다면 그 자체는 마땅히 실유(實有)가 아니라고 해야 한다."[23]

---

vā tathāgatānaṃ ṭhitā va sā dhātu dhammaṭṭhitatā dhammaniyāmatā idappaccayatā. 전재성은 이를 "태어남을 조건으로 늙고 죽음이 생겨나는 것은 여래가 출현하거나 여래가 출현하지 않거나 그 도리가 정해져 있으며, 법으로서 확립되어 있으며, 법으로서 결정되어 있으며, 그것을 조건으로 하는 것이다"고 번역하고 있다. 그리고 "'그 도리가 정해진 것'이란 그 조건의 속성이 정해져 있으며, 조건 없는 태어남과 늙고 죽음은 결코 없다는 뜻이며,; '법으로서 확립되어 있는 것'이란 조건에 의해 발생한 현상이 존속한다는 뜻이며,; '법으로서 결정되어 있는 것'이란 조건이 법을 결정한다는 뜻이며,; '그것을 조건으로 하는 것'이란 이와 같은 늙고 죽음 등은 특수한 것(이것)을 조건으로 한다는 말이다"는 붓다고싸의 해석을 각주하고 있다.((쌍윳따 니까야) 제2권, 한국빠알리성전협회, 1999, p.110)
22) 《구사론》 권9(《대정장》29, p.50중; 권오민 역, 동국역경원, 2002, pp.445-446).
23) 《순정리론》 권28(《대정장》29, p.499상).

혹은 경에서 설한 대로만 그 뜻을 이해할 경우, 4대종이나 5온도 무위법이라고 해야 하는 것으로, 불타께서 세간에 출현하든 혹은 세간에 출현하지 않든 4대종은 각기 견고성[堅]·습윤성[濕]·온난성[煖]·운동성[動]을 본질로 하고, 5온은 장애성[礙性] 내지 요별성[了性]을 본질로 하기 때문이다.[24]

실제 '불타가 세간에 출현하든 출현하지 않든……'이라고 하는 서술방식은 3법인에도 적용되고 있다. "여래가 세간에 출현하든 세간에 출현하지 않든 이러한 계(界, dhātu, 특성)는 법으로서 머무는 것이며, 법으로서 결정된 것이니, 일체의 행은 무상이며, 일체의 행은 고(苦)이며, 일체의 법은 무아이다."[25] 만약 연기법이 법계로서 상주하기 때문에 무위라면, 앞(주 20)서 설한 노병사 등의 다섯 가지 불가득법도, 4대종도 3법인도 역시 무위라고 해야 하는 것이다.

(2) 유위연기와 무위연기

그렇다면 연기를 유위 혹은 무위로 보게 된 사상적 단초는 무엇이었던가? 현존 자료로 볼 때 그것은 연기법(緣起法, 혹은 因緣法)과 연이생법(緣已生法, 혹은 緣生法)에 대해 분별하고 있는《잡아함경》제296경에서 비롯되었다고 볼 수 있다.[26] 이 경에서는 연기법을 "이것이

---

24) 《순정리론》권28(《대정장》29, p.499상).
25) A.N. I .pp.139-140(최봉수, 《原始佛敎의 緣起思想 硏究》, 경서원, 1991, p.77 재인용;《남전대장경》17, p472). 그러나 최봉수는 "이 같은 점에서 3법인과 연기설은 상응하며, 오늘날 대개 3법인의 논리 근거가 연기설에 있다는 사실에 주목해다"고 말하고 있다. 그러나 이는 대승의 진리관에 근거한 연기해석일 따름이다.(주 65의 본문 참조)
26) 《구사론》〈분별세품(分別世品)〉《대정장》29, pp.49하~50중)에서는 계경(《잡아함경》권12 제296경)에서 설한 연기법과 연이생법에 대해 논설하는 중에 무위연기를 주장하는 이설자를 등장시켜 간략히 비판하고 있지만, 《순정리론》〈변연기품(辯緣起品)〉《대정장》29, pp.497하~499상)에서는

있으므로 저것이 있으니, 무명을 연하여 행이 있고, 행을 연하여 식이 있으며, 내지 순대고취(純大苦聚)가 일어나는 것", 연이생법을 "연기법에 수순(隨順)하는 무명·행 내지 노사 등의 각각의 지분"이라고 규정하고서 다음과 같이 말하고 있다.

불타가 세간에 출현하든 출현하지 않든 이러한 [연기]법은 상주하는 것으로 법주(法住) 법계(法界)이니, 여래는 이를 스스로 깨달아 알고 등정각을 성취하였으며, 사람들을 위하여 "무명을 연하여 행이 있으며, 내지 생을 연하여 노사가 있다"고 연설하여 개시(開示) 현발(顯發) 하였다.……(중략)……이러한 제법은 법으로서 머무는 것[法住]이며, 법으로서 공(무아)한 것[法空]이며, 법으로서 진실[法如]이며, 법으로서 그러한 것[法爾]으로, 법은 진실을 떠나지 않으며, 법은 진실과 다르지 않으니, 진실하며 전도되지 않은 것임을 살펴 알아야 한다.

그리고 이와 같이 연기에 수순하는 것, 이것을 연생법(緣生法)이라 한다. 즉 무명·행·식……노사·우비고뇌, 이것을 바로 연생법이라고 하는 것이다.[27]

다른 한편으로 《구사론》에서의 세친 비판의 문제점을 제기하면서 보다 광설(廣說)하고 있다.

[27] 《잡아함경》 권12 제296경(《대정장》2, p.84중). "若佛出世, 若未出世, 此法常住, 法住法界. 彼如來自所覺知, 成等正覺, 爲人演說開示顯發. 謂緣無明有行, 乃至緣生有老死. 若佛出世, 若未出世, 此法常住, 法住法界. 彼如來自覺知, 成等正覺, 爲人演說開示顯發. 謂緣生故有老病死憂悲惱苦. 此等諸法法住·法空·法如·法爾, 法不離如, 法不異如. 審諦眞實不顚倒. 如是隨順緣起是名緣生法. 謂無明·行·識·名色·六入處·觸·受·愛·取·有·生·老病死·憂悲惱苦. 是名緣生法."; "수행승이여, 연기란 무엇인가? 태어남을 조건으로 늙고 죽음이 생겨난 것, 존재를 조건으로 태어남이 생겨나는 것……무명을 조건으로 형성이 생겨나는 것, 이는 여실한 것, 허망하지 않은 것, 다른 것이 아닌 것, 그것을 조건으로 하는 것, 수행승이여, 이것을 연기라고 부른다. 수행승이여, 연생(緣生)의 법은 무엇인가? 늙고 죽음은 덧없는 것이고 만들어진 것이고, 조건지어진 것이고, 쇠망하는 현상이며, 사라지는 현상이며, 소멸하는 현상으로, [이것이] 연생의 [법]이다.……무명은 덧없는 것이고……."(S.N.Ⅱ. 25.; 전재성 역, 앞의 책, pp.111-113)

이에 따라 유부에서는 연기법을 원인적 상태[因分]로서의 지분으로, 연이생법을 결과적 상태[果分]로서의 지분으로 이해한다.[28] 이를테면 어떤 이가 그 아들에 대해서는 아버지가 되고 그 아버지에 대해서는 아들이 되듯이, '무명을 연하여 행이 있다'고 할 때 '무명'은 원인으로서의 상태이고, '행'은 결과로서의 상태이지만, '행을 연하여 식이 있다'고 할 때에는 '행'이 원인으로서의 상태이며, '식'이 결과로서의 상태이다.[29] 그리고 경에서 설한 '법성(즉 法界)' 내지 '부전도성(不顚倒性)'이라는 말은 이 같은 사실을 명백하게 입증하는 것이라고 중현(衆賢)은 말하고 있다.

이를테면 원인과 결과로서 서로 계속(繫屬)되는 중에 원인으로서의 공능을 갖는 것을 모두 법성(즉 法界)이라 이름하였다. 요컨대 원인이 있기 때문에 인과가 비로소 존재하는 것으로, [원인과 결과로서] 서로 계속되는 것이면서 원인을 갖지 않은 것이 없다. 곧 이와 같은 '성(性)'이라는 말은 '능히 낳는다[能生]'는 뜻을 나타내는 것으로, 오로지 유위법의 존재[性]만이 이러한 법성이라는 명칭을 획득할 수 있다. 비록 이

---

28) 이에 따르는 한, 12연기는 4제(諦) 중의 고제와 집제를 구체적으로 밝힌 것으로, 고제가 연이생법(緣已生法)이라면, 집제는 연기법(緣起法)이라 할 수 있다. 이에 대해서는 본고의 후편인 〈4제와 연기〉(본서 제9장)에서 상론할 것이다.
29) 《구사론》 권9(《대정장》29, p.49하). 이에 따를 경우, 여러 가지 이설이 가능하다. 이를테면 먼저 생겨난 것(혹은 과거법, 혹은 과거·현재법)을 연기법이라 하고, 나중에 생겨나는 것(혹은 현재·미래법, 혹은 미래법)을 연이생법이라 할 수 있다. 다른 한편 무명은 연기법, 노사는 연이생법, 나머지 10지(支)는 연기법이면서 연이생법(協尊者의 주장).; 과거 2지(支, 무명·행)는 연기법, 미래 2지(생·노사)는 연이생법, 현재의 8지(識 내지 有)는 연기법이면서 연이생법(妙音의 주장).; 원인이 되는 법(혹은 화합하는 법)을 연기법, 원인을 갖는 법(화합을 갖는 법)을 연이생법(世友의 주장).; 나아가 제법이 생겨날 때를 연기법, 이미 생겨난 때를 연이생법이라고도 할 수 있다.(覺天의 주장) 자세한 내용은 《대비바사론》 권23(《대정장》27, p.118중상)을 참조할 것.

계경 중에서는 "원인과 결과가 서로 계속되는 중에 원인으로서의 존재〔因性〕를 연기라 이름한다"고 바로 나타내지는 않았을지라도 '~을 연하여'라는 말로써 연기의 뜻을 나타내었기 때문에 원인으로서의 존재가 연기라는 명칭을 획득한 것임을 알아야 하니, '연'이라는 말은 다만 '능히 드러내는 것〔能顯〕'이라는 뜻에서 변화한 것이기 때문이다. 곧 원인은 능히 결과를 드러내는 것이기 때문에 그것을 설하여 '연'이라고 말한 것이다. 그리고 이 같은 사실에 따라 아라한의 최후의 심·심소는 등무간연이 되지 않는 것이니, 더 이상 드러내어야 할 결과를 갖지 않기 때문이다.

바로 이러한 뜻에 의해 연기라고 하는 말은 결정코 원인과 결과가 서로 계속(繫屬)되는 중에 설정된 것이라는 사실이 증명되는 것이다.[30]

이같이 이해하는 한 연기법과 연이생법은 다 같이 유위법으로서, 그것은 본질적으로 열반과 더불어 사기(捨棄)된다.[31] 중현은 바로 이같은 이유로 인해 불타는 〈승의공경(勝義空經)〉 중에서 연기를 법가(法假, 혹은 俗數法)로 칭명하게 된 것으로 이해하였는데,[32] 이에 따를 경우 연기법은 불타 자내증일 수가 없다. 불타의 깨달음이 유위법일

---

30) 《순정리론》 권28(《대정장》29, p.498중).
31) 《대비바사론》 권23(《대정장》27, p.118상).
32) 《순정리론》 권28(《대정장》29, p.498중하), "부처님께서도 그의 〈승의공경(勝義空經)〉 중에서 '여기서 법가(法假)란, 이를테면 무명을 연하여 행이 있고, 내지는 생을 연하여 노사가 있음을 말한다'고 설하였으니, 승의가 아니기 때문에 '가(假)'라는 말로 설정한 것으로, 이는 바로 원인과 결과가 서로 계속(繫屬)된다는 뜻에 근거한 것이다." 여기서 〈승의공경〉은 《잡아함경》 권13 제335경(일명 〈제일의공경(第一義空經)〉), "此陰滅已, 異陰相續, 除俗數法.-俗數法者, 謂此有故彼有, 此起故彼起. 如無明緣行, 行緣識, 廣說乃至 純大苦聚集." 여기서 법가(法假, dharma saṃketa, 〈제일의공경〉에서는 俗數法)란 바로 연기를 말하는 것으로, 인과상속 중에 일시 연기를 설정한 것이기 때문에 그것을 '법가'라고 하였다는 것이다.

수도 없을뿐더러 조건〔緣〕에 따른 법가(假法)일 수도 없기 때문이다.

그렇다면 대중부에서는 앞의 경설을 어떻게 이해하였을까? 이에 관한 구체적인 자료가 없어 분명하게 말하기는 어렵지만, 아마도 연기법을 연이생법을 가능하게 하는 원리〔理法〕로 이해하였을 것이다. 그래서 연이생법〔緣起支分〕은 유위로서 무상한 것이지만, 그것을 드러내는 연기법〔緣起支性, pratītyasamutpādāṅgikatva〕은 무위라고 이해하게 된 것이다. 규기(窺基)는 이러한 연기지성에 대해 이같이 해설하고 있다.

> 연기지성(緣起支性)[이 무위라고 함은 이런 뜻이다]. 생사의 법에서는 결정코 무명 뒤에 행 등이 생겨나며, 결정코 행 등의 앞에는 무명이 존재한다. 이러한 이치는 단일한 것으로, [연기지]성은 항상하며 결정적인 것이다. [따라서] 그 같은 무명 등의 12지분은 유위에 포섭되지만, 그 이치는 바로 무위인 것이다.[33]

연기법을 무위로 이해한 이상 "이러한 법은 법주·법공·법여·법공·법이로서 진실이며 부전도성이다"는 경설(주 27)은 더 이상 해석이 필요 없는 요의설(了義說)이 될 것이다. 그러나 굳이 중현의 말을 빌리지 않을지라도 어떻게 진실의 무위가 허망의 유위를 드러낼 수 있을 것인가? 양자의 관계는 무엇인가?[34] 또한 경량부가 유부의 유위4

---

33) 《이부종륜론술기(異部宗輪論述記)》《卍續藏經》83, p.450하), "緣起支性, 謂生死法定無明後方生行等, 定行等前有無明故. 此理是一, 性常決定. 其無明等十二支分, 是有爲攝. 理是無爲."
34) 앞(주 27)서 인용한 경설에 대해 기무라 다이켄(木村泰賢)은 다음과 같이 코멘트하고 있다. "요컨대 석존에 의하면, 일체의 현상은 모두가 무상하고 변천하지만, 이 변천을 관통하여 일관하는 이

상을 비판하기 위해 제출하였던 논거도 여기에 적용될 수 있을 것이다.35) 즉 무명 내지 노사 등의 연이생법을 가능하게 하는 연기법성(緣起法性)이 무위로서 실재하는 것이라고 한다면, 온갖 번뇌를 가능하게 하는 번뇌성(煩惱性)이나 공이나 무아의 인식을 가능하게 하는 공성(空性)이나 무아성(無我性) 또한 별도의 실체〔法〕로서 존재한다고 해야 하는 것이다.36)

유부에서는 무위법으로서 다만 허공(虛空)·택멸(擇滅)·비택멸(非擇滅)의 세 가지를 들고 있지만, 허공과 비택멸은 이론적 요청에 의해 설정된 것일 뿐 사실상 승의의 실유법은 택멸(즉 열반) 한 가지뿐

법(理法)이 있다. 이것을 이름하여 인연(因緣)이라 하는데, 그 이법은 만고불변이다. 결국 천차만별의 현상도 이러한 이법이 다양하게 작용한 결과에 지나지 않는다는 것이다. 이런 의미에서 '법건립세간(法建立世間)'이라고 말하는 한역 아함의 1구(句)에 깊은 뜻이 있다고 말해야 할 것이다." 《原始佛敎思想論》, 박경준 역, 경서원, 1992, p.87)
이는 또 다른 '아비달마'라고 말할 수 있겠지만, 전통적인 논의를 완전히 무시한 자의적 해석이다. 그는 이 경설의 법성(法性(界))에 대해 논의하면서 일체법을 가능하게 하는 기체(基體)로 이해하고 있다. 그것이 《기신론》이나 화엄의 진여법성이라면 그럴 수 있되, 아함이나 아비달마에서의 법성이란 결코 차별의 법상 배후에 존재하는 단일한 일합상(一合相)과 같은 개념이 아니다. 더욱이 '법건립세간(法建立世間)'이라는 《잡아함경》 권36 제1011경(《대정장》2, p.264중하)의 경설을 인용한 것은 그의 명성을 무색하게 한다. 그 경을 완전하게 인용하면 이러하다. "천자(天子)가 부처님께 나아가 게송으로 물었다.: '무엇이 이 세간을 덮고 있으며, 무엇이 이 세간을 가로막고 있는 것인가? 무엇이 중생들을 결박하고 있는 것이며, 이 세간은 어디에 건립되어 있는 것인가?' 부처님께서도 역시 게송으로 답하였다.: '쇠퇴와 늙음이 이 세간을 덮고 있으며, 죽음이 이 세간을 가로막고 있다. 갈애가 중생들을 계박하고 있으니, 이 세간은 법에 건립되어 있다.'" 여기서 '법'은 만고불변의 이법이 아니라 쇠퇴와 늙음과 죽음, 그리고 그것을 초래하는 갈애이다.
35) 《구사론》권5(《대정장》29, p.28하; 권오민 역, p.255) 참조.
36) 실제로 대중부에서는 수면(隨眠)을 심(心)도 심소(心所)도 아닌 번뇌(纏)의 기체로서의 불상응법(不相應法)으로 이해하였으며(《이부종륜론》,《대정장》49, p.15하), 또한 찰나생멸하는 현상의 마음(즉 6識)의 상속을 가능하게 존재로서 역시 불상응행법으로서의 근본식(根本識, 혹은 攝識)을 주장하였는데(《顯識論》,《대정장》31, p.880하), 이는 《이부종륜론》(《대정장》49, pp.15하-16상)상에서 "마음 자체는 본래 청정한 것으로 객진(客塵)인 수번뇌에 의해 더럽혀졌기 때문에 청정하지 않다고 하였다(心性本淨, 客塵隨煩惱之所雜染, 說爲不淨)"는 명제로 정리되고 있다. 그리고 그러한 본체론적인 존재는 너무나 미세하기 때문에 세속지(世俗智)에 의해 알려지는 것도 아니고, 유루의 식(識)에 의해 인식되는 것도 아니며, 다만 6통을 획득하였거나 견도위에 이른 자에 의해 통달되는 것(一切法處 非所知, 非所識. 是所通達)이라고 하였다.

이다. 택멸은 인과적 제약을 벗어난 것일뿐더러 삼세의 시간적 제약에서 벗어난 것이다. 따라서 유부에 의하는 한, 열반은 어떠한 경우에도 인연에 의해 생겨난 법도 아닐뿐더러 생겨나는 법의 인연이 되는 것도 아니다. 그렇지만 이는 결코 유부에 한정된 열반관이 아니다.

연기(법)를 불타의 자내증으로 이해하게 된 데에는 사실상 연이생법(혹은 緣生法)에 대응하는 '연기법'을 무위(즉 緣起支性)로 간주한 대중부의 사유가 전제되었다고 할 수 있다. 연기법이 유위인가, 무위인가 하는 문제는 본질적으로 현상 배후에 그것을 가능하게 하는 어떤 단일한 존재를 인정할 것인가, 하지 않을 것인가 하는 문제로서, 유부와 대중부는 이미 '연기법'에 관한 논의의 출발을 달리하였다고 말할 수 있다.

2) 연기와 법

우리는 "연기를 보는 자 법을 보고, 법을 보는 자 연기를 본다"거나, 혹은 "연기를 보는 자 법을 보고, 법을 보는 자 나(여래)를 본다"는 경문을 통해 쉽게 '연기=법=여래'라는 도식을 이끌어낸다. 그리고 "이 때 법은 진리로서, 그것은 다름 아닌 연기법(12支의 연기가 아닌 법계 상주의 연기법)이며, 누구든 연기법만 깨달으면 부처가 된다"는 식으로 논의를 전개시켜 간다.

그러나 법을 '진리'라고 하는 것은 너무 추상적이다. 진리라고 하는 말은 불교의 고유술어도 아니거니와 세상의 어떠한 종교 철학 사상도 진리를 외치지 않은 것이 없으며, 불교 내부에 있어서조차 진리란

시대와 지역에 따라 다양한 형태로 변용되어 나타나기 때문이다.[37] 불타의 일체 교설 중 진리〔法〕 아닌 것이 있던가? 더구나 초기불교에서 '진리(satya)'라는 말로 직접 지시되는 것은 4성제가 아닌가?

'법(dharma)'이라는 말의 다양한 의미에 대해서는 여기서 논의할 여유가 없지만,[38] 법은 불·법·승 삼보(三寶) 중의 법보, 즉 교법을 의미하기도 하며, 동시에 교법에 드러나 있는 진리성(연기나 무아 등)이나 열반을 의미하기도 한다. 또한 선악의 결과를 산출하는 원인(선·악법)이나 일체지(一切智)에 의해 드러난 불타만의 공덕(18不共法)도 법이라고 한다. 그러나 유위·무위, 유루·무루의 법이라고 할 때의 '법'은 다만 나타난 현실의 존재를 말하는 것이 아니라 그러한 현실 혹은 이상세계를 드러내는 근거나 조건이 되는 존재를 말하는 것으로, 이른바 '일체' 혹은 '일체법'으로 일컬어지는 5온·12처·18계 내지 5위 75법이 그것이다.

그리고 이 중의 최고의 법〔勝義法, 혹은 眞實法〕은 누가 뭐래도 열반 바로 그것이지만, 법상(法相)으로서의 일체의 법은 4성제와 통한다.[39] 왜냐하면 4성제는 〈상적유경(象跡喩經)〉이라는 경의 제목이 지시하는 바대로 숲 속에서 코끼리 발자국이 제일이듯이 일체의 선법(善法) 중의 제일이기 때문이다.

"연기를 보는 자 법을 보고……"라는 경설은 〈상적유경〉 말미에 두

---

37) 이에 대해서는 본서 제3장 pp.80-81을 참조할 것.
38) '법'의 의미에 대한 간략한 정리는 平川彰, 이호근 역, 《인도불교의 역사》 상(민족사, 1989), pp.66-72를 참조하면 좋을 것이다.
39) 《구사론》 권1(《대정장》29, p.1중), "若勝義法唯是涅槃, 若法相法通四聖諦."

번에 걸쳐 언급되고 있다. 이 경은 사리자(舍梨子, 사리풋트라)가 비구들이 추구해야 할 일체법의 대학(大學)에 대해 설한 것으로, 코끼리의 발자국이 그러하듯이 무량의 선법은 모두 4성제에 포함된다고 하면서, 고성제(苦聖諦)를 중심으로 하여 5온의 인연생기에 대해 설하고 있다. 경의 구성과 내용은 상당히 거친데, 신(新) 역어로 바꾸어 간단히 정리해 보면 다음과 같다.

고성제는 생·노·병·사 내지 오온성고(五蘊盛苦)이며, 5온은 색·수·상·행·식이며, 색(色)은 지·수·화·풍의 4대종과 소조색이다. 그리고 지계(地界)에는 내(內)지계(머리털 내지 똥과 같은 신체 내부에 존재하는 견고성)와 외(外)지계(탐욕이 개입되지 않은 청정한 외적 견고성)가 있는데, 이는 항상하지 않는 변괴법(變壞法)이니, 하물며 이러한 몸이 잠깐 머무는 동안 향수하는 것들은 어떠할 것인가? 그럼에도 어리석은 이들은 이를 '나' 혹은 '나의 것'이라고 여긴다. 그러나 다문(多聞)의 성(聖) 제자들은 이를 '나' 혹은 '나의 것'이라고 여기지 않으며, 설혹 다른 이의 핍박이나 환대에 따라 괴로움이나 즐거움이 생겨나더라도 그것은 고(苦)·낙(樂)의 촉(觸)을 인연으로 하여 생겨난 것으로, 촉은 무상하고 이에 따른 수·상·행·식도 무상하다고 관찰하므로 동요됨이 없다.

사리자는 계속하여 수계·화계·풍계에 대해서도 이와 같이 설한 후 5온의 인연생기에 대해 설한다. 즉 목재와 진흙과 짚 등이 허공에서 얽히면 집이라고 하는 것이 생겨나듯이, 근육이나 뼈·살·피 등이 허공에서 얽히면 몸이라고 하는 것이 생겨나며, 안처(眼處, 내지 意處)가 허물어지지 않고 외계의 색(色, 내지 法)이 광명에 비쳐지면 바로 안식(眼識, 내지 意識)이 생겨난다. 즉 안처(내지 의처)·외계의 색(내지 법)·안식(내지 의식)이 존재하여 외계의 색법을 알 때, 이는 바로 색온에 포섭되며, 여기에 수(受)·상(想)·사(思)·식(識)이 존재하면 이는 바로 수온 내지 식온이다.

사리자는 제 온의 인연화합[合會]을 이와 같이 관찰할 것을 당부하면서, "만약 연기를 본다면 이는 바로 법을 보는 것이며, 만약 법을 본다면 이는 바로 연기를 보는 것이다"는 세존의 말씀을 인용하고, 그렇게 관찰해야 하는 이유로서 "5취온은 인연에 의해 생겨난 것이다"는 불타의 법문을 다시 인용하고 있다.[40]

이 같은 사실로 볼 때 여기서의 법은 '진리'를 의미하지도 않을뿐더러 연기 역시 무위의 연기법[緣起支性]도 아니다. 여기서의 법은 무상·고(苦)로 표상되는 5취온 즉 유위제법이며, 연기 역시 그 같은 유전문(流轉門)으로서의 인연생기를 말한다.

〈상적유경〉에서의 "연기를 보는 자 법을 보고, 법을 보는 자 연기를 본다"는 말은 '제법의 인연생기'와 다른 것이 아니다. 제법은 인연생기한 것이며, 인연생기한 것이 제법이다. 우리가 경험하는 일체의 모든 존재[法]는 인연에 의해 생겨난 것으로, 그것은 무상하고, 괴로우며, 나 혹은 나의 것이 아니다. 〈상적유경〉은 불타께서 이러한 제법의 인연생기를 통찰하여 열반을 증득하게 되었다는 기사로 끝맺고 있다.

---

40) 《중아함경》 권7 〈상적유경〉《대정장》1, p.467상), "……如是觀陰合會. 諸賢, 世尊亦如是說. '若見緣起, 便見法. 若見法, 便見緣起.' 所以者何? 諸賢, 世尊說, '五盛陰從因緣生, 色盛陰·覺·想·行·識盛陰'."

그는 이러한 과거·미래·현재의 5취온을 싫어하였으니, 싫어하였기에 더 이상 바라는 바가 없으며, 바라는 바가 없기에 해탈하였으며, 해탈하였기에 해탈하였음을 알았으며(다시 말해 解脫智를 획득하였으며), 생이 이미 다하였으며, 범행이 이미 확립되었으며, 해야 할 일 이미 다하여 더 이상 태어나는 일이 없다.[41]

이 같은 기사를 고려한다면, 〈상적유경〉에서의 법은 궁극적으로 승의의 법인 열반을 의미한다고도 할 수 있을 것이며, 그럴 경우 《요본생사경(了本生死經)》에서 전하는 "법을 보는 자 나(불타)를 본다"는 말로 대체할 수도 있을 것이다.

《요본생사경》은 바로 사리불(舍利弗)이 〈상적유경〉에서 인용된 "연기를 본다면 이는 바로 법을 보는 것이며, 법을 본다면 이는 바로 연기를 보는 것이다"는 불설(佛說)을 "연기를 보는 자 법을 보고, 법을 보는 자 나를 본다"로 개작하여 각각의 의미에 대해 해명하고 있는 경으로, 전반부에서는 "12연기에는 명(命)이 존재하지 않으며 (nirjīva) 명(命)이 아님(ajīva)을 보는 것을 '법을 보는 것'이라고 하며, 법에 명(命)이 존재하지 않으며 명(命)이 아님을 보는 것을 '불타를 보는 것'이라고 한다"고 하면서,[42] 말미에서는 다시 "법에 명(命)이 존재하지 않으며 명(命)이 아님을 보는 것을 '고·집·멸·도의 4제를 보는 것'이라고 한다"[43]고 설하여 불타와 4제를 동격으로 묘사하고

---

41) 같은 경.
42) 《요본생사경(了本生死經)》(《대정장》16, p.815중), "若見緣起無命非命, 爲見法. 見法無命非命, 爲見佛."
43) 《요본생사경》(《대정장》16, p.816하), "若見緣起無命非命, 爲見法. 見法無命非命, 爲見四諦苦習盡道."

있다.[44)]

또한 이것의 이본(異本)이라 할 수 있는《도간경(稻竿經)》이나《대승도간경》 등에 의하면, 여기서 '법'은 8정도분(正道分, 즉 道諦)과 열반과(涅槃果, 즉 滅諦)이며, '불타'는 일체법을 깨달은 이로서 유학(有學)과 무학(無學)의 법을 성취한 이이다.[45)] 이처럼 여기서의 '법' 또한—비록 멸제·도제에 한정하였을지라도—4제이다. 이 같은 사실로 볼 때, "연기를 보는 자 법을 보고, 법을 보는 자 불타를 본다"에서 '법'은 무아(無我)와 비아(非我) 혹은 4제(멸·도제)를, '불타'는 4제 혹은 4제(일체법)를 증득한 유학과 무학을 가리키는 것으로, 이는 곧 "12인연을 [참답게] 보면 4제를 보며, 4제를 보는 자 유학과 무학의 성자를 본다"는 말과 같다.[46)]

이상과 같은 사실로 볼 때, "연기를 보는 자 법을 보고……"라는 〈상적유경〉의 경문은 불타의 깨달음이 연기법이라는 사실의 경증이 될 수 없을뿐더러 도리어 4성제가 불타 깨달음임을 입증하는 경문이라 할 수 있다.

그런데《도간경》이나《대승도간경》에서는, 경명(經名)이《요본생

---

44) 초기경전(예컨대《잡아함경》권16 제417경,《대정장》2, p.110하)에서는 4성제 역시 "如如·不離如·不異如·眞實·審諦·不顚倒"라는 말로 묘사하고 있다.
45)《도간경(稻竿經)》《대정장》16, p.817상).;《대승도간경》(동 p.823하).
46) 도안(道安)은〈요본생사경서(了本生死經序)〉에서 "[12인연의] 공·무아를 아는 즉 4제를 성취하여 분명하게 신(信)을 세우게 된다(夫解空無命 則成四諦 昭然立信)"고 하였다.(《出三藏記集》권6,《대정장》55, p.45중) 여기서 '신'이란 아마도 불·법·승 삼보와 성계(聖戒)에 대한 무루의 청정한 믿음인 4증정(證淨), 혹은 不壞淨)의 의미일 것이다. 유부에 의하는 한, 견도위에서 고제·집제·멸제를 관찰할 때 '법'과 '계'의 증정을 획득하며, 도제를 관찰할 때 그것과 아울러 '불'과 '승'의 증정을 획득한다. 즉 도제를 관찰할 때, 부처(佛)를 성취하는 모든 무학법과 성문승(聲聞僧)을 성취하는 온갖 유학법과 무학법을 성취하기 때문이다.(《구사론》권25,《대정장》29, p.133중; 권오민 역, p.1162)

사경》(생사 유전의 근본인 무명에 대해 요별한 경)[47]에서 《도간경》(볏단을 보고 설한 경)으로, 설자(說者)가 사리불(舍利弗)에서 미륵(彌勒)으로 바뀐 것에 부응이라도 하듯이, 앞의《요본생사경》에는 없는 새로운 기사가 언급되고 있다. 그것은 12인연(연기)을 보면 법을 보고, 법을 보면 불타를 보게 되는 구체적 이유로서, 다음과 같은 불설(佛說)이 인용되고 있다.

    12인연은 항상 상속하여 일어나지만, [연기지성(緣起支性)은] 무생(無生)이며 여실견(如實見)으로 전도됨이 없으며, 무생(無生) 무작(無作)으로 유위가 아니며, 무주(無住) 무위(無爲)로서 인식의 대상이 아니며, 적멸(寂滅) 무상(無相)이다. 그렇기 때문에 12인연을 보면 바로 법을 보는 것이다. [12인연은] 항상 상속하여 일어나지만, [연기지성은] 무생이며 여실견으로……적멸 무상이다. 그렇기 때문에 12인연을 보면 바로 무상도(無上道)를 구족한 법신(法身)을 보게 되는 것이다.[48]

    능히 "인연의 법[성]은 항상하는 것이며, 명(命)을 갖지 않은 것(ajīva)이며, 명(命)을 떠난 것(nirjīva)이며, 참다운 것이며, 오류가 없는 것이며, 무생(無生) 무기(無起) 무작(無作) 무위(無爲)로서, 어떠한 장애도 갖지 않는 것이며, 인식대상이 되지 않는 것이며, 적정(寂靜)하

---

47) 도안(道安)에 의하면, 여기서 '본(本)'은 생사의 근본이 되는 치(癡), 즉 무명의 뜻이다.(《出三藏記集》권6, 앞의 책)
48) 《도간경》《대정장》16, p.817상), "云何見十二因緣卽是見法, 見法卽是見佛? 佛作是說, '十二因緣常相續起, 無生, 如實見不顚倒. 無生無作非有爲, 無住無爲, 非心境界, 寂滅無相. 以是故 見十二因緣卽是法. 常相續起, 無生, 如實見不顚倒. 無生無作非有爲, 無住無爲, 非心境界, 寂滅無相. 以是故 見十二因緣 卽是見無上道具足法身."

며 두려움도 없고 침탈(侵奪)되는 일도 없지만, [그렇다고] 적정하지도 않은 것이다"고 보는 자, 바로 그러한 자(법을 보는 자)이며, 이와 같이 법(法)에 대해서도 역시 "항상하는 것이며……[그렇다고] 적정하지도 않은 것이다"고 보는 자는 정지(正智)를 획득하기 때문에 승법(勝法)을 능히 깨달아 무상(無上)의 법신(法身)인 불타를 본다.[49]

이 경문은 좀더 자세하게 분석해 보아야 하지만, 대체적으로 앞서 논설한 대중부의 연기관이 그대로 반영된 것으로(이에 따를 경우 "연기를 보는 자 그것의 法性을 보고, 법성을 보는 자 불타의 法身을 본다"), 이미〈상적유경〉에서의 그것과는 멀어졌다고 할 수 있다. 그리고 바로 이 같은 의미에서 연기(緣起)를 승의(勝義)의 공성(空性)으로, 불타〔涅槃〕와 4제(諦)를 세속(世俗)의 가명(假名)으로 이해한 용수(龍樹)는《중론》〈관사제품〉제40송에서 악취공에서 벗어나기 위해 제출하였던 이제설(二諦說)의 경증으로 "연기를 보는 자 능히 부처를 보며, 4

---

[49]《대승도간경》(《대정장》16, p.823하), "云何見因緣? 如佛所說, '若能見因緣之法, 常・無壽・離壽・如實性・無錯謬性・無生・無起・無作・無爲・無障礙・無境界・寂靜・無畏・無侵奪・不寂靜相者, 是也. 若能如是於法亦見常・無壽・離壽・如實性・無錯謬性・無生・無起・無作・無爲・無障礙・無境界・寂靜・無畏・無侵奪・不寂靜相者, 得正智故, 能悟勝法, 以無上法身而見於佛.'"; 김성철 역,〈성스러운 도간(稻竿)이라는 대승경(大乘經, Śalistambha sūtra)〉《佛敎原典硏究》제1호, 동국대학교 불교문화연구원, 2001, p.51), "거기서 어떻게 연기(緣起)를 보는가? 이에 대해 세존께서 말씀하셨다. '항상 언제나 영혼을 갖지 않은 것이며(nirjīva), 여실(如實)하여 전도(顚倒)되지 않은 것이며(yathāvad aviparita), 영혼이 없으며(ajīva), 생(生)하는 것이 아니며(aiata), 생성되는 것도 아니고(abhūta), 지어지는 것도 아니며(akṛta), 작위(作爲)되는 것도 아니며(asaṃskṛta), 장애도 아니고(aparatigha), 인식의 대상도 아니며(anālambhana), 상서롭고(śiva), 공포가 없으며(abhaya), 잡을 수 없고(anāhāra), 사라지지 않으며(avyaya), 적막(寂寞)한 것도 아닌(avyupaśama) 성격(svabhāva)의 이런 연기(緣起)를 보는 자, 그 자는 법을 본다. 또 이와 같이 항상 언제나 영혼을 갖지 않은 것 등을 위시(爲始)하여……적막한 것도 아닌 성격의 것을 보는 자, 그 자는, 성스러운 법을 명확히 이해(abhisamaya: 現觀)하는 경우 올바른 앎에 토대를 둔 접근에 의해, 무상(無上)의 법의 몸(anuttara dharma śarīra)인 부처를 본다.'"

제를 본다"는《요본생사경》등의 경설을 인용하였을 것이다.[50]

이에 대해 청목(靑目)은 다음과 같이 해설하고 있다.

만약 어떤 사람이 일체의 법은 여러 가지 인연에 의해 생겨난다는 사실을 본다면, 그는 능히 부처의 법신을 바로 볼 수 있고, 지혜를 증익하였기에 능히 4성제인 고·집·멸·도를 보며, 4성제를 보았기에 4과(果)를 획득하여 모든 고뇌를 소멸시킬 수 있다. 그렇기 때문에 공(空)의 뜻을 부정하여서는 안 된다.[51]

3) 그 밖의 경설 검토

우리는 불타 깨달음이 연기법이라는 주장의 또 다른 논거로서 성도 후 7일간 해탈의 법락(法樂)을 즐긴 후 다시 7일 동안 12연기의 유전과 환멸을 관하였다는 남전 율장《대품(Mahāvagga)》첫머리의 기사나 이와 동일한 내용을 전하는《소부경전(小部經典)》중의《우다나》(I. 1-3)를 언급하기도 한다.[52] 물론 불타는 성도 후에 비로소 이에 대해 사유한 것은 아니고, 그 옛날 보살일 때에도 이에 대해 사유하였으며,[53]

---

50)《중론》권4(《대정장》30, p.34하), "是故經中說, '若見因緣法, 卽爲能見佛, 見苦集滅道'."
51)《중론》권4(《대정장》30, p.34하).
52) 이와 같은 기사는《잡아함경》에서 독립된 계경(예컨대 권15 제369-370경)으로 전해진다.
53)《잡아함경》권12 제287경(《대정장》2, p.80중하), "我憶宿命, 未成正覺時, 獨一靜處, 專精禪思, 作是念. '何法有故老死有? 何法緣故老死有?……'." 그러나 이 경에는 10지(支) 제식연기(齊識緣起)를 설하고 있다. 과거 보살 시절에는 왜 10지연기를 관하였던 것인가? 이에 대해서는 본고의 속편인〈4성제와 12연기〉(본서 제9장)에서 다룰 것이다. 참고로 만약 연기법[緣起支性]은 무위이고, 불타는 그것을 깨달아 등정각을 성취하였다면, 10지를 설하든 12지를 설하든, 혹은 5지의 애연기(愛緣起)를 설하든 그것은 그리 중요한 문제가 아닐 것이다.

석가모니불뿐만 아니라 비바시불(毘婆尸佛)을 비롯한 이전의 6불도 모두 이같이 사유하였다.[54]

이 같은 사실로만 본다면, 불타 자내증이 연기법이라는 것은 추호의 의심도 있을 수 없다. 불변성과 보편성을 모두 충족하고 있기 때문이다. 그러나 엄밀하게 말한다면, 성도 직후나 옛날 보살 시절에 사유한 연기가 보리수 하에서의 깨달음일 수는 없다. 설혹 개연성으로서 그럴 수 있다고 할지라도, 무엇 때문에 율장에서 부처님의 성도, 즉 법(法)에 대해 기술하고 있는 것일까? 율장이란 주지하는 대로 승가 구성원이 지켜야 할 규범인 〈바라제목차(波羅提木叉, pātimokkha, 戒經 혹은 戒本)〉와 이에 대한 해설인 〈경분별(經分別)〉, 그리고 승가의 운영규칙인 〈건도부(犍度部)〉와 〈부수(付隨, 부록)〉 등의 집성이 아닌가?

히라카와 아키라(平川彰)에 의하면, 초기불전(初期佛典)에서 설해지는 불타 전기는 불타가 각각의 구도의 과정에서 추구하였던 바나 그것을 통한 그의 인격을 표현하려는 의도에서 제작된 것으로, 본질적으로 불전(佛傳) 자체에 관심이 있었던 것은 아니었다.[55] 더욱이 율장에서의 불전은 반드시 〈건도부〉 서문에서 설해지고 있는데, 그것은 부처님이 수계작법의 제정자라는 사실을 밝히기 위해서라고 말할 수도 있겠지만, 그 보다는 부처님께서는 깨달음과 더불어 스스로 계를 구족〔自具足〕하였다든가, 출가하매 저절로 계를 구족〔自然具戒〕하였다

---

54) 예컨대 《잡아함경》 권15 제366경(《대정장》2, p.101상중).
55) 平川彰, 《律藏研究》, 박용길 역(토방, 1995), pp.549-550.; 和辻哲郎, 《原始佛敎の實踐哲學》(東京: 岩波書店, 1973), p.42.; 西本龍山, 〈根本說一切有部毘奈耶破僧事 解題〉(《國譯一切經》 律部24), p.1, "율장에서의 불전은 그것을 편찬하기 위한 목적에서 편찬된 것이 아니며……" 참조.

는 불타의 수계법을 나타내기 위해서라고 할 수 있다.[56]

그런 까닭에 남전 율장《대품》에서는 불타 전기를 성도 직후의 법락으로부터 시작하지만,《사분율》이나《오분율》의 해당 부분과《근본설일체유부비나야출가사》에서는 석가 종족의 연원으로부터 시작하며,[57] 깨달음의 내용에 대해서도《사분율》에서는 4선(禪)을 통해 3명(宿命通證·見衆生天眼智·漏盡智)을 획득하여 정각을 이루고서 7일간의 법락을 즐겼다 하고,[58]《오분율》에서는 보리수 하에서 4선과 37조도품을 통해 3명(宿命明·他心明·漏盡明)을 통찰하였으며, 그런 연후 울비라(鬱鞞羅) 마을에 이르러 처음으로 불도를 얻고, 그 날 초야에 나무 아래서 12인연의 유전 환멸을 관하였다고 전하고 있는데,[59] 율장《대품》에서는 바로 이 장면으로부터 시작하고 있는 것이다.

또한《유부비나야출가사》에서는 자개장(慈鎧仗)으로써 36만 구지(俱胝)의 악마를 항복시키고 나서 무상정등보리를 증득하였다고 전하고 있지만,[60] 그 밖의 율장, 이를테면《십송률》이나《마하승기율》에서

---

56) 平川彰, 앞의 책, pp.572-578.
57)《사분율(四分律)》권31(《대정장》22, p.779)〈受戒犍度〉.;《오분율(五分律)》권15(《대정장》22, p.101)〈수계법(受戒法)〉.;《근본설일체유부비나야출가사(根本說一切有部毘奈耶出家事)》(《대정장》23, p.1020).
58)《사분율》권31(《대정장》22, p.871중하).
59)《오분율》권15(《대정장》22, p.102하). 여기서 3명 중 타심명은 천안명(天眼明)의 오사(誤寫)일 것이다. 참고로 유부에 의하면, 37조도품(혹은 菩提分法)에서 도(혹은 菩提, 즉 覺)는 진지(盡智)와 무생지(無生智)로서, 37가지 선법은 모두 4제에 대한 통찰의 공능이 강성한 것이다.(《대비바사론》권96,《대정장》27, p.498중하.;《순정리론》권71,《대정장》29, pp.728하-729하)
60)《근본설일체유부비나야출가사》권2(《대정장》23, p.1027상). 참고로 데바닷다의 파승(破僧)을 중심으로 불전을 기술하고 있는《근본설일체유부비나야파승사》권5(《대정장》24, p.124중)에서는 불전을 보다 광설(廣說)하면서 성도에 대해서도 우루빈라(優樓頻螺) 마을 니련선하(尼連禪河)의 보리수 하에서 묘각분법(妙覺分法, 즉 보리분법)을 닦는 중에 3명(明) 6통(通), 특히 무루지통(無漏智通)으로 4제(諦)를 여실지견(如實知見)함으로써 '我生已盡 梵行已立 應作已作 不受後有'의 보리를 증득하였다고 전하고 있다.

는 깨달음의 내용도 불전도 전하고 있지 않다. 다만《마하승기율》에서는 네 종류의 구족법을 언급하면서 "부처님의 경우는 깨달음과 더불어 스스로 구족하였는데, 보리수 하에서의 최후심의 확연대오에 대해서는《선경(線經, 혹은 綖經)》에서 널리 설한 바와 같다"고 하여 불타 자내증을 경소설(經所說)로 미루고 있다.[61]

앞서 언급하였듯이 율장에서의 불전(佛傳)은 그것을 편찬하기 위한 목적에서가 아니라 다만〈수계건도〉와 관련된 불타의 행적을 밝히려는 의도에서 비롯된 것이기 때문에 경에서 설해진 바에 따라 후대 부가된 것이라고 할 수밖에 없다. 그것은《마하승기율》에서 "불타 자내증에 대해서는《선경(線經)》에서 널리 설한 바와 같다"거나《오분율》에서 불타 자내증으로 3명을 언급하면서 "《(태자)서응본기경(《太子》瑞應本起經)》중에서 설한 바와 같다"고 하는 사실로써 확인할 수 있다. 따라서 율장에서의 불전이나 성도에 관한 기사는 편찬자나 후대 전승자에 따라 유무(有無) 광략(廣略)의 차이가 있게 된 것이라고 말할 수 있다.

이 같은 사실로 본다면, 율장《대품》에서의 불전 역시 후세 부가된 것이라고 보아야 한다. 더욱이《대품》에서는 등정각을 성취하고서 7일간의 법락을 즐긴 후 12연기의 유전과 환멸을 관하였다고 하였거니와, 초전법륜을 설하는 대목에서 4성제의 3전(轉) 12행(行)을 통해 무상등정각을 성취하였다고 한 점에서, 이를 불타 깨달음이 연기법이

---

61) 《십송률(十誦律)》권21(《대정장》23, p.148상) 〈수구족계법(受具足戒法)〉.;《마하승기율》권23(《대정장》22, p.412중) 〈명잡송발거법(明雜誦跋渠法)〉, "立說波羅提木叉四種具足法, 自具足·善來具足·十衆具足·五衆具足. 自具足者, 世尊在菩提樹下, 最後心廓然大悟, 自覺妙證善具足, 如線經中廣說. 是名自具足."

라는 경증으로 인용하는 데에는 문제가 없다고 할 수 없는 것이다.[62]

나아가 《우다나》는 제1 성도(成道)로부터 시작하여 제8 열반(涅槃)으로 끝나는 것에서도 알 수 있듯이 일종의 불타 전기로서, 제1 〈보리품(菩提品)〉 전편(前篇)의 성도에 관한 기사는 율장 《대품》의 그것과 일치할뿐더러 제6 〈생맹품(生盲品)〉 이하는 남전 《대반열반경》(《장아함》〈遊行經〉)과 일치하기 때문에,[63] 이 역시 '불타 자내증이 연기'라는 사실을 입증하는 별도의 독립된 논거로 사용할 수 없다.

3. 맺음말

이상 불타 자내증이 연기법이라는 사실을 입증하기 위해 자주 인용하는 몇몇 경설에 대해 해석해 보았다.

"연기법은 여래가 세간에 출현하든 출현하지 않든 법계(法界)로서 상주(常住)하는 것이다"는 《잡아함경》 제299경(혹은 제296경)에서의 '법계 상주'는 인과의 결정성을 의미하는 것이었다. 그러나 우리가 아는 불타(혹은 열반)는 인과(인연)의 굴레에서 벗어난 이로서, 더 이상 새로운 생을 받지 않기 때문에 그것이 자내증의 경증이 될 수 없다.

---

62) 이 점에 대해 일찍이 우이 하쿠주(宇井伯壽)는 율장 《대품》에서 성도에 관한 기사는 적어도 12인연에 의하였다는 것과 4제에 의하였다는 것 두 가지로서, 원래는 초전법륜의 기사가 권두에 있었을 것이며, 보리수 하의 성도기사(12인연의 유전 환멸관)는 나중에 부가된 것이라고 하였다.(《原始佛教資料論》, 《印度哲學研究》 第二, p.190.)
63) 와츠지 데츠로(和辻哲郎)에 의하면, 《우다나》를 남전 《대반열반경》보다 오래된 것이라고는 생각하기 어려우며, 오히려 《대반열반경》에서 이 부분만을 발췌하였다고 하는 편이 보다 타당하다.(《原始佛教の實踐哲學》, p.71)

"연기를 보는 자 법을 보고, 법을 보는 자 연기를 본다"는 〈상적유경〉에서 '법'은 5취온이었으며, 연기 또한 유전문으로서의 인연생기였다. 이 경의 취지는 4성제 그 중에서도 특히 고성제를 밝히려는 것이기 때문에 불타 자내증이 연기법이라는 주장의 경증이 될 수 없을뿐더러 도리어 4성제가 불타 깨달음임을 입증하는 경문이라 할 수 있다. 더욱이 이 경문은 《요본생사경》에서 "연기를 보는 자 법을 보고, 법을 보는 자 불타를 본다"는 말로 설해지는데, 여기서는 불타와 4제가 동격으로 묘사되고 있다.

그 밖에 성도 직후 12연기의 유전과 환멸을 관하였다고 전하는 율장 《대품》이나 《우다나》의 기사도 후대 편찬자의 의도에 따라 경전상에서 취합된 것이기 때문에 독립된 경증으로는 사용할 수 없다. 따라서 이상의 경설을 불타 자내증이 연기법임을 입증하기 위한 논거로 제시하는 데에는 문제가 있다고 할 수 있다.

그렇다면 이러한 경증에 근거한 '연기법이 불타의 자내증'이라는 주장은 언제 누구에 의해 제기된 것인가? 앞서 언급하였듯이, 초기경전상에 언급된 불타 깨달음과 관련된 기사 가운데 4성제에 대해 설한 것이 빈도에 있어서나 뉘앙스에 있어서 연기에 대해 설한 것보다 훨씬 많고 강렬하다. 그럼에도 앞서 검토한 몇몇의 경설에 따라 불타 깨달음이 연기법이라는 주장은 근대 이후 일본 불교학계에서 생산된 이론으로, 그들은 대개 초기불교의 연기설을 상의(相依) 상관성으로 해석하여 대승불교의 연원으로 간주하였다. 그러나 그것은 대승의 스크린을 통한 것이라고밖에 말할 수 없다.

그들은 대개 "제법은 개별적인 것이든 전체적인 것이든 상의 상관한다는 점에서 상주 불변의 실체로서 존재하지 않을뿐더러 연기된 것은 유위로서 무상하며, 무상한 것은 괴로운 것이다. 따라서 무아·무상·고와 연기설은 다 같이 불타의 근본사상을 나타내는 것으로, 12연기의 근본 취의는 실로 불타의 근본사상이라고 할 수 있다"고 말한다.[64] 그러나 이는, 공은 연기의 이론적 귀결이라는 《중론》의 논리를 차용한 것으로, "연기하기 때문에 무상하다"거나 "연기하기 때문에 무아이다"고 하는 말은 초기불전 어디에도 없다. 무상과 무아는 다만 경험적 사실이지 추론을 통해 도출되는 이론적 귀결이 아니다.[65]

사실상 우리는 불타가 무엇을 깨달았는가 하는 점에 대해 분명하게 말할 수 있는 어떠한 근거도 갖고 있지 않다. 이에 대해 말할 경우, 거기에는 이미 그 같은 교설을 전승한 자의 의도나 후대의 해석이 개입되지 않았다고 할 수 없을뿐더러, 더욱 어려운 문제는 후대 논사들이 그러하였던 것처럼 불타 자내증을 정점으로 하여 이른바 8만 4천 법문으로 일컬어지는 일체의 교설을 종횡으로 재구성하지 않으면 안 된다는 점이다. 그 때 필연적으로 충돌하게 되는 상이한 온갖 교설들을 어떻게 이해하고 해석할 것인가?

불타 자내증을, 전승된 일체의 경(經)·율(律)과 아비달마(論)의 가치를 '소승 사제교(四諦敎)'라는 이름하에 부정하고, 그 이면에 담겨 있는 불타의 진정한 뜻을 취하여 연기-연기법성-공성-마음-진여로 이해한 동아시아(대승)에서의 해석 역시 일종의 아비달마로

---

64) 宇井伯壽, 〈十二因緣の解釋〉, 《印度哲學硏究》 제2, pp.327-328.
65) 이에 대해서는 본서 제9장 2 '대승의 진리관을 통한 연기 이해'를 참조할 것.

서,⁶⁶⁾ '전통'이라는 규범을 벗어날 수 없는 한 여전히 유효한 해석이라고 할 수 있겠지만, 그렇다고 할지라도 당시 불교학 전통으로 볼 때 '연기법'이라기보다는 '4성제'라고 하는 편이 보다 더 설득력을 갖는다는 것은 두말할 필요도 없다.

이에 대해서는 본고의 속편인 〈4성제와 12연기〉라는 제목의 논문(본서 제9장)에서 다루게 될 것이다.

---

66) 대승·소승을 막론하고 아비달마가 추구하려는 바는 법성, 즉 제법의 진실성(眞實性相)이다.(《대비바사론》 권1, 《대정장》27, pp.1하23-24행; 《유가사지론》 권 81, 《대정장》30, p.753중)

제9장
4성제와 12연기

불타의 깨달음은 연기법인가?(II)

* 이 글은 《한국불교학》 제47집(한국불교학회, 2007)에 게재된 것이다.

4성제와 12연기

1. 들어가는 말

필자는 〈연기법이 불타의 자내증이라는 경증(經證) 검토: 불타의 깨달음은 연기법인가?(Ⅰ)〉라는 논문(본서 제8장)에서, 우리가 불타의 깨달음이 연기법임을 논증할 때 흔히 인용하는 두 경설-"연기법은 내가 지은 것도 아니고 다른 이가 지은 것도 아니다. 여래가 세간에 출현하든 출현하지 않든 법계 상주하는 것으로, 여래는 이 법을 깨달아 등정각을 성취하였다"는 《잡아함경》 권12 제299경과, "만약 연기를 본다면 이는 바로 법을 보는 것이며, 만약 법을 본다면 이는 바로 연기를 보는 것이다"는 《중아함경》 권7 〈상적유경〉-과, 정각 후 12연기의 유전과 환멸을 관하였다는 율장 《대품》이나 《우다나(Udāna)》의 기사는 경증이 될 수 없음을 밝힌 바 있다.

그리고 불타의 깨달음이 연기법이라고 하는 주장은 근대 이후 일본의 불교학계에서 비롯된 것으로, 그들은 대개 초기불교의 연기를 상의 상관성으로 이해하였기에 그것은 이미 대승의 스크린을 통한 해석이라고도 하였다.

그렇다면 불타는 무엇을 깨달은 것인가? 필자의 관견(管見)에 의하는 한, 광의로 말하자면 4성제(聖諦)이며, 협의로 말하자면 번뇌 단진(斷盡)의 열반, 즉 누진명(漏盡明)이다. 그러나 누진명 역시 4제의 여실지견을 통해 성취된 것이니, 광협의 두 뜻은 본질적으로 동일한 것이라고 말할 수 있다.

그러나 이에 대해서도 언제부터인가 우리의 불교개론서에서는 12연기의 유전문이 고제(苦諦)와 집제(集諦)이며, 환멸문이 멸제(滅諦)와 도제(道諦)라고 하면서 "4성제는 연기적 관찰을 통한 괴로움의 극복을 제시하는 실천적 교설이다"[1]고 하거나, "4성제는 연기의 도리를 깨닫는 실천적 교리이다"고 말한다.[2] 실천적 교리와 이론적 교리라는 말은 언제 어디서 생겨난 것일까? 불타의 모든 법문(이를 '교리'라 하자)은 그의 내관(內觀)에서 비롯된 것이기에 듣는 자의 '관(觀)'의 대상이 된다는 것은 두말할 나위도 없을 것인데, 어떻게 이론과 실천의 분별이 가능한지 모르겠다. 예컨대 5온 · 12처 · 18계나 무상(無常) 등은 이론적 교리인가, 실천적 교리인가? 그렇다면 어떠한 까닭에서 초기경전에서는 그것만 듣고서도 환희하고 마음의 해탈을 얻으며, 나아가 "나는 생이 이미 다하였다(我生已盡)……"고 설하고 있는 것일까?

어떤 불교개론서에서는 "4성제가 설해짐으로 해서 석존의 교설은 이론과 실천의 완비를 보게 된다.……석존이 녹야원에서 4성제를 설하신 것을 초전법륜(初轉法輪)이라 함은 4성제가 이렇게 교리적으로

---

1) 대한불교조계종포교원 편, 《불교의 이해와 신행》(조계종출판사, 2004), p.77.
2) 이중표, 《근본불교》(민족사, 2002), p.257.

중요한 위치를 차지하고 있기 때문인 것이다"[3]고 하여 초전법륜의 신빙성마저 부정하고 있다. 전문연구서에서조차 "원시불교의 중요한 교리는 6근설 · 5온설 · (5支 내지 12지에 걸친) 연기계열설 · 4제설이지만, 이론적 교리는 앞의 세 가지이고, 4제설은 승단의 생활법과 수행의 규칙이다"고 말하고 있다.[4] -돌(때)!

이제 본고에서는 전편에 이어 4성제가 불타 자내증이라는 전제하에 우리에게 알려진 4성제와 12연기, 그리고 양자의 관계에 대한 필자의 소견을 드러내 보고자 한다.

2. 대승의 진리관을 통한 연기 이해

참으로 이상한 일이다. 구미나 남방불교권에서 출판된 불교개론서에서는 불타 자내증을 대체로 3명(明)이나 이와 관련된 4성제로 이해하고 있는 반면,[5] 일본이나 이에 절대적으로 영향 받은 우리나라에서

---

3) 교양교재편찬위원회 편, 《불교학개론》(동국대학교 출판부, 1987), p.89.
4) 上野順瑛, 《無我輪廻の論理的構造》(東京: 平樂寺書店, 1975), p.122. 우에노 준에이는 친절하게도 다음과 같이 해설하고 있다. "4제의 고 · 집 · 멸 3제는 애연기(愛緣起, 즉 5支緣起)의 생관(生觀)과 멸관(滅觀)이며, 도제의 8정도는 승단에 의해 규정된 특정한 생활법 수행법이다. 8정도가 4제의 도제로서 작성된 것이 아니라 그 자체 독립된 교의라고 하는 것은, 8정도를 주제로 한 경전이 존재한다는 사실로 알 수 있다. 6근 · 5온 · 연기 계열의 세 교리는 윤회 해탈의 관계를 논리적으로 규정하는 교리이지만, 8정도는 승단이 승단 (구성)원들로 하여금 준수하게 한 생활법 수행법으로, 앞의 세 교리와는 본질을 달리하는 교의이다."(동, p.121)
5) 예컨대 Edward J. Thomas, *The Life of Buddha*, London Routledge & Kegan Paul, 1975reprinted, pp.64-68.; E Lamotte, *HISTORY OF INDIAN BUDDHIM*, PEETERS PRESS LOUVAIN-PARIS, 1976 2nd reprinted, p.16.; Erich Frauwallner, *History of Indian Philosophy*, 2vols(박태섭 역, 《원시불교》, 고려원, 1991, p.72; 113-115).; Narada Mahāthera, *The Buddha and his Teachings*(석길암 역, 《오직 그대 자신을 등불로 삼아라》, 경서원, 1994,

는 한결같이 연기법이라고 말하고 있다. 부처님이 보리수 하 금강보좌에서 '진리'를 깨달아 여래 등정각자가 되었다면, 이 때 진리에 직접적으로 대응하는 말은 4성제의 '제(satya)' 바로 그것이다. 그것은 '성자들의 진리'이기 때문에 성제(聖諦)이다.[6] 5부(部) 4아함(阿含)에 언급된 불타 깨달음과 관련된 기사의 빈도 수나 문세(文勢) 또한 4성제가 연기보다 훨씬 많고 강렬하다. 몇 가지 인상적인 경문만 인용해 보자.

> 비구들이여, 나에게 이러한 4성제의 3전(轉) 12행(行)에 대한 안(眼)·지(智)·명(明)·각(覺)이 생겨나지 않았다면 나는 끝내……스스로 아뇩다라삼먁삼보리(阿耨多羅三藐三菩提)를 증득하지 못하였을 것이니, 나에게 이미 4성제의 3전 12행에 대한 안·지·명·각이 생겨났

---

pp.41-42). 이상의 문헌에서는 자이나 교도인 삿차카에게 고행의 무의미함과 금강보좌에서의 세 단계에 걸친 깨달음(3明)에 대해 설하고 있는 《중부경전》 제36경 《마하삿차경(Mahāsaccaka suttanta)》에 기초하여 서술하고 있다. 이 경에 대해서는 본장 주 25) 참조.
김성철은 《초기 유가행파의 無分別智 연구》(박사학위 청구논문, 동국대 대학원, 2004, pp.11-32)에서 초기경전에서의 해탈지(解脫智)의 성격에 대한 페터(Tilmann Vetter)와 슈미트하우젠(L. Schmithausen)의 이론을 요약하고 있는데, 이에 따르면 페터는 4정려와 3明(혹은 적어도 漏盡明)을 획득함으로써, 슈미트하우젠은 4제의 통찰을 통해 3루(漏)(본장 주 24 참조)로부터 심해탈(心解脫)함으로써 해탈지를 성취하였다고 말한다. 다만 후자의 경우, 고제를 제외한 나머지 3제의 통찰과 누(漏)의 소멸 사이에 심리적 개연성이 확보되지 않는다고 하여 이에 대해 해명한 것을 길게 부언하고 있다.

6) 《중아함경》 권7 〈분별성제경(分別聖諦經)〉(주 8 참조).; 《구사론》 권22(《대정장》29, p.114상; 권오민 역, 동국역경원, 2002, p.995), "是聖者諦. 故得'聖'名." 이에 대해 중현(衆賢)은 "이는 오로지 성자들만이 4제의 이치에 대해 능히 참답게 관찰(如實見)하여 거짓됨(虛妄)이 없지만, 성자가 아닌 이(즉 이생)의 경우는 그렇지 않기 때문에 '성제'라고 이름하게 되었다"고 하면서 "성자가 즐거움이라 하는 것을 성자 아닌 자(즉 이생)는 괴로움이라 하며, 성자가 아닌 이가 괴로움이라 하는 것을 성자는 즐거움이라 한다"는 경설(《잡아함경》 권13 제308경)을 인용하고 있다. 혹은 "성자들만이 4제의 이치를 성행(聖行)과 성지(聖智)로써 관찰하여 정결정(正決定, 즉 見道)을 획득하고 다시는 물러나지 않지만, 이생은 그렇지 않기 때문에 이생에 있어 4제는 다만 세속지(世俗智)일 뿐이다"고 말하고 있다.(《순정리론》 권57, 《대정장》29, p.661중하)

기 때문에……스스로 아뇩다라삼먁삼보리를 증득하게 되었다.[7]

제현(諸賢)이여! 이러한 고성제는 과거에도 고성제이며, 미래·현재에도 고성제이니, 진제(眞諦)로서 허망하지 않다. 진실[如]을 떠나지 않으며, 역시 전도된 것도 아니며, 진제로서 진실로 이와 같은 진리와 부합하는 것임을 살펴 알아야 하는 것으로, 이는 성자에게만 존재하며, 성자에게만 알려지며, 성자에게만 관찰되며, 성자에게만 요별되며, 성자에게만 증득되며, 성자에게만 등정각되니, 그렇기 때문에 고성제라고 설한 것이다.……(집성제·멸성제·도성제도 역시 그러하다.)[8]

만약 선남자로서 올바른 믿음으로 출가하여 도를 배우는 이라면, 그들은 마땅히 4성제법을 알아야 한다.……(중략)……3결(結)을 끊고 수다원과(須陀洹果, 즉 예류과)를 획득하였다면, 그들은 마땅히 4성제를 알았기 때문이다.……(중략)……3결을 끊고 탐욕과 진에와 우치가 희박하게 되어 사다함과(斯陀含果, 즉 일래과)를 획득하였다면, 그들은 모두 4성제를 참답게 알았기 때문이다.……(중략)……5하분결을 끊어 생반

---

7) 《잡아함경》 권15 〈전법륜경〉《대정장》2, p.104상; 완전한 인용은 주 32를 참조할 것). 4성제를 세 번 굴림으로써 무상의 정등각을 증득하였다는 이 기사는 아함의 제경뿐만 아니라 《수계건도(受戒度)》 편에서 불전(佛傳)을 전하는 《사분율》《대정장》22, p.788중); 《오분율》《대정장》22, p.104하); 율장 《대품》 I.1.7(최봉수 역, 《마하박가》1, 시공사, 1998, p.61 이하)에서도 역시 초전법륜의 내용으로 설해지고 있다.

8) 《중아함경》 권7 〈분별성제경(分別聖諦經)〉《대정장》1, pp.468중~469하), "諸賢, 過去時是苦聖諦, 未來現在時是苦聖諦. 眞諦不虛, 不離於如, 亦非顚倒. 眞諦審實合是諦. 聖所有·聖所知·聖所見·聖所了·聖所得·聖所等正覺. 是故說苦聖諦." 이 경의 전반부에서는 고(苦) 등의 4성제는 시간적으로 영원한 진리성임을 설하고 있는데, 연기법의 법계 상주를 설한 《잡아함경》 권12 제296경(《대정장》2, p.84중; 본서 제8장 주 27)의 경문과 동일한 구조이다. 《잡아함경》 권16 제417경(《대정장》2, p.110하)에도 동일한 경문이 설해진다.: "世尊說苦聖諦……如如·不離如·不異如. 眞實審諦不顚倒. 是聖所諦, 是名苦聖諦."

열반(生般涅槃)하여 다시는 이 세간에 돌아오지 않는 아나함과(阿那含果, 즉 불환과)를 획득하였다면, 그들은 모두 4성제를 알았기 때문이다.……(중략)……만약 일체 번뇌를 단진하고서 무루의 심해탈(心解脫)과 혜해탈(慧解脫)의 견법(見法)을 획득하여 "나는 생이 이미 다하였고, 범행이 이미 확립되었으며, 해야 할 일 이미 다하였다"고 자지(自知) 작증(作證)하고 "더 이상 후유(後有)를 받지 않는다"고 스스로 아는 이(즉 阿羅漢果)라면, 그들은 모두 4성제를 알았기 때문이다.……(중략)……만약 벽지불의 도를 증득하였다면, 그들은 모두 4성제를 알았기 때문이다.……(중략)……만약 무상(無上)의 등정각을 증득하였다면, 그들은 모두 4성제를 알았기 때문이다.[9]

내가 그대들과 더불어 생사의 멀고 먼 길을 거쳤던 것은 4성제를 관찰하지 못하였기 때문이었으니, 크나큰 괴로움의 나날은 길고도 길었도다.
만약 4성제를 관찰하여 존재[有]라는 크나큰 바다의 흐름에서 벗어난다면 생사의 영원함을 이미 제거하였으니, 더 이상 후생을 받지 않으리.[10]

만약 해와 달이 세상에 나타나지 않았다면 일체의 뭇 별들도 또한 세상에 나타나지 않았을 것이며, 밤과 낮 하루 한 달 4계절과 1년 등의 구분도 없어 세상은 항상 어두움의 기나긴 밤과 어두움의 괴로움만이 있을 것이듯이, 여래가 세간에 출현하여 4성제를 설하지 않았다면 이 세상은

---

9) 《잡아함경》 권15《대정장》2, p.106상중).
10) 《잡아함경》 권16 제403경《대정장》2, p.108상).

어떠한 빛도 없어 항상 어두움의 기나긴 밤만이 계속되었을 것이다.[11]

나아가 밀림 속에서 코끼리 발자국이 제일이듯이 일체 선법 중의 제일인 것도 4성제라고 하였으며,[12] 불타를 네 가지 덕을 갖춘 대의왕 (大醫王)에 비유하게 된 것도 4성제를 참답게 알았기 때문이다.[13] 불타 자내증을 4성제와 관련시켜 설한 경이나 4성제를 극상으로 찬탄하는 경은 이 밖에도 헤아릴 수 없을 만큼 많다. 그런데 이상하지 않은가? 이렇게 묘사되는 4성제를 도외시하고 '들어가는 말'에서 언급한 몇몇의 경증만을 통해 연기법이 불타 자내증이라고 하는 것이.

김동화(金東華) 박사는 제 경(經)・율(律)상에서 4성제에 의해 성도하였다고 설한 것에 대해 의문을 나타내면서 이같이 변명하고 있다.

4제설은 최초의 설법인 8정도설을 도제(道諦)하에 포함하고 있을 뿐만 아니라 12인연과 3법인 사상도 모두 이 4제하에 포섭하기 때문에 조기(早期)에 설하였다는 것은 의심의 여지가 있다. 말하자면 이상의 모든 교리를 총망라한 것이 4성제로서, 이것을 석존의 조기의 설법이라고 보기에는 너무나도 선교(善巧)한 설교안(說敎案)이기 때문이다. 불타 교설의 전부를 총망라하기 위해 (후기에) 구상된 정교한 교망(敎網)이라고 하는 것이 자연스러울 것이다.……(중략)……이처럼 만약 4제설을

---

11) 《잡아함경》 권15 제395경(《대정장》2, p.106하) 축약.
12) 《중아함경》 권7 〈상적유경(象跡喩經)〉(《대정장》1, p.464중). "諸賢, 猶如諸畜之跡, 象跡爲第一. 所以者何? 彼象跡者最廣大故. 如是諸賢, 無量善法彼一切法, 皆四聖諦所攝, 來入四聖諦中. 謂四聖諦於一切法, 最爲第一."
13) 《잡아함경》 권15 제389경(《대정장》2, p.105상중).

후기에 구상한 것이라고 인정한다면 4제설 중에 이미 연기의 원리나 이 원리상에서 단안(斷案)된 3법인 사상 및 8정도 등이 모두 망라되어 있으니, 4성제의 이치를 알면 그것이 곧 정각을 이루게 되는 것이라고 하여도 무방하지 않을까?[14]

제경(諸經)에서 이루 헤아릴 수 없을 정도로 설해지는 4성제를 후기에 구상된 것이라고 하면서까지 주장하고 싶었던 것은 무엇일까? 이는 연기법이 불타 자내증이며, 그것으로부터 무아 공(空)과 중도인 8정도가 비롯되었다는 전제에서 행해진 발언으로, 이러한 전제는 근대 이후 일본의 불교학계에서 생산된 것이라고 할 수 있다. 그리고 그 극치가 초기불교의 연기설을 상의 상관성으로 해석하여 '차유고피유 차기고피기(此有故彼有 此起故彼起)'의 두 구(句)는 공간적(혹은 논리적) 시간적 관계를 나타낸다고 하는 것이다. 이에 대해서는 이미 비판적으로 검토한 논문이 발표되었을뿐더러[15] 본 논문의 주제와는 어느 정도 거리가 있기에 차후 별도의 논문을 기약한다.

한편 이들은 대개 "제법은 개별적인 것이든 전체적인 것이든 상의(相依) 상관한다는 점에서 상주 불변의 실체로서 존재하지 않을뿐더러 연기된 것은 유위로서 무상하며, 무상한 것은 괴로운 것이다. 따라서 무아(無我)·무상(無常)·고(苦)와 연기설은 다 같이 불타의 근본사상을 나타내는 것으로, 12연기의 근본취의는 실로 불타의 근본사상

---

14) 김동화, 《원시불교사상》(보련각, 1988), pp.131-132.(取義)
15) 박경준, 〈초기불교의 연기상의설(緣起相依說) 재검토〉《한국불교학》 제14집, 1989).

(즉 무아·무상·고)이라고 할 수 있다"고 말한다.[16] 더욱이 우이 하쿠주(宇井伯壽)는 불타의 근본사상인 무아·무상·고를 통틀어 부를 만한 호칭이 없기 때문에 연기설이라는 말로 대신하여도 무방하다는 말까지 보태고 있다.[17]

그러나 이는, 공(空)은 연기의 이론적 귀결(연기-무자성-공)이라는 《중론》의 논리를 차용한 것으로, "연기하기 때문에 무상하다"거나 "연기하기 때문에 무아이다"고 하는 말은 초기불전 어디에도 없다. 무상과 무아는 다만 경험적 사실이지 추론을 통해 도출되는 이론적 귀결이 아니다.[18]

나아가 이들은, 이러한 연기설은 고락(苦樂) 유무(有無) 등의 중도설(中道說)과 결부되어 설해지고 있기 때문에 연기설은 당시 일반 사상계와는 전혀 다른 불타의 독자적인 근본입장이라고 말할 수 있다고

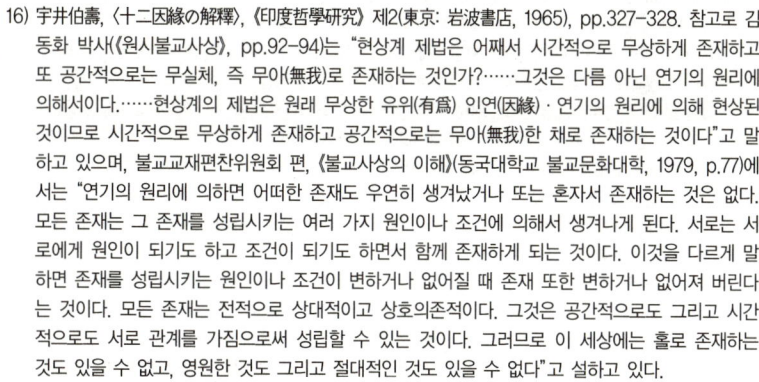

16) 宇井伯壽, 〈十二因緣の解釋〉, 《印度哲學硏究》 제2(東京: 岩波書店, 1965), pp.327-328. 참고로 김동화 박사《원시불교사상》, pp.92-94)는 "현상계 제법은 어째서 시간적으로 무상하게 존재하고 또 공간적으로는 무실체, 즉 무아(無我)로 존재하는 것인가?……그것은 다름 아닌 연기의 원리에 의해서이다.……현상계의 제법은 원래 무상한 유위(有爲) 인연(因緣)·연기의 원리에 의해 현상된 것이므로 시간적으로 무상하게 존재하고 공간적으로는 무아(無我)한 채로 존재하는 것이다"고 말하고 있으며, 불교교재편찬위원회 편, 《불교사상의 이해》(동국대학교 불교문화대학, 1979, p.77)에서는 "연기의 원리에 의하면 어떠한 존재도 우연히 생겨났거나 또는 혼자서 존재하는 것은 없다. 모든 존재는 그 존재를 성립시키는 여러 가지 원인이나 조건에 의해서 생겨나게 된다. 서로는 서로에게 원인이 되기도 하고 조건이 되기도 하면서 함께 존재하게 되는 것이다. 이것을 다르게 말하면 존재를 성립시키는 원인이나 조건이 변하거나 없어질 때 존재 또한 변하거나 없어져 버린다는 것이다. 모든 존재는 전적으로 상대적이고 상호의존적이다. 그것은 공간적으로도 그리고 시간적으로도 서로 관계를 가짐으로써 성립할 수 있는 것이다. 그러므로 이 세상에는 홀로 존재하는 것도 있을 수 없고, 영원한 것도 그리고 절대적인 것도 있을 수 없다"고 설하고 있다.
17) 宇井伯壽, 〈十二因緣の解釋〉, p.328.
18) 이에 김동화 박사《원시불교사상》, pp.92-93)는 "만약 석존이 이 현실계에 대한 개인적인 단순한 체험이라든가, 어떠한 직감으로 그러한 [무상과 무아의] 판단을 내리게 되었다면, 그것은 한낱 독단에 불과할 것이다.……진리는 공도(公道)에 의한 것으로, 그것은 다름 아닌 연기의 원리이다"고 하였다. 즉 현상계의 제법이 무상이고 무아인 이유는 연기의 이치에 의한 것이라고 하면서, 다음

말한다.

  이같이 애써 4성제를 무시하며, 불타 깨달음은 두말할 나위도 없거니와 근본불교(초기불교가 아니라)의 시종일관하는 중심사상으로 연기법을 세운 이유는 무엇인가? 우리는 그 한 이유를 다음의 글에서 찾을 수 있다.

  근본불교뿐만 아니라 후세 정통불교는 모두 이러한 연기설에 근거한 것으로, 《반야경》과 용수불교(龍樹佛教)의 일체개공설(一切皆空說)은 그것을 다른 말로 표현한 것에 지나지 않는다. 천태 화엄의 설에서도, 나아가 일본불교에서도 진실의 실대승(實大乘)은 이 설을 근본으로 삼

의 《잡아함경》 권1 제12경((대정장)2, p.2중)을 인용하고 있다.: "색은 무상하다. 제색(諸色)을 낳는 인(因)도 연(緣)도 역시 무상하다. 무상한 인과 무상한 연에 의해 낳아진 제색을 어찌 유상(有常)한 것이라고 하겠는가?……(수·상·행·식도 이와 같다.)……이와 같이 비구여! 색은 무상하고, 수·상·행·식도 무상하며, 무상한 것은 바로 괴로운 것이며, 괴로운 것은 나(我)가 아니다." 참고로 이에 상응하는 《상응부경전》(Ⅲ. 23-24)에서는 계속하여 "……괴롭고 무아인 인과 연에 의해 낳아진 제색을 어찌 즐겁고 아(我)가 존재하는 것이라고 하겠는가?"라고 설하고 있다.
그러나 이 경문은 박사가 말한 것처럼 "제법은 인연생기한 것이기 **때문에** 무상하다"는 의미가 아니다. 인(因)도 무상하고 연(緣)도 무상하며, 그것에 의해 생겨난 현실의 온갖 존재도 당연히 무상하다는 뜻이다. 만약 이 경문의 뜻이 "무상한 인과 연에 의해 생겨난 것이기 **때문에** 무상하다"는 것이라면, '인과 연이 무상하다' 는 판단은 직접적 경험에 의한 것인가, 그것 또한 추론에 의한 것인가? 나아가 괴로움을 어찌 추론에 의한 이론적 귀결이라 하겠는가? 상일주재(常一主宰)하는 것으로 여기는 자아(ātman)가 색 등의 5온으로 해체(분별)될 수 있다는 사실만 승인된다면, "색 등은 무상하며, 거기에 나는 존재하지 않는다(혹은 나의 것이 아니다)"는 것은 경험적 사실로서 여기에는 어떠한 논증도 필요치 않다.
우리는 카라마 종족에게 행한 불타의 법문(《증지부경전》 I.《대품(Mahāvagga)》65;《중아함경》 권3《伽藍經》)을 익히 잘 알고 있다. 불타께서 케사풋타라고 하는 마을에 머무르고 있을 때, 카라마 종족들이 와서 물었다.: "수많은 사문과 바라문들이 우리 마을에 와서 각기 자신들의 주장이 진실이고, 다른 이의 주장은 거짓이라고 우기는데, 우리는 누구의 말을 믿어야 하겠습니까?" 불타는 말하였다.: "소문이나 전통에 이끌려서도 안 되고, 권위에 현혹되어서도 안 되며, 다만 논리나 추리에 따라서도 안 된다. 이성적으로 탐구된 것이어서, 그럴 듯해 보이기 때문에 믿어서도 안 된다. 나아가 세간의 존경을 받는 스승의 주장이기 때문에 믿어서도 안 된다."(取意) 나라다 마하테라(Nārada Mahāthera)는 단언하였다. "불교의 근본은 4성제이며, 그것은 경험에 의해 증명될 수 있다."(앞의 책, p.82)

고 있는 것이다.[19]

이 같은 해석은 사실상 불교학의 실증적 연구가 이루어짐으로써 '대승 비불설(非佛說)'이 본격적으로 제기됨에 따라 대승의 연원을 추구하지 않을 수 없게 되었고, 그것을 부파불교 중의 진보적 성향의 부파, 나아가 초기불교에서 찾기 위한 과정일 수 있다. 혹은 종래 교상판석(敎相判釋)에서 소승교(小乘敎) 혹은 아함시(阿含時)로 일컬어지던 것이 초기불교와 부파불교로 나누어짐에 따라 초기불교 연구자는 그것의 발전된 형태인, 혹은 대승으로부터 타기(唾棄)의 대상이 되었던 부파불교(아비달마불교)와는 다른 그 자체만의 정체성을 추구하게 되었고,[20] 그것을 특히 동아시아에서 역사와 전통에 빛났던 대승불교에서 찾고자 하는 시도일 수도 있다.[21]

그러나 결과론적으로 연기법을 불타 자내증으로, 상의 상관성으로 해석함에 따라 마침내 "초기(근본)불교는 대승불교와 그 근본에 있어 차이가 없다"거나, "대승불교는 원시불교의 이론적 귀결"이라고 말하는 데까지 이르게 되었다. 그렇지만 이는 시간과 공간 속에서 이루어진 역사를 무시한, 특정의 교파 혹은 특정 지역의 불교를 중심으로 한

---

19) 宇井伯壽, 〈十二因緣の解釋〉, p.330.
20) 이 같은 생각을 더욱 밀고 나가 '근본불교'라는 말까지 생겨나게 되었다. '근본불교'라는 명칭을 처음으로 사용한 일본의 아네자키 마사하루(姉崎正治)는 그의 《근본불교》에서 《반야경》의 공관(空觀)은 원시불교에서의 수보리의 공관을 계승한 것이고, 《법화경》의 제법실상(諸法實相)과 개시오입(開示悟入)의 사상은 근본불교의 법(法)사상 또는 석존의 인격에 연유하였으며, 아미타불이나 미륵신앙은 석존의 인격과 법사상 또는 생천(生天)사상에서 비롯된 것으로 보았다.(박경준, 〈大乘經典觀 定立을 위한 試論〉, 《한국불교학》 제21집, p.169)
21) 이에 대해서는 졸고, 〈소승불교 一考〉(《철학논총》 제31집, 2003), p.196.; 《아비달마불교》(민족사, 2003), pp.341-342를 참조할 것.

종학(宗學)이라고밖에 말할 수 없다. 이러한 상황에서 사이구사 미츠요시(三枝充悳)의 거두절미의 한마디는 폐부를 찌른다.

《아함경》의 연기설에는 원래부터 상의(相依)의 사상은 존재하지 않았고, 후대 용수(龍樹, 즉 《중론》)에 이르러서야 비로소 견고하게 구축되었다.[22]

3. 불타 자내증으로서의 4성제

앞서 언급하였듯이 4성제는 성자들의 진리이기 때문에 '성제'이다. 괴로움이 어째서 진리인가? 그것은 세계의 실상이다. 병에 걸렸다는 사실을 알지 못하고서는 그 원인도 그것의 치유도 치유방법도 알지 못하듯이, 괴로움을 알지 못하고서는 그것의 원인도, 그것의 소멸도, 소멸방법도 알지 못하기 때문이다. "성자가 괴로움이라고 여기는 것을 세간에서는 즐거움이라고 여기며, 세간에서 괴로움이라고 말하는 것을 성자는 괴로운 것이라고 말한다."[23]

불타의 성도는 진리〔明, vidyā〕를 깨달아 괴로움을 초래하는 일체의 원인(번뇌)을 멸하고 열반을 증득하는 일련의 과정 속에서 이루어졌다. 그 날 진리의 광명이 비친 밤에 그에게 무슨 일이 일어났던가?

---

22) 中村元·三枝充悳, 혜원 역, 《바웃드하 불교》(김영사, 1991), p.144.
23) 《잡아함경》권13 제308경(《대정장》2, p.88하).; 《구사론》권22(《대정장》29, p.114상; 권오민 역, p.995).

아마도 그 날의 일을 가장 생생하게 묘사하고 있는 것은 남전《중부경전》에 실려 있는《마하삿차카경(Mahāsaccaka suttanta)》일 것인데, 이를 간략히 정리하여 기술하면 다음과 같다.

극심한 고행 끝에 우유죽을 먹고 기운을 차린 후, 그는 초선·2선·3선·4선을 성취하였다. 이제 그의 마음은 모든 사물의 본래 모습을 그대로 반영하는 잘 닦인 거울과 같았다. 이와 같이 고요하고 밝게 정화되고, 온갖 번뇌에서 벗어나 유연하고 확고부동한 마음으로 전생을 알고자 하였다.

그는 지나간 수많은 생애를 기억하였다. 1생, 2생, 3생……50생, 백  생, 천 생, 백천 생, 나아가 이루 헤아릴 수 없는 생과 이루 헤아릴 수 없는 우주의 생성과 파괴를 거치면서 그 때의 이름과 족성과 종족, 먹었던 음식, 그 때 경험하였던 즐거움과 괴로움과 죽음을 기억하였다. 그리하여 마침내 지금 이곳에 태어나 이와 같이 전생의 여러 모습을 자세하게 기억하였다. 이것이 그 날 초저녁 밤에 획득한 첫 번째 앎(즉 宿住隨念智證明, 혹은 宿住智證明)이니, 이로 인해 무명(無明)이 멸하고 명(明)이 생겨났으며, 어두움이 멸하고 빛이 생겨나게 되었다.

다시 그는 이와 같이 고요하고 밝게 정화되고, 온갖 번뇌에서 벗어나 유연하고 확고부동한 마음으로 유정들이 죽고 태어나는 것을 알고자 하였다. 그는 청정하고도 초월적인 천안(天眼)으로써 유정들의 생사를 관찰하여 천함과 고귀함, 아름다움과 추함, 행복과 불행이 모두 업에 의한 것임을 알았다. 즉 신(身)·구(口)·의(意)의 악행과 성자에 대한 비방과 사견(邪見)과 사견에 따른 업으로 인해 죽은 후 악취나 지옥에 태어나며, 신·구·의의 선행과 성자에 대해 비방하지 않음과 정견(正見)과 정견에 따른 업으로 인해 죽은 후 선취나 천상에 태어난다는 사실을 알았다. 이것이 그 날 밤 한밤중에 획득한 두 번째 앎(즉 死生智證明, 혹은 天眼智證明)이니, 이로 인해 무명이 멸하고 명이 생겨났으며, 어두움이 멸하고 빛이 생겨나게 되었다.

다시 그는 이와 같이 고요하고 밝게 정화되고, 온갖 번뇌에서 벗어나 유연하고 확고부동한 마음으로 번뇌가 다하였음을 알고자 하였다. 그는 "이것은 괴로움이며, 괴로움의 원인이며, 괴로움의 소멸이며, 괴로움을 소멸하는 길"임을 참답게 알았으며, "이것은 번뇌이며, 번뇌의 원인이며, 번뇌의 소멸이며, 번뇌를 소멸하는 길"임을 참답게 알았다. 이와 같이 알고 관찰함에 그의 마음은 욕루(欲漏)와 유루(有漏)와 무명루(無明漏)로부터 해탈하였고,[24] 이미 해탈하였기에 해탈지(解脫智)가 생겨났으며, "생은 이미 다하였고, 범행은 이미 확립되었으며, 해야 할 일 이미 다하였으며, 더 이상 생을 받지 않는다"는 사실을 알았다. 이것이 그 날 밤 새벽에 획득한 세 번째 앎(즉 漏盡智證明)이니, 이로 인해 무명이 멸하고 명이 생겨났으며, 어두움이 멸하고 빛이 생겨나게 되었다.[25]

---

24) 유부의 해석에 따르면, 욕루와 유루(무루에 대응하는 '유루'와 명칭은 동일하지만 뜻이 다르다)는 각기 무명을 제외한 욕계의 번뇌와 상(上) 2계의 번뇌, 무명루는 삼계의 무명으로, 온갖 번뇌 가운데 오로지 무명만을 하나의 '누'로 독립시킨 것은 그 자체만으로 능히 삼유(三有)를 초래하는 근본이 되기 때문이다.(권오민, 《아비달마불교》, 민족사, 2003, pp.208-209; 《구사론》 권20, 《대정장》29, p.107하; 권오민 역, pp.936-937 참조)
25) M.N. I. 36(남전 《중부경전》1, pp.431-434; 전재성 역, 《맛지마니까야》 제2권, pp.131-134) 발췌. 赤沼智善의 《호조록(互照錄)》에 의하는 한 아함에는 상응하는 경이 없지만, 《사분율》 〈수계건도(受戒犍度)〉(《대정장》22, p.781)상의 불전(佛傳)은 이와 정확하게 일치하며, 《근본설일체유부비나야파승사》 권5(《대정장》24, p.124상중)의 그것은 대체로 일치한다. 그리고 4선(禪)과 3명(明)에 한정시킬 경우, 《증일아함경》 〈증상품(增上品)〉 제1경(《대정장》2, p.666)과 〈등견품(等見品)〉 제5

4제(諦)를 여실지견함으로써 일체의 번뇌를 다하여 이제 더 이상 생을 받지 않음을 아는 지혜를 누진지(漏盡智, āsrava-kṣaya-jñāna)라고 하는데, 그것이 불타의 10력(力) 중의 하나일 때는 누진지력(漏盡智力)으로 불리지만, 6통(通)이나 3명(明) 중의 하나로 열거될 때는 누진지증통(漏盡智證通, 혹은 漏盡通)·누진지증명(漏盡智證明, 혹은 漏盡明)으로 불린다.

설일체유부에 의하면, 6통 중 숙주지증통(宿住智證通)·천안지증통(天眼智證通, 혹은 死生智證通)·누진지증통은 각기 과거·미래·현재의 어리석음을 대치하는 것으로서 다른 신통에 비해 특히 뛰어나기 때문에 아라한의 그것을 3명(vidyā)이라 하였다.[26] 그리고 이 중에서 무학(無學, 아라한)의 법은 누진명뿐이며, 나머지 두 가지는 다만 무학의 소의신(所依身)상에 일어난 것일 뿐이다. 다시 말해 그것은 유학(有學)의 성자에게도 일어날 수 있지만, 그들에게는 아직 우치가 남아 있기 때문에 '명'이라 하지 않고 '통'이라고 말할 뿐이다.[27]

불타를 비롯한 네 과위(果位)의 성자는 각기 그에 상응하는 번뇌를 단진(斷盡)하여 열반을 성취한 이로서,[28] 경전상에서는 항상 번뇌(혹

경(《대정장》2, pp.696하-697상)의 경문도 거의 일치한다. 참고로 《사분율》에서는 이 기사 후 7일간의 법락을 즐긴 후 두 명의 상인으로부터 밀초(蜜麨, 꿀에 갠 보리죽)를 공양 받았다고 전하지만, 《오분율》(《대정장》22, p.102하)에서는 "청정한 마음으로 3명을 통찰하였으니, 《서응본기경(瑞應本起經)》 중에서 설한 바와 같다"고 하고서, 그 후 자리를 우루빌라 마을로 옮겨 12연기의 유전과 환멸을 관하였다는 기사를 전하며, 남전 율장 《대품》에서는 바로 이 장면으로부터 시작하고 있는 것이다.

26) 《구사론》 권27(《대정장》29, p.143중; 권오민 역, p.1253).; 권오민, 《아비달마불교》, p.288 참조.
27) 《구사론》 권27(《대정장》29, p.143중하).
28) 《잡아함경》 권18 제126경(《대정장》2, p.126중), "云何爲涅槃? 舍利弗答言, '涅槃者, 貪欲永盡·瞋永盡·愚癡永盡·一切諸煩惱永盡. 是名涅槃.'" 참조.

은 魔)의 단진과 더불어 언급된다. 예컨대 예류과(預流果, 혹은 수다원)는 유신견(有身見)·계금취견(戒禁取見)·의(疑)의 3결(結)을 끊은 성자이고, 일래과(一來果, 혹은 사다함)는 이러한 3결을 끊고 탐욕과 진에와 우치가 엷어진 성자이며, 불환과(不還果, 혹은 아나함)는 5하분결(유신견·계금취·疑·욕탐·진에)을 끊은 성자이고, 아라한과(阿羅漢果)는 일체의 번뇌를 끊은 성자(불타 역시 아라한 즉 應供임)로서, 항상 4성제·8정도와 결부되어 설해지고 있다.[29] 혹 어떤 경우 5온을 무상·고·공·무아라고 정근 사유할 때, 예류과를 획득하고 나아가 아라한과를 획득한다고 하지만,[30] 이 때 무상 등은 유부에 의하는 한 고제(苦諦, 현실)의 구체적 행상(行相)이다.

아함에서는 어떠한 경우에도 연기법을 관하여 번뇌를 끊거나 성자의 과위를 획득한다고 설하는 일이 없다. (우리는 이러한 이유에서도 초기불교 교학상에서 '연기법'의 위상에 대해 다시 생각해 보지 않으면 안 된다.) 이런 까닭으로 인해 아비달마 논사들은 4성제에 대한 즉각적인 통찰인 현관(現觀, abhisamaya)의 과정을 수행도의 핵심으로 이해하여 통찰에 이르는 예비적 단계〔資糧位〕·준비단계〔加行位〕·견도위(見道位)·수도위(修道位)·더 이상 닦을 것이 없는 무학위(無學位)라는 5위(位)의 체계를 세우게 되었으며(이러한 체계는 이후 불교 수행론의 골격이 된다), 중기 아비달마인 법승(法勝)의 《아비담심론(阿毘

---

29) 주 9) 참조.; 《잡아함경》 권18 제490경(《대정장》2, pp.126상-128상).
30) 이를테면 《잡아함경》 권10 제259경(《대정장》2, p.65).; 동경 권1 제1경-제10경(《대정장》2, p.1-2)에서는 5온에 대한 정지견(正知見, 즉 무상, 혹은 무아)을 통해 아라한과(심해탈 혹은 '我生已盡 梵行已立 所作已作 不受後有'에 대한 眞實智)를 얻는다고 설하고 있다.

曇心論)》부터는 아예 논의의 골격 자체를 4성제의 형식으로 구성하였다.[31]

이러한 수행 체계는 본질적으로 불타가 초전법륜에서 설한 4성제의 3전(轉) 12행(行)에 근거한 것으로, 제1전을 견도위에, 제2전을 수도위에, 제3전을 무학위에 배당하였던 것이다. 이 또한 간략히 정리하면 다음과 같다.

비구들이여! 나는 "이는 고성제(苦聖諦)이다"는 일찍이 들어 보지 못한 법에 대해 눈[眼]을 떴고, 지혜[智]와 광명[明]이 일어났고, 앎[覺]이 생겨났고, "이는 고집성제(苦集聖諦)이다", "이는 고멸성제(苦滅聖諦)이다", "이는 고멸도성제(苦滅道聖諦)이다"는 일찍이 들어 보지 못한 법에 대해 눈을 떴고, 지혜와 광명이 일어났고, 앎이 생겨났다.

나는 "고성제에 대해 두루 알아야 한다"는 일찍이 들어 보지 못한 법에 대해 눈을 떴고, 지혜와 광명이 일어났고, 앎이 생겨났으며, "고집성제는 마땅히 끊어야 하고, 고멸성제는 마땅히 증득해야 하며, 고멸도성제는 마땅히 닦아야 한다"는 일찍이 들어 보지 못한 법에 대해 눈을 떴고, 지혜와 광명이 일어났고, 앎이 생겨났다.

나는 "고성제에 대해 이미 두루 알았다"는 일찍이 들어 보지 못한 법에 대해 눈을 떴고, 지혜와 광명이 일어났고, 앎이 생겨났으며, "고집성

---

[31] 예컨대 유부 아비달마의 최고의 요강서로 일컬어지는 《구사론》은 《아비담심론》에 따라 제1 《계품(界品)》과 제2 《근품(根品)》에서 제법의 본질과 작용을 밝힌 다음, 제3 《세간품(世間品)》, 제4 《업품(業品)》, 제5 《수면품(隨眠品)》에서 현실세간(苦諦)과, 그것의 원인과 조건이 되는 업과 번뇌(集諦)를 밝히고, 다시 제6 《현성품(賢聖品)》과 제7 《지품(智品)》, 제8 《정품(定品)》에서 열반(滅諦)과, 그것의 원인과 조건이 되는 지혜와 선정(道諦)에 대해 논설하고 있는 것이다. 제9 《파아품(破我品)》은 부록이다.

제를 이미 끊었고, 고멸성제를 이미 증득하였으며, 고멸도성제를 이미 닦았다"는 일찍이 들어 보지 못한 법에 대해 눈을 떴고, 지혜와 광명이 일어났고, 앎이 생겨났다.

비구들이여! 내가 이러한 4성제를 세 번에 걸친 열두 가지 형태로 관찰하지 않아 눈을 뜨지 못하고, 지혜와 광명이 일어나지 않았고, 앎이 생겨나지 않았다면, 끝내 법을 듣는 제천(諸天) 내지 사문 바라문의 무리 중에서 해탈하지도 출리(出離)하지도 못하였을 것이며, 아뇩다라삼먁삼보리도 증득하지 못하였을 것이다. 나는 이미 4성제를 세 번에 걸쳐 열두 가지 형태로 관찰하였기 때문에 스스로 아뇩다라삼먁삼보리를 증득하게 되었던 것이다.[32]

이에 따라 이후 설해지는 4성제의 법문은 어떠한 경우라도 이 같은 형식에 준하여 설해진다. 즉 "4성제가 있으니, 무엇이 네 가지인가? 고성제·고집성제·고멸성제·고멸도성제가 바로 그것이다"거나, "고성제를 마땅히 알고〔當知〕, 집성제를 마땅히 끊고〔當斷〕, 멸성제를 마땅히 작증〔當證〕하고, 도성제를 마땅히 수습〔當修〕하라." 혹은 "고성제를 이미 알았고〔已知〕, 집성제를 이미 끊었고〔已斷〕, 멸성제

---

32) 《잡아함경》 권15 제379경(《대정장》2, pp.103하-104상). 의정(義淨) 역, 《불설전법륜경(佛說轉法輪經)》(《대정장》2, p.504); 《증일아함경》 권14 제5경(《대정장》2, p.618이하); 《사분율》 권32(《대정장》22 pp.787하-788중); 《오분율》 권15(《대정장》22, p.104중하); 《근본설일체유부비나야파승사》 권6(《대정장》24, pp.127상-128하); S.N. V.421(남전 《상응부경전》 6, p.339); 율장 《대품》 I. 1.7(최봉수 역, 앞의 책, pp.59-64) 등에도 대체로 대동소이한 내용으로 실려 있다. 다만 율장에서는 범천의 권청과 더불어 고행과 쾌락의 극단을 버리고 8정도라는 중도를 원만히 깨달아 안(眼)·지(智)·명(明)·각(覺)이 생겨났다는 이야기와 4성제에 대한 일반적인 설명을 더하고 있으며, 또한 남전에서는 4성제 각각을 세 단계로 관찰(3轉)하였다고 전하고 있는 반면, 북전에서는 4성제를 전체적으로 세 단계로 관찰하였다고 전하고 있다.

를 이미 작증〔已證〕하였고, 도성제를 이미 수습〔已修〕하였다면, 이러한 이를 아라한이라고 한다"는 형식으로 설해지는데, 이러한 3전(轉)은 각기 개별적으로 설해지기도 하고, 혹은 각기 두 가지씩 조합되어 설해지기도 한다.[33]

누진지(혹은 盡智)란 바로 제3전의 "고성제를 이미 알았고……도성제를 이미 수습하였다"는 사실을 아는 지혜로, 불타께서 보리수(菩提樹) 하 금강보좌(金剛寶座)에서 금강유정(金剛喩定)을 통해 깨달은 진리는 바로 이것이었으며, 이 때(四階 成道說 중 제4 단계) 비로소 선정바라밀과 반야바라밀을 성취하였다는 것이 근래에 이르기까지 우리의 상식적인 이해였다.

나아가 4성제를 세 단계에 걸쳐 관찰함으로써 일체의 번뇌가 끊어져 더 이상 생을 받지 않는 아라한과를 증득하였다고 한다면, 일체의 번뇌는 결국 4성제에 미혹하여 생겨난 것이라고 하지 않으면 안 된다. 그렇다면 일체의 번뇌는 무엇이고, 어떠한 인연에서 일어나 생을 유전 상속시키며, 3전 12행의 각각의 단계에서는 구체적으로 무엇을 어떻게 관찰하였기에 제 번뇌가 끊어진다는 것인가? 또한 제 번뇌가 끊어질 때, 어떠한 번뇌가 어떻게 끊어진다는 것인가? 불타 입멸 이후의 불교에서는 이에 답하지 않으면 안 되었으며, 이에 따라 설일체유부에서는 일체의 번뇌를 4성제에 대한 미혹과 연관시켜 정리한 대단히 정연한 조직의 번뇌론과, 자량도(資糧道)로부터 시작하여 견도(見道)·수도(修道)·무학도(無學道)에 이르는 종합된 수행 체계를 구

---

33) 예컨대 《잡아함경》 권15(《대정장》2, p.104) 제380-381경에서는 제1전(轉)만이 설해지고, 제382경에는 제1전과 제2전이, 제383-386경에서는 제1전과 제3전이 설해지고 있다.

축하게 되었던 것이다.

4. 4성제와 12연기

연기법이 불타 자내증이라고 주장할 경우, 4성제에 의해 무상등정각을 성취하였다고 하는《초전법륜경》등의 기사는 대단히 성가신 문제일 수밖에 없다. 또한 연기법을 깨달았다면 왜 초전법륜에서 4성제를 설하였을 것인가? 불타의 8만 4천 법문 중 어느 하나 중요하지 않은 것이 있을까마는, 그렇더라도 그의 첫 번째 법문인《초전법륜경》과 마지막 석 달간의 여정의 법문집인《대반열반경》은 특별한 의미를 갖는다고 하지 않을 수 없는 것이다.[34]

이에 대해서는 네 가지 모색이 가능할 것이다.

첫째는 모색할 것도 없이 4성제의 3전(轉)을 통해 무상등정각을 성취하였기 때문으로, 이는 아비달마불교시대의 전통적인 이해였다.

---

[34]《대반열반경》에는 5종의 이본(異本)이 있지만, 여기서도 연기를 설한 일은 없다. 그러나 4성제의 경우 바이샬리에서 암바팔리(Ambapāli)에게, 파바에서 푸꾸사(Pukkusa, 弗迦娑 혹은 福貴 등으로 한역)에게 설하고 있으며, 암바라촌(菴婆羅村)에서 "계(戒)와 정(定)을 닦아 혜(慧)를 얻고, 혜를 닦아 욕루(欲漏)와 유루(有漏)와 무명루(無明漏)를 다하여 마음의 해탈을 얻고 해탈지(解脫智)가 생겨 생사를 다하게 되었다"고 설하고 있는데《장아함경》권3《遊行經》,《대정장》1, p.17중), 이는 누진지(漏盡智)에 대한 전형적인 묘사로서, 이 때 '혜'는 당연히 4제에 대한 통찰의 지혜이다. 또한 저 유명한 '법에 의지하라'는 최후의 유교(遺敎)에서의 '법' 또한 어떠한 판본에서도 '연기법'이라고 설한 일이 없다. 남전(南傳)《대반열반경》(남전《장부경전》16, p.95)과 동명(同名)의 법현(法顯) 역《대정장》1 ,p.193상)에서는 4념처·4정근·4신족·5근·5력·7각지·8정도의 37보리분법을 '법'으로 설명하고 있으며, 실역(失譯)의《반니원경(般泥洹經)》《대정장》1, p.181중하)에서는 여기에 4선(禪)을 더하여 이 모두에 대해 다시 해설하고 있으며,〈유행경(遊行經)〉《대정장》1, p.15중)에서는 37보리분법에 다시 관경(貫經, 즉 계경) 등의 12분교(分敎)를 설하고 있으며, 백법조(白法祖) 역의《불반니원경(佛般泥洹經)》《대정장》1, p.165하)에서는 '법'으로서 다만 경(經)과

둘째는 4성제를 방편설로서 그 가치를 격하시키는 것이다. 즉 연기법은 너무나 심오하여 알기 어렵기〔甚深難見〕때문에 방편으로 4성제를 설하였다는 것으로,[35] 이는 일반적인 오늘의 우리의 이해라고 할 수 있다. 그렇다면 훗날 수없이 설해지는 연기법에 대해서는 뭐라고 말해야 할 것인가? 더구나 교진여 등 다섯 비구는 근기가 대단히 성숙한 이들로서, 초전법륜에서 이미 모든 번뇌를 끊고 청정한 법안(法眼)을 얻은 이들이 아닌가?

셋째는 초전법륜의 신빙성을 부정하는 것이다. 즉 불타께서 4성제를 통찰하여 정각을 성취하였다면, "고성제에 대해 이미 알았고……도성제를 이미 닦았다"는 제3전(轉)의 네 행상(行相)만을 설했어야 하였을뿐더러, 4성제는 불타의 모든 사상을 포괄하기 때문에 모든 이들에게 설시(說示) 교화하기 위해 후에 조직되었다는 것이다.[36]

넷째는 연기와 4성제는 설한 형태는 다르지만, 그 본질은 동일하다는 관점이다. 이를테면 《장아함경》 권1 〈대본경(大本經)〉(長部 제14경), 《중아함경》 권7 〈상적유경(象跡喩經)〉(中部 제28경)이나 〈대구치라경(大拘絺羅經)〉(增支部 Ⅸ 제13경), 《잡아함경》 권12 제287경

계(戒)만을 언급하고 있을 뿐이다.
참고로 '보리분법'이란 말 그대로 깨달음〔菩提, 覺〕에 수순하여 그것으로 나아가게 하는 법, 혹은 깨달음이 일어나는 것을 돕는 법으로, 유부에 의하는 한 이 때 '깨달음' 역시 진지(盡智)와 무생지(無生智)이다. 《구사론》 권25, 《대정장》29, p.132중; 권오민 역, p.1152) 제경(諸經)에서 설해진 선법(善法)은 이루 헤아릴 수 없을 만큼 많은데 왜 37가지인가? 비바사사(毘婆沙師)에 의하면, 그것들은 모두 4제에 대한 통찰의 공능이 강성하고 예리하기 때문이다.(《순정리론》 권71, 《대정장》29, pp.728하~729하; 《대비바사론》 권96, 《대정장》27, p.498중하) 따라서 이들에 따르는 한, 명(名)·구(句)·문(文)으로 이루어진 경·율·논의 삼장은 세속정법(世俗正法)이며, 보리분법〔無漏聖道〕은 승의정법(勝義正法)이다.(《대비바사론》 권183, 《대정장》27, p.917하)

35) 水野弘元, 《原始佛敎》(東京: 平樂寺書店, 1976), pp.176~177.
36) 김동화, 《원시불교사상》, p.160.; 주 14) 참조.

(일명 〈城邑經〉, 相應部 因緣相應 제65경) 등 몇몇 경에서 양자를 동일한 가치로 설하고 있으며; 4성제는 과인진실(果因眞實, phalahetu tattvam)로 불리지만 연기 역시 노사(老死)와 그 멸(滅)의 원인을 추구하는 것이므로 역시 과인진실이라 말할 수 있으며; 고제·집제는 12연기의 유전문을 나타내고, 멸제·도제는 환멸문을 나타낸다"는 것이다.[37]

그렇다면 굳이 초전법륜에서 4성제를 설한 이유는 무엇인가? 12연기를 설하여 4성제를 나타낼 수도 있지 않은가? 이에 대해 일본의 카와다 쿠마타로(川田熊太郎)는 양자는 내용상으로는 동일하지만 존재양상이 다르다고 말한다. 그는 〈반야와 불교의 근본진리(般若と佛敎の根本眞理)〉라는 논문에서 다 같이 불타 자내증으로 설해지고 있으면서도 4성제가 초전법륜이 된 것에 대해 어떤 식으로든 회통시켜 해석하고자 하였다. 그는 4성제를 성문과 결부시켜 경멸하게 된 것은 대승의 흥기라는 역사적 사정에 근거하여서만 설명될 수 있다고 말하면서도 다음과 같은 교묘한 논리를 제시하고 있다.

연기와 4성제는 내용상으로는 동일하지만, 존재양상이 다르다. 즉 연기가 증득(證得, adhigama)된 법이라면 4성제는 설교(說敎, desanā)된 법이다. 그리고 증득된 법은 사람들에게 설교되지 않을 수 있는데, 독각(獨覺)이 바로 그러한 명백한 경우이다. 그러나 증득된 법이 권청(勸

---

[37] 川田熊太郎, 〈般若と佛敎の根本眞理〉(宮本正尊 編, 《佛敎の根本眞理》, 東京: 三省堂, 1957), pp.142-143. 그러나 '동일하다'고 하는 논리는 언제나 약자의 논리이다. 조선시대 유불(儒佛)이 본질로서는 동일하다고 주장한 것은 언제나 불교 쪽이었다.(박제현, 〈간화선을 위한 변명〉, 《불교평론》, 2004년 겨울호, p.57)

請), 즉 자기 내의 사회성과 비(悲)로 말미암아 다른 사람들에게 설교될 때, 이러한 설교자가 정등각자(正等覺者)이다. 따라서 정등각자에게 있어서는 증득된 법이 선(先)이며, 설교된 법은 후(後)이지만, 그것을 듣는 자에게 있어서는 설교된 법이 선이고, 증득된 법은 후이다.[38]

그런 까닭에 양자는 동시에 설해지기도 하는 것으로, 이 같은 형태로 가장 잘 정리되어 전해진 것이 율장《대품》제1〈송품(誦品)〉이라는 것이다. 그렇지만 이는 다분히 대승의 이제설(二諦說)에 근거한 것이다. 그것은 그가 연기를 대승·소승을 가로질러 구체적으로 '중도-공성-인시설(因施設, 즉 세속)-마음의 근본법칙으로서의 진리'로 이해하고 있기 때문이다. 그가 이해한 4성제는 다만 세속제, 즉 언어적 가설로서의 진리였다.[39]

그렇다. 불타 깨달음이 4성제인가, 연기법인가 하는 문제는 궁극적으로 불타의 제 교법에 대한 선후(先後) 본말(本末)의 문제이다. 초기불교에 대한 직접적인 해석 체계인 아비달마불교에서는 4성제가 근본이었고 우선하는 것이었다면, 대승불교에서는 연기가 근본이었고 우선하는 것이었다.[40] (물론 이 때 연기 또한 12인연의 業感緣起가 아니라 彼此의 能所 受用緣起였다.) 그리고 전통적으로 소승불교라 일컬어진 아비달마불교에 대해 부정적 편견을 갖는 우리의 연기에 대한 이해방식은 항상 후자에 기초한 것이었다. 그리고 그 단초를 제공한 이는 근

---

38) 川田熊太郎, 앞의 논문, p.145.
39) 본서 제8장 주 50) 참조.
40) 中村元·三枝充惠,《바웃드하 불교》, p.145 참조.

대 이후의 일본의 불교학자들이었다.[41]

우리는 대개 4성제의 고제·집제는 12연기의 유전문을 나타내고, 멸제·도제는 환멸문을 나타낸다고 하여 양자를 동일한 가치를 지닌 것으로 이야기하지만, 그것은 항상 연기법이 불타 자내증이라는 전제 하에서였다. 그렇다면 그 역(逆)도 가능하지 않은가? 이제 이에 대해 논의해 보자.

카와다 쿠마타로(川田熊太郎)가 언급하였듯이 다수의 경에서 4성제와 12연기를 병렬적으로 기술하고 있지만, 양자의 관계를 가장 직접적으로 드러내고 있는 것은, 이른바 〈성읍경(城邑經)〉으로 일컬어지는 《잡아함경》 권12 제287경이다. 숙세 아직 정각을 성취하지 못하였을 때 사유하였던 바를 회상하는 형식으로 이루어진 이 경은 크게 세 단락으로 이루어져 있다.

첫 번째 단락에서는 노사(老死)가 존재하고 생겨나는 원인을 추구하여 그것이 궁극적으로 식(識)에서 비롯된 것임을 참답게 알아 이른바 제식연기(齊識緣起, 즉 10支)의 유전을 설하고 있으며, 두 번째 단락에서는 노사가 존재하지 않고 멸하는 원인을 추구하여 그것은 궁극적으로 무명이 존재하지 않고 멸할 때 그렇게 되는 것임을 참답게 알아 무명연기(無明緣起, 즉 12支)의 환멸을 설하고 있다.[42]

그리고 세 번째 단락에서 어떤 사람이 거친 광야를 헤매다 옛길을

---

41) 그러나 만약 초기불교에서 불타의 깨달음이 연기법이라면, 그리고 그것이 상의 상대성이라면, 굳이 대승경전을 따로 결집할 필요도 없었을 것이다. 대승의 연기관은 대승경전에 근거한 것으로, 그것은 '불타'에 대한 이해만큼이나 초기불교와는 거리가 있는 것이다.
42) 그러나 남전 《상응부경전》(S.N. II.104)에서는 두 번째 단락에서도 제식연기의 환멸에 대해 설하고 있다.

찾아 마침내 청정하고 아름다운 옛 성읍(城邑)을 찾아내어 왕에게 고한 것처럼, 불타 역시 옛 선인(仙人)이 갔던 길, 즉 8정도를 쫓아 마침내 노병사(老病死) 내지 행(行)과 그것의 집(集)과 멸(滅)과 멸도적(滅道跡)을 통찰하여 등정각(等正覺)을 성취하였고, 그것을 비구 등의 4중(衆)에게 설하게 된 것이라고 말하고 있다.[43]

즉 이 경에서는 무명을 제외한 '행' 등의 11지분(支分)을 모두 고·집·멸·도에 적용시키고 있는 것이다. 이는 양자가 동일한 가치를 지니기 때문이라기보다 4성제가 무량의 선법을 포함하기 때문이며, 12연기에 우선하는 근본이기 때문이다.

그렇다면 무명은 어째서 제외된 것인가?《중아함경》권7〈대구치라경〉에서도 역시 이와 마찬가지로 무명을 제외하고 있다. 즉 다른 11지(支)에 대해서는 "각각의 지분〔苦〕과 그것의 집(集)과 멸(滅)과 멸도(滅道)에 대해 참답게 알면 그 비구는 정견(正見)을 획득하고 법(法)에 대한 불괴정(不壞淨)을 획득한다"고 하면서, 그 하나하나에 대해 자세하게 설하면서도 무명에 대해서는 설하고 있지 않다.[44] 그 이유는 무엇인가?

그것은 일차적으로 무명의 집(集, 원인)을 설할 경우 무한소급에 빠져 끝없는 논의를 산출해야 하기 때문이었을 것이지만,[45] 바로 그

---

43) 《대정장》2, pp.80중-81상. "我從彼道, 見老病死·老病死集·老病死滅·老病死道跡; 見生有取愛受觸六入處名色識行·行集·行滅·行滅道跡. 我於此法自知自覺, 成等正覺."
44) 《대정장》1, pp.462상-464중. 불괴정(不壞淨, 혹은 證淨)은 불·법·승 삼보와 계(戒)에 대한 무루의 청정한 믿음으로, 유부에 의하면 4제 각각을 관찰할 때 바야흐로 법의 불괴정을 증득한다.(《구사론》권25, 《대정장》29, p.133; 권오민 역, p.1162; 본서 제8장 주 46)
45) 불타는 12연기를 설하면서 무명의 원인과 노사의 결과에 대해서는 끝내 침묵하였지만, 그러나 무명에 원인이 존재하지 않는다면 생사에 시작이 있다고 해야 하며, 노사에 결과가 존재하지 않는

같은 제행〔行 내지 老死〕과 그것의 '집'과 '멸'과 '멸도'를 알지 못하는 것이 바로 무명이기 때문이다. 다시 말해 4성제를 아는 것이 바로 명(明)이기 때문에 무명의 고·집·멸·도에 대해서는 별도로 설할 필요가 없었던 것이다.

"무명을 연하여 행이 있고 내지는 노사가 있으며, 무명이 멸하면 행이 멸하고 내지는 노사가 멸한다"고 할 때, 무명이란 무엇인가? "연기의 도리를 깊이 관찰한 고타마는 생사 괴로움의 근본원인은 진리에 대한 무지에서 발생한 것임을 발견하고……무명을 멸함으로써 무고(無苦) 안온의 열반을 증득하는 데 성공하였다"고 한다면,[46] "부처님은 진리를 깨달아 등정각자가 되었고, 이 때 진리란 연기법이다"고 한다면, 무명은 마땅히 이러한 연기법에 대해 알지 못하는 것이라고 해야 한다.

그러나 경에서는 어떠한 경우에도 연기법에 대한 무지를 무명이라고 말하는 일이 없다. 대개 4성제나 과거·미래·현재의 삼제(三際)에 대해 알지 못하는 것이라고 말하고 있다.

> 무명이란 무엇인가? 고(苦)에 대해 알지 못하고, 고집(苦集)에 대해 알지 못하며, 고멸(苦滅)에 대해 알지 못하고, 고멸도(苦滅道)에 대해 알지 못하는 것, 이것을 무명이라고 한다.[47]

다면 생사에 끝이 있다고 해야 한다. 이 같은 이유로 인해 유부에서는 12연기를 혹(惑, kleśa, 무명·애·취)과 업(業, karma, 行·有), 그리고 사(事, vastu, 현실의 苦果인 識……受·생·노사)의 순환 관계로 이해하여 삼세양중(三世兩重)의 인과론으로 설하였던 것이지만, 경량부에서는 경설에 따라 비리작의(非理作意)를 무명의 원인으로 이해하였다.(이에 대해서는 《구사론》권9, 《대정장》29, p.49중하; 권오민 역, pp.436-440을 참조할 것)
46) 교양교재편찬위원회 편, 《불교학개론》, p.33.

이에 상응하는《잡아함경》권제12 제298경에서는 보다 광설(廣說)하여, "전제(과거)와 후제(미래)와 전후제(현재)를 알지 못하며, 내적인 것과 외적인 것과 내외적인 것을 알지 못하며, 업(業)과 보(報)와 업보(業報)를 알지 못하며, 불(佛)·법(法)·승(僧)을 알지 못하며, 고·집·멸·도를 알지 못하며, 원인과 원인에 의해 일어나는 법을 알지 못하며, 선과 불선, 유죄(有罪)와 무죄(無罪)를 알지 못하며, 저열한 것과 수승한 것, 염오한 것과 청정한 것의 분별과 연기(緣起)도 모두 알지 못하며, 6촉·입처(入處)에 대해서도 참답게 알지 못하는 것 등을 무명이라 한다"고 하였지만,[48] 여기서 '연기'란 저열한 것(염오)과 수승한 것(청정)의 인연을 의미하는 것으로, 그것은 바로 고·집의 유루와 멸·도의 무루를 달리 표현한 것에 지나지 않는다.

초기경전에서의 연기란 궁극적으로 과거·현재·미래생의 존재방식을 밝혀 이에 대한 어리석음을 제거하기 위한 것이다.[49] "연기법은 여래가 세간에 출현하든 출현하지 않든 법계로서 상주하며……"라고 설한 문제의《잡아함경》권12 제296경(불타 깨달음이 연기법임을 주장할 때 인용하는 첫 번째 經證: 본서 제8장 주 11)에서는 이같이 말하고 있다.

---

47) S.N. II.2(전재성 역,《쌍윳따 니까야》제2권, p.32).;《증일아함경》권46(《대정장》2, p.797중), "云何名爲無明? 所謂不知苦, 不知習, 不知滅, 不知道. 此名爲無明."
48)《대정장》2, p.85상. "彼云何無明? 若不知前際, 不知後際, 不知前後際. 不知於內, 不知於外, 不知內外. 不知業, 不知報, 不知業報. 不知佛, 不知法, 不知僧. 不知苦, 不知集, 不知滅, 不知道. 不知因, 不知因所起法. 不知善不善, 有罪無罪, 習不習. 若劣若勝, 染污清淨, 分別緣起, 皆悉不知. 於六觸入處不如實覺知. 於彼彼不知不見. 無無間等, 癡闇無明大冥. 是名無明."《법온족론》권9(《대정장》26, pp.494-495상)에서는 이를 더욱 광설하고 있는데, '연기'를 '연생법(緣生法)'이라 설하고 있다.
49)《구사론》권9(《대정장》29, p.49상; 권오민 역, pp.433-434).

다문(多聞)의 성(聖) 제자는 이러한 인연법(因緣法, 즉 연기법)과 연생법(緣生法, 즉 연이생법)을 바로 알고 바로 관찰하여 전제(前際)를 추구하여 "나는 과거세에 존재하였던가, 존재하지 않았던가? 나는 과거세에 어떠한 종류였던가? 나는 과거세에 어떠하였던가?"라고 말하지 않으며, 후제(後際)를 추구하여 "나는 미래세에 존재할 것인가, 존재하지 않을 것인가? 어떠한 종류일 것이며, 어떠할 것인가?"라고 말하지 않으며, "지금의 나(중생)는 어떠한 존재이며, 어떻게 지금 존재하게 된 것이며,……나는 어디서 왔으며, 죽은 후 어디로 갈 것인가?"라고 의심하지도 않는다.[50]

이에 따르면, 불타는 "과거·미래세에 나는 존재하였던가?(혹은 존재할 것인가?) 존재하지 않았던가? 존재하였다면 어떠한 존재이고, 어떠한 방식으로 존재하였던가?"에 대한 유정의 의혹을 제거하기 위해 12연기를 설하였다. 유정의 삶은 과거 생으로부터 현재 생으로, 현재 생에서 다시 미래 생으로 이어지는 것으로, 그것은 영속적이고도 단일한 자아에 의해서가 아니라, 자재신이나 혹은 무인무연(無因無緣)으로 이어지는 것이 아니라 오로지 번뇌와 업을 통해 이루어진다.

따라서 12연기설은 고성제·집성제를 구체적으로 밝힌 것으로, 유부(有部)에 의하면 고성제가 결과적 상태로서의 연이생법(緣已生法)

---

50) 《대정장》2, p.84중하.; 전재성 역, 《쌍윳따 니까야》 제2권, pp.111-112. 붓다고싸에 의하면, '존재하였던가, 존재하지 않았던가?' 라고 한 것은 상주(常住)나 무인(無因)의 상태에 의존해서 과거에 내(자아)가 있었는지 없었는지를 의심하는 것이고, '어떠한 종류였던가?' 라고 한 것은 신분과 종성에 의지하여 바룬 내지 수드라, 재가자나 출가자, 인간이나 신 중 어떤 자였는지를 의심하는 것이며, '어떠하였던가?' 라고 한 것은 외모의 형태에 의존해서 키가 컸는지 백인이었는지 흑인이었는지……를 의심하는 것이다.(전재성 역, 앞의 책, 주 97)

이라면 집성제는 원인적 상태로서의 연기법(緣起法)이다.[51] 즉 "무명을 연하여 행이 일어나며, 내지 크나큰 괴로움의 존재가 일어난다(緣無明行 乃至 純大苦聚集)"는 말은 아함의 상투적인 표현일뿐더러《증지부경전》제3의 61경(Tittham)에는 구체적으로 12연기가 집성제임을 밝히고 있기 때문이다.

비구들이여, 고집성제란 무엇인가? 무명을 연하여 행이 있고, 행을 연하여 식이 있으며……생을 연하여 노사·우비고수(憂悲苦愁)가 생겨나니, 비구들이여, 이와 같이 순고온(純苦蘊)의 집(集)을 고집성제라고 한다.[52]

또한《구사론》에서는 고제와 집제의 체상(體相)에 대해 이같이 말하고 있다.

4제 중에서 결과적 존재〔果性〕로서의 5취온을 일컬어 고제라고 하며, 원인적 존재〔因性〕로서의 5취온을 일컬어 집제라고 하니, [결과는] 이것이 능히 집기(集起)한 것이기 때문이다. 이에 따라 고제와 집제는 원인과 결과로서의 존재로, 비록 그 명칭은 다를지라도 존재 자체〔物〕에 다름이 있는 것은 아니다.[53]

---

51) 졸고, 〈연기법이 불타 자내증이라는 경증 검토〉(《보조사상》제27집).; 본서 제8장 '유위연기와 무위연기' 참조.
52) 《남전대장경》17, p.268.
53) 《구사론》권22(《대정장》29, p.114상, 권오민 역, p.995), "此[四諦]中, 果性取蘊, 名爲苦蘊. 因性取蘊, 名爲集諦, 是能集苦. 由此苦集因果性分, 名雖有殊, 非物有異."

그러나 한편 "무명이 멸하므로 행이 멸하며, 내지 크나큰 괴로움의 존재가 멸한다(無明滅故行滅 乃至 純大苦聚滅)"는 환멸문이 멸성제임은 두말할 나위도 없지만, 이를 '연기'라고 말할 수 없다. 그것은 연기의 염오분(染汚分)이 아니라 보리(菩提, 열반)의 청정분(淸淨分)이기 때문으로, 마치 생사 괴로움의 멸은 괴로움이 아니라 열반의 즐거움이라고 하는 것과 같다.[54]

4성제를 여실지견하지 못한 것이 바로 무명이라는 사실은 8정도 중의 '정견(正見)'에 대한 법문을 통해서도 확인할 수 있다.

친구들이여, 무엇이 정견인가?
고(苦)를 알고, 고집(苦集)을 알고, 고멸(苦滅)을 알고, 고멸도(苦滅道)를 아는 것, 이것을 정견이라 한다.[55]

이 같은 무명과 정견에 관한 경설로 보건대, 4성제를 다만 연기법

---

54) 저 유명한 무상게(無常偈), 즉 '諸行無常 是生滅法 生滅滅已 寂滅爲樂'을 떠올리면 쉽게 이해될 수 있을 것이다. 참고로 유부에 의하면, 멸제와 도제는 다 같이 무루이지만, 멸제는 무위이고, 도제는 유위이기 때문에 체성이 다르다.(《구사론》, 앞의 책, "滅道二諦, 物亦有殊.")
55) 《중부경전》 제141경(Saccavibhaṅga suttanta)(《남전대장경》 11하, p.353). 이에 상응하는 《중아함경》 권7 〈분별성제경(分別聖諦經)〉(《대정장》1, p.469상)에서는 "성(聖) 제자가 고(苦)를 '고'라고 생각[念]할 때나, 집(集)을 '집'이라 생각하고, 멸(滅)을 '멸'이라 생각하고, 도(道)를 '도'라고 생각할 때, 혹은 일찍이 지은 바를 관찰하거나, 혹은 제행을 배우고 생각하거나, 혹은 제행의 재환(災患)을 관찰하거나, 혹은 열반 지식(止息)을 관찰하거나, 혹은 어떠한 집착도 없이 심해탈을 생각하여 관찰할 때, 이에 대해 간택하고, 두루 간택하고, 택법(擇法)을 결택하고, 살피고[視] 두루 살펴 명확한 관찰에 이르는 것, 이것을 정견이라 한다(聖弟子, 念苦是苦時·習是習·滅是滅·念道是道時, 或觀本所作, 或學念諸行, 或見諸行災患, 或見涅槃止息, 或無着念觀善心解脫時, 於中擇·遍擇·決擇擇法, 視·遍視, 觀察明達, 是名正見)"고 하였지만, 결국은 4성제에 대한 명확한 통찰을 광설한 것이라 할 수 있다. 참고로 김동화 박사는 이에 대해서도 역시 "이 경에서 정견의 내용으로 4제를 설하고 있는 것은 사실상으로는 물론 잘못이 아니지만, 석존 초기설법의 역사적 사건으로 보아서는 맞지 않는 일이다"고 말하고 있다.(《원시불교사상》, pp.149-150)

에서 비롯된 '설교된 법'이라고 말하기 어려울뿐더러 방편설이라고도 말할 수 없다. 도리어 4성제가 증득된 법이고, 연기법은 고제·집제의 구체적 양태라고 해야 하지 않을까? 이치가 이와 같음에도 어찌 연기법이 본(本)이고 선(先)이며, 4성제가 말(末)이고 후(後)라고 하겠는가?

5. 연기의 심심난지甚深難知의 의미

그럼에도 우리에게는 여전히 연기법을 형용하는 '심심난견(甚深難見)'이나 '심심난지(甚深難知)'라는 수사(修辭)에 미련이 남아 있다. "연기법은 심오하여 참으로 알기 어려운 법이다." 이제 이 말을 어떻게 이해해야 할 것인가? 연기가 집제, 즉 생사윤회의 원인과 과정을 밝힌 것이라면, 이 같은 생사윤회가 어떻게 일어났었고(前際), 어떻게 일어날 것이며(後際), 어떻게 일어나고 있는지(中際)를 아는 것은 참으로 어렵다는 말로 이해할 수 있을 것이다. 생의 주재자인 이슈바라(Īśvara)나 상주 불변의 자아를 설정한다면 모르지만. 그렇다고 할지라도 주재자의 뜻을 누가 알 것인가?

《증일아함경》 권46에서는, 세존께서 연기법의 법설(法說)과 의설(義說)을 설한 뒤 아난(阿難)이 여기에 그렇게 깊은 뜻이 있는 것 같지 않다고 하자 다음과 같은 에피소드로써 인연법의 심오함〔甚深〕을 설하고 있다.

12인연은 너무나도 깊고도 깊어 일상의 인간들로서는 능히 깨달아 알 수 없다. 인연법이 깊지 않다고 한 것은 비단 오늘의 너만이 아니었다. 옛날 수염(須焰)이라는 아수라의 왕이 있었는데, 저 바다 밖으로 나아가 해와 달을 붙잡고자 하여 몸을 변화시켜 바다로 들어가니 물이 허리에 찼다. 그것을 본 그의 아들 구나라(拘那羅)도 바닷물에 들어가 함께 목욕하고자 하였으나 왕은 말하였다. "바다에 들어오려 하지 마라. 바닷물은 너무나 깊고도 깊어 너는 결코 목욕할 수 없다. 바다에 목욕할 수 있는 자는 오직 나뿐이다." 그렇다. 그 때의 왕은 바로 나였고, 아들은 너였다. 그런데 지금 다시 12인연의 깊고도 깊은 법을 그렇지 않다고 하는구나.

중생들이 12인연법을 알지 못하는 한 생사윤회에서 벗어날 수 없다. 그들은 모두 미혹하여 행(行)의 근본을 알지 못하기에 전생에서 금생으로, 금생에서 후생으로 유전하며 다섯 번뇌 중에 영원히 머무니, 거기서 벗어나기란 매우 어려운 일이다. 나도 처음 불도를 성취하였을 때 12인연을 사유하여 악마와 그 권속들의 항복을 받았으니, 무명을 제거하고 혜명(慧明)을 획득함으로써 온갖 어두움이 영원히 사라지고 번뇌도 없어지게 된 것이다. 또한 아난아! 나는 이러한 인연의 근본〔緣本〕을 세 번에 걸쳐 열두 번 설하였을 때 깨달음의 도를 성취하였다. 이러한 사실로 볼 때 12인연법은 너무나 깊고도 깊어 보통사람으로서는 능히 펼칠 수 있는 것이 아님을 알아야 한다.[56]

---

56) 《대정장》2, p.798상. "……其有衆生不解十二緣法, 流轉生死, 無有出期. 皆悉迷惑不識行本, 於今世至後世, 從後世至今世, 永在五惱之中, 求出甚難. 我初成佛道, 思惟十二因緣, 降伏魔官屬, 以除無明而得慧明, 諸闇永除, 無塵垢. 又我阿難, 三轉十二說此緣本時, 卽成覺道. 以此方便, 知十二因緣法極爲甚深, 非常人所能宣暢."

여기서 인연법은 '행(行)의 근본', 즉 온갖 인연이 상속 유전함으로써 괴로움의 현실〔苦果〕을 드러내는 집제(集諦)임이 분명하다. 세 번에 걸쳐 12가지 타입(3轉 12行)으로 설한 것은 4성제이지 12연기가 아니기 때문이다. 따라서 여기서 '심심(甚深)'의 법은 이법으로서의 '연기'가 아니라 무시이래(無始以來) 이어져 온 '번뇌와 업과 생의 순환'이라고 하지 않으면 안 된다.

《장아함경》 권10 〈대연방편경(大緣方便經)〉에서도 역시 아난을 상대로 하여 12인연법의 심심난해(甚深難解)함에 대해 설하고 있는데,[57] 불타는 이를 의심하는 아난에게 단도직입적으로 말하고 있다. "누군가 노사(老死)의 연(緣)이 무엇이냐고 물으면 '생(生)'이라고 답해야 하며, 내지 행(行)의 연이 무엇이냐고 물으면 '치(癡, 즉 무명)'라고 답해야 할 것이니, 내가 설한 바의 뜻은 바로 여기에 있다."

이것은 누구도 부인할 수 없는 뻔한 말이라고 할 수 있겠지만,[58] 병  고와 늙음과 죽음과 그에 수반되는 근심 슬픔 고통 등이 '생'에서 비롯되었으며, 생은 업〔有〕에서, 업은 집착〔取〕에서, 나아가 무명에서 비롯되었다는 사실은, 그러한 현실 너머 자아(ātman)나 자재신(Īśvara)과 같은 영원 불변하는 지복의 존재로써 구원을 추구하는 이나 무인론자(無因論者, 우연론자)에게는 참으로 황당하기 짝이 없는 말이라고도 할 수 있을 것이다. 불타는 말하고 있다.

---

57) 《대정장》1, pp.60중-61중.
58) 심심난지(甚深難知)의 '심심'은 gambhīra의 역어(譯語)로, 투명한 호수나 강의 깊이를 말한다. 아마도 물이 너무나 맑아 투명한 호수는 그 밑바닥에 떠오를 얕게 보이는 것처럼, 대저 심오한 진리의 이치도 그러하다는 뜻일 것이다.

아난(阿難)아! 이러한 12인연은 참으로 관찰하기 어렵고 알기 어려우니, 온갖 천·마구니·범천·사문·바라문으로서 아직 [인]연에 대해 관찰하지 못한 자가 만약 그 뜻을 헤아리고 관찰 분별하고자 한다면, 그들은 모두 황당하고 미혹[荒迷]하여 능히 관찰하는 자가 없을 것이다.[59]

이러한 생사 유전의 심심(甚深)과 관계하여 《대비바사론》에서는 다음과 같은 에피소드를 전하고 있다. 즉《대비바사론》에서는, 어떤 경에서 설하고 있는 "마가다국의 8만 4천의 신하들이 한꺼번에 죽었을 때, 그들의 권속이 찾아와 부처님께 그들이 장차 태어날 곳을 기별(記別)해주기를 청하자 방에 들어가 고요히 사유하였다"는 경문에 대해 다양한 해석을 전하고 있는데, 어떤 이는 이같이 해석하였다.

업과 그 과보(5趣의 삶)의 양상은 참으로 심오하고[甚深] 참으로 미세하여 관찰하기도 어렵고 깨달아 알기도 어렵다[難見難覺]는 사실을 나타내기 위해서였다. 이같이 말한 까닭은, 여래가 설한 일체의 경전 중에서 업과 그 과보의 차별상을 밝힌 《업경(業經)》(즉 율장)만큼 심오한 것이 없으며, 12전(轉, 즉 연기) 가운데 업(즉 '行'과 '有')만큼 심오한 것이 없으며, 부처의 10력 가운데 업력(業力, 즉 業異熟智力)만큼 심오한 것이 없

---

[59] 《장아함경》 권10 〈대연방편경(大緣方便經)〉《대정장》1, p.60중). 최봉수는 '온갖 천·마구니·범천·사문·바라문으로서 아직 [인]연에 대해 관찰하지 못한 자'라는 문구를 도외시하고서, "이 대목은 연기법의 불가사의(不可思議)함을 강조하고 있는 것으로 볼 수 있다"고 말하고 있지만(《原始佛教의 緣起思想 硏究》, 경서원, 1991, p.73), 이것이 만약 부사의법(不思議法)이라면, 이때 부사의는 당연히 4부사의 중 '유정부사의(有情〈중생〉不思議)'라고 해야 한다. 참고로 부사의법에 의해서는 열반에 이를 수 없다.(次註 참조)

으며, 《발지론》의 8온(蘊) 가운데 《업온(業蘊)》만큼 심오한 것이 없으며, 4부사의(不思議) 가운데 업부사의(業不思議)만큼 심오한 것이 없기 때문이다.[60]

물론 《대비바사론》에는 이 밖에도 수많은 신하들의 업의 인과와 상속 등을 자세하게 관찰하기 위해, 혹은 아난으로 하여금 법을 공경하고 중하게 여기도록 하기 위해, 혹은 어리석은 이들의 교만심을 끊게 하기 위해 "방에 들어가 고요히 사유하였다"는 등의 여러 해석을 전하고 있지만, 12인연에 의한 생사의 윤전(輪轉)은 그만큼 알기 어렵다는 것이다. 그것은 소여(所與)의 세계에 집착하여 거기에 종속된 이생범부로서는 알 수 없으며, 오로지 깨달은 자만이 알 수 있는 영역이다.[61] 초기경전에서의 '심심난지(甚深難知, 혹은 難見)'라고 하는 말은 아마도 이러한 의미로 사용되었을 것으로, 12연기를 설하면서 '심심난지'라는 말을 사용할 때면 어김없이 '전생에서 금생으로, 금생에서 후생으로 유전한다(從此世至彼世, 從彼世至此世)'는 내용도 함께 설하고 있기 때문이다.[62]

---

60) 《대비바사론》 권113(《대정장》27, p.586중하).; 동 권41(동, pp.212중-213상). 4부사의(不思議)란 《증일아함경》 권21(《대정장》2, p.657상)에 의하면 세계(世界)부사의 · 중생(衆生)부사의 · 용(龍)부사의 · 불토경계(佛土境界)부사의로서, 《대비바사론》에서 설한 '업부사의'는 중생이 어디서 와 어디로 가는지 헤아리기 어렵다는 중생부사의를 말한다. 그리고 《증일아함경》에 따르면, 4부사의에 의해서는 번뇌 멸진의 열반에 이를 수 없기 때문에, 12인연을 (유정)부사의법이라고 한다면(前註 참조), 그것을 관하여서는 열반에 이를 수 없다. 참고로 앞의 《증일아함경》에서는 이러한 4부사의는 부처만이 아는 경계일 뿐, 비구들은 마땅히 4성제를 닦아 열반에 이르러야 한다는 말로 끝맺고 있다.
61) 전주(前註) 참조.
62) 《중아함경》 권24 〈대인경(大因經)〉(《대정장》1, p.578중), "阿難, 於此緣起, 不知如眞, 不見如實, 不覺不達故, 令彼衆生 如織機相鎖, 如蘊草多有稠亂 忽忽喧閙, 從此世至彼世, 從彼世至此世, 往來不能

따라서 연기법을 일체의 행업(行業)이 종식되고 모든 번뇌가 끊어진 열반에 비할 수는 없다. 12연기를 이같이 생의 순환과정이라 본다면, 그것이 비록 심심난지(甚深難知)의 법이라 할지라도 유위 세간법이지만, 열반은 무위의 출세간법이기 때문이다. 열반이란 바야흐로 연기의 세간에서 벗어난 것이다.[63] 불타께서 정각을 성취한 후 설법하기를 주저하였던 것도 바로 이 같은 이유에서였다.

내가 획득한 법은 심심미묘(甚深微妙)한 적막(寂寞) 무위(無爲)로서 지자(智者)에 의해서만 알려지는 것이지 어리석은 이에게 미칠 바가 아니다. 중생은 삼계의 굴택(窟宅)에 즐거이 집착하여 이러한 온갖 업들을 일으켰으니[集] 어찌 능히 12인연의 심심미묘한 난견(難見)의 법을 깨달을 수 있을 것인가? 또한 일체의 행(行)을 지식(止息)하여 온갖 [생의] 흐름을 끊고, 은애(恩愛)의 근원을 멸진한 무여열반은 더더욱 심오하여 알기 어렵다. 그러니 만약 내가 법을 설한다면 헛되이 피곤하기만 할 뿐이고 괴로움만을 초래할 뿐이다.[64]

出過生死. 阿難, 是故知此緣起極甚深明亦甚深."; 또한 《장아함경》 권1 〈대본경(大本經)〉(《대정장》1, pp.7중-8중)에서는 "보살(정각 이전의 호칭)이 '중생은 참으로 불쌍하다. 항상 어둠에 처해 있으면서 여기서 죽어 저기서 태어나며, 저기서 죽어 여기에 태어난다(死此生彼 從彼生此)'고 생각하고서 12인연을 순역으로 여실정지견(如實正知見)하여 아뇩다라삼먁삼보리를 성취하였다"고 설한 후 다시 게송으로 말하였다. "十二緣甚深 難見難識知 唯佛能善覺 因是有是無." 또한 "불타가 세간에 출현하든 출현하지 않든 이러한 연기법은 법계 상주하는 것으로……"라고 설한 문제의 《잡아함경》 권12 제296경에서도 역시 생사의 윤전(輪轉)에 대해 설하고 있으며(주 51), 앞서 인용한 《증일아함경》 권46(주57)도 그러하였다.
63) 《대비바사론》 권23(《대정장》27, p.118상), "得涅槃方捨緣起."
64) 《오분율》 권15(《대정장》22, p.103하).

앞서 인용한 《고읍경(古邑經)》의 비유를 빌리자면, 생사의 유전은 거친 광야를 헤매는 것에 비유된다. 거친 광야를 헤매며 오로지 애타게 오아시스만을 찾는 저 가련한 중생에게 있어 자신이 어떻게 광야를 헤매게 되었는지, 조만간 어떠한 광야를 헤매게 될 것인지 하는 것은 참으로 알기 어렵다. 아니 알고자 하지도 않는다. 오로지 눈앞의 것만을 탐할 뿐이다. 아함에서 12연기를 심심난지(甚深難知)라고 한 것은 이 정도의 의미일 것이다.

이러한 사정은 《잡아함경》 권12 제293경에 그대로 반영되고 있다. 즉 불타가 어떤 비구에게 공(즉 무아)과 상응하는 12연기의 유전과 환멸을 설하자 그 비구에게 일찍이 생각하지 못하였던 생각으로 인해 오히려 의혹과 유예(猶豫)가 일어났을뿐더러 마음에 근심과 장애가 생겨나게 되었다. 이에 대해 불타는 일체의 집착[取]에서 벗어나고 갈애가 다하였으며 욕망이 더 이상 존재하지 않는 적멸의 열반은 이른바 연기에 비해 몇 갑절이나 더 깊고 깊어서 관찰하기 어렵기 때문이라고 하면서 다음과 같이 설하고 있다.

이와 같이 두 가지 법이 있으니, 유위와 무위가 바로 그것이다. 유위란 생(生)·주(住)·이(異)·멸(滅)하는 것이지만, 무위는 불생(不生)·부주(不住)·불이(不異)·불멸(不滅)하는 것으로, 비구여! 이것을 제행의 괴로움이 적멸한 열반이라 한다. 즉 원인이 집기(集起)하였기 때문에 괴로움이 집기한 것으로, 원인이 멸하였기 때문에 괴로움이 멸한 것이다. 모든 경로(逕路)를 끊고 상속을 멸하며, 상속의 멸마저 멸하면 이것을 괴로움의 끝[苦邊]이라고 한다.[65]

행(行)에 의해 조작된 것으로서 생겨나고 멸하는 것은 유위이다. 대중부의 경우처럼 유위인 12지분의 연기를 드러내는 '연기지성(緣起支性)'이라는 존재를 별도로 설정한다면 몰라도 그렇지 않는 한 유위의 연기가 불타 깨달음의 내용일 수 없다. 불타가 깨달은 것은 번뇌 단진(斷盡)의 열반 바로 그것이다. 그것은 연기의 멸상(滅相)마저 소멸한 것이다. 적어도 초기불교나 아비달마불교에 의하는 한, 열반은 최고의 가치이다. 그것은 진리인 동시에 실재이다.[66]

혹자는 말할지도 모르겠다. 열반은 진리를 깨달음으로써 증득되는 것이라고. 도대체 어떤 진리를 어떻게 깨달아야 열반을 증득하게 되는 것인가? 연기를 깨달으면 어떤 번뇌가 어떻게 끊어진다는 것인가? 이를 해명하기 위해서는 중관(中觀)의 논리가 뒷받침되지 않으면 안 된다.

다시 《고읍경》에서 비유한 4성제의 논리로 말하자면, 삼세에 걸쳐 거친 광야를 헤매는 것은 거친 광야를 헤맨다는 사실 자체를 모르기 때문에, 왜 헤매는지를 모르기 때문에, 열반의 성을 모르기 때문에, 열반성으로 가는 지름길을 모르기 때문이다. 따라서 마땅히 광야를 헤매고 있다는 사실을 알아야 하고, 우리로 하여금 헤매게 하는 동인(動因), 즉 번뇌를 끊어야 하며, 열반의 성을 목적지로 삼아야 하며, 지름길을 통해 거기로 나아가야 한다. 그리하여 이미 알았고, 이미 끊

---

65) 《대정장》2, p.83하. "所以者何? 此甚深處, 所謂緣起倍復甚深難見. 所謂一切取離, 愛盡無欲, 寂滅涅槃. 如此二法, 謂有爲無爲. 有爲者若生若住若異若滅. 無爲者不生不住不異不滅. 是名比丘諸行苦寂滅涅槃. 因集故苦集, 因滅故苦滅. 斷諸逕路, 滅於相續, 相續滅滅, 是名苦邊." 《호조록(互照錄)》에 의하면, 이에 상응하는 남전은 없다.
66) 平川彰, 이호근 역, 《인도불교의 역사》 상(민족사, 1989), p.67.

었고, 이미 도달하였고, 이미 나아갔을 때, 그것에 미혹하여 생겨난 일체의 번뇌가 끊어지며, 이와 아울러 일체의 번뇌가 다였음을 알 때, 다시 말해 "나는 생이 이미 다하였고, 범행이 이미 확립되었으며, 해야 할 일 이미 다하였으며, 더 이상 후생을 받지 않는다(我生已盡 梵行已立 所作已辦 不受後有)"고 알 때,·완전한 열반이 구현된다.

4성제는 다만 '설교된 법'이 아니며, 방편설도 아니다. 이는 중관의 논리일 뿐이다. 또한 연기와 동일한 법도 아니다. 4성제의 '성(聖)'은 그저 붙여진 명칭이 아니다. 성도 직후의 12연기의 유전과 환멸의 내관(內觀)은 다만 집제와 멸제의 구체적인 내관으로 보아야 할 것이다.[67]

연기의 유전인 집제의 내관을 통해 지나간 수억 겁의 생들을 다시 기억하였고[宿住智證明], 유정들의 미래생을 다시 알았으며[死生智證明], 환멸인 멸제의 내관을 통해 번뇌 단진의 열반[漏盡智證明]을 확신하였다고 한다면, 지나친 비약일 것인가? 무명은 3제(際)를 알지 못하는 것이기 때문이며; 초기경전상에서 무명(avidyā)에 대응하는 명(vidyā)의 용례는 오로지 3명뿐이기 때문이며; 3명은 각기 전제(과거)와 후제(미래)와 중제(현재)의 어리석음을 대치하는 것이기 때문이며(주 26); 경에서 "이러한 앎으로 인해 무명이 멸하고 명이 생겨났으며, 어두움이 멸하고 빛이 생겨나게 되었다"고 설하였기 때문이

---

67) E. Lamotte, *ibid.*, pp.16-17, During the Watches of the night, he won the threefold knowledge: the recollection of previous existences, the knowledge of the death and birth of beings —a knowledge which is also called the "divine eye"— and, finally, the certainty of having destroyed in himself the desires which are the basis of successive rebirths in the world of becoming. This conviction included the discovery

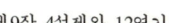

며;⁶⁸⁾ 나아가 저기서 죽어 여기에 태어나고 여기서 죽어 저기에 태어나는 인연의 본말을 모두 알아 "나는 과거세에 존재하였던가, 존재하지 않았던가?……나는 미래세에 존재할 것인가, 존재하지 않을 것인가?" 등에 대해 안 것을 바로 숙주명(宿住明)과 사생명(死生明)이라고 설하였기 때문이다.⁶⁹⁾

6. 맺음말

언제부터인가 "불교의 모든 이론은 오로지 '마음' 두 글자에 담겨 있다"느니, "불교의 핵심은 연기법이다"는 말이 횡행하고 있다. 나아가 "마음이 바로 연기법(法界 혹은 法性)이다"는 말까지 등장하게 되었다. 동아시아에서 발전하고 전개한, 《기신론》을 토대로 한 성종(性

---

of the mechanism of dependent origination(*pratītyasamutpāda*): Śākyamuni mentally examined in direct and reverse order the twelve causes(*nidāna*) which condition that origination, and he thus acquired the certainty of living his last existence.

68) 주 25).; 《증일아함경》 권23(《대정장》2, p.666중하), "梵志當知! 我初夜時, 而得初明, 除其無明, 無復闇冥……."
69) 《증일아함경》 권23(《대정장》2, p.666중하).; 같은 경 권26(《대정장》2, pp.696하~697상)에서는 앞서 주 50)에서 물었던 3제(際) 중 과거세와 미래세의 온갖 양상에 대해 구체적으로 밝히고, 각기 초야(初夜)와 중야(中夜)에 숙주지증명(宿主智證明)과 사생지증명(死生智證明)을 얻었다고 설하고 있다. 참고로 《대비바사론》 권102(《대정장》27, pp.529하~530상)에서는 3명의 관계를 전체적으로 개관하고 있는데, 이에 따르면 오로지 누진명(漏盡明)만이 승의(勝義)의 '명' 이며, 숙주명(宿主明)과 사생명(死生明)은 번뇌에 어긋나고, 번뇌가 섞이지 않았기 때문에, 승의의 '명' 에 수반되기 때문에, 무루의 '명' 을 인기(引起)하기 때문에 가명(假名)으로서의 '명' 이다. 《바사론》에서는 계속하여 이같이 말하고 있다. "宿住隨念智證明通達了解前際法故, 死生智證明通達了解後際法故, 漏盡智證明通達了解涅槃性故, 皆說爲明.……(중략)……復次初明, 知諸有情前際, 由如是業, 死此生彼因果相續. 第二明, 知諸有情後際, 由如是業, 死此生彼因果相續. 第三明, 知諸有情, 由如是道能盡諸漏, 隔斷因果. 由此一種是勝義明, 前之二種是世俗明."

宗)에서라면 충분히 그같이 말할 수 있되 그것을 2500년 전(全) 불교에 관통시켜 말할 경우, 이는 폭력이며 파괴를 수반한다.

다른 한편 붓타 자내증은 연기법이며, 12연기는 삼세에 걸친 윤회의 과정(원인과 결과)을 나타내는 것이 아니라 다만 논리적 조건과 귀결(상의 상관 관계)을 나타내는 것이라고 한다면, 다시 말해 무아(공)의 이론적 근거로서만 의미를 갖는 것이라고 한다면,[70] 이 역시 폭력이며 파괴를 수반한다. 눈 빠른 독자께서는 이미 간파하였겠지만, 필자는 앞에서 12연기를 윤회의 과정으로 해석하였고, 이는 상좌부나 유부 아비달마의 전통적 입장이었지만, 오늘날 이러한 삼세 양중의 인과설(특히 結生識說)은 지혜가 저열한 이에게 어려운 연기설을 쉽게 이해시키기 위해 비유로써 설한 것이라고 이해한다.[71]

그렇다면 앞서 인용한 수많은 경설은 무엇이고, 진리의 광명이 비친 그 날 밤 초저녁과 한밤중에 일어난 숙주지증명과 사생지증명은 무엇이며, 나아가 4성제를 여실지견하여 증득하였다는 누진명은 또한 무엇이란 말인가? 결국 이 모두는 현대 문헌 비판 내지 근대 합리성의 철학을 빙자하여[72] 초기불교에서 설해진 온갖 상이하고 잡다한 교설들에 대한 신뢰를 버리고 오로지 그 근본정신만을 추출하여 대승의 기

---

70) 宇井伯壽, 〈十二因緣の解釋〉, 《印度哲學研究》 제2, pp.297-298 참조. 우에노(上野順瑛)에 의하면, 이러한 입장은 본질적으로 인무아(人無我)와 법무아(法無我, 즉 一切皆空)를 해석하는 것을 목적으로 한다.(《無我輪廻の論理的構造》, p.111)

71) 水野弘元, 《原始佛敎》, p.172.

72) "연기를 원인과 조건의 귀결이라고 하는 설은 인식을 주관의 구성이라고 하는 근대의 철학적 입장에 선 것이다.……(중략)……현대의 원시불교 해석에 있어서, 무기설을 형이상학적 존재의 인식의 부정이라고 하는 설, 윤회는 [불교]교리가 아니라고 하는 설, 윤회를 심리학적으로 해석하는 설, 해탈의 본질을 심리학적으로 해석하는 설, 원시불교의 본질은 도덕이라고 하는 설은 무릇 이러한 철학적 입장으로부터 필연적으로 도출되는 것이다."(上野順瑛, 《無我輪廻の論理的 構造》, pp.111-112)

원으로 삼고자 하는 의도가 개입되어 있다고 하지 않을 수 없다.[73] '근본'이라는 말은 '순수함'이라는 뉘앙스를 갖지만, 또 다른 절대로서 이념화될 때 파괴를 낳는다. '근본'이라는 이름으로써 기왕의 역사를 불순(不純)한 것으로 부정하기 때문으로, 근본 이슬람이 그렇고 근본 기독교가 그러하다.

불타 자내증이 연기법이라고 함은 인용한 경증(經證)에 대한 내용 검토 없이, 역사의 끝자락에서 우리에게 남겨진 불교에 아귀가 맞는 몇몇 경구만으로 논증한 결과라고 할 수 있다. 물론 이러한 불타 자내증의 문제를 다루는 경우, 일차적으로 그것을 전하는 다양한 경설을 비판적으로 검토하여 그 원형을 추적하는 방법이 최선이겠지만, 이는 그다지 쉬운 일이 아닐뿐더러 애당초 불가능할 수도 있다. 그것은 필연적으로 아비달마화될 수밖에 없다.

필자 사견에 의하는 한, 불교는 물론 불타의 등정각으로부터 비롯되었겠지만, 우리가 접하는 불교는 그것이 어떠한 형태이든 그의 손

---

[73] 문헌 비판을 통한 불설(佛說)의 원류를 추적하는 일련의 근대 이후의 일본의 불교학자들이 추구하였던 바는 사실상 오늘날 현존하는 율장과 경장의 순수성을 거부함으로써 대승으로의 전개를 모색하려는 데 있다고 할 수 있다. 와츠지 데츠로(和辻哲郞)는 말하고 있다. "불타는 위대한 종교가였다고 하는 한 가지 사실만을 승인할 뿐, 적어도 현존의 율장이 이 위대한 종교가와 직접적으로 관계하지 않는다고 생각한다. 만약 이 위대한 종교가를 이데아로서 극도로 고양시키는 것에 동의한다면, 율장을 소승으로 배척하는 입장도 용인될 수 있을 것이다. 율장의 불전(佛傳)을 그대로 신용할 만한 자료라고 생각하는 학자보다도 역사적 인물로서의 불타를 이념으로서의 불타로 해석하는 대승교가(大乘敎家) 쪽이 도리어 핵심을 찌르는 깊은 통찰을 가졌다고 인정하지 않으면 안 된다."(《原始佛敎의 實踐哲學》, 동경: 岩波書店, 1973, p.62); "만약 [불타 교설] 사이에 통일성을 발견하려고 한다면,……그 발전의 원류에서 아직 분화되지 않은 통일을 추구하지 않으면 안 된다. 그렇지 않으면 종국에는 후기 주석가나 아비달마 논사들처럼 단순히 외면적으로 결합하는 결과를 얻는 데 지나지 않을 것이다."(같은 책, p.89)
또한 우이 하쿠주(宇井伯壽)는 이같이 말하고 있다. "오늘날에 전하는 5부 4아함이나 제 율장 중의 불타의 설법은 결코 불타의 금구직설(金口直說)이 아닐뿐더러 그 중에서도 특히 직설에 가까운

을 떠난 것이다. 그것은 그것을 전한 이들의 의도가 개입되었고, 해석이 부가되었으며, 그러면서 발전 변모하였다. 그리고 그것들은 항상 새로운 것이었고 진실된 것이라고 주장되어 왔다. 그것이 역사이다. 역사학자가 역사를 부정하고서 존재할 수 없듯이, 불교학자 역시 불교(佛敎, 불타의 말씀)를 부정하고서 존재할 수 없다. 그것이 설혹 후대 부가된 것이라 할지라도 그것은 후대 부가한 이의 몫으로 남겨져야 하며, 부가하게 된 필연적 곡절을 밝혀야 한다. 역사학자의 임무가 역사를 정확히 읽어내는 것이라면, 불교학자의 임무는 그러한 불교를 정확히 읽어내는 것이다. 누가 무엇 때문에 무엇을 어떻게 말했는지를. 그것의 대소(大小) 승렬(勝劣)이나 권실(權實)은 그 다음의 문제이다.

본고와 전편 〈연기법이 불타 자내증이라는 경증 검토〉는 다만 문제 제기였을 뿐이다. 본고에서 다루어진 내용은 필자가 보기에 너무나 상식적이고 진부한 것이어서 사실상 이렇게까지 시간과 지면을 낭비할 필요도 없는 것이지만, 이것이 아무런 비판적 반성 없이 불타의 깨

것이라고 하는 것조차 전지자(傳持者)나 경을 제작한 자 혹은 편찬자가 이해한 설법을 나타내고 있기 때문에 경 중에서 설해지고 있는 온갖 설법의 취의(趣意)를 고찰하여 불타의 취의요령(趣意要領)을 고찰하는 수밖에 없다. 따라서 지금 12인연의 여러 유형 또는 다른 계열 중에 공통적으로 걸쳐 있는 취의가 인정된다고 한다면 이것이 불타의 취의, 적어도 근본불교의 근저를 이루는 것 중의 하나라고 볼 수 있을 것이다."(〈十二因緣の解釋〉, 《印度哲學硏究》 제2, pp.317-318)
그러나 이 같은 해석은 결국 기왕의 불교사를 무시하는 또 다른 해석의 역사로서, 이같이 해석할 경우 그야말로 아비달마화되어 불교의 통일성을 상실하고 말 것이다. 제 경설을 자의에 따라 방편설이니 후대 부가된 것이니 하여 폐기하고 나면, 결국 남는 것은 무엇인가? 우이 하쿠주에 의하면 '근본정신(趣意)'이라는 것인데, 그 근본정신이라는 것은 이현령(耳懸鈴) 비현령(鼻懸鈴)이 될 수밖에 없다. 반야공관의 기원은 초기불교에 있으며, 일승(一乘)의 법화도, 정토의 미타신앙도(주 20 참조), 《기신론》의 자성청정심도, 나아가 밀교 또한 그러하다고 한다면(법보신문 879호 '진각종, 초기불교서 밀교전통 찾다' 참조), 초기불교의 근본정신은 공관인가, 일승인가, 미타본원인가, 진여일심인가? 다시 그 모두는 결국 '같은 것(一)'이라고 할 것인가?

달음을 한결같이 '연기법'이라 되뇌이면서 세상만사에 적용시키려는 획일적인 사유(구호)로부터 벗어나게 하는 일말의 실마리라도 된다면 필자는 소기의 목적을 달성한 셈이다.

제10장
5종성론種性論에 대하여

* 이 글은 《천태학연구》 제7집(천태불교문화연구원, 2005)에 게재된 것이다.

5종성론 種性論에 대하여

1. 들어가는 말

오늘날 학제 간 공동 연구가 학문 활동의 대세를 이루고 있다. 특히 종합 인문학이라 할 수 있는 불교학의 경우는 거의 모든 학문 분야와 협동하여 탐구될 수 있으며, 그것은 또한 시대적 요청이기도 하다. 그럼에도 불교학 내부에는 여전히 굳건한 전공의 벽이 존재한다. 대승과 소승, 성종(性宗)과 상종(相宗), 교종과 선종 등은 서로 다른 영역으로 인식되었으며, 다만 어느 일방에 의한 요의(了義)와 불요의(不了義), 방편(方便)과 구경(究竟)의 관계로서만 논의되고 있을 뿐 서로 간의 허심탄회한 논의는 이루어지고 있지 않다. 그것은 우리의 불교연구가 본질적으로 종학(宗學) 내지 국학(國學)의 입장을 벗어나지 못하였기 때문이다.

종래 5종성론(種性論, 혹은 五性各別說)은 다만 유가행파(법상종)의 교설로서 독립적으로 논의되거나 법화 열반의 일성개성설(一性皆成說)을 차별시키기 위한 교설, 혹은 유식학자이면서 일성개성설의 입장을 취한 원측(圓測)의 독창성을 드러내기 위한 전제로서 논의되어 왔다. 그러나 이 문제는 불교사상사를 통해 광범위하게 다루어지고 있으며, 소승(성문승)과 대승(보살승), 상종과 성종을 가름하는 키워드로 이해할 수도 있다.

본고의 목적은 5종성론을 둘러싼 여러 논의들을 들추어 봄으로써 불교학의 제 문제는 결코 독립된 어떤 하나의 교의 내지 한 종파만의 문제가 아닐뿐더러, 많은 경우 원래의 취지에서 굴절 변용되어 전개하였다는 사실을 보여 주려는 데 있다.

2. 규기窺基와 원측圓測의 기본입장

《송고승전》에 의하면, 신라의 원측이 문지기를 매수하여 현장 삼장(玄奘三藏)의 《유가사지론》 강의를 몰래 훔쳐 듣고서 서명사(西明寺)에서 먼저 강의하자, 현장이 규기를 위로하여 말하기를 "5성종법(性宗法)은 오로지 그대에게만 유통시킬 뿐 다른 사람에게는 유통시키지 않을 것이다"고 하였다.[1] 이 같은 전설의 역사적 사실성은 차치하고서라도 5성종법, 즉 5종성론이 무엇이기에 현장은 그토록 은밀하게 규기에게만 전하겠다고 한 것일까?

5종성(gotra)이란, 일체의 유정이 무시이래 법이(法爾)로서 갖추고 있는 성문정성(聲聞定性)· 독각정성(獨覺定性) · 보살정성(菩薩定

---

1) 《송고승전(宋高僧傳)》 권4(《대정장》50, p.726하).

性)·부정성(不定性)·무성유정성(無性有情性)을 말한다. 여기서 '무성유정성'이란 무루지(無漏智)의 종자를 완전히 결여하여 불과(佛果)나 이승(二乘)의 과보를 증득하는 일이 없이 끝없는 생사를 윤회하며, 다만 5계(戒) 10선(善)에 의해 인천(人天)의 선과(善果)를 획득하는 것을 최고로 여기는 무열반법(無涅槃法)의 유정을 말하고, '성문정성'과 '독각정성'이란 무루지의 종자를 갖추고 있지만 일부의 종자, 즉 아공(我空)의 지혜종자만을 지녔기 때문에 번뇌장(煩惱障)은 끊을지라도 소지장(所知障)은 끊지 못하는 유정으로서 둔근자(鈍根者)를 성문정성이라 하고, 이근자(利根者)를 독각종성이라 하며, '보살정성'이란 무루지의 종자를 모두 갖추어 두 가지 장애를 모두 끊고서 불과(佛果)를 증득하는 여래의 종성을 말한다.[2] 그리고 '부정성'이란 삼승(三乘)의 종자를 모두 갖추고 있는 유정으로서, 성문·독각의 과보를 증득하고 끝내 전향하여 보살승에 들어 불과를 증득하는 종성을 말한다.

　이 같은 종성론은 바로 무루종자에 근거한 차별설로서, 그것을 결정적으로 가졌는가, 갖지 않았는가에 따라 정성(定性)과 무성(無性)으로 나누었으며, 정성은 다시 일부의 무루종자만을 가졌는가, 일체의 무루종자를 가졌는가, 혹은 그것이 결정되어 있지 않은가에 따라 성문·독각·보살정성과 부정성으로 나뉘게 되었던 것이다. 그럴 때 이 같은 무루종자의 성격을 어떻게 규정할 것인가? 본래부터 존재하는 것이라고 해야 할 것인가, 후천적으로 훈습되어 생겨난 것이라고

---

2) 《성유식론》 권2(《대정장》31, p.9상).

해야 할 것인가?

이에 대해《성유식론》에서는, 무루종자는 본유적인 것〔本有說〕이라고 하는 호월(護月)의 설과, 오로지 후천적으로 훈습된 것〔新熏說〕으로 5종성은 다만 번뇌장과 소지장의 차별일 뿐이라는 난타(難陀)나 승군(勝軍)의 설, 그리고《성유식론》의 정의(正義)로서 호법(護法)의 절충설〔並有說〕을 전하고 있는데,[3] 절충설에 따를 경우 "제 유정에게 무시이래 법이(法爾)로서 성취된 본유의 무루종자가 존재하여 승진위(즉 견도위)에서 새로이 훈습한 종자에 의해 그것이 증장됨으로써 바야흐로 무루법을 낳게 된다. 그리고 유루종자의 경우도 역시 그러하다."[4] 따라서 그 같은 본유의 무루·유루 종자에 근거한 5종성은 결코 바뀌는 일이 없으며, 성문·독각과 무성은 끝내 불과(佛果)를 획득할 수 없다는 것이 바로 5종성의 각별설 즉 오성각별설(五性各別說)이다.

곧 현장은 이 같은 오성각별설을 규기에게만 전하겠다고 하였던 것이며, 실제로 규기는 도생(道生, 355-434)의 '천제성불설(闡提成佛說)'이래 당시 이미 만연해 있던 일성개성설(一性皆成說)을 그의 저술 곳곳에서 비판하고 있으며, 그의 제자 혜소(慧沼)는 이를 더욱 발전시켜 당시 일성개성설의 대표적 인물이었던 법보(法寶)의《일승불성구경론(一乘佛性究竟論)》을 비판하여《능현중변혜일론(能顯中邊慧日論)》을 저술하기도 하였다.

이에 대해 원측(613-696)은 그의《해심밀경소(解深密經疏)》에서

---

3)《성유식론》권2(《대정장》31, pp.8상-9중).; 김동화,《유식철학》(서울: 보련각, 1973), pp.234-239.
4)《성유식론》권2(《대정장》31, p.9상), "由此應信. 有諸有情無始來有無漏種, 不由熏習法爾成就. 後勝進位熏令增長. 無漏法起以此爲因. 無漏起時復熏成種. 有漏法種類此應知."

이상과 같은 사정을 전하면서[5] 일체 중생은 모두 불성(佛性) 혹은 여래장(如來藏)을 지니고 있다고 설한《열반경》,《보성론》등에 근거하여 5종성은 모두 성불할 수 있다는 '일성개성설'에 가담하고 있는데,[6] 이는 그의 독창적 견해 중의 하나로 꼽히고 있다.[7]

3. 오성각별설과 일성개성설

그렇다면 이 같은 오성각별설과 일성개성설의 근거는 무엇인가?[8]《해심밀경》제5〈무자성상품(無自性相品)〉에서는 일승(一乘)을 밀의설(密意說, 불완전한 설, 즉 방편설)로 간주하면서 삼승(三乘)의 차별에 대해 다음과 같이 설하고 있다.

모든 성문승 종성의 유정도 역시 이러한 도(道, 3無自性相)와 이러한 행적(行迹)에 의해 무상(無上)의 안온열반을 증득할 수 있으며, 모든 독각승 종성의 유정과 모든 여래승 종성의 유정도 역시 이러한 도와 이러한 행적에 의해 무상의 안온열반을 증득할 수 있다. 곧 일체의 성문 · 독

---

5) 《해심밀경소》권4(《한국불교전서》1), "言五性者, 所謂三乘不定無姓……"(pp.261-262상); "大唐三藏依諸經論立有五性, 無性有情無涅槃性. 定性二乘必不成佛."(p.257하)
6) 《해심밀경소》권4(《한국불교전서》1, pp.258하-259상), "涅槃云, '善男子, 我者卽是如來藏義, 又一切衆生悉有佛性, 常住無有變易'. 又實性論第一券云, '何得知一切衆生有如來藏? 答; 依一切諸佛平等法性身知一切衆生皆有如來藏.' 如此等文皆是眞如法身佛性, 此卽五性皆有佛性"
7) 박종홍,《한국사상사》1(박종홍전집 IV. 형설출판사, 1990), p.93.
8) 양 설의 경론상에서의 근거에 대해서는 深浦正文,《唯識學硏究》하권(京都: 永田文昌堂, 1982), pp.633-637을 참조할 것.

각·보살은 모두 이러한 미묘 청정한 하나의 도를 함께하고, 모두 이러한 구경의 청정한 하나의 과(果)를 함께하니, [그 밖의 다른] 제2의 도과(道果)는 없다. 나는 바로 이 같은 사실에 의거하여 밀의로써 오로지 일승만이 존재한다고 설한 것일 뿐이다. 그러나 일체의 유정 중에 여러 종류의 유정의 종성이 없는 것은 아니니, 혹은 둔근(鈍根)의 종성으로, 혹은 중근(中根)의 종성으로, 혹은 이근(利根)의 종성으로 유정은 차별되는 것이다.

선남자야! 만약 한결같이 적정(寂靜)으로만 나아가려는 성문종성의 보특가라는 비록 제불(諸佛)이 시설한 여러 용맹의 가행 방편에 교화된다고 할지라도 끝내 도량에 앉아서 아뇩다라삼먁삼보리를 증득할 수 없게 될 것이니, 그들은 본래 하열(下劣)한 종성이기 때문으로, 한결같이 자비가 박약(薄弱)하기 때문이며, 한결같이 온갖 괴로움을 두려워하기 때문이다. 곧 그들은 한결같이 자비가 박약하기 때문에 모든 중생을 이익되게 하는 일을 방기하며, 한결같이 온갖 괴로움을 두려워하기 때문에 제행을 일으켜 업을 짓는 일을 방기한다. 나는 이같이 중생을 이익되게 하는 일을 방기하는 자와 제행을 일으켜 업을 짓는 일을 방기하는 자가 도량에 앉아서 능히 아뇩다라삼먁삼보리를 획득한다고는 끝내 설하지 않으니, 그래서 그들을 일컬어 '한결같이 적정으로만 나아가려는 성문〔一向趣寂聲聞〕'이라 한 것이다.

그러나 보리(菩提)로 회향하려는 성문종성의 보특가라일 경우, 나는 그들을 다른 갈래로서 '보살'이라 설하니, 그들은 이미 번뇌장(煩惱障)으로부터 해탈하여 만약 제불(諸佛) 등의 깨달음에 힘입을 때 그들의 마음은 역시 또한 소지장(所知障)으로부터도 해탈할 수 있기 때문이다. 그렇지만 그들(즉 한결같이 적정으로만 나아가려고 하는 이들)은 최초에 자신의 이익을 위해 가행을 수행하여 번뇌장에서 벗어났기 때문에 여래는 그들을 '성문종성'이라 시설한 것이다.[9]

즉 삼승은 궁극적으로 다 같이 3무자성(遍計所執의 相無性, 依他起의 生無性, 圓成實의 勝義無性)의 도에 의해 구경청정의 불과(佛果)를 얻을 수 있겠지만, 다시 말해 성문도 대승의 보리를 추구한다면 보살이라 할 수 있겠지만, 그것은 어디까지나 원리에 입각한 이론일 뿐 현실상으로 볼 때 성문·독각의 정성 이승은 한결같이 공적(空寂)한 회신멸지(灰身滅智)의 열반을 궁극의 목적으로 삼기 때문에 그들은 하열의 종성으로 결코 불과를 얻을 수 없다. 따라서 불타가 설한 일승은 다만 그럴 수 있다는 가능성에 근거한 방편일 뿐이며, 삼승의 차별이야말로 진실이라는 것이 오성각별설의 기본입장이었다.[10]

이에 반해 천태나 화엄 등의 대승종에서는 우리가 익히 아는 바대로 '일체 중생(一切衆生) 실유불성(悉有佛性)'의 교증에 따라 일성개성설을 수립하였으며, 앞서 언급한 대로 원측 또한 이에 따르고 있다. 그는 《법화》《열반》 등의 여러 대승경론을 인용하며 실유불성이 여래의 진의임을 논변하였다.[11] 즉 그는, 《법화》《열반》에서는 '일승진실

---

9) 《해심밀경》 권2(《대정장》16, p.695상중).
10) 이는 곧 법상(法相, 현상)과 법성(法性, 본질)을 엄격히 구분한 법상종(法相宗)의 기본입장이라고 할 수 있다.(다카쿠스 준지로, 《불교철학의 정수》, 정승석 역, 서울: 대원정사, 1989, p.124 참조)
11) 《해심밀경소》 권4(《한국불교전서》1, pp.258하–259상). 여기서 그가 인용하고 있는 대승경론의 문구는 다음과 같다. 《열반경》: "선남자여, 내가 바로 여래장으로 일체의 중생은 모두 상주 불변의 불성을 갖는다." 《보성론》: "일체의 중생이 여래장을 갖는다는 사실을 어떻게 알 수 있는 것인가? 일체 제불의 평등법성신(平等法性身)에 근거하여 일체 중생은 모두 여래장을 갖는다는 사실을 안

(一乘眞實) 삼승방편(三乘方便)'을 설하고 있으며, 《해심밀경》에서는 '삼승진실 일승방편'을 설하고 있지만, 전자가 각기 한 가지 뜻(일승)에만 근거한 데 반해 후자는 일부(一部)의 뜻을 모두 갖추고 있기 때문에, 다시 말해 삼승에 대해 모두 설하고 있기 때문에 최승의 요의경(了義經)이라고 하면서도[12] 여기서의 종성설은 본질적 차별이 아니라 다만 근기의 성숙 미성숙(현실)에 따른 시간상의 차별일 뿐이라고 하였다.

《해심밀경》이나 《유가론》 등에서 이승정성(二乘定性)이 성불하지 못한다고 한 것은 근기가 성숙하지 못한 때에 근거하여 설한 것이지 결코 성불하지 못한다는 말이 아니다. 그래서 《보성론》 권2에서는 이같이 말하고 있는 것이다. : "앞에서 '일천제(一闡提)는 영원히 열반에 들지 못하며 열반성이 없다'고 하였는데, 이것이 무슨 뜻인가? 대승의 근거〔因〕를 비방하는 이를 나타내기 위해서이며, 나아가 [성불하는 데] 이루 헤아릴 수 없는 시간이 걸리기 때문에 그같이 설한 것으로, 그들에게도 실로 청정성(淸淨性)이 존재한다." 따라서 그들은 필경 영원히 청정심을 갖지 못한다고는 말할 수 없다.[13]

다." 《법화경》: "시방의 불토(佛土) 중에는 오로지 일승의 법만 존재할 뿐으로, 이승도 없고 삼승도 없다." 《승만경》: "성문승·연각승이 모두 대승에 들어간다는 것은 바로 불승을 말하는 것이다." 《법화경》: "오로지 일승만이 진실이며, 그 밖의 이승은 진실이 아니다." 《섭대승론》: "보살이 제2지에 들기 전에 삼승인에게는 세 가지 행의 차별이 있다고 생각하는 것은 일승의 이치를 모르기 때문이다." 《법화경》: "이승도 없는데 하물며 삼승이 있을 것인가?" 《열반경》: "여래·성문·연각은 다 같이 동일한 불성(佛性)이며, 동일한 무루이다."

12) 《해심밀경소》 권4(《한국불교전서》1, p.255중), "約三種姓如來方便說爲一乘. 就實正理俱有三乘 各證無餘究竟涅槃.-法華勝 各據一義, 今此一部義俱有, 故解深密是最了義."

13) 《해심밀경소》 권4(《한국불교전서》1, p.257상).

나아가 원측은《섭대승론석(攝大乘論釋)》에 따라 아직 보살도를 닦지 않은 이는 모두 미결정성(未決定性)으로, 다시 말해 성문·독각으로 결정된 것이 아니어서 대승으로의 전향이 가능하며, 따라서 비록 무량의 시간이 걸릴지라도 대승의 보리심을 일으키지 못할 무성유정은 존재하지 않으며, 정성(定性)의 성문·독각 또한 성불하지 못할 일이 없다고 주장하였다.[14]

그렇다면 오성각별설에서는 이 같은《법화》《열반》의 '일승진실(一乘眞實)'을 어떻게 이해하고 있는 것일까? 규기는 "시방(十方)의 불토(佛土) 중에는 오로지 일승의 법만 존재할 뿐으로, 이승도 없고 삼승도 없다"는 법화경문에 대해 "범본(梵本)에 따르면, 여기서 말한 이승, 삼승은 제2승(독각), 제3승(성문)으로, 부정성(不定性)을 그 밖의 승(즉 제1승)으로 유인하기 위해 방편으로 제2, 제3 승이 없다고 한 것이지 그러한 존재(이승 혹은 삼승)를 진실로 부정한 것은 아니니,《법화경》에서 '오로지 이러한 일승만이 진실이고 그 밖의 이승은 진실이 아니다'고 설하고 있기 때문이다.······또한 '이승도 없는데 하물며 삼승이 있을 것인가?' 하는 경설 역시 제2 독각승과 제3 성문승을 부정한 것일 뿐이다"고 해석하고 있다.[15]

말하자면 이 경문은 독각(제2승)·성문(제3승)의 이승을 비판한 것

---

14) 《해심밀경소》 권4(《한국불교전서》1, p.257상). 원문은 주 44)를 참조할 것.
15) 《대승법원의림장(大乘法苑義林章)》 권1(《대정장》 45, p.267 상), "問; 經自說言十方佛土中, 唯有一乘法, 無二亦無三. 除佛方便說, 卽是破二破三, 而明一乘. 何故乃言三五乘別? 答; 依梵本說經頌應言, '無第二第三'. 數三乘中獨覺爲第二, 聲聞爲第三. 爲引不定任持所餘故, 方便言無第二第三, 非眞破也. 法花自言, '唯此一事實, 餘二卽非眞.'一彼經又言, '尙無二乘何況有三?' 二謂第二, 三謂第三. 非謂二乘三乘名爲二三."

이지 보살승을 포함하는 삼승을 비판한 것이 아니며, 여기서의 일승은 성문·독각에 대한 보살승을 가리키는 것이지 삼승 이외의 별도의 일승을 말한 것이 아니라는 것이다.[16] 나아가 《열반경》에서 '일체 유정 실유불성'을 설한 것은 어떤 한 부류(일부의 일체 유정, 즉 부정종성)로 하여금 무상의 보리로 나아가게 하기 위해 방편으로 그렇게 설한 것이라고 해석하였다.[17]

대단히 궁색한 변명 같아 보이지만, 개성론자(皆成論者)의 해석 또한 역시 그러하다고 할 수 있다. 일성개성(一性皆成)이라 하지만, 성문승이 바로 성불한다는 것은 아니고, 거기에는 근기의 성숙, 즉 발보리심(發菩提心)이 전제가 된다. 각별론자(各別論者)는 성문·독각의 정성유정과 무종성유정은 발심할 수도 없거니와 설혹 발심하여 보리분법을 닦을지라도 무상의 정등각을 증득할 수 없다고 하였지만(주 24 참조), 개성론자는 그들도 청정성을 갖고 있기 때문에 언젠가 전향 발심하면 정등각을 성취할 수 있다고 하였다.

그러나 대승의 보리심을 일으켰다면, 그는 더 이상 성문이 아니다. 성문도 자신의 도를 버리고 대승으로 전향하면 물론 정등각을 성취할

---

[16] 이러한 《법화경》의 경문이 "2승과 3승을 부정하고 그 밖의 1승(제4승)을 말한 것(즉 會三歸一)인가, 다만 제2 독각, 제3 성문을 부정하고 제1의 불승을 말한 것(즉 會二歸一)인가?" 하는 문제는, 고래로 중국에서 《법화경》〈비유품〉의 '화택(火宅)의 비유'에서 양거(羊車)·녹거(鹿車)·우거(牛車) 중 우거를 대백우거(大白牛車)와 동일한 것으로 볼 것인가, 다른 것으로 볼 것인가 하는 3거가 (車家)·4거가의 문제와 결부되어 전면적인 논쟁의 발단이 되었다. 법운(法雲)·지의(智顗)·법장(法藏)이 4거가였다면, 길장(吉藏)과 규기(窺基)는 3거가였다.

[17] 《대승법원의림장》 권1(《대정장》 45, pp.266하-267상), "據實而言五乘各異. 如前所引敎理成立. 爲引一類故說一乘, 非乘唯一無二三等."; 《불지경론(佛地經論)》 권2(《대정장》26, p.298상), "雖餘經中宣說, '一切有情之類皆有佛性, 皆當作佛'. 然就眞如法身佛性, 或就少分一切有情方便而說, 爲令不定種姓有情決定速趣無上正等菩提果故."

수 있지만, 그것은 현실적으로 불가능하다. 그래서 《해심밀경》에서는 "모든 성문의 유정도 3무자성의 도에 의해 무상(無上)의 안온열반을 증득할 수 있지만, 그들은 한결같이 적정의 열반으로만 나아가려고 하기 때문에 성문일 뿐이다. 따라서 일성개성은 다만 그럴 수 있다는 가능성에 근거한 방편일 뿐이며, 삼승각별이 진실이다"고 말하였던 것이다.

이렇듯 오성각별설과 일성개성설은 '삼승진실 일승방편'과 '일승진실 삼승방편'이라는 경설에 따라 나뉘게 된 것으로, 이는 결국 논의의 초점을 현상〔法相〕에 둘 것인가, 본질〔法性〕에 둘 것인가 하는 문제에 기초한 것이라고 할 수 있다. 각별(各別)과 개성(皆成), 어느 것이 진실이고 어느 것이 방편인가?

이는 불교교학상의 오래된 문제이고 또한 근원적인 문제로서, 앞서 살펴본 대로 동아시아의 대승교가(大乘敎家)들은 대개 이 문제를 교증(敎證)으로써 논의하려고 하였다. 다시 말해 양자의 대론(對論)은 다만 경론상의 문구를 인용 해석하는 데 그치고, 문제의 소재나 그 같은 주장이 도출하게 된 교의의 근본에 대해서는 시비하려고 하지 않았다. 그래서 양자의 대립은 그 시비를 결택(決擇)할 수 없는 극단의 설로 남게 된 것이다. 그럼에도 이 같은 팽팽한 긴장감을 고려하지 않은 채 "개성설은 일체 유정의 성불의 가능성을 제시하였으므로 뛰어난 설이고, 각별설은 그렇지 못하다"는 식의 논의는 다만 범부의 부박(浮薄)한 감정일 뿐이다.

우리는 과연 어느 설을 선설(善說)로 평취(評取)해야 할 것이며, 양론의 근거가 된 제경(諸經)을 어떻게 이해해야 할 것인가? 비록 동아시아의 불교 전통상에서 유가행의 교법은 대승시교(大乘始敎)로 판석되었고 그 생명 또한 일천하였으며, 오늘날에서조차 종교적인 욕구에 따른 '보편'이라는 이름하에 폄하되고 있지만,[18] 그 같은 태도를 과연 불교교학의 정당한 이해라고 할 수 있을 것인가? 양 설은 이미 교학상의 전제가 다르기 때문에 시비를 가리는 것 자체가 부질없는 일인지도 모른다. 이제 바야흐로 그 같은 시비를 지양하고, 애당초 유가행파의 종성론이 무엇을 지향하여 어떻게 성립하게 되었는지를 생각해 보지 않으면 안 된다.

4. 《유가사지론》에서의 종성론

유가행파의 종성론이 처음 등장하는 것은 두말할 것도 없이 《유가사지론(瑜伽師地論)》에서이다. 현장역본 《유가사지론》은 100권에 달

---

18) 고영섭은 그의 《한국불학사》(연기사, 1999, p.79)에서 "문아(원측)가 주장하는 일성개성설(一性皆成說)은 자은학통의 오성각별설(五性各別說)과 다른 새로운 해석의 지평이다. 불설의 핵심인 중도의 입장에서 보면 문제는 다 풀리는 것이다. 《열반경》의 교설처럼 일체 중생이 모두 불성을 가지고 있다는 견해에서 바라보면 오성각별설은 지극히 편향된 시각이다. 이는 오성각별설을 통해 자종의 종파적 우월성을 지키려고 했던 자은학통의 한계였던 것이다. 살아 있는 모든 유기체들의 구제를 목표로 삼는 불교의 가르침은 인류의 보편적 이념으로 정립되었다. 문아가 활동할 시기에는 이러한 불교의 보편적 이념이 자은학통의 국집된 불교 이해로 인해 왜곡되고 있었다"고 말하고 있지만, 그러나 사실대로 말하자면 '새로운 해석의 지평'은 개성설이 아니라 각별설이다. 비록 법상(法相)의 종의가 한때 반짝 흥성하기는 하였을지라도 개성설이 당시 중국불교의 보편적 사유였고, 주류였기 때문이다. 또한 각별설은 법상종의 '종파적 우월성'과는 관계가 없으며, 다만 현상(현실)의 차별상에 입각한 불교 이해의 결과일 뿐이다. 각별설은 아이러니컬하게도 도리어 소승 성문의 입장을 반영한 것이라 할 수 있다.(후술) 그리고 지금까지 논의해 왔듯이 《열반경》을 통해 본다면 각별설은 말 그대로 차별적이고도 편협된 시각이라 하겠지만, 《해심밀경》을 통해 본다면 개성설은 현실을 무시한 편협된 이념이다.

하는 대론(大論)으로, 본문에 해당하는 〈본지분(本地分)〉(권1-권50)과 이것의 주요 내용을 다시 해설하는 〈섭결택분(攝決擇分)〉(권51-권80), 그리고 보유 부록에 해당하는 〈섭석분(攝釋分)〉(衆經의 儀則 해석), 〈섭이문분(攝異門分)〉(제법의 名義 해석), 〈섭사분(攝事分)〉(삼장의 요지 해석)의 다섯 부분으로 구성되어 있다. 〈본지분〉은 다시 삼승의 경계와 실천과 과보에 대해 17장〔地〕에 걸쳐 논설하면서 성문·독각·보살의 종성(種性)과 발심(發心)과 수행(修行)과 득과(得果)에 대해 각기 별도의 장으로 논설하고 있는데, 그 중에서도 〈보살지(菩薩地)〉가 가장 중요하다는 것은 두말할 나위도 없다.

《유가사지론》에서는 바로 이 같은 성문승·독각승의 저열함을 밝히고 보살승의 절대적 우월성을 드러내기 위해 작성된 논서라고 해도 지나친 말이 아니다. 즉 대승의 보살은 어떠한 형태로든 성불할 자격〔種子〕을 미리 갖추고 있는 것으로 간주되었으며, 이것이 바야흐로 인도의 종성론의 형태로 교의화되었던 것이다.[19]

이에 따르면, 종성에는 무시이래(無始以來) 전전전래(展轉傳來)하여 본래〔法爾〕적으로 갖추고 있는 본성주종성(本性住種姓)과 후천적으로 일찍이 선근을 닦아 획득된 습소성종성(習所成種姓)이 있는데,[20] 습소성종성은 결정적인 것이 아니기 때문에 부정종성(不定種姓)이지

---

19) 종성(gotra)이란 가계 종족 혈통의 의미로, 《유가사지론》에서는 지(持)·조(助)·인(因)·의(依)·계급(階級)·전도(前導) 등의 명칭으로(권35, 《대정장》30, p.478하), 혹은 종자(種子, bīja)·계(界, dhātu)·성(性, prakṛti) 등의 명칭(권21, 동 p.395하)으로 불리고 있다.
20) 《유가사지론》 권35(《대정장》30, p.478하), "云何種姓? 謂略有二種. 一本性住種姓, 二習所成種姓. 本性住種姓者, 謂諸菩薩六處殊勝有如是相, 從無始世展轉傳來法爾所得, 是名本性住種姓. 習所成種姓者, 謂先串習善根所得, 是名習所成種姓."

만, 성문·독각·보살이 갖는 무루종자는 본성주종성으로 본유적인 것이기 때문에 다른 종성으로 전향이 불가능하다. 그리고 보살종성〔有般涅槃法〕이 일체의 무루종자를 모두 갖춘 반면 무성(無姓)은 삼승의 무루종자를 모두 결여하고 있기 때문에 무성이다.[21] 무성이란 바로 무불성(無佛性)·무열반법(無涅槃法)의 종성이라는 뜻으로, 어떠한 형태이건 반열반에 들지 못하는 유정을 말한다.

그런데《입능가경(入楞伽經)》에 의하면, 무성이란 열반성(涅槃性)을 갖지 않은, 다시 말해 해탈에 대해 신심을 내지 않는 일천제(一闡提)를 말하는데, 여기에는 일체의 선근을 태워버려 "보살승의 경(經)과 율(律)로써는 해탈에 들지 못한다"고 하여 대승 보살장(菩薩藏)을 비방하는 단선근자(斷善根者)와, 일체 중생을 연민하여 그들이 모두 열반에 들기 전까지는 자신도 역시 열반에 들지 않겠다고 서원한 보살 등 두 종류가 있다.[22] 무성이란 결국 보살장을 비방하는 단선근자와 부주열반(不住涅槃)을 추구하는 대비(大悲)의 보살을 말하는 것으로, 이 역시 부정적인 의미에서든 긍정적인 의미에서든 보살종성과 밀접하게 관계하는 유정이라 할 수 있다.

그렇다면 보살종성은 어떠한 존재인가?《유가사지론》〈보살지〉첫머리에서는 성문·독각·보살의 세 종성의 차별을 논하고 있는데,

---

21)《유가사지론》권2(《대정장》30, p.284상중).
22)《입능가경(入楞伽經)》권2(《대정장》16, p.527상중), "大慧, 何者無姓乘, 謂一闡提. 大慧, 一闡提者無涅槃性. 何以故於解脫中不生信心, 不入涅槃? 大慧, 一闡提者有二種, 何等爲二? 一者焚燒一切善根, 二者憐愍一切衆生, 作盡一切衆生界願. 大慧, 云何焚燒一切善根? 謂謗菩薩藏, 作如是言; '彼非隨順修多羅毘尼解脫說,' 捨諸善根. 是故不得涅槃. 大慧, 憐愍一切衆生, 作盡一切衆生界願者, 是爲菩薩. 大慧, 菩薩方便作願; '若諸衆生不入涅槃者, 我亦不入涅槃.' 是故菩薩摩訶薩不入涅槃. 大慧, 是名二種一闡提無涅槃性."

성문·독각의 종성이 오로지 번뇌장의 청정만을 증득하는 데 반해 보살종성은 번뇌장과 소지장의 청정을 모두 증득하기 때문에 일체의 종성 가운데 무상최승(無上最勝)이라고 하면서 구체적으로 근기와 실천〔行〕과 선교(善巧)의 방편과 그 과보의 뛰어남에 대해 밝히고 있다.

이를테면 보살의 근기가 본래〔本性〕적으로 이근(利根)이라면 독각과 성문의 그것은 중근(中根)과 연근(軟根)이며, 보살의 실천은 자리(自利)이면서 이타(利他)이지만 이승의 그것은 오로지 자리이며, 이승은 온·처·계와 연기의 도리에 맞고〔處〕맞지 않음〔非處〕에 대한 선교(善巧)만을 닦는 데 반해 보살은 그것을 포함하여 일체의 명처(明處)에 대해 선교를 닦으며, 성문은 다만 성문의 보리(菩提)를 증득하고 독각은 독각의 보리를 증득할 뿐이지만 보살은 아뇩다라삼먁삼보리를 증득하기 때문에 무상 최승이라는 것이다.[23] 즉 보살은 자신의 종성과 최초의 발심과 보리분법의 실천〔行〕을 근거로 하여 무상의 정등보리를 증득할 수 있지만, 무종성의 유정(보살종성을 갖지 않은 성문·독각을 포함하여)은 비록 발심의 가행을 일으킬지라도 무상의 정등보리를 증득할 수 없다는 것이다.[24]

어째서 그러한가? 성문·독각의 정성 이승과 무종성의 유정〔無般涅槃法〕은 어째서 보살이 되어 무상(無上)의 보리를 증득하지 못하는 것인가? 양자는 결코 화회(和會)될 수 없는 것인가? 이에 대해《유가사지론》에서는 고래로 5난(難) 6답(答)으로 일컬어지는 다음과 같은

---

23) 《유가사지론》 권35(《대정장》30, pp.478하-479상).
24) 《유가사지론》 권35(《대정장》30, p.478중하), "……住無種姓補特伽羅無種姓故, 雖有發心及行加行爲所依止, 定不堪任圓滿無上正等菩提."

문답으로 설명하고 있다.²⁵⁾ (필자 가필 초역)

(1) 어찌하여 필경무반열반법(畢竟無般涅槃法), 즉 반열반법을 전혀 갖지 않은 무종성의 유정이 존재한다는 것인가? 답: 온갖 유정류에는 저열하거나 수승한 이루 헤아릴 수 없는 계성(界性), 즉 종성의 차별이 존재하기 때문에 필경무반열반법의 유정도, 성문 등의 유정도 존재하는 것으로, 만약 그러한 차별이 없다고 한다면 경설에 어긋나게 된다.

(2) 유정류에 그 같은 온갖 종성의 차별은 존재할지라도, 근(根)을 갖지 않는 유정이 존재하지 않듯이 무종성[無般涅槃法]의 유정도 존재하지 않는다고 해야 하지 않겠는가? 답: 무근자(無根者)는 유정이 아니기 때문에 무종성의 예가 될 수 없다.

(3) 크샤트리야가 윤회하여 수드라 등이 되기도 하고, 지옥의 유정이 하늘[天]의 유정이 되기도 하는데, 어째서 무반열반법의 유정은 유반열반법의 유정이 되지 못하는 것인가? 답: 크샤트리야 내지 지옥의 유정은 일체의 종성을 갖추고 있는 것인가, 한 가지 종성만을 갖추고 있는 것인가? 만약 일체의 종성을 갖추고 있다면 비유가 지금의 경우와 유사하지 않기 때문에 이치에 맞지 않으며, 만약 한 가지 종성만을 갖는다고 한다면 일찍이 크샤트리야였던 자가 수드라가 된다고 말하는 것은 이치에 맞지 않다.

(4) 크샤트리야 등이 일체의 종성을 갖추고 있듯이 무반열반법도 반열반법의 종성을 갖추고 있다고 해야 하지 않는가? 답: 그렇다면 양자는 서로 모순되는 것인가, 모순되지 않는 것인가? 서로 모순되는

---

25) 《유가사지론》 권67(《대정장》30, pp.669중–679상).

것이라면 그렇게 묻는 것 자체가 이치에 맞지 않으며, 모순되지 않는 것이라고 한다면 어떤 유정에 대해 그는 무반열반법이면서 역시 유반열반법이라고 해야 하기 때문에 이치에 맞지 않다.

(5) 지금 바로 관찰하건대, 어떤 지방에는 금이나 소금 등의 종성이 없었는데 그 후 어느 시기 생겨나기도 하는 것처럼 무반열반법의 종성도 혹 어느 시기 유반열반법의 종성이 된다고 해야 하지 않겠는가? 답: 어떤 지방에 소금이 생겨나는 것처럼 무종성이 어느 시기 성문종성 내지 대승(즉 보살)의 종성을 갖게 된다고 한다면, 순해탈분(順解脫分)의 선근은 헛된 것으로 그 과보도 없다고 해야 할 것이며, 종성을 주장하는 것 자체가 이치에 맞지 않게 된다.

또한 무반열반법의 종성이 혹 어느 시기 유반열반법의 종성이 된다고 한다면, 이 생에 반열반법을 성취한다고 해야 할 것인가, 후생에 성취한다고 해야 할 것인가? 만약 이 생에 성취한다고 한다면, 그는 이 생에 삼보(三寶)를 만나 순해탈분의 선근을 일으켰다고 해야 할 것인가, 그렇지 않다고 해야 할 것인가? 만약 전자라고 한다면 순해탈분의 선근을 일으킨 이상 무반열반법이라고 하는 것은 이치에 맞지 않으며, 만약 후자라고 한다면 순해탈분의 선근을 일으키지도 못하였으면서 반열반법을 성취한다고 하는 것은 이치에 맞지 않다. 만약 후생에 성취한다고 한다면, 그는 일찍이 선근을 쌓았기 때문에 후생에 삼보를 만나 순해탈분의 선근을 일으킨다고 해야 할 것인가, 선근을 쌓지 않고서 그러한 것이라고 해야 할 것인가? 만약 일찍이 선근을 쌓아 그러한 것이라고 한다면, 그는 이미 이 생에서 삼보를 만나 선근을 일으켰으므로 후생에 비로소 반열반법을 성취한다는 것은 이치에 맞지 않으며, 만약 선근을 쌓지 않고 그러한 것이라고 한다면 전후는 상사(相似)하여 어느 때고 선근을 쌓지 못할 것이기 때문에 "이 생에서는 반열반법을 성취하지 못하지만 후생에 비로소 성취한다"고 하는 것은 이치에 맞지 않다.

이처럼 《유가사지론》에서는 비록 5종성을 동시에 열거하고 있지는 않을지라도 무반열반법의 무종성과 함께 전향이 불가능한 본유적인 종성론을 설하고 있는데, 이는 법상의 차별론에 입각한 당연한 귀결이라 할지라도 그것은 결국 기존의 성문승에 대한 대승 보살승의 절대적 우월성을 천명한 것이라 할 수 있다.

5. 정토교에서의 종성 차별론

한편 애당초 종성론은 아니었겠지만, 《무량수경》에서 설하고 있는 법장보살(法藏菩薩)의 48대원 중 제18원과 제11원에도 이 같은 종성 차별론의 형태가 나타난다.

> 설혹 제가 부처가 된다고 할지라도 그 국토의 중생들이 결정코 정정취(正定聚)로 머물고 열반에 이르지 못한다면 저는 차라리 정각을 이루지 않을 것입니다. (제11원)
> 설혹 제가 부처가 된다고 할지라도 시방세계의 중생들이 저의 국토에 태어나기를 원하여 열 번을 염(念)하고서도 태어나지 못하는 자가 있다고 한다면, 저는 차라리 정각을 이루지 않을 것입니다. 다만 5역죄를 지

은 자나 정법을 비방하는 자는 제외할 것입니다.(제18원)

제18원에서 부모 혹은 아라한을 죽이는 등의 5역죄를 짓거나 정법을 비방하는 자는 5종성 중 무성(無性)으로, 앞서 언급하였듯이 《입능가경》에서는 대승 보살장을 비방하는 단선근자를 무성의 한 종류로 논설하였다. 또한 불교에서는 일찍이 일체 유정을 성자의 그룹인 성문·독각·보살의 정성정취(正性定聚), 역죄(혹은 무간업) 등을 지어 악취에 떨어지는 사성정취(邪性定聚), 어느 쪽으로도 결정되지 않은 부정성취(不定性聚)로 분류하였는데,[26] 제11원에서의 정정취(正定聚)는 당연히 보살정성을 말한다.

그렇다면 성문정취·독각정취와 사정취(邪定聚) 등은 극락왕생할 수 없다는 말인가? 세친(世親)은 여인과 결근자(缺根者)와 더불어 이승의 종성은 극락왕생할 수 없다고 말하고 있다.[27] 그런데 법장보살은 다시 "성문·독각을 백천 겁 동안 헤아려 그 수를 알 수 있는 정도라면 차라리 정각을 이루지 않겠다"(제14원)고 발원하고 있으며, 다른 한편으로 안락정토에서 행해지는 아미타불의 법회에는 이루 헤아릴 수 없는 성문들이 참여하였다고 설하고 있는데, 이같이 앞뒤 모순된 사정을 어떻게 이해해야 할 것인가?

이에 대해 동아시아의 정토교가들은 온갖 구구한 해석을 시설하고 있다. 이를테면 원효는 성문·독각의 경우 이승으로 결정된 이〔定性二乘〕는 극락왕생할 수 없지만, 그렇지 않은 이〔不定性〕는 보살로의

26) 주 40) 참조.
27) 《무량수경우바제사(無量壽經優波提舍)》(《대정장》26, p.231상), "女人及根缺二乘種不生."

전향이 가능하기 때문에 왕생할 수 있다고 해석하고 있다.[28] 다시 말해 세친이 그의 《무량수경우바제사(無量壽經優波提舍)》에서 "이승의 종성은 극락왕생할 수 없다"고 말한 것은, 아직 무여열반에 들지 않았음에도 대승의 마음[大心, 즉 보리심]을 일으키지 않는 정성(定性)의 이승에 대해 말한 것으로, 결정적인 근성(根性)을 갖지 않은 성문은 그렇지 않다(극락왕생할 수 있다)는 것이다.[29]

즉 원효는 정정취(正定聚)를 앞서 언급한 《유가사지론》에서의 본성주종성(本性住種性)과 습소성종성(習所成種性)의 둘로 나누어 보살종성은 본성주의 정정취이며, 이승의 경우 선근이 끊어지면 사정취(邪定聚)에 떨어지고, 선근을 상속할지라도 대승에 들지 못하면 부정취(不定聚)가 되지만, 대승에 들면 습소성의 정정취가 되는 것으로,[30] 아미타불의 법회에 참가한 성문들은 바로 이들이었다는 것이다. 그리고 이들을 근기의 이열(利劣)에 따라 세 품류로 나누었다. 하품의 선근자는 더 이상 선근이 끊어지는 일이 없는 정법위(頂法位)에 이르러 대승에 들 때 비로소 정정취가 될 수 있지만, 중품의 선근자는 난법위(煖法位)에서, 상품자의 경우 어느 때고 대승에 들기만 하면 바로 정정취가 된다는 것이다.

이러한 해석은 유가행파의 종성론에 따른 것으로, 적어도 소승 아

---

28) 《무량수경종요》(《한국불교전서》1, p.560중), "定性二乘卽不往生. 不定性中三品之人 發大乘心者皆得生彼."
29) 《무량수경종요》(《한국불교전서》1, p.555상), "論說云, '女人及根缺二乘種不生'者. 是說決定種性二乘, 未入無餘未發大心. 非謂不定根性聲聞." 그런데 《유심안락도(遊心安樂道)》(동 p.568하)에서는 여기에 "……及趣寂性出無餘後(오로지 열반만을 추구하는 趣寂性의 성문으로서 무여열반에서 나온 이후의 성문)"라는 말을 더하고 있다. 주 31) 참조.
30) 《무량수경종요》(《한국불교전서》1, p.559하).

비달마 교학에 근거한 해석이라 할 수 있다. 후술하듯이 유부 아비달마에서는 난법위까지는 보살종성으로 전향이 가능하지만, 인법위(忍法位)에 이른 성문은 더 이상 악취에 떨어지는 일이 없어 보살로의 전향이 불가능하다고 말하고 있기 때문이다.

한편《유심안락도(遊心安樂道)》에서는 한 걸음 나아가 2승으로 결정된 이(즉 忍法位에 이른 성문과 독각)라 할지라도 무여열반에 이른 후에는 왕생할 수도 있다고 애매하게 말하고 있지만, 여기에는 논거가 결여되었을뿐더러 이것이 누구의 견해인지도 분명하지 않다.[31] 이에 반해 현일(玄一)은, "정성(定性)의 이승도 정토에 태어날 수 있다"는 어떤 이의 주장에 대해 "이는 대심(大心, 보리심)을 일으켜야 비로소 가능하기 때문에 결코 옳은 학설이 아니다"고 분명히 말하고 있으며, 경흥(憬興) 역시 정성의 이승은 이미 무여열반에 들었기에 그들은 영원히 왕생할 수 없다고 주장하였다.[32]

31) 《유심안락도》(《한국불교전서》1, p.568중), "定性二乘則不往生. 從無餘後或可往生. 不定性中三品之人, 發大乘心者, 皆得生彼, 生彼之時, 卽入正定(聚)." 그러나 《무량수경종요》(주 28)에서 이에 상응하는 동일한 문구에서는 '從無餘後或可往生'이라는 말이 빠져 있다. 이러한 사실을 어떻게 이해해야 할 것인가? 원효의 사상적인 전이(轉移)라고 해야 할 것인가, 후대 가필이라고 해야 할 것인가? 《유심안락도》의 저자에 대해서는 이견(異見)이 분분하며, 고익진(高翊晋)은 '후인(後人)에 의한 《무량수경종요》의 증보개편(增補改編)'으로 추측하지만(《유심안락도의 성립과 그 배경》,《불교학보》제13집, 1976), 아무튼 정성(定性)의 성문과 독각도 왕생할 수 있는가 하는 문제는 각별론과 개성론에 대한 원효의 입장을 판가름하는 중요한 문제이다. 참고로 원효는 그의 《법화종요》제5 《명교섭문(明敎攝門)》(《한국불교전서》1, p.493중 이하)에서 《해심밀경》과 《법화경》을 서로 각기 요의경이고 불요의경이라고 하는 주장을 회통하고 있다. 즉 한결같이 적정의 열반으로만 나아가려는 자(즉 결정종성)를 옹호한다는 관점에서 본다면 《해심밀경》상에서의 해석이 진실되지만, 부정종성인(不定種性人)을 옹호한다는 관점에서 본다면 《법화경》의 설이 진실되다고 하면서, 도리(道理)에 근거하여 본다면 후자의 뜻이 광대하기 때문에 구경 요의교(了義敎)라고 말할 수 있지만, 그렇지만 앞서 말한 것처럼 《해심밀경》과 《법화경》에 각기 요의설과 불요의설이 없는 것도 아니라는 것이다.
32) 현일(玄一),《무량수경기(無量壽經記)》(《한국불교전서》2, p.247중), "有說, 此文故定性二乘亦生淨土. 此說不爾. 要眞發大心方得出故."; 경흥(憬興),《무량수경연의술문찬(無量壽經連義述文贊)》권중(《한국불교전서》2, p.38상), "決定二乘旣入無餘, 不可定言, 卽別證故."; 안계현,《한국불교사상사연구》(동국대 출판부, 1983), pp.68-69 참조.

일찍이 혜원(慧遠)도 성문을 우법성문(愚法聲聞)과 불우법성문(不愚法聲聞)으로 나누어 후자는 임종 때 보리심을 일으켜 왕생할 수 있으나 전자는 결코 왕생할 수 없다고 하였지만, 원효·현일·경흥 등 신라의 정토교가들은 성문을 각각 정성성문(定性聲聞)과 부정성성문(不定性聲聞)으로 나누어 후자의 왕생을 인정하였을뿐더러《유심안락도》에 의하는 한 전자의 왕생마저 인정되고 있다. 우리는 이를 두고 성문의 경우에도 왕생의 길을 터놓았다고 하여 그들의 해석을 높이 평가하지만,[33] 이는 본질적으로 소승 성문의 수행 열반관을 알지 못한 데서 비롯된 자의적인 평가일 따름이다.[34]

6. 종성론에 대한 성문聲聞의 입장

그렇다면 동아시아의 정토교가들이 성문을 우법과 불우법, 정성과 부정성으로 나눈 기준은 무엇이었던가? 성불이나 왕생이 불가능한 정

---

33) 이를테면 안계현, 《한국불교사상 연구》, p.68, p.70.; 이영무, 《한국의 불교사상》(민족문화사, 1987), p.123.
34) 예컨대 안계현은, "원효(元曉)·법위(法位)·현일(玄一)·경흥(憬興)도 혜원(慧遠)처럼 성문을 둘로 나누어 그 하나만이 발보리심하게 되어 왕생할 수 있다고 하였지만, 그들이 다 같이 둘로 나누었던 그 성문을 각각 부정성성문(不定性聲聞)과 정성성문(定性聲聞)으로 이름 붙인 일은 혜원의 경우와 다르다. 그리하여 신라승들은 다 같이 부정성성문의 경우에는 왕생의 길을 터놓은 것이지만, 정성성문의 경우에도 그들의 왕생을 허용하는 원효(즉《유심안락도》)의 설에 경흥이 따르지 않고 정성성문은 영원히 왕생할 수 없다고 법상종의 교의를 고수하는 데서 우리는 신라정토교학의 2대 조류를 보게 되는 것이다"(《한국불교사상 연구》, pp.69-70)고 말하고 있지만, 《유심안락도》가 원효의 찬술이라는 것은 별도의 문제라고 하더라도(주 31 참조) 부정성성문과 정성성문이라는 명칭을 신라승들이 붙인 것도 아닐뿐더러 부정성의 경우 왕생(혹은 성불)할 수 있다고 한 것 역시 그들의 독창적인 해석이 아니다. 원효를 비롯한 신라승들은 다만 소승 성문도와 이에 기초한 《해심밀경》등(혹은 법상종)에 근거하여 그같이 주장하였을 뿐이다.(후술)

성성문이나 우법성문이라 함은 어떠한 이를 말하는 것인가?

나아가 우리는 과연 이 같은 오성각별설에 근거한 보살승의 절대적 우월성을 어떻게 받아들여야 할 것인가? 대승보살도를 주류로 하는 동아시아 불교의 역사와 전통에 입각하여 당연한 것으로 이해해야 할 것인가? 아니면 그로부터 파생된 또 다른 전통인 일성개성설에 입각하여 다만 유가 법상종의 종파적 우월성으로 이해해야 할 것인가?[35] 그러나 각별설이든 개성설이든 성문을 소행소과(小行小果)로, 보살을 대행대과(大行大果)로 이해함에 있어서는 어떠한 차이도 없다.[36]

이 같은 종성론에 대한 소승 성문의 입장은 어떠한 것일까? 이같이 묻는 것 자체가 무의미한 것인지도 모른다. 그들은 이에 대해 어떠한 언급도 하고 있지 않다. 그것은 당연한 일이다. 우리는 일체 중생을 구제하려는 보살의 이타행과 그것의 이념적 근거가 된 반야바라밀다 (대승의 경우 我·法의 一切皆空)를 불교의 '모든 것'이라고 당연시 여기지만, 그들에 의하는 한 그것은 불타가 걸었던 길이었으며(소승의 반야바라밀다는 盡智와 無生智), 그들은 다만 그 같은 불타의 가르침에 따라 열반을 추구하는 성문의 제자였을 뿐이다. 그들은 한편으로 3아승기겁 100겁에 걸친 보살의 이타행과 용맹정진을 찬탄하면서도 그것을 결코 엿보지 않았다.

한국불교사상사에서의 이 같은 논의는 결국 신라승들이 읽었던 비담과 법상의 제론(諸論)을 도외시한 데서 비롯된 것으로, '들어가는 말'에서 언급한 대로 우리의 불교연구가 본질적으로 종학 내지 국학의 입장을 벗어나지 못하였기 때문이다. 다시 말하지만 불교학의 제 문제는 결코 독립된 어떤 하나의 교의 내지 한 종파만의 문제가 아니다.

35) 주 18) 참조.
36) 《해심밀경소》 권4(《한국불교전서》1, p.255하) 참조.

보살의 길은 험난하고도 기나긴 이타행과 자기완성의 도정이다. 그것은 자신의 실존(괴로움)의 문제가 아닌 인류애에서 비롯된 것이기에 누구도 흉내낼 수 없는 것이었다. 따라서 불타의 가르침에 따라 아라한으로의 길을 걷는 성문의 제자들로서는 자신들과 불타로의 길을 걸었던 보살을 엄격히 구분하지 않을 수 없었다. 그들은 보살과 건널 수 없는 거리를 둠으로써 불타의 지위를 엿보는 불손함을 결코 범하지 않았다. 그들이 생각한 불타는 일체지(一切智)를 갖추어 그 위신력에 한계가 없으므로 시방의 일체 삼천대천세계에 오로지 한 분만이 출현할 뿐이었기 때문이다.[37]

《해심밀경》에서 지적하고 있듯이, 그들은 자비가 박약하여 모든 중생을 이익되게 하는 일이 없었고, 괴로움을 두려워하였기에 세속의 제행(諸行)을 일으켜 업을 짓고자 하지 않았으며, 궁극적으로 그것이 지멸된 열반에 들고자 하였다. 왜 자리(自利)인가?[38] 그들에게 있어 유위·고(苦)의 세계는 업의 소산으로, 개개의 유정 또한 그 같은 세계를 통해 자신의 존재성을 드러내게 된다. 따라서 그러한 세계도, 그것에 의해 드러나는 개개의 유정도 온갖 인연[諸行]에 의해 생겨난 무상한 것이고 무아의 존재라고 할지라도 범부에게 있어 유위 세간의 괴로움은 자기만이 느끼고 자기만이 해소할 수 있는 자기만의 괴로움이기 때문에 그것의 소멸 역시 오로지 자신의 몫일 뿐이다.

따라서 그들에게 종성론이 있다면, 그것은 본유(本有)의 종자에 의

---

37) 《구사론》 권12(《대정장》29, p.64하).
38) 이에 대한 보다 구체적인 논의는 졸고, 〈아비달마불교의 새로운 인식을 위한 시론〉(《한국불교학》 제27집, 2000)을 참조 바람.

한 것이 아니라 다만 업에 의한 종성론이다.

태어남(즉 종성)에 의해 수드라[領群特]가 되는 것이 아니며, 태어남에 의해 바라문이 되는 것이 아니다. 업에 의해 수드라가 되고, 업에 의해 바라문이 된다.[39]

그렇다면 현실의 종성을 산출하는 업은 결정적인 것인가? 업은 결정적인 것이 아니다. 업은 그것이 어떠한 성질의 것이든 누구에게나 개방된 것이다. 악업을 지을 수도 있고 선업을 지을 수도 있으며, 일체의 유루업으로부터 벗어날 수도 있다. 그리고 후자야말로 진정한 선[勝義善]이기에 그들은 세속의 온갖 번뇌를 끊고 그것에 의해 조작되는 업으로부터 벗어나고자 하였다.

설일체유부에서는 바로 이 같은 사실에 근거하여 유가행파의 5종성론에 비견될 만한 (혹은 선구라고 할 수 있을) 정성정취(正性定聚)·사성정취(邪性定聚)·부정성취(不定性聚)의 3취(聚)를 설하고 있다.[40] 여기서 정성정취란 탐·진·치 등의 일체의 번뇌를 끊은 성자를 말하고, 사성정취란 무간업 등을 지어 결정코 지옥 등에 떨어지는 유정을 말하는데, 전자가 정성(定性)인 삼승의 종성이라면 후자는 무성(無性)에 해당하겠지만, 이는 각별설에서처럼 전향이 불가능한 종성으로서 결정된 것은 아니다. 그리고 부정성취란 부정성(不定性)에

---

39) 《잡아함경》 권4(《대정장》1, p.29상), "不以所生故名爲領群特, 不以所生故名爲婆羅門. 業爲領群特, 業爲婆羅門."; 《별역잡아함경》 권13(동 p.468상), "種姓不是婆羅門, 種姓不是旃陀羅. 淨業得作婆羅門, 惡行得爲旃陀羅."
40) 《집이문족론》 권4(《대정장》26, p.381상).; 《구사론》 권10(《대정장》29, p.56하).

해당하는 것으로, 정성과 사성이 결정되지 않은, 다시 말해 어느 쪽과도 관계할 수 있는 그 밖의 유정을 말한다.

또한 유부에서도 종성(gotra)이라는 개념을 사용한다. 성문종성·독각종성·불종성(혹은 佛乘, 즉 보살승)의 삼승종성을 설하기도 하며,[41] 성문종성 중에서도 물러나는 상태에 근거하여 퇴법(退法)·사법(思法)·호법(護法)·안주법(安住法)·감달법(堪達法)·부동법(不動法)의 6종성의 아라한을 설하기도 한다.[42] 그러나 유부의 종성 개념은 유가행파와 마찬가지로 각각의 보리의 도로 나아가게 하는 유정의 능력 근기 등의 원인적 상태(因位)를 의미하지만, 연근(練根, 근기의 단련)을 통해 상위종성으로의 전향이 가능하다.

예컨대 성문종성으로서 순해탈분(順解脫分, 3賢位)이나 순결택분(順決擇分, 즉 4善根) 중의 정법위(頂法位)에 이른 경우라면 불종성(佛種性, 즉 보살승)의 그 같은 단계로, 인법위(忍法位)에 이른 경우라면 독각종성의 그 같은 단계로 전향하여 무상의 정각을 성취할 수 있다. 즉 불종성의 보살은 유정의 이익을 본회(本懷, 목적)로 삼았기에 유정을 교화하기 위하여 악취로도 가야 하지만, 인법위에 이르면 더 이상 악취에 떨어지는 일이 없기 때문에 불종성으로의 전향이 불가능한 것이다. 그러나 인법은 독각의 보리를 장애하지 않기 때문에 이 단계에서는 독각종성으로 전향할 수 있다. 그리고 세제일법(世第一法)은 견도위(見道位)와 무간(無間)이기 때문에 이 단계에서는 필시 다른

---

41) 《구사론》 권23(《대정장》29, p.120하).
42) 《구사론》 권25(《대정장》29, p.129상).

종성으로 전향하는 일 없이 바로 성문의 4과(果)를 획득하게 된다.[43]

그렇다면 다른 종성으로 전향할 수 없는 성문·독각·보살의 세 종성과, 전향할 수 있는 정법위(頂法位)까지의 성문종성과, 앞의 사성정취의 유정이 각기 차별적으로 정리되어 유가행파의 성문·독각·보살(불)종성과 부정종성과 무종성으로 발전하게 된 것인가? 그렇다고 볼 수 있다. 앞서 정토교가들이 논의한 왕생이 불가능한 정성성문이나 우법성문이라 함은 바로 이미 인법위(忍法位)에 이르러 더 이상 악취에 떨어지는 일이 없는 현위(賢位)의 성문을 말하며, 부정성(不定性)이나 불우법(不愚法)의 성문은 아직 그러한 계위에 이르지 못하여 언제든 보살로의 전향이 가능한 미결정의 성문을 말한다. 원측도 이 같은 사실을 일성개성(一性皆成)의 한 논거로 제시하고 있다. 그는 성문·독각도 보살도를 닦아 성불할 수 있다는 사실을 밝히기 위해《섭대승론석(攝大乘論釋)》을 인용하면서 이 같은 유부의 견해를 전하고 있다.

"소승의 입장에서 본다면, 미지근(未知根) 등의 3무루근을 획득〔定根〕하였거나 인위(忍位)에 이른 자〔定性〕는 이미 성법(聖法)을 획득하였거나 4악도(惡道)를 면하였기 때문에 대승으로의 전향이 불가능하지만, 신(信) 등의 5근을 획득하였거나 정위(頂位)에 이른 자는 근기와 종성이 결정적이지 않기 때문에 대승으로 전향할 수 있다. 그러나 대승의 입장에서 본다면, 아직 보살도를 전수(專修)하지 않은 한 종성과 근기가 결

---

43) 《대비바사론》 권7《대정장》27, p.33중).; 《구사론》 권23《대정장》29, p.120하). 두말할 필요도 없는 것이지만, 독각과 불종성의 경우는 성문종성으로 전향하지 않는다. 왜 그러한가? 그 같은 종성은 4선근부터 금강유정에 이르기까지 한자리에서 무상(無上)의 깨달음(즉 진지와 무생지)을 성취하기 때문이다.

정적인 것이 아니기 때문에 일체의 성문은 모두 대승으로 전향할 수 있다"고《섭대승론석》에서는 말하고 있다. 이 같은 사실로 볼 때 결정코 [발심하지 못할] 무성(無性)의 유정은 존재하지 않으며, 정성의 성문·독각 또한 필시 [보살로 전향하여] 성불하지 못하는 일은 없다.[44]

여기서 5종성론에 대한 개성론자의 시각을 여실히 보여주고 있다. 소승 성문 스스로 인위(忍位)에 이르러 더 이상 악취에 떨어지는 일이 없는 순결택분의 현자(賢者)나 견도위의 무루지인 미지당지근(未知當知根) 내지 무학위(아라한과)의 무루지인 구지근(具知根)을 획득하여 성자위(聖者位, 즉 4果)에 이른 성문은 이미 근기와 종성이 결정되어 있어 결코 다른 종성으로 전향이 불가능하다고 하였는데, 대승에서는 아직 자신들의 보살도를 닦지 않았기 때문에 결정적 종성이 아니며 그래서 전향이 가능하다니, 이 무슨 독선적인 발언인가? 이는 굳이 비유로 말하자면 불교도는 어떠한 수행을 하였든, 경지가 어떠하든 아직 결정된 바는 아무것도 없기 때문에 여호와 하나님을 섬기기만 한다면 천당에 갈 수 있다는 말과 같다. 개성설에 의하는 한, 성문은 그가 순결택분에 이른 현자든, 견도위에 이른 성자든 아무것도 결정된 바가 없는 존재이기 때문이다.

---

44)《해심밀경소》권4(《한국불교전서》1, pp.256하-257상), "梁攝論第十五云, '五救濟乘爲業'. 乃至彼云, '未定根性聲聞, 能安立彼爲修行大乘故'. 釋曰, 乃至若得信等五根, 不名定根, 以未得聖故. 若得未知欲知等三根, 卽名定根, 以得聖故. 若至頂位, 不名定性, 以不免四惡道故. 若至忍位名爲定性, 以免四惡道故. 若依小乘解, 未得定根性 則轉小爲大. 若得定根性 則不可轉, 如此聲聞無有改小爲大義. 云何說一乘? 今依大乘解, 未專修菩薩道悉名未定根性. 故一切聲聞皆有可轉小爲大義. 安立如此大小乘人令修行大乘.-准此等文, 決定無有無性有情, 亦無定性聲聞獨覺必不成佛." 여기서 '양(梁) 섭론(攝論)'은 진제역《섭대승론석》(권15,《대정장》31, pp.264하-265상).

7. 맺음말

유가행파의 5종성론은 대승의 여러 교설 중에서도 매우 독특한 교설이다. 대승의 양 날개가 지혜(반야)와 자비(이타)이며, 그것의 구현자가 보살이라면, 보살은 일체의 존재가 무자성·공임을 자각한(혹은 자각하려는) 자이기에 자비 또한 일체의 존재에게로 개방되어야 한다. 자비는 바로 반야공관에서 비롯된 것이기 때문이다. 그럴 경우 '일체중생 실유불성'의 사상은 필연적으로 이에 수반될 수밖에 없으며, 그래서 여래장 계통의 경전들이 대승 중기를 장식하게 되었던 것이다. 이 같은 점에서 본다면, "성문·독각과 무종성의 유정은 본질[本有]적으로 그 같은 지혜와 자비의 시혜를 입을 수 없다"는 5종성론은 대승의 이단적인 교설이라고도 할 수 있다.

규기(窺基)에 의하면, 현장(玄奘)이 본국의 사람들은 무성(無性)에 대해 믿지 않을 것이므로 그 말을 삭제하고 싶다는 뜻을 피력하자 스승인 계현(戒賢)은 이를 나무랐다고 한다.[45] 이 같은 전설은 곧 오성각별설과 일성개성설의 대립을 이미 예상하였다는 의미로 해석할 수 있다.

유가행파의 5종성론은 근본적으로 대승과 소승, 엄밀히 말해 보살승과 성문승의 대립의 산물이다. 5종성 중 무상정등각을 증득할 수 없는 종성은 성문정성·독각정성과 무성이지만, 독각은 실제적 존재가

---

45) 《유가론기(瑜伽論記)》 권13(《대정장》42, p.615상중).; 常盤大定, 《佛性の研究》(東京: 國書刊行會, 1972), pp.169-174 참조. 이 같은 사실로 볼 때 5종성설은 조심스러운 것이고 은밀한 것으로, 아마도 그래서 현장은 원측이 당시 전통에 따라 일성개성설(一性皆成說)을 주장하매 규기에게만 유통시킨다고 하였을 것이다.

아니며,⁴⁶⁾ 무성 또한 반열반법의 종자를 갖지 않은 유정을 말하지만 부주열반(不住涅槃)을 서원한 대비(大悲)의 보살도 보살종성의 한 형태라고 본다면, 그것은 사실상 대승 보살장(菩薩藏)을 비방하는 단선근자를 의미한다. 과연 누가 보살장을 비방하였을 것인가?⁴⁷⁾ 대승보살도를 비방하는 자, 성불하지 못한다고 하는 것은 당연하다.

곧 오성각별설은 기존의 성문승을 어떻게 이해할 것인가 하는 문제에서 비롯되었으며, 일성개성설과의 대립도 그들의 전향을 인정할 것인가, 인정하지 않을 것인가 하는 점에서 비롯되었다. 일성개성설의 경우, 그들도 보살로서 발심만 하면 무상의 보리를 증득할 수 있다. 다시 말해 그들도 근기만 성숙하면 성문의 도를 버리고 보살도로 전향할 수 있으며, 견도위에 이른 성자조차도 대승의 입장에서 본다면 근기도 종성도 결정된 것이 아니기 때문에 전향이 가능하다. 그러나 원리상으로는 그럴지라도 현실상으로 그런 일은 있을 수 없다. 그들은 이미 성자위에 다다른 결정적 존재이며(도리어 그들의 시각에서 볼 때 新出의 대승보살이 비결정성일 수 있다), 그들이 추구하였던 바는 보살의 그것과 본질적으로 다르다. 따라서 그들은 결코 성불할 수 없다.

대승의 보살이 적정(寂靜)의 열반에 들려고 하지 않았던 것처럼 소

---

46) 실제로 《유가사지론》의 본문 격인 〈본지품(本地品)〉 17지(地)(권1-권50) 중 〈독각지(獨覺地)〉는 《신수대장경》(제30권)의 한 페이지가 채 안 되는 2단(pp.477하-478중)의 분량으로, 전체의 양으로 본다면 없는 것이나 마찬가지이다.

47) 《입능가경》의 경우도 그러하였지만(주 22), 《대승열반경》(《대정장》12, p.660상중)이나 《불성론》(《대정장》31, p.797하), 《보성론》(동, p.829하) 등에서는 대승 혹은 대승경전을 비방하는 이를 단선근자, 즉 일천제(icchantika)로 규정하고 있다.
《열반경》에 의하면, 어떤 일천제는 아란야 형색으로 공한처(空閑處)에 머물면서 '일체중생은 모두 불성을 갖는다[一切衆生皆有佛性]'는 사실을 널리 설하고 있는 방등(方等)의 대승경전을 모두 천마(天魔) 파순(波旬)의 설이라고 하면서 여래(如來) 역시 무상법(無常法)이라고 주장하였다.

승의 성문 또한 애당초 불과(佛果)를 엿보려고도 하지 않았다. 이는 불타관 내지 세계관에 대한 대승과의 근본적인 차이에서 비롯된 문제이지만, 적어도 그들에게 있어 범부로부터 성자(아라한)에 이르는 길과 보살로부터 부처에 이르는 길은 본질적으로 달랐다. 따라서 성문 스스로 불과를 추구하지 않았음에도 그들은 결코 불과를 증득할 수 없다고 비난하는 것(즉 各別說)은 정의(情意)에 근거한 선전일 뿐이며, 성문들은 자신의 교의에 따라 순결택분의 인법위부터는 보살종성으로 전향할 수 없다고 하였음에도 대승의 입장에서 본다면 그것은 결정적인 것이 아니기 때문에 전향(즉 발보리심)할 수 있다고 주장하는 것(즉 皆成說)은 독선의 논리라고 하지 않을 수 없다.

생각하건대, 보살승과 성문승 사이에는 서로가 건너지 못할 골이 가로놓여 있었으며, 이러한 유부의 '인위성문(忍位聲聞)의 불가전근론(不可轉根論)'이 유가행파에 이르러 본성주종자(本性住種子: 무착) 내지 무루종자(無漏種子: 호법)에 근거한 종성론의 교의로서 체계화되었고, 그것이 중국에 전래되면서 '각별설'과 '개성설'의 논쟁을 불러일으키게 되었다. 그리고 양자 사이의 온갖 구구한 해석과 절충이 생겨나게 되었던 것으로, 이는 어떤 한 교의가 굴절 변용된 단적인 예라고 하겠다.

아울러 이러한 유가행파의 5종성론은, 실제적으로 성문승이 부재하였던 중국에 이르러 일천제(一闡提) 등의 무종성 차별론으로 경도되어 이해되었고, 여론의 지지가 부재하였던 까닭에 종파(법상종) 자체가 쇠퇴하게 된 한 원인이 되기도 하였으며, 바야흐로 일성개성설이 불교의 보편적 이념으로 자리잡게 되었던 것이다.